Ullstein

DAS BUCH

Vom Vater hat der zehnjährige Jotam den ersten Kassettenrekorder geschenkt bekommen, einen Sony, mit dem er nun alles und jeden aufnimmt – vor allem aber die eigene, durchaus etwas merkwürdige Familie: Jotams Mutter, eine in Argentinien geborene Architektin, ist überzeugte Anhängerin der linken Friedensbewegung, während der Vater, ein mittelmäßiger Stükkeschreiber, als Ghostwriter Biographien von Überlebenden des Holocaust verfaßt und sich in erster Linie seinen Liebesaffären widmet. Schließlich sind da noch Jotams Geschwister, zwei verrückte Tanten, ein fundamentalistischer Onkel und die Großeltern – jeder natürlich mit seiner eigenen Geschichte ... In einer ungemein rasanten, schier atemlosen Folge urkomischer wie bitterböser Episoden aus dieser Familiengeschichte beweist Benny Barbasch einen herausragenden Sinn für Humor und einen messerscharfen Blick für das Absurde des Lebens. Zugleich gelingt ihm eine originelle Montage aus israelischer Vergangenheit und Gegenwart.

DER AUTOR

Der Israeli Benny Barbasch, geb. 1951, ist Dramatiker und Drehbuchautor, u. a. zu dem preisgekrönten Film *Jenseits der Mauern* seines Bruders Uri Barbasch. Er lebt heute mit seiner Familie in Tel Aviv. »Mein erster Sony« ist sein erstes Buch auf deutsch.

Benny Barbasch

Mein erster Sony

Roman

Aus dem Hebräischen übersetzt von
Vera Loos und Naomi Nir-Bleimling

Ullstein

Ullstein Buchverlage GmbH & Co. KG,
Berlin
Taschenbuchnummer: 24554

Die Originalausgabe erschien 1994
unter dem Titel
My First Sony
bei Hakibbutz Hame'uhad in Tel Aviv

Juni 1999

Umschlaggestaltung:
Vera Bauer
Foto:
Levnard Freed/Magnum Photos
Focus

Printed in Germany 1999
Gesamtherstellung:
Ebner Ulm
ISBN 3 548 24554 4

Gedruckt auf alterungsbeständigem
Papier mit chlorfrei
gebleichtem Zellstoff

Die Deutsche Bibliothek –
CIP-Einheitsaufnahme

Barbaš, Bennî:
Mein erster Sony : Roman /
Benny Barbasch. Aus dem Hebr. übers.
von Vera Loos und Naomi Nir-Bleimling. –
Berlin : Ullstein, 1999
(Ullstein-Buch ; 24554)
Einheitssacht.: May fêrst Sônî <dt.>
Lizenz des Berlin-Verl., Berlin
ISBN 3-548-24554-4

Wer Augen hat zu sehen und Ohren zu hören, überzeugt sich, daß die Sterblichen kein Geheimnis verbergen können. Wessen Lippen schweigen, der schwätzt mit den Fingerspitzen.

Freud

Auch in dieser Nacht wachte ich auf und hörte, wie Vater und Mutter stritten. Mutter sagte, mit seinen ewigen Seitensprüngen, den ständigen Trennungen und all seinen Allüren versaue Vater ihr das Leben, und daß sie es satt habe, daß sie es satt habe; er gab ihr zur Antwort, er habe es auch nicht leicht, und er ersticke, und er habe das Gefühl, auf der Stelle zu treten, und seine Zeit renne und renne, und er bringe einfach nichts zuwege, worauf sie meinte, wenn er weniger Zeit damit vertue, zu jammern, wie ihm die Zeit durch die Finger rinne, würde er weniger davon vergeuden; da bat er sie, nicht so gemein zu sein. Danach schwiegen sie, und auf einmal sagte er, er wisse gar nicht, was mit ihm los sei. Seit Monaten sei er nicht mehr in der Lage zu schreiben, und das war die reine Wahrheit, und niemand konnte behaupten, daß er sich keine Mühe gab. Manchmal saß er am Computer, wenn ich schlafen ging, und wenn ich mitten in der Nacht aufwachte, hockte er immer noch dort, und morgens lag sein Kopf auf der Tastatur, weil ihm in seinem Bemühen, etwas zustande zu bringen, die Augen zugefallen waren, aber der Monitor zeigte gähnende Leere oder reihenweise Doppelpunkte, oder das T war millionenmal eingegeben worden, und einmal hatte er zehn ganze Seiten mit SOS, SOS vollgeschrieben, und es gelang mir nicht herauszufinden, für wen sie bestimmt waren, denn SOS ist ein Notruf, den man sendet in der Hoffnung, daß jemand ihn empfängt und einem zu Hilfe kommt, Vater aber hatte ihn drinnen behalten, im Speicher, und fragen konnte ich ihn auch nicht, denn dann hätte er herausgefunden, daß ich auf seiner Festplatte herumstöberte und seine privaten Sachen las, die er nicht mal Mutter zeigte.

Sein Problem war anscheinend, daß ihm die Geschichten ausgingen, und darunter litt er, und ich wünschte, ich hätte gewußt, wo er sie hernahm, dann hätte ich ihm womöglich auf die Sprünge helfen und ihn froh machen können, und wenn er froh war, war auch Mutter glücklich; da fiel Mutter ihm ins Wort und schrie caramba! Auch dafür trage ich die Verantwortung? Damit wollte sie sagen, auch dafür, daß du nichts zu Papier bringst, gibst du mir die Schuld? Und caramba, weil sie spanische Worte gebraucht, wenn sie sauer ist, denn sie stammt aus Argentinien, und die spanischen Wörter sind die ersten, die ihr einfallen, wenn ihr Verstand ausgeschaltet ist. Alles hinge an ihr, sagte sie zu ihm, und daß sie sich ständig im Stich gelassen fühle, immer wie auf dem Schleudersitz, denn sie wüßte nie, wann es wieder soweit wäre und Vater plötzlich ausbreche, und in diesem Punkt war ich ganz und gar ihrer Meinung, denn auch wir spürten, daß man sich bei Vater nie sicher sein konnte, wann er wieder abhauen würde, und was diese Sache anging, hatten wir ein paar Erfahrungen, denn er hatte sich schon häufiger aus dem Staub gemacht; an dieser Stelle lugte ich durch den Türspalt, bis dahin hatte ich nur die Aufnahme gemacht, und ich sah, wie sie versuchte, sich eine Zigarette anzuzünden. Die Hände zitterten ihr, und erst mit dem vierten oder fünften Streichholz hatte sie Erfolg, und Vater sagte, Alma – das ist ihr

Name, Alma, was das spanische Wort für Seele ist –, muß das sein? Er sagte, du hast es dir gerade abgewöhnt, und sie erwiderte, mierda, was Scheiße heißt, auf einmal interessierst du dich für mich, und sie schmetterte mit voller Wucht eine Tasse auf den Fußboden, warf sich aufs Sofa und fing ganz leise an zu weinen, lautlos und ohne Tränen, nur ihr Körper bebte, und sie zerkrümelte, ohne es zu merken, die Zigarette zwischen ihren Fingern, während Vater dastand und sie betrachtete, bis er es nicht mehr mit ansehen konnte, sich bückte und die Scherben aufzusammeln begann, worauf sie ihn mit zittriger Stimme anfuhr: Laß! Laß das! Morgen kommt eh die Putzfrau. Und Vater, der sich nicht wohl in seiner Haut fühlte und der es vermied, sie direkt anzuschauen, sagte, daß es ihm nichts ausmache, und sie schrie abermals, laß, laß es, worum bitte ich dich schon groß, laß es und basta! Er meinte, daß er nur schnell einen Lappen hole und aufwische, damit nicht der Fleck antrockne und die Putzfrau morgen Mühe habe, ihn zu entfernen, worauf sie kreischte, laß diesen beschissenen Fleck, laß ihn endlich, ist das zuviel verlangt! Er legte die Scherben, die er bereits aufgeklaubt hatte, auf den Tisch, setzte sich auf die entgegengesetzte Sofakante, wischte sich die Hand, an der Kaffeesatz hing, an der Hose ab, und nachdem er überprüft hatte, ob sie auch sauber war, streckte er sie behutsam nach Mutter aus, denn anscheinend wollte er ihr die Wange streicheln, sie aber fuhr zurück und zischte, tu mir einen Gefallen, laß mich in Ruhe. Laß mich. Du machst mich fix und fertig. Ich kann nicht mehr, und genau in diesem Augenblick berührten ihre zitternden Finger, die noch immer die Zigarette bearbeiteten, die Glut, und sie verbrannte sich und brüllte, mierda! Erschrocken ließ sie den Stummel fallen und begann sogleich in den Kissen zu wühlen, um die

Kippe zu finden, bevor diese Gelegenheit hatte, das Sofa zu versengen, und als sie sie fand und nervös im Aschenbecher ausdrückte, stöhnte sie, sieh nur, was du angerichtet hast! Sie steckte den verbrannten Finger in den Mund, und beide saßen da und stierten vor sich hin, sahen aneinander vorbei und waren meilenweit voneinander entfernt, obwohl das Sofa vergleichsweise kurz ist, und ich flüsterte – man kann es auf der Aufnahme hören –, lieber Gott, laß sie bloß nicht wieder auseinandergehen! Obwohl Vater behauptete, es gäbe keinen Gott. Aber wenn es keinen Gott gibt, wohin dann mit all unserem Flehen?

Als Vater das erste Mal seine Koffer packte, zog er zu irgendeiner kleinen Nutte vom Theater. So nannte Amalia sie, als Mutter sie über Jael ausquetschte; und Amalia, Mutters engste Freundin und Vaters größte Feindin, die ständig bei Mutter über ihn herzog, wieviel Mist muß man sich eigentlich von einem Mann bieten lassen – bei ihr ist es wenigstens nicht nur der Mist von einem einzigen –, Amalia also erstattete in allen Einzelheiten Bericht, denn sie ist die Pressereferentin des Theaters und über alles, was dort abgeht, bestens informiert, aber so sehr sie auch ins Detail ging, es stellte Mutter nicht zufrieden, die sie weiter und weiter löcherte, als ginge es darum, hinter irgendein Geheimnis zu gelangen, das helfen würde zu begreifen, wie mir das passieren konnte. »Mir« war ihr, Mutter, und »das« war, daß Vater ausgezogen war, und darüber dachten auch Saul und ich immer wieder nach; Saul meinte, daß wir Vater mit unserem Krach und unserem Gezanke womöglich auf die Nerven gingen und daß er deshalb nicht mehr schreiben konnte, worauf Saul Vater einen Brief schickte mit den zehn neuen Geboten, deren Einhaltung wir gelobten;

den Brief unterzeichneten wir geschlossen, ich und Saul handschriftlich, und Nama, die noch nicht schreiben konnte, per Fingerabdruck, wobei alle Gebote zu Vaters Vorteil waren, zum Beispiel: nicht unterbrechen und um etwas betteln und nicht zulassen, daß Mutter sich über Geldmangel beklagt und ihn unter Druck setzt, nur solle er wieder heim kommen; aber Vater erklärte uns, daß es überhaupt nichts mit dem, was wir geschrieben hätten, zu tun habe, und als Saul ihn fragte, womit dann, geriet Vater ins Stottern und wurde stumm, denn anscheinend wußte er selbst nicht so genau, warum er uns sitzenließ, und er sagte nur, daß er es nicht erklären könne, wenn wir erst erwachsen wären, würden wir es vielleicht ein bißchen besser verstehen, und genau das war es, was auch Mutter nicht begreifen konnte, und darum stellte sie Amalia immer mehr Fragen, die schließlich dazu meinte, was ist daran so kompliziert? So ist das eben bei Männern um die Vierzig, die den Anfang vom Ende schon riechen. Von jedem jungen Paar Busen kriegen sie einen Ständer, und Jael hat, das muß man ihr lassen, ein Paar prachtvolle Dinger, frisch und straff, hängen nicht die Spur, immerhin sei sie mindestens zwölf Jahre jünger als Mutter und Amalia; an dieser Stelle seufzte sie kurz, denn Frauen, die jünger waren als sie, machten sie melancholisch, prompt fügte sie jedoch grinsend hinzu, was soll's, bald würden die Jahre auch bei Jaels Busen ihre Spuren hinterlassen, und solch ein Atombusen würde auch einen bombastischen Erdrutsch zur Folge haben, und Mutter brauche sich keine Sorgen zu machen, denn das Flittchen würde Vater schließlich den Laufpaß geben, wie sie alle vor die Tür gesetzt habe, und Vater würde noch auf allen vieren gekrochen kommen, worauf Mutter meinte, selbst wenn er gekrochen käme, würde er ihr nicht mehr über die Schwelle kommen, und dann bemerkten sie mich, und Amalia sagte sofort etwas über den Kuchen, hm ... lecker, du mußt mir das Rezept geben, und Mutter war etwas verstört und verlegen, denn sie befürchtete, daß ich ihr Gespräch belauscht haben könnte, und als Amalia gegangen war, fühlte sie mir auf den Zahn, ob ich etwas aufgeschnappt hätte, worauf ich selbstverständlich versicherte, nein, nein, denn ich wollte ihr keinen Kummer bereiten; zur Sicherheit begann sie jedoch zu erklären, daß Vater zwar nicht mehr hier wohne, daß er uns jedoch nicht verlassen habe und daß er uns weiterhin liebe – sie sagte nicht uns, sondern »euch«, als ob es beschlossene Sache sei, daß er sie selbst schon nicht mehr liebte und sie somit das Recht verwirkt hatte, die erste Person Plural zu benutzen – und was sie sagte, deckte sich mit dem, was er selbst uns jedesmal beteuerte, wenn er aufkreuzte, weil er an der Reihe war, nachdem er sich mit Mutter über die Wochenaufteilung geeinigt hatte.

Auch wenn wir sehnsüchtig auf seine Tage warteten – am Ende gerieten die Treffen mit ihm daneben, vielleicht weil jeder sich allzusehr bemühte, höflich und rücksichtsvoll zu sein, und keiner sagte, was in ihm vorging, und weil Vater ganz durcheinander war und man auch dann, wenn er behauptete, ich höre, ich höre zu, erzähl weiter, seinen Augen ansah, daß er kein bißchen mitbekam, worum es ging, und weil er auch keine eigene Bleibe hatte oder uns nicht zu der Nutte mitnehmen wollte, denn es war ihm peinlich, in einer Absteige zu wohnen, die nicht gerade der passende Ort für Kinder war.

Mutter quetschte uns über seine neue Wohnung aus, wie nebenbei, aber man sah ihr an, daß sie vor Neugier platzte. Saul wollte keine Auskunft erteilen, und auch ich nicht, denn wenn ich den Mund aufmachte, trat Saul mir unterm Tisch ans Schienbein, und nur Nama plapperte drauflos, aber man konnte eh nicht verstehen, was sie sagte, denn Wirklichkeit und Phantasie waren bei ihr eins, und genaugenommen – selbst wenn wir gewollt hätten, hätte es nicht viel zu erzählen gegeben, denn, wie schon gesagt, Vater nahm uns nicht mit in seine neue Wohnung, und wir liefen wie Beduinen in der Stadt herum, oder wir gingen zur Trampolina im Jarkon-Park, die alle geschiedenen Väter aufsuchen, die nicht wissen, was sie mit ihren Kindern anfangen sollen; hin und wieder tauchen dort auch geschiedene Mütter auf, allerdings nicht, weil sie keine Bleibe haben, sondern wie Ido, Sauls Freund, uns erzählte, weil sie Geschiedene anmachen wollen, denn das beste für eine Geschiedene ist ein Geschiedener, man hört es schon am Klang, Geschiedener-Geschiedene, und ein Junggeselle würde nie im Leben eine Geschiedene nehmen, weil sie schon benutzt ist, aber einem Geschiedenen, der an eine Gebrauchte gewohnt ist, ist das egal. Und tatsachlich trafen wir dort immer wieder ein und dieselbe, die immerzu Vater angaffte; ihre Tochter, die eine geile Springerin war und die Saltos vorwärts und rückwärts draufhatte, mußte sie ständig ermahnen, ihr zuzusehen, worauf die Mutter sie lobte, schön, schön, obwohl sie überhaupt nicht hinsah und nur Augen für Vater hatte, der sie jedoch gar nicht wahrnahm, denn er war müde und niedergeschlagen und sein Gesicht abgemagert und bleich, und die Augen waren gerötet und fielen ihm zu, sobald er sich setzte, und fast immer war er unrasiert und sah aus wie ein Terrorist, und wenn er erschrocken zusammenfuhr, nahm er den von uns, der ihm gerade am nächsten stand, in den Arm und flüsterte Saul oder Nama oder Jotam, meinen Namen, je nachdem, wen er gerade erwischte, und sagte, ich mag euch sehr; Nama erklärte er genauer, wie sehr, denn sie fragte nach, und er antwortete, bis zu den Sternen oder bis zur Sonne oder bis zur Unendlichkeit, und in solchen Momenten hatte ich große Lust, ihn rundheraus zu fragen, wie konntest du uns im Stich lassen, wenn du so an uns hängst? Weißt du überhaupt, wie Mutter heult, wenn sie meint, daß wir schon schlafen, und daß ihr beim Abendessen die Dinge aus den Händen gleiten und daß sie wieder qualmt wie ein Schlot und wie leicht sie an die Decke geht, gestern hat sie Saul sogar eine geschmiert, als er mit ihr stritt und ihr drohte, sie solle uns ja keinen anderen Mann ins Haus bringen.

Sie hatte ihm die Ohrfeige nicht gleich verpaßt. Zunächst versuchte sie es im Guten und war eifrig bemüht, ihm klarzumachen, daß auch sie gewisse Rechte habe und es nicht angehe, daß Saul sich wie ihr Wachhund aufführt, aber Saul entgegnete, wenn sie jemanden zum Übernachten anschleppe, wäre sie in seinen Augen eine Hure, und erst da rutschte ihr die Hand aus, die auf Sauls Wange rote Spuren hinterließ; trotzdem hat er nicht mal hingelangt, hat keine Träne vergossen und kein Wort gesagt, hat sie nur mit seinem unheimlichen Blick angesehen, vor dem selbst die Lehrer in der Schule erschrecken, und Mutter bereute es sofort, aber nicht, weil sie erschrocken wäre, und den ganzen Abend versuchte sie, ihre Tat wiedergutzumachen und ihm zu erklären, daß es nicht nur für uns schwer sei, sondern auch für sie; sie hatte es tatsächlich nicht leicht, sicher kamen die gräßlichen Erinnerungen an Argentinien wieder in ihr hoch, über die sie nie spricht und von denen ihr das Foto ihres ersten Mannes geblieben ist, den die Generäle entführt und gefoltert haben, wovon auf dem Bild allerdings nichts zu sehen ist, denn es wurde vor den Generälen aufgenommen; man sieht Mutter auf einer schmalen Bühne sitzen, und er steht hinter ihr und hält eine Puppe in der Hand, denn er war Puppenspieler in einem Marionettentheater in San Telmo, einem Viertel mit kleinen Theatern in Buenos Aires, in dem sie sich kennengelernt hatten, als Mutter dort Bühnenbilder malte, in der Zeit, als sie Architektur studierte; beide sind jung, und er grinst und hat einen Vollbart, langes Haar und schwarze funkelnde Augen; er hieß Raoul – und das war der Name, den Mutter Saul geben wollte, als er auf die Welt kam, was Vater ihr ausredete, denn er befürchtete, bei solch einem Namen würden die Kinder Saul verspotten, und darum schlug er Saul vor, was ein schöner Name ist, der beinahe aus den gleichen Buchstaben besteht wie Raoul, abgesehen von dem R und dem O, und auch der Rhythmus beider Namen ist gleich: Saul – Raoul.

Nie im Leben hätte ich Mutter verlassen, dachte ich, während er uns ein Eis am Stiel kaufte, weil wir auf Trampolinspringen keinen Bock mehr hatten, und auf einmal war alles öde und langweilig, und Saul und ich warfen das Eis weg, und wir sagten, daß es nicht schmecke, worauf Vater fragte, ob wir ein anderes haben wollten, aber auch das neue Eis rührte Saul kaum an, sondern warf es gleich in den Abfallkorb mit der Bemerkung, daß es ungenießbar sei, und Nama und ich taten es ihm auf der Stelle gleich, und Vater verlor allmählich die Geduld und sagte, daß man so sein Geld zum Fenster hinauswerfe, worauf Saul meinte, übers Wochenende mit seinem Flittchen nach Eilat zu fahren sei viel größere Geldverschwendung, und Vater fragte ihn, woher er davon wisse, und Saul antwortete, daß das keine Rolle spiele, was allein zähle, sei, daß es stimme; er verschwieg ihm, daß Amalia am Donnerstag mit der Freitagsausgabe der Zeitung angetanzt war und Mutter unter die Nase gerieben hatte, daß die Romanze ihres Schufts schon bis zu Ziporas Klatschspalte gedrungen sei; Vater sagte, das ist nicht so einfach – was die Masche der Erwachsenen ist, eine häßliche Tat zu rechtfertigen –, und Saul gab ihm zur Antwort, es mag nicht so einfach sein, aber das ändere nichts an den Tatsachen, und darum solle er bei uns besser nicht von Geldverschwendung sprechen, worauf Vater meinte, Saul solle aufpassen, was er sage, und Saul erwiderte, daß Vater uns nichts mehr zu sagen habe, schließlich sei er ausgezogen, und Vater meinte, ich bin immer noch dein Vater, Sauli, worauf Saul entgegnete, nenn mich nicht Sauli, und Vater schwieg und führte uns zu unserem alten Pizzaimbiß, aber uns war der Appetit auf Pizza mit Pappgeschmack vergangen, denn das war es, womit er uns ernährte, wenn er für uns zuständig war, und Nama begann zu wimmern, sie wolle heim zu Mama, und Saul meinte, sie hat recht, vielleicht ist es besser, wenn wir nach Hause gehen, und Nama machte sich von Vater los und setzte sich Saul auf den Schoß, der wie ihr zweiter Vater war, und diesmal war auch ich gegen ihn und dachte, kein Mitleid, bloß kein Mitleid, er hat es nicht verdient, obgleich er ziemlich elend aussah; ich haßte ihn, und ich haßte Saul, der ihn so strafte, und Nama, die immer noch heulte und nach Luft rang, und die ganze Welt und sein Flittchen und die Filme, in die er mit uns ging, weil wir alle Kinderfilme, die in der Stadt liefen, bereits kannten, und er nicht wußte, wie er die Zeit totschlagen sollte, in der wir unter seiner Obhut standen, weshalb er dazu überging, Filme mit uns anzusehen, die nicht jugendfrei und überdies zum Sterben langweilig waren und bei denen er von allen Seiten aufgefordert wurde, seine Tochter zum Schweigen zu bringen – was ihm überhaupt einfalle, mit Minderjährigen in solch einen Film zu gehen, und er legte sich mit allen an, obgleich sie durchaus im Recht waren, und einmal kam gar der Platzanweiser, und es gab Geschrei, und Nama begann zu weinen, und Saul brüllte, daß sie seinen Vater in Ruhe lassen sollten, und am Ende warf uns der Platzanweiser raus, worauf Vater sich nicht von der Kasse wegbewegte, bis sie uns das Eintrittsgeld zurückerstatteten, und wir traten auf die Straße, Nama auf Vaters Arm, ich an seiner Seite und Saul ein wenig hinter uns, es goß in Strömen, und wir wurden naß bis auf die Haut, denn es war unmöglich, ein Taxi aufzutreiben, und nicht mal einen Hund jage man bei solch einem Wetter vor die Tür, sagte Mutter, als wir zu Hause eintrafen und sie wissen wollte, warum die Kinder so durchnäßt seien. Vater geriet ins Stottern, aber Saul erfand sofort eine Geschichte, um Vater die Schande und Mutter Vaters Lügen zu ersparen und damit Mutter nicht erfuhr, in welchem Film wir gewesen waren, und Vater fragen würde, bist du völlig übergeschnappt? In welche Filme gehst du mit den Kindern? Und Vater würde ihr zur Antwort geben, daß sie im Kabelfernsehen den lieben langen Tag denselben Schrott vorgesetzt bekämen, und darüber würde ein Streit entfachen, und ich würde mich fragen, wozu sie sich überhaupt getrennt haben, wenn sie weiter über dieselben Dinge streiten, um die es bereits ging, als sie noch zusammenlebten; und um uns vor all dem zu bewahren, erfand Saul die Geschichte, und sicherlich lag er die ganze Nacht wach, vor lauter Gewissensbissen, daß er Mutter angelogen hatte.

Wie immer kehrte Vater schließlich zurück, und wir hatten eine recht gute Zeit, die mit dem Streit in der Nacht zu Ende ging, von dem ich bereits zu erzählen begonnen habe; am darauffolgenden Morgen waren alle bemüht, sich ein wenig besser zu benehmen als sonst, das heißt, mehr oder weniger dieselben Dinge zu tun wie üblich, aber stillschweigend, und jeder Kleinigkeit ein Danke oder Bitte hinzuzufügen; wenn man an einem gewöhnlichen Morgen bei Tisch sagte, »gib mir die Butter« oder einfach nur »die Butter«, dann achtete man am Morgen nach einer Nacht des Streits darauf, zu sagen, »gib mir bitte die Butter«, wobei ansonsten alles beim alten blieb. Vater kochte Nama ihren Kakao mit Thermometer, damit er die richtige Temperatur hatte, und obwohl Mutter für gewöhnlich nörgelte, es sei ein Skandal, ein Kind derart zu verwöhnen, sagte sie es an diesem Morgen nicht, und mir schnitt er Gurken und Tomaten in winzige Würfel, weil ich sie sonst nicht aß – und ich hoffte schon, das Frühstück nähme einen friedlichen Verlauf, bis Mutter auf einmal sagte, daß sie über eine wichtige Angelegenheit zu sprechen wünsche, die uns alle anginge, und mein Herz raste, und ich warf ein, daß wir keine Zeit hätten, wir müßten zur Schule, sie aber blieb hart, macht nichts, es geht um etwas Wichtiges, und um den Tisch machte sich noch größere Stille breit, und Mutter wollte schon loslegen, als Vater nach ein paar Oliven griff, die er sich in den Mund stopfte, worauf er auf einmal fürchterlich zu husten begann. Es war grauenvoll, denn er lief rot an und schnappte nach Luft, und wir alle gerieten in Panik.

Mutter sprang auf und machte sich daran, ihm heftig auf den Rücken zu klopfen. Raus damit, raus damit! schrie sie entsetzt, aber es gelang ihm nicht, die Oliven hochzuwürgen, und alles, was er herausbrachte, war ein merkwürdiges Röcheln, das mich an unseren alten Wagen erinnerte, der im Winter nicht anspringen wollte. Wie sehr Mutter sich auch anstrengte, ihn anzulassen, er machte keinerlei Anstalten, und Mutter verlor langsam die Nerven, und Vater erklärte ihr beherrscht, daß sie dabei sei, den Akkumulator zu ruinieren. Du machst den

Akkumulator leer, sagte er ihr wieder und wieder, und in solchen Momenten erinnerte er ein wenig an einen Vulkan, der seine kochende Lava nur schwerlich im Zaum halten kann und sie mit aller Gewalt am Ausbruch hindern muß und aus dessen Schlot dennoch eine kleine Rauchsäule aufsteigt. »Du machst den Akkumulator leer« war der Rauch, und als sie nicht auf ihn hörte und sich nicht beirren ließ, sagte Vater, warum versuchst du es nicht mit der Drosselklappe? Das waren seine Worte, er sagte Drosselklappe und nicht Kaltstarter, wie der Rest der Welt, Akkumulator und nicht Batterie, und Mutter, die nicht zu spät zur Arbeit kommen wollte und der nicht einfallen wollte, was diese verdammte Drosselklappe ist, sagte, daß es an der Zeit sei, einen neueren Wagen anzuschaffen, und damit hatte sie vollkommen recht, denn unser Wagen war tatsächlich nicht mehr das neueste Modell, wir hatten ihn von Großvater übernommen, als dieser sich ein neues Auto angeschafft hatte, und der Wagen war total heruntergekommen, denn jedesmal, wenn Mutter ihn zur Generalreinigung an der Tankstelle abgeben wollte, sagte Vater, es sei eine himmelschreiende Verschwendung, Geld für eine Wagenwäsche auszugeben, wenn man die auch allein besorgen könne, aber am Ende kümmerte sich natürlich niemand um die Wartung, und es war ein Jammer, in welchem Zustand dieser Wagen sich befand.

So schlimm sah er aus, daß Saul von Mutter und Vater verlangte, wenn er von der Schule abgeholt wurde, drei Straßen weiter weg zu parken, damit seine Freunde nicht sahen, in was für ein Auto er einstieg. All ihre Argumente und Erklärungen, daß keinerlei Zusammenhang bestünde zwischen dem Wert eines Wagens und dem des Wagenhalters, halfen nichts. Der größte Schmock kann einen 500er Mercedes fahren und ein Genie einen R4, sagte Vater zu Saul (wir hatten einen R4), und nach kurzem Überdenken der Worte, die er gerade zum besten gegeben hatte, fügte er hinzu, daß es beinahe zwingend so sei, denn wer einen 500er Mercedes fahre, sei in jedem Fall ein Arschloch: A – fahre er einen deutschen Wagen; bei uns zu Hause kaufte man wegen Großmutters Holocaust nichts aus Deutschland, abgesehen von der Küchenmaschine, die Mutter einmal versehentlich als Sonderangebot erstand, worauf Vater ihr eine Riesenszene machte, und die jedesmal, wenn Großmutter und Großvater zu Besuch kamen, hinten im Schrank versteckt wurde, damit nicht Großvaters Gefühle verletzt wurden und er die Schrottkiste zurückforderte, die er uns geschenkt hatte, und B – müsse er einfach ein Arschloch sein, denn wer soviel Geld für ein Auto ausgeben könne, könne nur durch Ausbeutung oder Betrug drangekommen sein oder auf eine andere dubiose Weise; und ich sah Efrats Vater vor mir, der einen Mercedes fährt und von dem Efrat denkt, daß er Wer-weiß-was sei, dabei hat sie keine Ahnung, daß ihr Vater klammheimlich seinen Angestellten die Peitsche gibt und sie schamlos ausnutzt.

Willst du allen Ernstes behaupten, wenn ihr sauberes Geld hättet, das nicht von Ausbeutung stammt, wie du es nennst, sondern welches, das ihr im Toto oder Lotto gewonnen habt – würden deine Eltern trotzdem so eine Kiste fahren? fragte Inbal Saul einmal, und als sie »so eine Kiste« sagte, rümpfte sie ein wenig die Nase, als ob sie an saurem Kakao rieche; Saul schwieg beharrlich, und nachdem sie gegangen war, meinte er, daß es sich nicht lohne, Dinge Menschen zu erklären, die ohnehin nicht imstande seien, diese zu begreifen, worauf ich bei mir dachte, wenn das so ist, brauchen sie mich erst gar nicht zur Schule zu schicken.

Als Saul am Abend Vater und Mutter von dem Gespräch mit Inbal erzählte, fragte Vater, ob Inbal diejenige sei, deren Mutter jenen roten Mazda fahre, was Saul bejahte, und Vater meinte, er hoffe für sie, daß ihr Denkvermögen, wenn sie erst erwachsen wäre, ein wenig mehr Tiefgang habe als das ihrer Mutter, deren Verstand derart seicht sei, daß selbst eine Stechmücke ihn zu Fuß überqueren könne, ohne sich die Knie naß zu machen, und Satil, der sich gerade einen Löffel Fruchtjoghurt in den Mund schob, prustete vor Lachen und bespritzte jeden, der ihm gegenüber saß, hauptsächlich Nama, und wir lachten alle mit, bis auf Mutter, die sagte, daß es außerordentlich witzig sei, sich auf Kosten anderer Leute lustig zu machen, wo unsere finanzielle Lage schlichtweg miserabel sei, und es sei unerträglich, daß Vater, während wir nicht mal das Geld hätten, um eine kleine Schuld im Lebensmittelladen zu begleichen, und man sie Tag für Tag von der Bank anrufe, um zu fragen, was sie mit dem überzogenen Konto zu tun gedenke, sich eine Soundkarte für den Computer anschaffen und den Speicherplatz erweitern müsse. Auf einmal herrschte Spannung am Tisch – wie immer, wenn Vater und Mutter über Geld sprachen, oder besser gesagt über kein Geld, und Mutter anfing, ihre Berechnungen anzustellen, und die Liste der ausgestellten Schecks holte und den Taschenrechner und die bedrohlichen Auszüge, die die Bank uns per Post zuschickte und in die Vater niemals auch nur einen Blick warf, weil sie, wie er Nama mal erklärte, negative Zahlen enthielten, die gefährlich und ungesund waren.

Die Marotte, Berechnungen anzustellen, um genau zu wissen, woran wir sind, hat Mutter von ihrer Mutter geerbt, die nicht davon abließ, nicht einmal in ihren letzten Tagen, als man sie in dem normalen Krankenhaus nicht mehr behalten wollte, weil sie schon im Endstadium war

– was eine spezielle Bezeichnung ist, die man erfunden hat, um auszudrücken, wie grauenvoll es ist, am Ende des Lebens angekommen zu sein, und bei der es einem eiskalt über den Rücken läuft, wenn man sie langsam im Mund zergehen läßt – und weil Mutter es andererseits nicht zuließ, daß man ihre Mutter in eine Spezialklinik für Fälle im Endstadium brachte, wegen der Erfahrungen mit ihrem Vater, der dort wie ein Hund verreckt war.

Zunächst diskutierten sie, welche Regelung für Mutters Mutter zu treffen sei, aber letztendlich ließ man sie in ihrer Wohnung, denn zu uns konnte sie nicht ziehen, weil wir vierter Stock ohne Aufzug wohnen und Vater von dem Gedanken, jemand im Endstadium würde bei uns herumrennen, alles andere als entzückt war; er sei auch so schon zur Genüge deprimiert, aber er würde deswegen auch nicht gleich die Scheidung verlangen, und wenn es keine andere Möglichkeit gäbe, dann halt in Gottes Namen; und auch, weil Mutters Mutter es selbst nicht wollte; und bei Beatriz, Mutters mittlerer Schwester, kam es nicht in Frage, da war es schon besser, ihr gleich eine Kugel durch den Kopf zu jagen; und bei Monica, der jüngeren Schwester, ging es nicht, denn sie hatte eine Einzimmerwohnung, in der die Männer sich die Klinke schneller in die Hand drückten, als Monica die Strümpfe wechselte, die reinlich ist und Wert auf saubere Wäsche legt; so kam es, daß Mutters Mutter in ihrer Wohnung blieb, wo es einen Aufzug gab, den sie allerdings nicht mehr benutzte, bis sie von der Firma B. I. Kadischai-Bestattungen kamen, um sie nach ihrem Tod abzutransportieren, denn der Notarzt der Ambulanz hatte Mutter erklärt, daß sie keine Toten führen, sie würden nur den Totenschein unterschreiben, und Mutter fragte, wer fährt sie dann ab? Und er riet ihr, sehen Sie in den Gelben Seiten nach, und ging. Mutter begann die Gelben Seiten zu suchen, und dabei murmelte sie fortdauernd, qué cagada, das spanische Wort für shit oder bullshit, welches Vater benutzte, wenn er vergeblich nach etwas suchte, und schließlich fand sie sie tatsächlich nicht und ging kurz zu den Nachbarn, um deren Gelbe Seiten auszuleihen, und ich nutzte den Moment und ging wieder in das Zimmer ihrer Mutter, um sie mir genauer anzusehen, denn vorher, am Morgen, als wir die Wohnung betraten und Mutter sie sah und nach ihrer Mutter mamá, mamá rief und ihre Mutter nicht mehr aufwachte, erlaubte sie mir nicht, näher zu kommen, und befahl mir, das Zimmer zu verlassen und im Wohnzimmer zu warten, und als ich sie fragte, was passiert sei, gab sie keine Antwort, denn sie war furchtbar verstört, und sie rief den Roten Davidstern an, und nachdem sie aufgelegt hatte, ging sie zum Kühlschrank, um die Tropfen ihrer Mutter vorzubereiten, und plötzlich fiel es ihr wieder ein, und sie schüttete die Flasche in das Spülbecken und legte statt der Tropfen ihre Brieftasche in das Tiefkühlfach, und als sie sie später suchte, um B. I. Kadischai zu bezahlen, war ich es, der sie dort wieder herausholte.

Als ich in das Zimmer trat, sah Mutters Mutter aus, als ob sie einfach schliefe, und als ich ein wenig näher heranging, bemerkte ich eine lange Karawane von Ameisen, die aus einer Ritze zwischen zwei Bodenfliesen krochen und sich bis zum Fernsehtisch an der Mauer entlang vorwärtsbewegten, wo sie kehrtmachten, auf das Bett zumarschierten und einen seiner Pfosten erklommen, und als sie das Bettzeug erreichten, konnte ich sie nicht mehr sehen, denn sie hatten die gleiche Farbe wie die Decke, was ein hervorragendes Beispiel für optimale Tarnung war, und dann waren sie plötzlich auf dem weißen Laken, überwanden das Hindernis in Form von

Mutters Mutters Hand, verschwanden im dunklen Haar der Perücke, die auszuziehen Mutters Mutter offensichtlich vergessen hatte und die sich über das Kissen breitete, tauchten auf der fahlen Wange wieder auf, und von dort krochen sie ihr in den Mund und waren wie vom Erdboden verschluckt, und als ich versuchte, in den Schlund zu schauen, konnte ich nichts erkennen, und ich bedauerte bereits, daß ich neben dem Rekorder nicht auch eine Taschenlampe bei mir hatte, als ich auf einmal Mutter hinter mir kreischen hörte, was ich in dem Zimmer verloren hätte, und ich drehte mich um und sagte, deine Mutter hat Ameisen im Mund, worauf ihr die Gelben Seiten aus den Händen fielen, und sie sah aus, als ob sie drauf und dran wäre, in Ohnmacht zu fallen, aber sie fiel nicht, sondern rannte in die Küche und kam mit einem Handtuch zurück, und mir befahl sie, aus dem Zimmer zu gehen, und sie stürzte sich mit dem Handtuch auf die Ameisen, wobei sie wie wild um sich schlug, bis sie sich schließlich zum Mund ihrer Mutter vorgearbeitet hatte, den sie behutsam zu säubern begann.

Unterdessen trafen Vater und Monica ein und auch Amalia, Mutters Busenfreundin, und sie begannen zu streiten, wo in den Gelben Seiten man zu suchen habe, denn Entsprechendes war weder unter Tod noch unter Verstorbene verzeichnet, nicht unter Transportdienst und auch nicht unter Räumdienst, bis Vater schließlich unter dem Stichwort Bestattungsunternehmen fündig wurde, und die Anzeige, die ihm ins Auge sprang, war die vom B. I. Kadischai-Bestattungsinstitut, und er las hastig vor: »Wir erledigen für Sie sämtliche Formalitäten: Sterbeurkunde, Transport des/der Verschiedenen, Ausrichtung des Begräbnisses, Todesanzeigen, Busmiete, Blumenschmuck. Ein mobiles Telefon ist nach Geschäftsschluß mit diesem Anschluß verbunden, bitte gedulden Sie sich, wir rufen zurück, vierundzwanzig Stunden zu Ihrer Verfügung.« Und tatsächlich waren sie sofort am Apparat, aber erst nach vier Stunden trafen sie ein, und nur einer anstelle der angekündigten zwei Männer, denn der Partner hatte gerade eine Beschneidung, und darum mußte der eine Vater bitten, ihm bei der Verschiedenen, wie er Mutters Mutter nannte, zur Hand zu gehen, wozu Vater sich bereit erklärte. Sie wickelten Mutters Mutter in die Bettücher, in denen sie gelegen hatte, und wuchteten sie auf die Bahre, und irgendwie gelang es ihnen, sich aus dem Schlafzimmer zu zwängen, aber in der Ecke zwischen Flur und Wohnzimmer blieben sie stecken, und zwischen dem Mann und Vater kam es zu einer kleinen Meinungsverschiedenheit. Vater sagte, der Mann solle auf seiner Seite die Bahre ein Stück herunterlassen, und der Mann sagte, im Gegenteil, Sie müssen etwas tiefer gehen, ich weiß, wovon ich spreche, und Mutter hörte nicht auf zu sagen, daß sie nicht hinsehen könne, was sie jedoch nicht davon abhielt, weiter hinzustieren, und da entdeckte sie auf einmal, daß das, was die Bahre blockierte, die Hand ihrer Mutter war, die aus dem Laken ragte und gegen die Zarge schlug, und sie schrie auf, die Hand, die Hand, und der Mann regelte das mit der Hand und meinte, hören Sie, junge Frau, es ist besser, wenn Sie auf dem Balkon bei den anderen warten, denn Monica und Amalia hatten sich dort versammelt, und Mutter sagte, in Ordnung, aber sie hörte nicht auf, die Bahre anzustarren.

Zu guter Letzt gelang es ihnen, die Wohnung zu verlassen – als der Aufzug ein erneutes Problem darstellte, denn die Bahre paßte nicht hinein, und als sie versuchten, sie schräg zu stellen, wäre Mutters Mutter um ein Haar heruntergerutscht, und der Mann von B. I. Kadischai sagte zu Vater, Vorsicht, auf Ihrer Seite fällt die

Verschiedene gleich runter, und Vater schlug vor, die Treppe zu nehmen, aber in der Kurve der Treppe sagte der andere wieder, passen Sie auf, die Verschiedene, und schließlich glitt diese tatsächlich von der Bahre, aber nicht auf Vaters Seite, sondern auf der Seite des Mannes, und Mutter sagte, daß ihre Mutter sich an der Stufe den Kopf aufgeschlagen habe, wozu der von B. I. Kadischai meinte, macht nichts, die spürt nichts mehr, und Mutter sagte, sie sei am Ende, sie würde oben warten, und der Typ von Kadischai dachte einen Augenblick lang nach, und schließlich meinte er, Vater solle einen Moment warten, er würde kurz zum Wagen gehen und einen Leichensack holen; er ging, und Vater blieb, um auf Mutters Mutter achtzugeben, die auf dem Boden lag und die Tür des Aufzugs versperrte, und die Leute, die gerade ankamen und aussteigen wollten, konnten die Tür nicht öffnen, und Vater sagte ihnen, sie sollten noch ein Stockwerk höher fahren, und der Mann im Aufzug bemerkte, meine Frau ist in anderen Umständen, wozu Vater meinte, es wird ihr schon nicht schaden, ein paar Stufen runterzusteigen, und sie fuhren noch ein Stockwerk höher, kamen die Treppe runter, und der Mann fragte Vater aufgebracht, ob er keinen besseren Platz für sein Paket habe finden können, worauf Vater entgegnete, daß er den sehr wohl gefunden habe, und sie die Frage stellten, warum er es denn dann unbedingt hier ablegen mußte, worauf Vater zur Antwort gab, bei Ihrer Wohnung hat niemand aufgemacht, und der Mann fragte, ob das Paket denn für ihn sei, und das war genau der Augenblick, in dem er Mutters Mutters Hand bemerkte, die erneut aus dem Laken geglitten war, und er griff sofort nach der Hand seiner Frau und bat sie in warnendem Ton, nicht hinzusehen, denn es würde dem Baby schaden; die Frau glotzte jedoch wie hypnotisiert hin, bis der Mann sie hinter sich herzog und sie in ihre Wohnung flohen; in der Zwischenzeit kam der Mann von B. I. Kadischai mit einer schwarzen Plastiktüte zurück, die wie ein Müllsack aussah, und mit Vaters Hilfe steckten sie die Verschiedene in den Sack, verschlossen die Öffnung mit einem speziellen Gummi, luden die Verschiedene auf die Schulter des Mannes, der sie ein paarmal hüpfen ließ, bis sie eine für ihn bequeme Lage einnahm, worauf er meinte, leicht, sicher Krebs, und so gelang es ihm, sie in den Aufzug zu bugsieren, und das war das letzte Mal, daß ich Mutters Mutter zu Gesicht bekommen habe, denn bei der Beerdigung war sie schon von Kopf bis Fuß umwikkelt.

Bevor Mutters Mutter starb, mußte sie in ihrem Haus gepflegt werden, eine Arbeit, die meine Mutter und ihre beiden Schwestern, Monica und Beatriz, unter sich aufteilten, Monica Sonntag und Mittwoch, Beatriz Dienstag und Donnerstag und Mutter Montag und Freitag, und eine jede jeden dritten Schabbat, und wenn Mutter an der Reihe war, erlaubte sie mir hin und wieder, sie zu begleiten, unter der Bedingung, daß ich sie nicht mit Fragen quälte, aber mein Rekorder durfte mit.

Es war ein Unterschied, ob wir an einem Montag oder an einem Freitag kamen, denn montags kamen wir nach Monica, die Mutters jüngere Schwester ist und die sich gewissenhaft um ihre Mutter kümmerte; freitags allerdings kamen wir nach Beatriz, die die Mittlere ist, und die Mittleren haben bekanntlich Probleme, Beatriz jedoch ist, selbst unter diesem Gesichtspunkt, ein besonderes Kaliber, wie Mutter sagte, sie hat kein Verantwortungsgefühl, ist nicht ganz richtig im Kopf, und schon im Kindesalter brachte man sie für vier Monate in eine Heilanstalt, was sie bis zum heutigen Tag nicht überwunden hat, und die Elektroschocks, die man ihr zugefügt hat, verzeiht sie ihrer Mutter nie und nimmer, was sie in den Streitereien mit Mutter zu verstehen gab.

Komm mir nicht damit, daß ich Vater helfen soll, schrie sie, als ihr Vater noch am Leben war. Kannst du dir überhaupt vorstellen, was ein Elektroschock ist? Sie fragte Mutter zweimal, denn beim ersten Mal blieb diese ihr eine Antwort schuldig. Als Mutter die Augen niederschlug und nach dem zweiten Mal leise verneinte – denn alle fühlten sich sofort schuldig, daß sie selbst keine Schocks erhalten hatten, wodurch sie keinerlei Recht auf Mitsprache erworben hatten –, sagte Beatriz, daß sie es ja an einem von Mutters Kindern demonstrieren könne, denn sie war nicht viel älter als Sauli, als ihr mir das angetan habt. Mutter entgegnete, Beatriz, ich habe dir überhaupt nichts angetan, ich war damals schon an der Uni, und deine Situation war ... Hier brauste Beatriz abermals auf, man solle ihr nicht mit ihrer Situation kommen, denn ihre Situation sei völlig o. k., heute wie damals, und Mutter sagte vorsichtig, o. k., deine Situation war völlig o. k., und Beatriz spürte, daß Mutter allmählich klein beigab, und sie sagte, hier, du sagst es ja selbst, und aus welchem Grund habt ihr mich dann in diese Hölle gesteckt? Darauf schwieg Mutter, denn dieser Streit, der sich stets aufs neue wiederholt, hängt ihr längst zum Hals raus; aber am Ende, nachdem Beatriz wieder und wieder fragte, aus welchem Grund und mit welchem Recht und warum nur, versuchte Mutter es dennoch und sagte nochmals, daß sie damals schon im Studium gewesen sei; und Beatriz setzte ihr unheimliches Lächeln auf, neigte ein wenig den Kopf nach vorne, sah Mutter von unten durch Augenbrauen und Pony an und sagte, du willst mich wohl verarschen? Ich weiß genau, daß du sie gegen mich aufgehetzt hast, und wenn es soweit ist, hat Mutter keine Chance, im Grunde hat niemand die geringste Chance, wenn Beatriz einen ihrer Anfälle hat, und es bleibt einem nichts anderes übrig, als zärtlich mit ihr umzugehen, so zu tun, als sei alles in Butter, sich zu beherrschen und ihr nicht zu sagen, was man über sie denkt, und zu hoffen, daß sie endlich abkratzt oder wenigstens abhaut, denn es kann passieren, daß sie bis in die Morgenstunden bleibt und zusammenhangloses Zeug von sich gibt oder ein und dieselbe Sache, mit kleinen Abweichungen, wieder und wieder sagt: Denkt er etwa, wenn seine Frau eine Nutte ist, daß auch ich eine Nutte bin? Nein. Ich bin keine Nutte, auch wenn seine Frau eine Nutte ist, und auch wenn er denkt, daß ich eine Nutte bin, dann bin ich noch lange keine, und ich bin auch nicht seine Frau, und seine Frau ist nicht ich, auch wenn sie eine Nutte ist, auch wenn sie keine ist; und auch die meisten ihrer anderen Geschichten sind nichts für Kinder, wie ihre Erlebnisse in den Kneipen, vor allem das eine Mal, als sie jemanden abschleppte, der ihr nach einer guten Nummer aussah, als sie jedoch in ihrer Wohnung waren, fing er an zu zetern, als ob sie schuld daran sei, daß er impotent und ein Schlappschwanz war, und er schlug sie grün und blau, und er zwang sie, ihm einen zu blasen, und darum biß sie zu, und man mußte ihn zum Nähen ins Krankenhaus bringen, und darüber schrieben sie sogar in der Zeitung, daß die Ärzte in Ichilow in einer einmaligen Operation das Geschlechtsteil eines Mannes retten konnten, der im Verlauf eines Verkehrs Opfer eines Bisses geworden war; den Artikel schnitt ich aus und legte ihn zu der Kassette »Mutters Schwestern«, und um Beatriz aus der Haft freizubekommen, machte sich Mutter zusammen mit Amalia auf, die von ihrem schwulen Rechtsanwalt begleitet wurde, und alles, was Beatriz dem Richter sagte, als er sie fragte, wie es zu der Tat gekommen sei, war, daß man wissen solle, daß es sich nicht auszahle, sich mit ihr anzulegen, und wieder lachte sie und sagte, es sei besser, sich nicht mit ihr anzulegen, und sie lachte abermals, und dafür bekam sie noch mal eine Einweisung, und als sie aus der Klinik kam, war sie lange Zeit sehr still, und sie hatte traurige Augen, und ihr hübsches Gesicht quoll auf und bekam gelbe Flecken, und sie gab sich Mühe, höflich zu sein, und sagte für alles und jedes Dankeschön und Bitteschön, und es gelang ihr nicht, aufrecht zu stehen, und immer hielt sie sich ein wenig wie der Turm von Pisa, und was sie auch anpackte, machte sie ganz langsam, und selbst wenn sie geradeaus ging, schien sie etwas Schlagseite zu haben, und sie hob kaum die Beine vom Boden, und alle beteuerten, daß es diesmal wirklich so aussähe, als ob sie wieder zu sich fände, was sollten sie sonst auch sagen? Sie hatten sie dorthin geschickt, und weil man Geschehenes nicht ungeschehen machen kann, blieb ihnen nichts anderes übrig, als zu behaupten, daß es sich gelohnt habe, und als sie fühlten, daß sie damit vielleicht ein wenig zu weit gingen, sagten sie, daß es unumgänglich gewesen sei. Und eines Abends, nachdem wir alle dachten, Beatriz habe ins Gras gebissen – denn sie saß im Sessel, und ihre Augen bewegten sich nicht mehr, und es sah so aus, als ob sie nicht mehr atme, und wie sehr man sie auch ansprach, sie gab keine Antwort –, da schwor Mutter Vater, daß sie zu diesen Einweisungen kein Einverständnis mehr geben würde. Sieh nur, was sie mit ihr gemacht haben, sie haben sie ausgelöscht. Und Vater fragte, ob sie ihr lieber gewesen sei, als sie noch unter Dampf gestanden hatte, und Mutter fuhr ihn an, du mit deinem Zynismus, und Vater erhob sich von seinem Stuhl und umarmte sie ganz fest, und Mutters Laune wurde plötzlich ein wenig besser, und sie erzählte ihm, Amalia meinte zu dem Vorfall (so nannte man bei uns die Sache mit dem Biß – »der Vorfall« –, und man begann die Zeit einzuteilen in Perioden »vor dem Vorfall« und »nach dem Vorfall«), es sei bedauerlich, daß ihr selbst der Mut fehle, gegenüber einigen Männern ihres Bekanntenkreises Beatriz' Beispiel zu folgen, worauf Vater sagte, daß Amalia ihre eigenen Wege habe, es zu tun, und nicht nur nicht vor Gericht gestellt würde, sondern die Männer, die sie beschnitt, auch noch verklage, und Mutter fragte, was hast du nur gegen Amalia, und Vater sagte, sie ist kastrierend, ein Wort, das laut Lexikon das Entfernen oder Ausschalten der Hoden oder Eierstöcke bei Mensch und Tier bedeutet; und im Talmud stünde, daß der, der Mensch oder Tier kastriert, ob groß, ob klein, ob männlich oder weiblich, schuldig ist, und wer den Kastraten kastriert, verdient vierzig Schläge, was mir vorkommt wie der Dieb, der Diebesgut stiehlt, geht ohne Strafe aus, aber vielleicht irre ich mich auch.

Hin und wieder schlug Mutter Monica vor, Beatriz vom Dienst zu befreien, denn wenn sie einen ihrer Anfälle bekäme, während sie bei ihrer Mutter sei, sei sie zu allem imstande. Und mir fiel auf, daß Mutter uns tatsächlich nie mit ihrer Schwester allein ließ, und auch Vater ermahnte sie vor ihren Reisen ins Ausland stets, uns nicht Beatriz auszusetzen, denn Beatriz haßt Mutter über alles, und an Mutters Skizzen und Plänen hat sie ständig etwas auszusetzen, und jedesmal, wenn sie zu uns kommt, selbst wenn sie guter Dinge ist, endet sie damit, was für eine miese Architektin Mutter doch sei – was ganz und gar nicht zutrifft, denn Mutter hat bereits zwei internationale Wettbewerbe gewonnen, einen in Japan und einen in Zypern – und wie gehörig leid sie es sei, uns zu besuchen, wie ihr eure Gören verwöhnt, und wie ihr Vater unsere Mutter doch vorgezogen habe und wie er sie brutal verprügelte, weil Mutter sie verpetzt hatte. Die Hälfte von all dem Gerede hat sie sich ausgedacht und die zweite Hälfte ist mir unverständlich, denn wenn sie so sauer aufeinander sind, gehen sie zu schnellem Spanisch über, ohne Pausen zwischen den Worten, und man versteht nichts von dem, was Beatriz schreit und von dem, was Mutter leise, erregt zur Antwort gibt, und am Ende fängt Beatriz an zu fluchen und zu flennen, und dann, nachdem sie allen gründlich die Laune vermasselt hat, sagt sie, daß sie nicht länger stören wolle und daß es ihr furchtbar leid tue, daß sie ausgeflippt sei, und es gehe ihr gut, und um zu beweisen, wie gut, zieht sie einen vergammelten Lutscher aus der Tasche, um ihn Nama zu schenken, die durch das Gezeter wach geworden ist und angefangen hat zu weinen, und dann sagt sie, daß sie es eilig habe, nach Hause zu kommen, denn sie werde erwartet, und was sie dort erwartet, sind vier Straßenkater, eine halbsiamesische Katze, eine Wurst von einem Dackel und ein Aquarium voller Seetang, in dem man seit Jahren das Wasser nicht gewechselt hat und aus dem Mutter die Fischleichen fischen und ähnliche Exemplare an deren Stelle einsetzen mußte, als Beatriz in der Klinik war, und ein Gemälde, an dem sie schon zwei Jahre lang malt und das fertigzustellen ihr nicht gelingt, denn das ist Teil ihrer Erkrankung, nichts kann sie zu Ende bringen, und der Mief in ihrer Wohnung ist noch abscheulicher als der, der freitags über der Wohnung von Mutters Mutter lag, wenn wir sie nach Beatriz' Dienst betraten.

Wenn wir freitags in der Wohnung von Mutters Mutter ankamen, holte Mutter vor der Tür tief Luft, und erst dann steckte sie den Schlüssel ins Schloß, und wenn die Tür aufging, brach sofort der Gestank über uns herein wie die Brandung an einem Strand, über dem die schwarze Flagge weht, und Mutter knurrte, mierda, sie hat schon wieder nichts gemacht, und dann sagte sie zu mir, du bleibst besser draußen, bis ich gelüftet habe, oder geh runter in den Garten spielen, und ich weigerte mich und ging hinter ihr her und sah ihr und ihrer Mutter zu und nahm jedes Wort auf, denn nicht jeden Tag hat man mit Menschen zu tun, die jeden Moment den Geist aufgeben könnten.

Mutter riß die Fenster auf, schaltete Klimaanlage und Ventilator ein, half ihrer Mutter, sich im Bett aufzurichten, zog sie aus, was ich mir allerdings nicht ansah, denn sie war so knochig wie die, die man in den Haufen in Auschwitz gefunden hat, wusch sie und trocknete sie ab, streute ihr Puder auf den Hintern und zwischen die Beine, wie sie Nama frischgemacht hatte, als diese noch ein Baby war, und dann kleidete sie sie überaus behutsam an, spülte die versauten Kleider und Laken gründlich in der Badewanne aus, ohne sich auch nur ein bißchen vor der Kacke ihrer Mutter zu ekeln, und erst dann steckte sie die Wäsche in die Waschmaschine, denn bei Beatriz, die nicht darauf achtete, hatte sich einmal die Maschine verstopft, und die ganze Wohnung wurde überschwemmt, und die Nachbarn von unten riefen mitten in der Nacht an und beklagten sich über die Feuchtigkeit, und wir kamen in aller Frühe und fanden Badezimmer und Wohnzimmer voller Schaum, und es dauerte vier Tage, das Haus mit Hilfe der Heizung, der Klimaanlage und Mutters und Monicas Fönen wieder trockenzukriegen.

Während der gesamten Prozedur flüsterte Mutters Mutter gewöhnlich, qué vergüenza, qué vergüenza, was für eine Schande, was für eine Schande, denn es war ihr peinlich, daß sie in ihrem Alter ins Bett machte und man sie wickeln mußte wie ein Baby; ihr Spanisch konnte ich verstehen, denn sie sprach sehr langsam, und zwischen den Worten holte sie Luft und überlegte sich gründlich, ob sie das nächste Wort rausbringen sollte, denn auch im Mund hatte sie schreckliche Schmerzen, und dann schnüffelte sie mit der Nase in alle Himmelsrichtungen und sagte, se puede oler la muerte, was man kann den Tod riechen heißt, und Mutter sagte, hör auf damit, Mutter, und dann setzte sie sie auf den Balkon, und ich goß die Blumenkästen, und ihre Mutter versuchte, an den Blumen zu riechen, was ihr nicht gelang, auch wenn ich ihr einen Blumentopf mit Jasmin brachte und unter die Nase hielt, und sie bat mich, den Topf noch einmal zu gießen, um sich an den Duft der gepflügten, feuchten Erde zu erinnern, die sie in den Feldern von Moisés Ville gerochen hatte, wohin es ihren Großvater verschlagen hatte, nachdem es Baron Hirsch nach den großen Pogromen in Kischinew und in anderen Orten Rußlands eingefallen war, in Argentinien den Judenstaat zu errichten, und als sie noch ein kleines Mädchen war, schickte man sie auf das Feld, um ihrem Vater und ihrem Bruder das Essen zu bringen, das die Mutter gekocht hatte, und bevor man sie bemerkte, sah sie wie gebannt zu, wie Vater und Bruder die sechs Pferde führten, die den Pflug zogen, jeweils drei in einer Reihe, und man mußte ein wahrer Künstler sein, um über drei Kilometer eine gerade Furche zu ziehen, denn die beiden Pferde, die rechts außen waren, zertrampelten immer wieder die Erde, die zuvor gepflügt worden war, und hatten mehr Mühe als das restliche Gespann, und sie mußten unablässig mit den vier anderen Pferden die Balance halten, aber am Ende erlernte der Vater diese Kunst und zog die geradesten Furchen im gesamten Distrikt Santa Fé, und die Schollen, die sich aus der gespaltenen Erde wanden, waren feucht und verströmten den strengen Geruch der Erde nach dem ersten Regen, und die Krumen wimmelten von Gewürm, von Regenwürmern und den verschiedensten Erdbewohnern, und ein großer Möwenschwarm, der den Pflug begleitete, reihte sich in einer langen, schier endlosen Bahn auf den frischen Furchen auf, als ob man un collar infinito de perlas, was eine endlose Perlenkette ist, auffädelte, und wenn die nächste Furche gezogen wurde, erhoben sich die Möwen eine nach der anderen, angefangen bei denen, die am weitesten vom Pflug entfernt waren und die als erste ihr Mahl beendet hatten, bis zu denen in unmittelbarer Nähe des Gespanns, die als letzte satt geworden waren, und in einer Art Wellenbewegung, die sich zum Kreis schloß, stiegen sie hinab zu der neuen Furche, und wieder erhoben sie sich, landeten abermals, eine feine weiße Gischt, die der Pflug in der schwarzen See der schweren Erde hinter sich zurückließ; als Mutters Mutter innehielt, mir von ihrer Erinnerung zu erzählen, bat sie mich, den nassen Blumentopf wegzuschaffen, der ihr auf das Kleid zu tropfen begann, und als ich ihn an seinen Platz zurückgestellt hatte, sagte sie, daß es ein äußerst schlechtes Zeichen sei, wenn der Mensch keinen Jasmin mehr rieche und nur den eigenen Geruch wahrnehme, denn sich selbst zu riechen bedeute das Ende zu wittern, und an einem Ort, zu dem die Gerüche der Welt schon nicht mehr drangen, ginge das Leben zu Ende, und Mutter sagte, basta mamá, el niño está aquí, genug, Mutter, der Junge ist hier, und dann fragte ihre Mutter, ob der Junge spanisch spreche, und beide sahen mich an, und ich goß stur die Blumentöpfe, als ob nichts wäre, aber vom Zuhören und von kleinen spanischen Gesprächen mit Mutters Vater, als dieser noch am Leben war, und vom Nachschlagen all der Worte, die ich nicht kannte und die ich auf den Aufnahmen hörte, verstand ich fast alles, aber ich gab es nicht zu, damit sie nicht aufhörten, in meiner

Gegenwart über Dinge zu sprechen, die nichts für Kinder und deshalb die interessantesten von allen sind. Und dann bat ihre Mutter meine Mutter, ihr die Schublade mit den Rechnungen zu bringen, denn Freitag war der Tag, an dem die Bilanz der Woche gezogen wurde, und Mutter legte ihr die Schublade auf die Knie, und Großmutter machte sich daran, ihre Rechnungen zu überschlagen, vermerkte in einem Rechenheft, wieviel Geld diese Woche für dieses und jenes ausgegeben worden war und wieviel euch bleibt, wenn ich nicht mehr bin, und als sie sah, daß ein Batzen Geld draufgegangen war, weil die Medikamente so kostspielig und der Eigenanteil – ein Wort, das in keinem Wörterbuch steht – so hoch waren, sagte sie, sie wünsche, sie wäre schon tot, denn dann müßte dieses ganze Vermögen nicht länger por nada vergeudet werden, und Mutter sagte ihr noch einmal, genug, Mutter, es reicht, aber sie machte weiter, und am Ende war sie erschöpft und sagte, que la vida es una cuerda que se quema de los dos lados, daß das Leben eine Schnur ist, die von beiden Seiten verglimmt, und sie erklärte auch, warum sie das sagte, und ihre Erklärung war, daß der Anfang dir hinterherrennt, während das Ende sich von vorne nähert und durch nichts aufzuhalten ist, im Grunde sei man dagegen machtlos, und dann stöhnte sie vor Schmerz, und Mutter gab ihr ihre Medizin, und sie schlief mit offenem Mund ein, denn durch die Nase konnte sie schon nicht mehr atmen, und dann nahm Mutter die Schublade weg, brachte eine Baumwolldecke, deckte ihre Mutter zu und ging, um das Geschirr zu spülen, den Boden zu wischen, im Haus ein wenig Parfüm zu versprühen und Telefonate zu erledigen mit ihren lästigen Kunden, die ständig Wünsche äußerten, deren Schecks jedoch nicht gedeckt waren, und um mit Monica zu sprechen und ihr zu sagen, daß es zum Kotzen sei, in welchem Zustand Beatriz Mutter wieder einmal zurückgelassen habe; einmal, als sie gedacht hatte, Beatriz sei in normaler Verfassung, versuchte sie sogar, eine Bemerkung darüber zu verlieren, aber Beatriz fuhr ihr nur über den Mund und sagte, daß sie aufhören solle, sich bei ihrer Mutter einzuschleimen, denn sie würde eh nichts von der Erbschaft abbekommen, weil ihr, Beatriz, alles zustehe, was ihre Mutter nicht für die beschissene Krankheit verschleudern würde – als Entschädigung dafür, daß man ihr das Leben ruiniert habe, und daß Mutter sich besser um ihre Kinder kümmern solle und darum, wie sie ihren sexbesessenen Mann befriedigen könne, der alles, was sich bewegt, zu ficken versuche, inklusive ihre eigene Person, als Mutter in Japan gewesen sei.

In jener Nacht versuchte Mutter, aus Vater rauszukriegen, was genau passiert war, als sie in Japan war, und Vater sagte, gar nichts ist passiert, und Mutter fragte, hast du es mit ihr getrieben oder nicht? Und Vater sagte, du bist völlig übergeschnappt, ich würde mit dieser Psychopathin nicht mal ins Bett gehen, wenn man mich dafür bezahlte, und Mutter fragte, was dann los gewesen sei, und Vater antwortete, sie hat versucht, mich zu vergewaltigen, aber ich habe sie rausgeschmissen, und Mutter fragte, bist du sicher? Und Vater sagte, ja, er sei sicher, und Mutter sagte, daß sie bereit sei, ihm alle möglichen Geschichten zu verzeihen, aber wenn er sie diesmal belüge ... Und sie wurde still, und ich dachte, daß es besser sei, wenn auch Vater schweigen würde, damit ihm dieses schmutzige Geheimnis, das ich nicht mal niederzuschreiben wage, am Ende nicht noch rausrutscht; aber Vater sagte, was willst du von mir, soll ich dir schwören? Und ich hoffte, Mutter würde es nicht wollen, denn eine Lüge zu beschwören kann böse Folgen haben, und Mutter sagte, das Problem ist, daß ich dir einfach nicht mehr glauben kann, selbst wenn du schwörst, was einerseits ein Glück war, denn Vater mußte nicht umsonst einen Meineid schwören, aber auf der anderen Seite tat es ihm schrecklich weh, daß sie ihm nicht vertraute, denn trotz aller Schwierigkeiten, die er ihr machte, liebte er sie sehr, und er wollte, daß sie ihm glaubt, und wie sollte sie ihm ohne Schwur glauben? Dann wurden sie still, und nach einer Weile fragte Vater, ob die Vernehmung nun beendet und ob er frei sei, denn er wolle weiterarbeiten, und das sagte er schon in bösem Ton, und Mutter sah ihn nur an, stand auf und ging aus seinem Arbeitszimmer, und er schloß die Tür hinter ihr ab, denn er war in einer schlechten Phase, und in solchen Krisen schlief er im Arbeitszimmer und nicht im Bett mit Mutter, und es war ratsam, ihm nicht zu nahe zu kommen.

Als Mutter zurück in die Wohnung gegangen war, um zu putzen und zu telefonieren, trat ich auf dem Balkon ganz nah an ihre Mutter heran, um sie genau beobachten zu können und um ihre Atemzüge aufzunehmen, die sich bis heute auf der Kassette »Mutters Mutter« befinden, und ich sah, daß die Haut, die sich über ihr Gesicht spannte, beinahe durchsichtig war, und ich bekam es mit der Angst zu tun, daß sie mich vielleicht auch durch die geschlossenen Augenlider sehen konnte – denn auch ihre Lider schienen durchsichtig zu sein –, während ich, weil ich außerhalb stand, im Licht, und ihre Augen innen waren wie hinter Gardinen im Dunkeln, sie nicht sehen konnte, so wie jemand, der in einem dunklen Zimmer steht, durch das Fenster einen anderen sehen kann, der draußen im Licht steht, der umgekehrte Fall jedoch unmöglich ist, was Saul und ich ausprobierten, als er es im Naturkundeunterricht durchnahm.

Ich hielt das Mikrophon schnell bis einen Millimeter vor ihre Augen, um sicherzugehen, daß sie wirklich eingeschlafen war, und erst nach mehreren Tests, als ich mich überzeugt hatte, daß ihre Lider nicht flackerten, fing ich an aufzunehmen und sie zu begutachten, und ich dachte, wenn sie sich jetzt ausziehen würde, könnte man unter ihrer durchsichtigen Haut das Herz und die Lunge und die Leber und die Milz und alle kranken Drüsen sehen, wie bei der Plastikpuppe des menschlichen Körpers im Biologiesaal, vielleicht würde es in ihr auch anders aussehen, denn man hatte ihr schon jede Menge Teile rausgeholt, und sie war zu una máquina rota geworden, eine Maschine, die hinüber ist, und die Frage war, warum Gott sie noch weiter laufen ließ, denn von sich aus wollte sie längst nicht mehr, seit dein Vater tot ist, wie sie Mutter in den letzten Wochen ihres Lebens immer wieder sagte.

Von diesen Besuchen weiß ich auch, welchen Geruch der Tod hat, denn dem Lüften, Putzen und Waschen zum Trotz konnte ich sie riechen, wenn ich in ihre Nähe kam, und ich verstand genau, was sie meinte, als sie zu Mutter sagte, qué olor, qué olor, was für ein Geruch, was für ein Geruch, denn es war haargenau jener Geruch, den Mutters Vater an sich hatte, als er im Endstadium war, und von dem ihre Mutter sich anscheinend den Krebs eingefangen hatte, was mich ein wenig beunruhigte, denn ich hatte sowohl sie als auch ihn berührt, und er hatte mir überdies mehrere feuchte Küsse gegeben – zwei pro Gesichtshälfte, wenn ich kam, und zwei pro Seite, wenn ich ging, denn so küssen sich die Männer in Südamerika, wenn sie sich treffen und wenn sie sich verabschieden, wobei Spucke bekanntlich Krankheiten überträgt, und das war noch nicht alles, ich hatte in seiner unmittelbaren Nähe auch Atem geholt, denn ich saß dicht bei ihm und half ihm, die Briefmarken, die er aus aller Welt erhielt, vorsichtig in seine Alben zu legen, weil bei ihm die Hände schon furchtbar zitterten, aber auf die Arbeit mit den Briefmarken verzichtete er nicht, und einmal im Monat sprach er mit seinem Partner, Billy Boy, in Buenos Aires, der gar kein Junge war, sondern sogar älter als Mutters Vater, und der nur wegen des Sombreros, den er trug, so genannt wurde und der derjenige war, der ihr Geschäft in Lavalle weiterführte und den Stand im Parque Rivadavia, dem wichtigsten Treffpunkt der Briefmarkensammler Südamerikas, vielleicht der ganzen Welt; das Verheerendste, unter gesundheitlichen Aspekten, war, daß er mir beibrachte, falsche Briefmarken am Geschmack ihrer Kleber zu erkennen. Er leckte gewöhnlich, und nach ihm leckte ich, und wir stellten Vergleiche an mit Hilfe einer Marke, von der er vermutete, sie könne eine Fälschung sein, und wieder leckte er und leckte ich, und als ich zu ihm qué siento la diferencia sagte, was daß ich den Unterschied schmecke hieß, lächelte er breit und war glücklich. Aber nachdem auch Mutters Mutter gestorben war, machte ich mir furchtbare Sorgen, daß ich mich vielleicht bei den beiden angesteckt haben könnte, hauptsächlich wegen des Briefmarkenleckens, und als Vater nach dem Begräbnis fühlte, daß etwas bei mir nicht in Ordnung war – denn wenn er in einer guten Phase war, merkte er sofort, was wir fühlten – und mich fragte, was los sei, erzählte ich ihm, daß ich jetzt wohl auch den Krebs bekommen würde, und er lachte und nahm mich in den Arm und erklärte mir, daß Krebs keine ansteckende Krankheit sei und es lediglich ein paar Ärzte gebe, die meinten, wenn zwei Menschen einander sehr verbunden wären und einer von ihnen an Krebs sterbe und der Übriggebliebene es nicht schaffe, ohne ihn zurechtzukommen, und ihn sehr vermisse, dann könne es vorkommen, daß der zweite an der gleichen Krankheit erkranke, und das ist es, was Mutters Mutter passiert sein muß.

Sicher würde es mir auch so gehen, wenn Vater und Mutter tot wären: Ich würde die gleiche Krankheit kriegen wie sie; und allein von dem Gedanken, daß sie einmal nicht mehr sein würden, wurde mir schummrig und speiübel, und ich fiel beinahe in Ohnmacht, und ich betete zu Gott, daß er mich vor ihnen um die Ecke bringen solle, und dann fielen mir plötzlich all die guten Dinge ein, die den Menschen passierten, die so eng miteinander verbunden waren, wie das, was mit Vater geschah, als Mutter mit Nama schwanger war, wie er dick wurde und wie er Sodbrennen bekam und Natrium trank und im Kreißsaal zusammen mit ihr vor Schmerzen schrie, und als Nama schon herauskam, wollte er aufstehen, aber sein Kopf war blutleer, und der Arzt sagte ihm, setzen Sie sich, Sie sind kreidebleich, aber Vater winkte ab, und er konnte gerade noch zwei Schritte machen, bekam einen Schwindelanfall und stürzte mit dem Kopf auf die Bettkante, und sein Glück war, daß es im Krankenhaus passierte, denn er zog sich eine Platzwunde am Kopf zu, aber man konnte ihn direkt zum Nähen bringen, und am Ende verließ er das Krankenhaus nach Mutter und Nama.

Mutter ging die Rechnungen durch und zählte die Ausgaben zusammen. Sie rechnete und murmelte, wie schaffen wir es, solche Summen zu verheizen? Und ich stellte mir eine Art Ofen vor, wie man sie uns in einem Film über den Holocaust gezeigt hatte, aber dort waren keine Nazis am Werk, sondern Vater, Nama und ich, und wir schleppten Bündel um Bündel mit Scheinen von einem großen Haufen an und warfen sie in den Ofen, und Saul und Mutter machten nicht mit, denn sie sind sparsam und denken eine millionmal nach, bevor sie die Hand in den Geldbeutel stecken, und wenn es schließlich doch einmal vorkommt, ziehen sie sie häufig leer wieder heraus und behaupten, daß man auch ohne dies und das zurechtkommen kann.

Mutter stellte Berechnungen an, und Vater geriet unter Druck, denn er notierte nie, wieviel er wofür ausgegeben hatte, und seine einzige Verbindung zur Bank war der Geldautomat, an dem er wie an einem Tropf hing, wie Mutter sagte, wenn sie ihn aus heiterem Himmel fragte, wofür die achthundertvierundzwanzig Schekel, die am Siebzehnten des Monats ausgegeben wurden, eigentlich draufgegangen waren, und er versuchte, sich zu erinnern, und wir alle sahen ihn an, Saul wütend und ich mitfühlend, denn ich glaubte ihm, daß er wirklich nicht mehr wußte, wofür er das Geld ausgegeben hat, wie könnte er, bei den Mengen, hatte er etwa einen Großrechner im Hirn? Und Mutter meinte, daß das ausgesprochen, ausgesprochen verantwortungslos sei.

Wenn es zu diesen Szenen kam, antwortete Vater ihr gewöhnlich, was willst du machen, du hast dich mit einem verantwortungslosen Kerl eingelassen? Und Mutter flüsterte, daß sie sehr wohl etwas machen könne, und es klang wie eine Drohung, und wir, das heißt Sauli, Nama und ich, spalteten uns in zwei, genauer in drei Lager: ich und Vater, Mutter und Nama, obwohl Vater ihr kaufte, was sie wollte, und Saul, der es der ganzen Welt recht machen muß – ein bißchen wie die UNO –, ein wenig Vater und ein wenig Mutter.

Armer Sauli. Mutter sagte, daß sein Sinn für Gerechtigkeit derart entwickelt sei, daß man schon sehen könne, wie er ihn einmal zu Fall bringe. Ich verstand nicht genau, was sie meinte. Ich hatte es nur per Zufall gehört, wie ich einiges mitbekomme, wenn ich Leute ohne ihr Wissen aufnehme; richtig seltene Aufnahmen besitze ich, wie die von der Feier, die wir Großmutter zu ihrem siebzigsten Geburtstag bereiteten, als Großvater sich betrank und erzählte, wie er Großmutter kennenlernte, die bei der Aufnahme ständig scht, scht... macht. Aber es half ihr nichts, und er erzählte und erzählte, wie die Juden darauf beharrten, daß man bei der britischen Armee eigene Einheiten für sie schuf, um gegen die Deutschen zu kämpfen, womit die Briten zunächst nicht einverstanden waren, weil es auch unter ihnen viele Antisemiten und Araberfreunde gab, aber schließlich willigten sie doch ein, und wer sich einbildet, daß es sofort eine jüdische Brigade gab, der liegt schief. Am Anfang wurden die Freiwilligen zu den Minensuchtrupps und den motorisierten Einheiten abkommandiert, und zu einer Marineeinheit, die den Hafen Bengasi betrieb, nachdem er besetzt worden war. Und Großvater kam in die Royal Compagnie Nummer 738, die ein Pionierkorps war, obwohl all seine Freunde aus der Bejtar aus Rosch Pina, die sich zur britischen Armee gemeldet hatten, zur Kompanie Nummer vier abkommandiert wurden, einschließlich Dov Gruner, aber weil Großvater es vor dem großen Krieg geschafft hatte, zwei Jahre an der Technischen Hochschule in Warschau zu studieren, redete man ihm zu, daß er mit seinem Wissen mehr für die Sache tun könne, was er letztlich nicht bereute, denn die Jungs von der vierten Kompanie, die Damen mögen mir verzeihen, haben nichts weiter getan, als sich die Eier zu kratzen, während seine eigene Kompanie zur Achten Armee stieß, die im Krieg Außerordentliches geleistet hat, und so war es dazu gekommen, daß er die meiste Zeit mit den Leuten von der Mapai zubrachte und feststellen mußte, daß es auch unter ihnen Menschen gab.

Zunächst waren sie mit unwichtigen Dingen betraut, wie dem Bau von Artilleriestellungen in Port Said, die verhindern sollten, daß die Nazis durch den Suezkanal drangen und Erez Israel von Süden her besetzten, um danach womöglich weiter bis nach Indien vorzustoßen und sich im Fernen Osten mit den Japanern zusammenzutun. Aber später nahmen sie an den großen Pendelgefechten gegen Rommel in El Alamein teil, die so genannt wurden, weil es einmal dem Fuchs Rommel gelang, Montgomery zurückzuschlagen, und einmal dem Tiger Montgomery, Rommel in die Wüste zu jagen, bis schließlich Rommel ein wenig schwächer wurde und Montgomery ein wenig stärker und der große Sturmangriff gegen die Deutschen in Nordafrika stattfand und ihre Kompanie zusammen mit den Minenräumkommandos alle Hände voll zu tun hatte, denn die Deutschen hatten in dieser ganzen gottverlassenen Wüste Minenfelder über Flächen gepflanzt, die um ein Vielfaches größer waren als Groß-Israel, und es solle Großvater keiner weismachen, daß in unserem Zeitalter Gebiete keine strategische Bedeutung hätten, und diese Minenfelder zu überqueren war eine äußerst delikate Angelegenheit, denn zuerst mußten die Minen gefunden und Wege für die Armeen Montgomerys gezeichnet werden, der ein fähiger britischer General war und der wußte, daß der Feind Englands die Nazis waren und nicht der Ezel; und diese Drecksarbeit fiel dem Pionierkorps zu, und es kam zu Zwischenfällen, in denen Menschen vor Großvaters Augen in die Luft flogen, wie zum Beispiel der bedauerliche Fall des Brigadiers Hermann Kisch, der ein jüdischer General war, Hauptmann des Pionierkorps der Achten Armee und ein Sympathisant der Zionisten, und der wie ein Held im Minenfeld in der Mareth-Linie gefallen ist; und in einem anderen, ähnlichen Fall erhielt Großvater eine Auszeichnung, weil er den Kommandanten seiner Kompanie aus einem Minenfeld befreite, der mit einem Jeep über eine Mine gefahren war; und bis vor zwei Jahren versäumte dieser es nicht, Jahr für Jahr am sechsundzwanzigsten Januar, dem Tag, an dem Großvater ihm bei Medenine in Tunesien das Leben rettete, Großvater eine Grußkarte mit dem Wappen seiner adligen Familie zu schicken – zwei Löwen, die sich mit den Vorderpfoten an eine große Marmorsäule lehnen, auf der eine Frau steht, auf deren Finger mit ausgebreiteten Flügeln eine Taube in Startposition sitzt, und immer schrieb er die gleichen Worte: My dear lieutenant. I'll always be grateful. Your Colonel Sir Thomas Fleming. Mein lieber Leutnant. Ich werde Ihnen ewig dankbar sein. Ihr Oberst. Sir Thomas Fleming bleibt Sir Thomas Fleming, auch auf hebräisch.

Im vergangenen Jahr, am gleichen Tag, hatte Großvater jedoch einen Brief von Lady Fleming erhalten, die ihm mitteilte, ihr Mann sei in hohem Alter verstorben und habe Großvater auch in seiner Todesstunde nicht vergessen und darum gebeten, daß man Großvater tausend Pfund Sterling überweise, was ungefähr fünftausend Schekel sind, zugunsten irgendeines öffentlichen Zweckes, der Großvater am Herzen liege, denn es war ihm noch in Erinnerung, daß Großvater politisch engagiert war und sich mit allen übrigen israelischen Soldaten in der Kompanie angelegt hatte; Großvater überwies das Geld an das Ezel-Museum in Jaffa, und Vater sagte, daß dies ein Beispiel für poetische Gerechtigkeit sei, und als ich ihn fragte, was er damit meinte, wurde er nachdenklich und sagte, daß er es mir anhand eines Beispiels erklären würde, und das Beispiel, das er mir gab, handelte von einem Fischhändler, dessen Ware in seinem Laden verdarb; er wollte aber keinen Verlust einstecken, und anstatt die Fische wegzuwerfen, verkaufte er sie wie üblich, und am Abend wollte er das Geschäft feiern und lud seine Frau in ein teures Restaurant ein, ohne zu wissen, daß der Restaurantbesitzer seinen Fisch aus einem Laden bezog, der von dem Händler beliefert wurde, und sie bestellten Fisch und verdarben sich den Magen, und die ganze Nacht verbrachten sie mit heftigen Durchfällen auf dem Klo, und am Ende mußte man ihnen sogar den Magen auspumpen, und alle fragten Vater, ist dies eine Geschichte für den Tisch? Und Adams Frau, die Frau von Vaters großem Bruder, sagte, daß es ihr von dieser Geschichte hochkäme, worauf Vater sie ansah, als ob ihm wegen ihr das Kotzen käme, denn er konnte sie nicht ausstehen und beim besten Willen nicht nachvollziehen, wie sein Bruder Adam in diese Falle namens Nurit treten konnte, denn solch eine Strafe hatte nicht mal der rechteste Likud-Anhänger verdient, da war es schon besser, in den Abwasserschacht zu fallen als ihr in die Hände, und er war schon im Begriff, ihr etwas zu erwidern, aber genau da ging das Licht aus, und Mutter und Sarah, Großmutters jüngere Schwester, betraten das Zimmer mit der Geburtstagstorte, in der siebzig Kerzen steckten, und alle stimmten ein fröhliches Geburtstagslied an, und die Torte stellten sie vor Großmutter und hießen sie, die Kerzen auszupusten, und Großmutter war ganz aufgeregt, und die Kerzen in der Torte spiegelten sich in ihren blauen, glänzenden Augen, und sie sagte zu Sarah und Alma, diesmal habt ihr übertrieben, und wo sie so viele Kerzen aufgetrieben hätten, und Vater sagte, daß es in der Tat gar nicht so einfach gewesen sei, da Großmutter mit dem Haufen Lebensmittel und den Tonnen von Polyäthylen zum Abdichten von Türen und Fenstern während des Golfkrieges alle Kerzen aufgekauft hätte, und so sehr sie auch versuchte, ihre Marotte zu überwinden, in Krisensituationen zu hamstern, eine Angewohnheit von der sie selber sagte, daß sie unanständig sei, wollte es ihr nicht gelingen, und sie antwortete Vater, daß sie genau aus diesem Grunde nachgefragt habe, und Vater sagte, sie hätten eine Kerzenfabrik geplündert, und dann holte Großmutter tief Luft und pustete ein paarmal, bis die Kerzen gelöscht waren, und Nama fragte, ob sie auch nicht vergessen habe, sich etwas zu wünschen, was Großmutter verneinte und sie wollte Nama schon preisgeben, wie ihr Wunsch lautete – aber Nama sagte ihr, daß man es nicht verraten dürfe, denn sonst ginge der Wunsch nicht in Erfüllung, und Großmutter machte sich daran, die Torte anzuschneiden und die Stücke auf die kleinen Tellerchen zu legen, die Adam und seine Frau ihr geschenkt hatten und die nun herumgereicht wurden, als es Adams Sohn einfiel, daß Großvater mitten in der Geschichte steckengeblieben war, und er solle bitte weitererzählen, denn es sei spannend gewesen, und Großvater nahm noch ein Gläschen, und Großmutter zog ihm die Flasche weg und sagte genug, dein Blutdruck, worauf Großvater meinte, neue Forschungen hätten ergeben, daß Wein sich gerade günstig auf den Blutdruck auswirke, und Großmutter erwiderte, daß sie sich vorstellen könne, wer diese Forschungen finanziert habe, selbst wenn etwas daran sei, gehe es nicht um die Mengen, die Großvater an diesem Tag intus habe, schon gar nicht nach dem Genuß von fast einer halben Flasche Wodka, und alle sagten Großmutter, daß sie einen Ehrentag habe und ruhigen Gewissens auch mal ein Auge zudrücken dürfe, worauf Großmutter meinte, sie wolle ihren Mann nicht ausgerechnet an ihrem Geburtstag zu Grabe tragen; Großvater trank unbeirrt weiter, denn er wollte zur Hauptsache kommen, nämlich dazu, wie er Großmutter kennengelernt hatte, aber vor der Hauptsache wollte er ein wenig über sich und die Tage erzählen, an denen man nicht nur über Geschichte sprach, sondern an denen man sie machte, er trank und fragte, wo war ich stehengeblieben, und von allen Seiten riefen sie ihm zu, daß er in Tunesien stehengeblieben war, und Großvater fiel ein, daß er die Lager in Bengasi und Homs übersprungen hatte, die sie auf ihrem Weg befreiten und in denen es den Nazis nicht mehr gelungen war, die Juden umzubringen, und wie sehr es ihn aufwühlte, daß er ein jüdischer Soldat war, der seine Brüder befreite, und er ließ sie Beitrittsformulare zur Bejtar-Bewegung unterzeichnen, die in seinem Rucksack allzeit in Bereitschaft lagen, und er gründete in seinem Zelt eine Hachschara, die er Kibbuz Nimrod nannte, Großvaters Lieblingsname, und es gelang ihm, ihnen die erste Strophe der Bejtar-Hymne beizubringen; aber als sie den Text endlich kapiert hatten, waren sie so begeistert, daß sie ihn lauthals zu grölen begannen, und als sie zu der Zeile »Die gefangene Bejtar/Jodfat und Massada/ werden sich mutig und stolz erheben« kamen, wurden sie in den umliegenden Zelten gehört, und sofort rannten die Gerechten aller Gerechten herbei, und es entbrannte ein heftiger Streit mit dieser halben Portion von Chenkin aus dem Kibbuz Ein Charod, aus der Zeit, in der Ein Charod noch ein vereinter Kibbuz war und sich noch nicht gespalten hatte, wie sich später alle Kibbuzim wie die Amöben oder Pantoffeltierchen teilten, vielleicht ist das die Krankheit der Linken schlechthin, daß sie keine Einheit kennen und sich immerfort zersplittern und zersplittern, und wenn du denkst, daß keine weitere Teilung mehr möglich ist, wie die Wissenschaftler es früher über das Atom dachten, weil die kleinste Einheit, in die sich ein politischer Körper teilen kann, bereits erreicht ist, kommt es plötzlich noch zu einer weiteren Spaltung, um zu demonstrieren, daß Marx und Engels wenigstens in einer Sache recht hatten, nämlich als sie behaupteten, daß die Gesetze der Natur und die der Politik ein und dieselben seien, und das Problem ist, daß die Linken mit ihren verrückten Ideen nicht nur sich selber zersetzen, sondern gleichsam das gesamte Geflecht und somit die Fundamente der gesamten israelischen Gesellschaft zerstören, und als er das sagte, schaute Großvater absichtlich Vater und Mutter an, um zu sehen, ob sie ihm nun ins Gesicht sprangen, und Mutter sagte, ich werde mich an Miriams Geburtstag nicht von dir provozieren lassen, ich erinnere dich nur daran, nicht zu vergessen, die Nachrichten zu verfolgen, wie du es in den letzten Tagen häufig vergißt, denn auf eurem Parteitag sind noch ein paar neue Lager entstanden, und Großvater sagte, wir trennen wenigstens den Saal, in dem unser Parteitag stattfindet, nicht mit Stacheldraht ab, wie man es im Speisesaal von Ein Charod gemacht hatte, und Adam sagte, vielleicht können wir zur Abwechslung einmal einen Abend ohne Politik verbringen, und die Mehrheit schlug sich auf seine Seite, und sie sagten, laßt heute die Politik aus dem Spiel, und Großvater und Mutter beugten sich der Mehrheit, und Großvater kam auf seinen Kibbuz Nimrod zurück, der am selben Abend, an dem er gegründet wurde, zerschlagen wurde, denn die halbe Portion hatte gebrüllt wie am Spieß und ein paar Halbstarke angeschleppt, die man damals Schlägertrupps nannte, und es gab eine Rauferei, und darauf folgte eine Untersuchung durch den Kommandanten der Kompanie, der alle ein Papier unterzeichnen ließ, das besagte, daß in der Kompanie keine politische Missionararbeit mit den Juden, auf die sie stoßen würden, gestattet sei, nur humanitäre Hilfe, und im Namen der Arbeiterbewegung unterschrieb Saul Feigenbaum, der ihr ungekröntes Haupt war und später im Kabylei-

Gefecht ums Leben kam, und im Namen der Bejtar unterzeichnete Großvater, weil er der einzige Bejtar-Vertreter war, aber wenn ihr meint, daß die Sozis den Vertrag einhielten, als wir nach Europa kamen, dann seid ihr schief gewickelt, sagte Großvater. Sie gingen nach dem System von Nikolai dem Ersten und seinen Kantonisten vor, jüdischen Kindern, die von den Russen entführt und in Militärinternaten erzogen wurden und die die Russen dort tauften und im Alter von achtzehn Jahren für fünfundzwanzig Jahre zum Militär schickten, wo sie in der Regel vergaßen, daß sie einst Juden gewesen waren, von Einzelfällen einmal abgesehen, wie dem Vater von Joseph Trumpeldor. Und genauso machten es die Sozis von der Mapai nach dem Holocaust: Sie entführten Kinder, unterzogen sie einer Gehirnwäsche und erzogen sie in ihrem Sinne, ohne sie darauf aufmerksam zu machen, daß es andere Möglichkeiten gab, und Salvino war das beste Beispiel, das Großvater dazu einfiel, und Großmutter, die weiter an der riesigen Torte säbelte und ab und zu das Messer in ein Schälchen Wasser tauchte, damit die Schnitte glatt wurden, sagte leise, daß man in Salvino Dienst an der Menschheit praktiziert und verlorene Seelen gerettet habe und menschliche Wracks wieder aufrichtete, worauf Großvater aufgebracht fragte, und wohin brachten sie all diese verlorenen Seelen? Wohin? In ihre Kibbuzim, wo sie bis zum heutigen Tage herumspuken! Und dann sagte Großmutter, ihr seid auch nicht untätig gewesen, ihr habt Menschen verpflichtet, nach ihrer Ankunft in Israel eine Beitrittserklärung zum Ezel zu unterschreiben, und Großvater fuhr in die Höhe und fragte, was willst du? Sollte ich zusehen, wie sie Unmündige indoktrinierten, mit ihrer Propaganda umgarnten und elende Flüchtlinge, die nicht wußten, wo rechts und links ist, auf ihren politischen Glauben tauften? Worauf

Vater sagte, Unmündige zu indoktrinieren, mit Propaganda zu umgarnen und auf seinen Glauben zu taufen sind drei Formulierungen für ein und dieselbe Sache, warum, verdammt noch mal, mußt du immer alles dreimal sagen? Und Großvater antwortete, vielleicht damit es dir ein für allemal in den Schädel geht, und alle baten wieder, nicht in die Politik abzuschweifen, wenigstens nicht an Großmutters Geburtstag, und Großvater sagte, daß nicht er es sei, der in die Politik abschweife, Alma und Assi drängten ihn förmlich dazu, und Mutter sagte, daß sie nicht wisse, was er von ihr wolle, sie sitze nur still da; und Abram, Vaters jüngster Bruder, der gerade einen Teller mit Kuchen bekam, schob diesen ein wenig zur Seite, denn er ernährt sich glattkoscher, und es half nichts, daß Sarah ihm versicherte, alle Zutaten, aus denen sie die Torte gebacken habe, stünden unter der höchsten Koscherbewachung, und daß sie extra nach Bnej Brak gefahren sei und dort alle Zutaten gekauft habe, damit auch ihr sie genießen könnt, und Abram lächelte betreten und meinte, daß es für sie schon schön genug sei, im Kreise der Familie zusammenzusitzen und Großmutters Geburtstag zu feiern, und er bat, keine große Sache zu machen aus dem, was sie äßen und was sie nicht äßen, denn man habe sich schließlich bereits millionenmal vorgenommen, keiner möge danach trachten, dem anderen etwas aufzuzwingen, und jeder solle jedem seinen Glauben lassen. Und bevor einer ihm darauf eine Antwort geben konnte – denn nach solchen Sprüchen fielen sie gewöhnlich von allen Seiten über ihn her, insbesondere aus der Richtung von Mutter und Adam, die ganz entschieden gegen die Religiösen sind –, fragte er Großvater hastig, was ist am Ende aus deinem Kibbuz geworden, und Großvater fragte langsam, von welchem Kibbuz sprichst du? Abram hatte bereits begriffen, daß er vom Regen in die Traufe kam, aber es blieb ihm keine Wahl mehr, und er antwortete, von dem Kibbuz in Bengasi, und Großvater fragte noch langsamer, von welchem Kibbuz in Bengasi? Abram wurde still, Großmutter hörte auf, das Messer in das Wasser zu tauchen, aber sie schnitt weiter, und die Stücke klebten ihr an der Schneide, und sie sah Großvater und Abram angespannt an, und Großvater fragte, ob er den Kibbuz Nimrod meine, und um den Tisch herum herrschte plötzlich betretenes Schweigen, denn Nimrod war der Name, den Großvater und Großmutter Abram bei seiner Geburt gegeben hatten, und als Abram religiös wurde, hatte ihm Rabbi Frank von der Or Same'ach Talmudschule vorgeschlagen, sich künftig nicht mehr Nimrod zu nennen, weil Nimrod ein Jäger war, der gegen Gott rebellierte, und der erste, der auch Menschen nachjagte, damit sie Gott verleugnen sollten, und weil er der Urvater der Königreiche Babylon und Assyrien war, welche die israelischen Königreiche zerstörten, und das wichtigste, darüber würde man noch reden müssen – er war es, der unseren Vater Abraham in den Ofen warf, und darum wird ein guter Jude nie diesen Götzennamen tragen. Abram kam nach Hause und teilte Großvater und Großmutter mit, daß er seinen Namen ändere, worauf helle Aufregung herrschte, vielleicht noch schlimmer als nach seiner Rückkehr zur Religion, und Großvater versicherte ihm, ich werde dich weiterhin Nimrod nennen, selbst wenn der Herrgott höchstpersönlich dich auf einen anderen Namen taufen sollte, und Abram erwiderte, wenn er ihn Nimrod nenne, würde er schlichtweg nicht reagieren, und Großvater hielt dagegen, daß ein Mensch, der den Namen ändere, den ihm die Eltern am Tag seiner Geburt gegeben hätten, sich aus dem Buch des Lebens ausradiere, worauf Abram meinte, oder neu geboren werde, und Großvater rief, wenn du meinst, daß du bis heute eine Leiche warst und daß der Rabbi Frank von Or Same'ach derjenige ist, der dich zum Leben erweckte – dann bist du entweder ein Vollidiot oder du bist einfältig, und Abram sagte, Vater, ich will ein Leben führen wie das, das dein Großvater geführt hat, was ist daran so schlimm? Großvater antwortete, wenn man dafür den Namen ändern muß, den ich und Mutter dir gaben, einen Namen, der so viel symbolisiert, die Auferstehung, die Rebellion und den Neuanfang, ist das verdammt schlimm, und auch sein Großvater hätte das nicht mit Wohlwollen zur Kenntnis genommen; und Abram fragte, mußtet ihr mir ausgerechnet diesen Namen geben? Zwei Söhne wurden euch vor mir geboren; und Großvater hielt ihm entgegen, daß Adam die Wahl seiner Mutter war, für die es keine Frage war, daß der erste Sohn, dem sie nach dem Krieg das Leben schenken würde, Adam heißen solle, und Assaf kam auf die Welt, als Assaf, Großvaters bester Freund, in einem Sturmangriff auf die Bahnstation umgekommen war, und dadurch hatte es sich ergeben, daß Nimrod für Abram übrigblieb; Abram meinte, daß es ihm leid tue, aber daß sein Entschluß feststünde, und Großmutter schlug vor, nicht darüber zu streiten, denn egal, wie ein Kind heiße, mit jedem Namen und in jeder Lebenslage würde es ihr Kind bleiben, worauf Großvater, der über die Katastrophe mit Nimrod völlig verzweifelt war, sagte, wenn Großmutter mit dieser Schande leben könne, würde auch er sich geschlagen geben, aber der Name Abram kam nicht über seine Lippen, und darum wurde es jetzt still, und alle waren peinlich berührt, insbesondere Abram, der vor lauter Verlegenheit die Torte zu sich heranzog und sich um ein Haar darüber hergemacht hätte, aber Sima, seine Frau, stieß ihm den Ellenbogen in die

Rippen, um ihn auf sein Vorhaben aufmerksam zu machen, denn sie befürchtete, wenn er jetzt geistesabwesend von der Torte kostete, würde er sich später dafür eines der Gelübde auferlegen, die sie um den Verstand brachten, vor allem das Schweigegelübde, bei dem er die Zähne nicht mehr auseinanderbrachte und niemandem eine Antwort gab. Abram schob den Teller von sich, und Großvater, der Großmutter ansah und an ihren Augen ablas, daß ihr die Diskussion mit Abram gegen den Strich ging, fuhr fort, daß er, wie schon gesagt, einen Vertrag mit Feigenbaum unterzeichnet habe, der trotz allem ein beeindruckender Mann war, und Vater fragte ihn, warum trotz allem, und Großvater antwortete, daß Feigenbaum ein Mapai-Anhänger war. Komisch, daß es für Großvater nur unter den Toten sympathische Mapai-Anhänger gebe, warf Vater ein, und Großvater fragte, willst du jetzt eine Geschichte oder eine Diskussion? Und Vater wurde still, und Großvater erzählte, daß er die politische Aktivität einstellte und somit der Kibbuz Nimrod aufgelöst wurde, aber er war bereit, Briefe von seinen Libyern an ihre Angehörigen in Italien und Frankreich mitzunehmen, denn viele von den Juden aus Libyen und Tunesien waren zum Studium oder zwecks Geschäften nach Europa gereist und wegen des Krieges dort geblieben, und man dachte, wenn Großvater nach Europa käme, würde er ihre Verwandten womöglich treffen und könne ihnen Grüße überbringen.

Als sie damit fertig waren, Afrika von den Deutschen zu säubern, setzten sie nach Sizilien über und von dort nach Italien, und sie kämpften wie die Löwen gegen die Deutschen, die sich verteidigten wie ein verwundeter Bär, den man in die Ecke gedrängt hat und der das Ende wittert, insbesondere in der Mitte des italienischen Stiefels, wo sie ihre Gustav-Linie errichteten, neben der die Barlev-Linie sich wie ein Kinderspiel ausnahm, und zum guten Schluß durchbrachen Großvaters Kämpfer die Linie und nahmen teil an den schweren Gefechten um Anzio, und auf der gesamten Strecke traf Großvater keinen der Verwandten der libyschen Juden, die noch keine Ahnung hatten, was in Europa geschehen war, und nichts über Auschwitz und die Gaskammern wußten, und gegen Ende des Krieges erreichten sie Mailand, und Großvater, der schon Offizier mit Auszeichnung war, nahm mit noch zwei Freunden einen Jeep und fuhr nach Luzk, in die Stadt, in der er geboren wurde, um zu sehen, was mit seiner Familie passiert war und ob einer überlebt hatte.

An dieser Stelle lächelte Großvater nicht mehr und erzählte, wie sie mit dem Jeep halb Europa durchquerten und wie alles in Schutt und Asche lag und Soldaten, Flüchtlinge und verwaiste Kinder herumstrichen, und alle waren hungrig, und als sie in Ostgalizien ankamen, begriffen sie ganz allmählich, was sich dort zugetragen hatte, doch erst als sie Przemysl und Brody erreichten und noch ein paar andere Orte, in denen die Juden Büros für die Suche nach Angehörigen eingerichtet hatten, erfaßten sie das Ausmaß der Katastrophe.

Von Mailand nach Luzk brauchten sie drei Wochen, denn die Straßen waren zerstört, und sie wurden immer wieder von Wachen der russischen Armee und der polnischen Partisanen angehalten; sie hatten Angst vor den Banden von Bandera, dem Antisemiten, der zu vollenden versprach, was Hitler nicht gelungen war, und der mit seinen Schlägertrupps unter den armseligen Überlebenden, die versuchten, in ihre Häuser zurückzugelangen, tatsächlich Pogrome anrichtete, und als sie es endlich schafften, Großvaters Stadt zu erreichen, hatten sie Mühe, sein Elternhaus zu finden, denn der größte Teil der Stadt war zerstört, aber schließlich standen sie davor, und Großvater war außer sich, denn im Fenster seines Zimmers brannte Licht, und im Hof stand noch der Rizinusstrauch, von dem sie in ihrer Kindheit die Szyszkas pflückten, Kletten, die man mit Zielschleudern aufeinander schoß. Großvater ging zur Tür und klopfte, während er sich fragte, was er tun oder lassen würde, wenn man ihm aufmachte, denn man kann nie wissen, wie man sich benimmt oder was man sagt, wenn man jemanden, den man liebt, nach sieben Jahren trifft, was die Zeit war, die Großvater seine Eltern und seine beiden Schwestern nicht mehr gesehen hatte, und dann ging die Tür auf, und vor ihnen stand ein kleines Mädchen mit breiverschmiertem Mund, und sie fragte Kim jestéscie? Und wir alle fragten, was, was hat sie gesagt? Und Großvater erklärte, daß das wer seid ihr auf polnisch hieß. Aber er war verstört und antwortete nicht, denn er war nicht darauf gefaßt, daß ein fünf Jahre altes polnisches Mädchen ihm die Tür öffnen würde, und die Kleine wollte wissen, ob er stumm sei, und Großvater fragte, ob ihre Eltern zu Hause seien, und bevor sie antwortete, erschien ihre Mutter, die schwanger war und noch ein kleines Kind hinter sich herzog, das an ihrem Rockzipfel hing, und die Großvater fragte, was er wolle, und Großvater dachte bei sich, daß er ins Haus gehen und den Rücken seiner Mutter sehen wolle, die am Klavier sitzt und eine Etüde von Maurice Moskowski spielt oder die berühmte Consolation von Liszt, die sie so liebte, und seinen Vater wollte er sehen, auf dem braunen Sessel sitzend und in der »Haint« oder im »Moment« lesend, der die »Ha'arez« von damals war, aber auf jiddisch, und wenn sein Vater Großvater bemerken würde, würde er ihm bedeuten, ruhig zu bleiben, bis Mutter mit dem Spielen fertig wäre, und dann könnten sie sich an den Tisch setzen, und in der Zeit, in der die Schickse Maria in der Küche das Essen zubereitete, könnten sie eine Scheibe razówka nehmen und mit Schmalz bestreichen und dazu süßen, dickflüssigen Saft aus porzeczki trinken, das sind wilde Beeren, die die Kinder im Torczyner Wald sammelten, zusammen mit Maria, die ihnen auch beibrachte, wie man gute von giftigen Pilzen unterschied und ihnen die Bäume erklärte, weil ihr Vater Schreiner war, und hier, das ist eine Kiefer und hier eine Olszyna und dort eine Lärche, die die Polen modrzew nennen und aus der man Kirchen und Paläste baut, denn ihr Holz ist stark und gegen Holzwürmer resistent, und wenn sie müde wurden, ließen sie sich nieder und malten Maria jiddische Buchstaben in die Erde, und so brachten sie ihr Schreiben und Lesen bei, denn wie viele Polen war sie Analphabetin, und eines Tages machten sie mit ihr zu Hause auch die Buchstabenzeremonie mit dem Honig, wie man sie Großvaters Vater gemacht hatte, als dieser ein Kind im Cheder gewesen war, und wie man sie mit den Kindern von Abram bis heute in Bnej Brak machte, wenn sie vier wurden, und Maria kapierte schnell und fing an, Kekse in der Form von Buchstaben zu backen und die Fortsetzungsromane zu lesen, die Perle in der »Haint« veröffentlichte, und vor ihrer Hochzeit schrieb sie ihrem Vater einen Brief, um von der bevorstehenden Ehe zu erzählen, und der Vater ging mit dem Brief zum Priester, der ihn nicht lesen konnte, aber hebräische Buchstaben erkannte, und die beiden machten sich auf den Weg und gingen von ihrem Dorf, in dem es keine Juden gab, nach Janowo, wo der Priester den Rabbiner kannte, und sie baten den Rabbi, ihnen das Geschriebene zu übersetzen, und der Rabbi las und sagte masal tow, und Marias Vater sah ihn an, als hätte er den Verstand verloren, und fragte den Priester, wie es sein könne, daß seine Tochter einen Brief auf jiddisch schreibe, und der Priester antwortete zornig, weil sie polnisch nicht schreiben kann, denn du hast sie ja nicht in die Schule geschickt; und davon erfuhr Großvater, weil der Rabbi ihnen ein Antwortschreiben mit Grüßen des Priesters und ihres Vaters schickte; inzwischen käme Maria mit den Gefüllte Fisch, die mit Rosinen und süßen Karotten gekocht waren, und mit Hähnchen in Birnensoße und mit Kompott aus Backobst, das war es nämlich, was sie zu Hause zum Neujahrs- und zum Wochenfest aßen, denn obwohl Großvaters Vater schon nicht mehr orthodox war, achtete er die Tradition Israels und hielt die Feiertage ein, und am Schabbat schloß er seinen Laden, der in der nichtjüdischen Gegend lag, und er fastete am Jom Kippur und änderte seinen Namen auch dann nicht, als sie von der Firma Wedel zu ihm kamen, die der größte Süßwarenfabrikant Polens war, und ihm anboten, falls er seinen Nachnamen Lasar änderte in einen Namen, der etwas weniger jüdisch klänge, und wenn er das Geschäft auch am Samstag öffnete, würde er einen Exklusivvertrag für den Vertrieb ihrer Waren im ganzen Gebiet Wolynien erhalten, und Großvaters Vater entgegnete ihnen, daß er solche Bedingungen nicht akzeptieren könne, und als er Großvaters Mutter, seiner Frau, davon erzählte, war diese außer sich und warf ihm vor, daß er sich wenigstens mit ihr hätte beraten können, bevor er eine Antwort gab, und er meinte, was gibt es hier zu beraten? Wir sind als Juden geboren, und Juden werden wir bleiben, bis unser letztes Stündlein geschlagen hat; und Großvaters Mutter warf ein, daß niemand ihn gebeten habe, sich taufen zu lassen, aber nichts spreche dagegen, ein I und ein N an Lasar zu hängen und den Namen so in Lasarin zu verwandeln, was schon polnisch genug klinge, und so hätten sie sowohl an Großvaters Namen festgehalten, der erhalten geblieben wäre, gewissermaßen in den neuen Namen eingebettet, als auch die Konzession von Wedel bekommen, denn ein bißchen mehr Geld kann niemandem schaden, und darauf fragte Großvaters Vater, und was ist mit dem Schabbat? Und Großvaters Mutter antwortete, daß am Schabbat ein Pole, auf den Verlaß wäre, das Geschäft führen könne, und Großvaters Vater ärgerte sich und raunte, du hast auf alles eine Antwort, und Großvaters Mutter erwiderte, stimmt, und darum erwarte ich, daß du mich in Entscheidungen einbeziehst, und Großvaters Vater sagte, daß es müßig sei, weiter darüber zu sprechen, denn die Angelegenheit stehe nicht mehr zur Debatte.

Großvater wurde still und versank in Gedanken, und wir alle sahen, daß er nicht richtig bei uns war, sondern in seinem Elternhaus in Polen, wo er der Auseinandersetzung zwischen seinen Eltern folgte, und ich dachte mir, merkwürdig, daß auch alte Menschen wie Großvater über ihren Vater und ihre Mutter sprechen, als ob sie selber noch Kinder wären, gewiß hatten auch sein Vater und seine Mutter einen Vater und eine Mutter, die womöglich ebenfalls von ihren Eltern erzählten, und wenn seit jeher ein jeder darauf geachtet hätte, auf einem Blatt Papier die Namen seiner Eltern zu vermerken und das Blatt an seine Nachfahren weiterzugeben, vielleicht hätte man bis zum ersten Menschen kommen und sehen können, daß alle eine Sippe waren, aber keiner machte sich die Mühe, und das Ergebnis ist, daß ich beispielsweise nur bis zu Rebbe Chaim Mosche Lasar komme, der Großvaters Großvater und ein gerechter und unschuldiger Mann war, der in ganz Galizien für die Ornamente seiner Gebetsmäntel und Thoraschreinvorhänge, die er eigenhändig mit Silber und Gold bestickt hatte, berühmt war, und bis zu seiner zweiten Frau Leale, der Stiefmutter von Großvaters Vater, die ebenso kränklich war wie seine echte Mutter und die wie diese ebenfalls in jungen Jahren an Tuberkulose starb; und auf Großmutters Seite komme ich nur bis zu Großmutters Vater, David Haber, der als Kind aus Polen floh und durch ganz Europa reiste, Boxer, Akrobat und Schmuggler war und sich am Ende in Berlin niederließ, wo er eine große Fabrik für Regen- und Pelzmäntel gründete; er heiratete Dora, die einen berühmten Friseursalon unterhielt, und an das Wirken der beiden blieb keinerlei Erinnerung, denn 1939 wurden sie von den Deutschen, zusammen mit anderen polnischen Juden, die in Deutschland lebten, nach Zbaszyn in Polen abgeschoben, und von dort wanderten sie zu ihren Verwandten nach Lodz und landeten im Ghetto Baluty und wurden nie mehr gesehen. Über ihre Vorfahren konnte mir bisher keiner etwas sagen, weil keiner etwas weiß oder weil die Gedanken der Alten nicht bis in so ferne Tage reichen, und wir werden niemals auch nur das Geringste über sie erfahren, genau wie Amalia, die Kurse in östlichen Religionen und östlicher Kunst besuchte, Mutter einmal erzählte, daß das, was man nicht weiß, nicht existiert, und damit ein Schrei oder ein Laut Wirklichkeit wird, muß es ein Ohr geben, um ihn zu hören, und eine Stimme, die erklungen ist, ohne daß jemand sie vernommen hat, gab es einfach nicht, und je mehr ich über diesen Satz nachdenke, um so mehr macht er mir Angst, denn ich begreife, wie wahr er ist, und daß es eine Menge Dinge gibt und gab und Menschen gab und gibt, von deren Existenz wir nicht den Schimmer einer Ahnung haben, die für uns einfach nicht existieren und für die es uns nicht gab und womöglich auch nie geben wird.

Die Polin fragte Großvater zum zweiten Mal, was er wolle, und aus dem Haus drang die Stimme eines Mannes, der die Frau fragte, ob schon wieder Bettler an der Tür seien, worauf die Frau erwiderte, nein, es sind Soldaten, aber sie verstehen kein Polnisch, und der Mann kam auf der Stelle zur Tür, schickte die Frau hinein, um Tee zu kochen, bat die Männer einzutreten und Platz zu nehmen, und im Wohnzimmer bemerkte Großvater, daß die meisten Möbel von früher noch dort standen, außer dem Klavier, und an einer der Wände hing sogar das Bild, das Großvaters Schwester Tema, die in der »Szkola sztuk piekenych« in Warschau Malerei studiert hatte, gemalt hatte – einen Sonnenuntergang über Schloß Ljubart, das im Mittelalter neben der Stadt gebaut worden war und in dem die Bejtar-Gruppe von Luzk Kletterübungen veranstaltete und Exerzierübungen und Aufmärsche mit flammenden Parolen im Innenhof abhielten, und auch Großvater war dort, als seine Schwester Tema das Schloß malte, denn er wollte sie nicht allein gehen lassen, und nun stand er plötzlich vor dem Bild und war bestürzt, daß es an der Wand hing und mit der polnischen Familie lebte, als wäre nichts geschehen, und er trat näher heran, las die Widmung der Schwester an die Mutter, und auch der Pole kam ein wenig näher und bemerkte auf russisch, ein schönes Bild, und Großvater sagte, daß er polnisch spreche, und der Mann wiederholte seine Worte auf polnisch, und Großvater antwortete nicht, und dann sagte der Pole, setzen Sie sich bitte, fühlen Sie sich wie zu Hause, und Großvater drehte sich zu ihm um und sagte ihm, daß er sich bereits zu Hause fühle, und der Pole lächelte und meinte gut, sehr gut, und als die Frau des Polen mit dem Tee zurückkam, fragte Großvater, ob sie über die Familie, die hier vor dem Krieg gewohnt habe, etwas wüßten, und beide fingen gleichzeitig zu sprechen an, der Mann sagte, daß dieses Haus schon immer in seinem Besitz gewesen sei, und die Frau meinte, daß die Deutschen die Familie mitgenommen hätten, aber dann bemerkte sie, daß ihr Mann sie grimmig ansah, und wurde still, denn sie verstand, daß sie eine Dummheit gemacht hatte, und Großvater setzte sich in den braunen Sessel seines Vaters und überlegte, ob er ihnen sagen sollte, daß dies sein Haus sei, aber was hätte er davon gehabt. Alles schien ihm verloren, und darum trank er den Tee schweigsam, und als er ausgetrunken hatte, fragte er, ob sie das Bild an der Wand verkaufen würden, worauf der Pole meinte, daß das Bild schon seit Generationen Familienbesitz und darum wertvoll sei, und Großvater fragte wieviel, und der Pole dachte einen Moment lang nach und sagte zweihundert Zloty, und Großvater zog seine Geldbörse und bezahlte den vollen Preis, ohne zu handeln, obwohl der Preis maßlos übertrieben war, und er nahm das Bild von der Wand, und wir alle schauten auf die Wand hinter Großvater, denn wir wußten längst, daß dort das Bild hing, von dem er erzählte, nur daß der Rahmen neu war, denn der alte ging auf Zypern in die Brüche.

Im Jeep fragten Jeruschalmi und Giora, seine Freunde, warum er diesen Antisemiten nichts gesagt hätte, man hätte sie aus dem Haus schmeißen können, und Großvater sagte, kommt, wir suchen die Büros der Gemeinde, hier werden wir nichts mehr finden, und in der Gemeinde traf er ein paar Bekannte, die ihm erzählten, wie die Nazis und die Ukrainer alle Juden im Ghetto zusammentrieben und einen Teil von ihnen gleich neben dem Schloß erschossen, andere starben in dem Arbeitslager, das die Deutschen vor der Stadt errichtet hatten, und die, die nicht bei der Arbeit umkamen, kamen bei dem Aufstand ums Leben, und andere wurden nach Winniza gebracht, um einen Bunker für den Führer zu bauen, und als sie dort die Arbeit beendet hatten, wurden sie kurzerhand allesamt totgeschlagen, und dann kam das große Gemetzel vom August 1942, als man 17 500 Juden auf den Feldern versammelte, sie sich in Reihen um die Gruben aufstellen ließ, die sie dort hatten schaufeln müssen, und sie einfach mit einem Maschinengewehr abknallte, und wer nicht von selbst in die Grube fiel, der wurde hineingestoßen, und die Gruben, in denen zwischen den Leichen auch jede Menge Verwundete lagen, wurden mit Hilfe von Bulldozern zugeschaufelt, und die Erde regte sich noch Stunden, denn unter ihr krümmten sich die Unglücklichen, und es gab Verletzte, die versuchten, sich herauszuwinden, sich einen Weg nach oben zu graben und hinauszuklettern, und zwei schafften es sogar, aber einer von den beiden hatte sich später das Leben genommen, und der andere verlor den Verstand, und sie waren auch nicht aus Großvaters Familie, und die einzige Chance, die ihm blieb, war zu versuchen, im Parczew-Wald Erkundigungen einzuholen, denn dorthin gelang einer Handvoll Juden aus der Umgebung die Flucht.

Am nächsten Tag beschloß Großvater, zum Parczew-Wald zu fahren, einer Gegend von Sümpfen und Seen, in der jüdische und nichtjüdische Partisanen gekämpft hatten, einschließlich des Kommandanten aller Partisanen, Alexander Skutnizki, der ein Jude war, sowie einer vollständigen jüdischen Kompanie unter dem Kommando von Jechiel Grienspan, und die Lager und Militärzüge der Deutschen überfallen hatten, die auf den Schienen zwischen Lublin und Siedlce fuhren. In dem Wald gab es eine Gegend, die Altana Taverna genannt wurde, wo sich das Lager der Familien befunden hatte, aber als Großvater dort hingelangte, waren die meisten Familien längst evakuiert oder weggegangen, und von seinen Angehörigen hatte niemand gehört. Großvater kehrte nach Luzk zurück, zu den Büros der Gemeinde, und überprüfte nochmals die Anzeigentafel, ob dort nicht doch eine Nachricht eines Verwandten hing, aber er fand nichts, und er hinterließ auf der großen Tafel zwischen Hunderten von Zetteln einen für die Familie Lasar oder für den, der etwas über ihr Schicksal wußte, mit seiner Militäranschrift und der Adresse in Israel, und dann beschloß er, nach Italien zurückzukehren, denn seine Freunde hegten bereits die Befürchtung, man könne sie für Deserteure halten.

Auf dem Rückweg, in der Nähe von Sanok, hatte der Jeep mitten in der Nacht eine Panne, und sie hielten an, um ihn zu reparieren, als Schatten aus dem Gebüsch traten und auf sie zukamen; zunächst erschraken Großvater und seine Freunde, und sie spannten ihre Waffen und schossen in die Luft, denn damals waren eine Menge ausgehungerter Menschen auf Essenssuche und ließen sich auch von Soldaten nicht einschüchtern, aber sofort erhob sich ein Geschrei, nicht schießen, nicht schießen, in verschiedenen Sprachen, und Großvater stellte das Schießen ein und fragte sie, wer sie seien, und Großmutter kam ein wenig näher und trat in das Licht der Scheinwerfer, und hier hörte Großvater auf zu erzählen und sah Großmutter an, die ihm einen grimmigen Blick zuwarf, aber sie sagte nichts, und alle baten ihn, weiterzuerzählen, denn bis dahin hatte Großmutter niemals auch nur ein Wort darüber verloren, was ihr im Holocaust widerfahren war und wie ihr die Flucht aus Trawniki gelungen war, und alles, was wir über sie wußten, hatten wir von den Freunden und Freundinnen, die sie aus der Zeit kannten, und Großvater fragte sie, ob er weitererzählen dürfe, worauf Großmutter erwiderte, jetzt fragst du? Großvater sagte, wenn du willst, daß ich aufhöre,

höre ich auf, und Großmutter erwiderte, du bist völlig beschickert, mach, was du willst, ich gehe Kaffeewasser aufsetzen, und sie ging aus dem Wohnzimmer, und Großvater nahm noch einen Schluck und wurde nachdenklich und erzählte, wie Großmutter in den Lichtkegel des Scheinwerfers trat, ausgemergelt, mit dem Haarschnitt eines Igels, in eine schäbige Decke gehüllt, und sie sagte zu Großvater, sie und ihre Freunde seien der fliegende Zirkus Kolumbus und bereit, Großvater eine Vorstellung zu geben, und Großvater fragte, was denn für eine Vorstellung? Und Großmutter entgegnete, das käme darauf an, was er bezahle, und Großvater fragte, was wollt ihr? Und Großmutter meinte, etwas zu essen sei der beste Lohn, und Großvater sagte, daß es in Ordnung gehe, sie würden ihnen etwas abgeben, und da rief Großmutter eines der Kinder, das anfing, sich im Scheinwerferlicht wie ein Pantomime zu bewegen, und neben ihm stand ein Mädchen, das die Bedeutung der Gesten auswendig herunterratterte, es ging um den Streit einer Familie im Ghetto über die Aufteilung einer Scheibe Brot, und in dem Disput brachte ein jeder seine Gründe dafür vor, warum ihm ein größeres Stück zustand: Der Vater sagte, daß er im Ressort arbeite, das eine Fabrik war, die die Deutschen im Ghetto eingerichtet hatten, und darum verdiene er den dicksten Brocken; die Mutter zeigte auf ihren Bauch, in dem noch ein Säugling heranwuchs; der Junge sagte, er sei noch ein Kind und müsse wachsen; das Mädchen schwieg, weinte nur lautlos. Der Pantomime war einmal der Vater und einmal die Mutter, einmal die Tochter und einmal der Sohn, und schließlich auch der Vogel, der vorbeiflog und ihnen den Krümel stahl, über den sie gestritten hatten, und Großvater sagte während der Vorstellung immer wieder, genug, hört damit auf, wir geben euch etwas auch ohne Vorstellung, denn er war entsetzt, aber der Junge fuhr fort, und Großvater und seine Freunde senkten die Augen, denn es fiel ihnen schwer hinzusehen, und als der Kleine fertig war und die Kinder, seine Freunde, die an der Seite saßen, lachten und in die Hände klatschten, sagte Großvater nochmals, daß sie ihnen etwas zu essen geben würden, ohne die Fortsetzung der Vorstellung zu sehen, aber Großmutter ließ es nicht zu, daß man ihr etwas Gutes tat, denn wer einen Gefallen annimmt, schuldet einen Gefallen, und sie wollte niemandem etwas schuldig sein, worauf sie die zweite Nummer ankündigte, und nun trat Sommer auf, der die Eulen und die Tiere des Waldes und die Schreie eines Menschen nachahmte, den man in die Schlage gesteckt hatte, die ein Folterinstrument war, und nach ihm kamen zwei, die akrobatische Übungen zeigten und sich vorsichtig und elastisch bewegten, wie Noah, als er seine Beine nach der Sintflut zum ersten Mal auf die Erde stellte, und dann rief Großmutter nach den Schindel-Zwillingen – die im Kloster Santa Theresa in der Nähe von Sokal gewesen waren und im Chor des Klosters Duette gesungen hatten und die sogar zu Ehren von Heydrich aufgetreten waren, als dieser die Gegend besuchte, bevor jemand ihn aus dem Weg räumte; auch er war ein kaltblütiger Deutscher gewesen, mit eisigem Herzen, aber als er sie hörte, vergoß er echte Tränen – und sie fragten Großvater, ob er das Ave Maria von Schubert oder von Bruckner oder von Bach wünsche, oder vielleicht etwas aus der Marienvesper von Monteverdi vorziehe; Großvater sagte, es sei egal, und am liebsten wäre ihm, wenn sie mit dieser grotesken Vorstellung aufhörten, denn er hatte längst begriffen, daß sie eine Gruppe jüdischer Überlebender waren; sie fingen jedoch an zu singen, und Janok begleitete sie mit der Mundharmonika, und so standen sie im Licht der

Scheinwerfer mitten im Wald, mitten im zerstörten Europa, mitten in der offenen Wunde der Welt, und sie sangen das Ave Maria von Schubert mit ihren klaren Stimmchen, ihren Engelsstimmen, für ein Stück Wurst und eine Scheibe Brot, und als Großvater an diesem Punkt seiner Erzählung angelangt war, rannen ihm Tränen aus den Augen, und er sagte sofort, daß es gar nichts sei, zog ein Taschentuch aus der Tasche, wischte sich die Tränen ab und war schon nicht mehr betrunken, und Großmutter, die mit dem Kaffee zurückkehrte, war ihm nicht mehr böse, und sie schenkte Kaffee aus und fragte jeden, ob er mit Zucker oder mit Süßstoff trinke, und man antwortete ihr, ohne sie anzusehen, denn alle warteten, daß Großvater mit seiner Geschichte fortfuhr, aber keiner drängte ihn, denn sie verstanden, daß er sich einen Moment lang von der Erinnerung erholen mußte, und er trank ein wenig von dem Kaffee und sah Großmutter an, und Großmutter sah ihn an und lächelte ein wenig, und daran erkannte er, daß sie mit seiner Erzählung einverstanden war, und dann seufzte er und sagte, könnt ihr euch das vorstellen? Und wieder fing er an zu weinen, trocknete die Tränen, nippte an dem Kaffee und versuchte zu sprechen, was ihm aber nicht gelingen wollte.

Als die Vorstellung der Schwestern vorbei war, holten Großvater und seine Freunde ihre Feldverpflegung und gaben sie Großmutter, die ihren Zirkus beiseite nahm und das Essen verteilte, und jeder nahm seine Portion und entfernte sich von den anderen, und die meisten schlangen einfach alles auf einmal herunter, bis auf Alek, der seine Ration in kleine Krümel zerlegte, die er langsam in den Mund steckte, dort verweilen ließ und langsam daran sog, und als alle mit dem Essen fertig waren, war er noch am Anfang, und als sie sich bei Großmutter, die die Anführerin war, beklagten, daß er es mit Absicht mache, um sie zu quälen, entgegnete Großmutter ihnen, daß man nichts tun könne, daß es seine Portion sei und er sie essen könne, wann immer er wolle, aber sie scharten sich um Alek und starrten ihn wie verendende Tiere an und baten ihn, ihnen ein wenig abzugeben, und es schien, daß er es genoß, und ab und zu warf er einen Krümel, auf den sich alle stürzten, aber Großvater schrie sie an, sie sollten sofort damit aufhören, im Jeep sei noch etwas Eßbares, und er ging zum Jeep, um etwas zu holen, doch kaum hatte er die zusätzliche Portion an alle verteilt, hatten sie in Sekundenschnelle alles vertilgt, und Großvater fragte Großmutter, wohin sie unterwegs seien, worauf Großmutter zur Antwort gab, daß sie es nicht wisse, vielleicht nach Erez Israel, und Großvater sah Jeruschalmi an, der in dem Jeep saß, und schaute ringsum auf die Bäume und die Sümpfe und die Sterne, und er lächelte ein wenig, denn es schien ihm unwirklich, daß Menschen, die er mitten in der Nacht am Ende der Welt getroffen hatte, auf dem Weg nach Erez Israel waren, und er fragte sie, wie sie gedenke, nach Erez Israel zu gelangen, und Großmutter sagte, daß sie die Richtung kenne und daß sie von Dorf zu Dorf wanderten und sich von den Vorstellungen ernährten, und Großvater sagte ihr, wir werden euch nach Italien mitnehmen, und von dort werden wir euch helfen, nach Erez Israel zu kommen, und Großmutter sagte, daß nicht alle in den Jeep paßten und daß es nicht in Frage komme, daß sie sich trennten, und Großvater sagte, wir werden uns etwas einfallen lassen, und er fuhr mit dem Jeep, den Jeruschalmi in der Zwischenzeit repariert hatte, in das nächste Dorf, wo er zwei Leiterwagen stahl, die er an dem Jeep befestigte und auf die er Heu streute, und er kam in den Wald zurück und lud den ganzen Zirkus auf die Wagen, und erst am nächsten Tag erzählte er Großmutter, daß sie jüdische Soldaten aus Erez Israel seien, und seitdem haben sich die beiden nicht mehr getrennt, außer einmal, als sie im Auftrag der Bejtar nach Argentinien zogen und Großvater einen Monat vor ihr abfuhr, um alles Nötige zu regeln und eine Wohnung zu mieten.

Als sie mit ihrem Zirkus, dem Großvater nicht mehr aufzutreten erlaubte, in Italien ankamen, wandten sie sich an die Diaspora-Büros in Mailand, und jeden, der unter fünfzehn war, schickte Ada Sireni nach Salvino. Großmutter war schon fünfundzwanzig, und sie blieb bei Großvater, der weiter zu einer Konferenz der Bejtar-Führung nach Florenz fuhr, auf der man ihn bat, sich an der Mission der illegalen Einwanderung, bei der es um Leben und Tod ging, zu beteiligen, aber bevor Großvater seine Tätigkeit aufnahm, unternahm er mit Großmutter eine Reise entlang der herrlichen Küste Italiens und sah, wie ihr dichtes, wunderschönes Haar wuchs und wie ihre Augen klar wurden und wie ihr magerer Körper mehr und mehr aufblühte und wieder zu dem Körper einer Frau wurde, und was für Brüste sie hatte, was für Brüste . . . und als er Brüste flüsterte, glänzten seine Augen, und er seufzte und ringsum wurde es totenstill, denn alle warteten gespannt auf die Fortsetzung, aber bevor es ihm gelang, näher darauf einzugehen, was das für Brüste waren, ist Großvater auf der Aufnahme nicht mehr zu hören, sondern Großmutter redet dazwischen, und von allen Seiten sprechen alle durcheinander und lachen und streiten darüber, ob es Großvater nun erlaubt sei oder nicht, Großmutters Busen zu schildern, und Großmutter sagt, daß es hier um ihre Brüste gehe, und sie allein würde darüber bestimmen, ob man über sie spreche oder nicht, und Vater entgegnet, daß ihre Busen zwar ihr gehört hätten, aber die Erinnerungen daran seien Großvaters Eigentum, und darum habe er ein Recht darauf, sie zu beschreiben, worauf man Großmutter sagen hört, nimmt er etwa alles auf, was Großvater sagt? Denn in diesem Moment bemerkte sie meinen Kassettenrekorder, und man hört ihre Stimme, auf der Stelle her mit der Kassette; sie sagt es mit ihrem Jekes-Akzent, der ihr aus den Tagen geblieben war, als sie ein Kind in Deutschland war, denn woran man sich in der Kindheit gewöhnt hat, das wird man nicht mehr los, wie sehr man sich auch darum bemüht, und ich habe schon Mutter erwähnt, der, wenn sie sauer ist, spanische Worte kommen, und das aus ein und demselben Grund.

Großmutter kam auf mich zu und sagte wieder und wieder, sofort gibst du mir die Kassette, und mit jedem Mal wird sie lauter, denn sie näherte sich dem Mikrophon, und ich hielt ihr entgegen, daß es ein wichtiges Dokument sei, denn wie sollten wir all diese Dinge über sie im Kopf behalten? Bald liegen du und Großvater unter der Erde, und dann nehmt ihr die Geschichten mit euch ins Grab, und so sind sie bei mir auf der Kassette, und Großvater braust auf, er begräbt uns schon, dieser Knirps, und dann schreit er, so schnell bringt ihr mich nicht ins Grab! Und man hört sein schweres Lachen, von dem Vater behauptete, daß es das tiefste Lachen der Welt sei und man es sicher haufenweise im Toten Meer finden könne, weil es gewiß an der tiefsten Stelle der Erde zusammenlaufe.

Und das ist der traurige Teil der Kassette, denn Großvater starb kurz darauf, und einmal fuhren wir ans Tote Meer, in einer der Trennungsphasen von Vater und Mutter, und im Auto herrschte angespannte Stille, weil Vater auch eine seiner Tusneldas mitnahm – wie Sauli sie wegen Amalia nannte –, die während der gesamten Fahrt versuchte, sich bei uns einzuschleimen, was ihr bei Nama schließlich gelang, denn sie erzählte ihr interessante Dinge über Blumen und Schmetterlinge und über Termiten, von denen jeder denke, daß es sie nur in Brasilien gebe, die man aber auch in Israel in rauhen Mengen finden könne, im Stadtteil Omer gelang es ihnen sogar einmal, eine Holzhütte auseinanderzunehmen, wenn auch nicht ohne fremde Hilfe, aber eines Morgens, als der Eigentümer der Hütte verärgert sein Heim verließ und heftig die Tür zuknallte, fiel der ganze Bau hinter ihm zusammen, und bei der Suche nach möglichen Ursachen stellte man fest, daß das Holz zerfressen war, und ich hatte darüber eine Menge Fragen an sie, aber ich mußte so hart bleiben wie Saul, der sie sogar, als sie mit ihrer Liebenswürdigkeit gründlich übertrieb, anfuhr, vielleicht hältst du mal die Klappe, und Vater hielt den Wagen an und herrschte Saul an, er solle nicht solche Reden schwingen, und Saul entgegnete ihm, daß er sagen könne, was er wolle, und Vater verlangte von ihm, daß er sich entschuldige, und die Tussi meinte zu Vater, laß ihn, Assaf; und Saul giftete sie an, du brauchst mir nicht zu helfen, und Vater fragte Saul, mußt du alles noch schwerer machen, wobei er beinahe weinte, denn vielleicht vermißte er Mutter plötzlich; und Saul hielt ihm entgegen, daß er derjenige sei, der alles nur noch schwerer mache, er breche Mutter jedesmal das Herz, wenn er sie verließ, und wie er darauf käme, uns mit einer vollkommen fremden Frau ans Tote Meer zu schleppen. Und damit hatte er recht – denn tausendmal hatten sie uns erklärt, daß wir auf gar keinen Fall einem Fremden trauen sollten, auch wenn er nett aussieht und lächelt und Süßigkeiten oder Geld anbietet, und wer weiß, vielleicht war diese Michal, die Vater uns da anbrachte, überhaupt eine Terroristin, und all die Geschichten, daß sie Reiseleiterin der Gesellschaft für Naturschutz sei und mich mitnehmen würde, um Stimmen von Schakalen und Hyänen und sogar Tigern aufzunehmen, waren vielleicht nichts als Tarnung, und womöglich hatte sie *diese gräßliche* Krankheit, über die man von morgens bis abends im Radio und im Fernsehen redet, und sie würde Vater anstecken, und wenn Vater nach Hause zurückkäme, denn am Ende kam er immer zurück, würde er Mutter anstecken und wir uns bei den beiden, und man würde uns zu »Neuer Abend« oder der Sendung von Rafi Reschef bringen als ein negatives Beispiel für das ganze Volk Israel, damit alle sehen konnten, was geschieht, wenn man unvorsichtig ist und wenn der Vater mit zu vielen Frauen herummacht, und wie sollten ich und Saul uns dann noch in der Schule blicken lassen, in der sicherlich eine Sonderstunde abgehalten würde, um zu erklären, wie man sich uns gegenüber zu verhalten hatte, so wie sie Extrastunden über den Umgang mit Russen gehalten haben und mit Behinderten, und in denen alle schöne Worte machten und einen ermahnten, daß man helfen solle und Rücksicht nehmen müsse, was aber nur genau bis zum Klingelzeichen anhält, und dann stürmen alle raus, und wenn ihnen auf dem Weg ein Behinderter oder ein Russe in die Quere kommt, rennen sie ihn kurzerhand über den Haufen. Vielleicht würden sie uns ja auch nicht erkennen, weil man das Studio verdunkelt und uns die Stimmen verändert in Stimmen von defekten Robotern, und keiner kann verstehen, was wir sagen, denn man versteht nichts bei denen, denen man die Stimme verzerrt, und alle sitzen vor der Glotze und fragen einander, was hat sie gesagt? Was hat sie gesagt? Und die Leute werden aufeinander sauer, denn nicht genug, daß man nichts versteht, weil die Stimmen verzerrt sind, man wird auch noch mit diesem was hat sie gesagt daran gehindert.

Vater hielt also den Wagen an, und nachdem er Saul etwa tausendmal befohlen hatte, du wirst dich entschuldigen, und Saul erwiderte, daß er sich nicht entschuldigen werde, und Michal versuchte, Vater gut zuzureden, damit er aufhörte, worauf er ihr entgegenhielt, daß sie sich nicht in unsere Angelegenheiten einmischen solle, wurde es still im Wagen, bis Nama fragte, ist das das Tote Meer? Und Vater bejahte, und dann bettelte sie, daß man sie rausließe, um Großvaters Lachen zu hören, das all die Jahre hierher geflossen war.

Wir stiegen aus dem Wagen, Vater, Nama und ich; Saul wollte eigentlich im Auto bleiben, aber die Tussi meinte, daß es vielleicht gut sei, wenn wir ein wenig allein seien, und Saul konnte nicht bleiben, weil sie blieb. Langsam gingen wir zum Strand, und Vater blieb stehen und fragte mich, ob ich meinen Rekorder nicht zum Aufnehmen mitnehmen wolle, und ich sagte ihm, daß ich kein Baby mehr sei und solchen Blödsinn nicht glaube, und Vater fragte mich, wohin gehen denn deiner Meinung nach alle Worte und Stimmen und das Lachen, das die Menschen von sich geben? Und ich sagte, daß sie nirgendwo hingehen, daß sie einfach verschwinden, und Vater meinte, gut, sagen wir verschwinden, aber wohin verschwinden sie? Und Saul, der ein wenig hinter uns ging und der bis zu diesem Moment geschwiegen hatte, sah ringsum auf die Berge und auf das Meer und auf die leere Straße und bemerkte, mit Sicherheit nicht ins Tote Meer, und Vater sagte, daß es sich lohne, das zu überprüfen, und ich zögerte, ob ich mit ihnen gehen oder schnell zum Wagen laufen und meinen Rekorder holen sollte, denn wenn es eine Chance von eins zu einer Million gab, etwas zu hören, war es schade, sie zu verpassen: Es könnte eine richtig seltene Aufnahme werden. Auf der anderen Seite, wenn ich den Rekorder mitnahm und es nicht klappte, würde Saul mich auslachen, daß ich ein Baby sei und auf Vaters Blödsinn hereinfalle. Am Ende entschied ich mich für den Rekorder, denn Saul würde mich eh auslachen, wenn nicht darüber, dann wegen etwas anderem, und wir standen dort am Strand, und alles war so weiß, als ob Schnee gefallen sei, und Vater sagte, seid still und hört mal gut zu, und ich stellte den Rekorder an, und wir hörten gut zu, und außer der Stille hörten wir nichts, und Saul sprach es auch aus – und das ist das erste, das man bei der Aufnahme hört: Man hört nichts, in Sauls Stimme, und Vater sagt: Das kann nicht sein. Ich habe etwas gehört. Macht die Augen zu und konzentriert euch.

Ich schloß die Augen und versuchte, meine Gedanken zu sammeln, obwohl ich nie verstand, wie man etwas sammeln sollte, auf das man keinen Einfluß hat, und was mir meistens passiert, wenn ich mich sammle, ist, daß mir die Dinge im Kopf auseinandergehen. Das ist es auch, was die Lehrerin meinte, als wir einmal mit ihr zusammensaßen, Vater, Mutter und ich, in einem Eltern-Schüler-Gespräch – daß es mir äußerst schwerfalle, mich zu sammeln, sie warf mir ihr süßliches, widerliches Lächeln zu, das die Tatsache nicht verbarg, daß sie mich haßte, wofür ich einen Beweis habe, denn ich hörte einmal, wie sie sich mit Saulis Klassenlehrerin unterhielt und sagte, es sei kaum zu glauben, daß wir beide Brüder seien – der eine talentiert und sportlich und der andere dick und phlegmatisch, was nach dem Wörterbuch ein nicht leicht erregbarer Mensch und einer der Grundcharaktere ist, und wie der Choleriker ein hitziges Temperament hat und aufbrausend und jähzornig ist, und sich in der Milz des Melancholikers schädliche Sekrete sammeln, die ihn depressiv machen, so hat der Phlegmatiker einen Charakter, der träge, gleichgültig und uninteressiert ist, was absolut nicht stimmt, denn ich mag lahm sein, und ich leugne nicht ein geringfügiges Problem mit der Feinmotorik, aber auf keinen Fall bin ich gleichgültig, manchmal gehen die Sachen mir so sehr an die Nieren, daß mir in der Lunge kein Platz zum Atmen bleibt, und ich ersticke – und das ist es, was mir um ein Haar passiert wäre, in dem Gespräch mit ihr, als sie mich mit ihrem falschen Lächeln fragte, ob sie mit dem Problem der Konzentration richtig liege. Ich fing an zu stottern, und Vater wurde allmählich sauer auf sie, denn es tat ihm weh, mich in solch einer Verfassung zu sehen, was mir noch mehr Angst machte, denn Vater war imstande, ihr alles, was ich insgeheim über sie dachte, vor den Latz zu knallen, Mutter legte jedoch die Hand auf seine Knie, damit er nicht vergaß, wo er sich befand – ihre Methode, ihn zu beruhigen, bevor er explodierte. Als wir zurückkamen, sagte Vater zu Mutter, daß es kein Wunder sei, wenn sich die Schüler im Unterricht nicht konzentrierten, wo die Lehrerin mit einem solchen Ausschnitt daherkomme, und Mutter entgegnete, sie hat nicht gesagt, daß die Schüler sich nicht konzentrieren, sie hat gesagt, dein Sohn konzentriert sich nicht; darauf meinte Vater, daß es zumindest einen in der Klasse gebe, der wisse, wohin er zu schauen habe, und ich sagte, daß ich überhaupt nicht dahinschaue, und Vater meinte, ausgezeichnet, das beweist deinen guten Geschmack, und Mutter fragte, hast du es etwa schon getestet? Und Vater versicherte, daß es dort nichts zu testen gäbe, sie wendet einfach den Trick vieler Flachbrüstigen an, die durch Entblößen kaschieren, was nicht vorhanden ist, und Mutter sagte, warum fängst du wieder mit deinem Schwachsinn an, wir müssen allen Ernstes darüber reden, und Vater fragte, ob ernsthaft darüber reden bedeute, wieder zum Adler-Institut zu rennen, einem Ort für kaputte Typen oder für Familien mit Problemen, man geht dorthin, um mit angeblichen Experten Gespräche zu führen, damit sie einem dabei behilflich sind, sich selbst zu verstehen, was sie in jeder Sitzung betonten in der Zeit, als wir dort in Behandlung waren, weil das Mutters Bedingung war, bevor sie sich einverstanden erklärte, Vater wieder aufzunehmen, nachdem er wieder einmal ausgebrochen war und sie ihm vorwarf, daß Namas Asthmaanfälle sich seinetwegen verschlimmert hätten und ich an Gewicht zugenommen hätte, während meine Leistungen in der Schule abnahmen, so daß man sich ernsthaft darum kümmern müsse.

Am Anfang versuchte Vater, sich zu weigern, und sagte Mutter, er glaube, daß sie beide erwachsen und sensibel genug seien, um ihre Probleme allein in den Griff zu bekommen, worauf Mutter entgegnete, daß sie nicht wisse, ob sie darüber lachen oder weinen solle, und in der Tat, sie hat weder gelacht noch geweint, und sie sagte ihm nur, daß er sich entscheiden müsse – entweder wir gehen zusammen zur Behandlung oder du kannst gehen, und dieses Mal für immer. So begann unsere Behandlung im Adler-Institut, und jeden Dienstag um 18.30 Uhr ließen wir alles stehen und liegen, denn es gehört sich nicht, zu einer Behandlung zu spät zu kommen, was wir schon nach unserer zweiten Verspätung kapierten, als der Therapeut uns erklärte, daß Unpünktlichkeit bei ihnen nicht üblich sei, und wenn wir uns auf dieses Abenteuer einließen, müßten wir die volle Verantwortung dafür übernehmen, und die schließe auch die Respektierung der im Institut üblichen Regeln ein. Wir alle saßen mit gesenkten Köpfen da, und als Vater etwas über die Staus in der Stadt murmelte, senkte Mutter ihren Kopf noch tiefer, denn er log, und der Therapeut sagte, ja, es ist furchtbar, was mit dem Verkehr los ist, aber man hat es einzukalkulieren, und Mutter sagte, daß es nicht wieder vorkommen würde. Und tatsächlich passierte es nicht mehr, denn wir kamen von nun an eine Stunde vor der Zeit, und Vater sagte jedesmal, daß wir leicht eine Stunde später hätten losfahren können, ohne daß etwas passiert wäre, und Mutter meinte, daß auch so nichts passiert sei, und Vater hielt sich zurück, um ihr nicht so zu antworten, wie er es gewöhnt war, denn er befand sich in einer Probezeit, und ganz allmählich lernten wir, diese Stunde zu nutzen.

Vater nahm seinen Laptop mit, den er auf Raten gekauft hatte, und versuchte zu arbeiten; Mutter las in ihrer Architekturzeitschrift, die dienstags mit der Post kam, und Saul hatte seine Hausaufgaben dabei, denn er gehörte zu der Sorte von Schülern, die das Gefühl haben, ihnen fehlt etwas, wenn sie nicht mit den Hausaufgaben fertig sind, und ich brachte mir »Mio, mein Mio« mit, das ich damals gerade zum zweiten Mal las, sowie meinen Rekorder, denn schon beim ersten Treffen fragte ich den Therapeuten, ob ich die Sitzungen aufnehmen dürfe, wozu er meinte, daß es nicht üblich sei, aber wenn es keinen störe, habe auch er nichts dagegen; Nama packte sich ihren Gameboy und die Tatoos ein, und ein jeder von uns beschäftigte sich selbst, und Vater sagte, daß die Passanten auf dem Bürgersteig sicher dachten, unser Wagen sei ein mobiles Kulturbüro von »Jesch Gwul«, weil wir alle so kultiviert darin saßen und wegen der Aufkleber von »Jesch Gwul«, die Mutter auf Windschutz- und Heckscheibe des Wagens geklebt hatte, etwas, das Großvater wahrhaftig ärgerte, der zu Mutter sagte, wenn er gewußt hätte, daß sein guter alter Wagen, den er uns geschenkt hatte, sich eines Tages in die Propagandaplattform dieser anarchistischen Organisation verwandeln würde, hätte er ihn uns nicht gegeben. Worauf Mutter ihm sagte, du kannst ihn wiederhaben, wir werden mit dem Taxi zurückfahren, und Großmutter Mutter beschwor, daß Großvater es nicht so gemeint habe, und Großvater feststellte, sieh mal einer an, wieder meint sie, sie müsse erklären, was ich meine, dann werde ich eben selber sagen, was ich meine, um Auslegungen zu ersparen; ich meine, daß sie diese Aufkleber entfernen, wenn sie weiter mit dem Wagen zu fahren gedenken, und Vater warf ein, also wirklich, Vater; und Mutter holte die Schlüssel aus der Tasche und legte sie auf den Tisch, und Vater fuhr Mutter an, was soll das, spinnst du? Ich muß heute abend ins Theater! Und Mutter stand auf und sagte, Großvater solle nicht denken, weil er uns ab und zu etwas zukommen lasse, müßten wir uns von ihm demütigen lassen, und Großvater erwiderte, es ginge nicht darum, jemanden zu demütigen, es geht allein um etwas Rücksicht auf meine Gefühle, und Mutter sagte, Rücksicht auf deine Gefühle zu nehmen bedeutet sicherlich auch, den Likud zu wählen, und Großvater antwortete, daß das, was Mutter in der Wahlkabine mache, nicht seine Sache sei, aber daß es ihm nicht unangenehm sei, wenn er erführe, daß sie einen Likud in den Umschlag stecke. Und dann sagte Mutter zu Vater, kapierst du nun, warum ich den Wagen nicht wollte? Und Vater stöhnte, großer Gott – obwohl er nicht an Gott glaubt –, hört ihr euch überhaupt zu? Worüber streitet ihr? Und darauf meinte Großvater, über eine Sache, die du niemals verstehen wirst, nämlich über Prinzipien! Und Mutter sagte, daß sie in diesem Punkt ausnahmsweise mit Großvater übereinstimme. Und Vater nahm die Wagenschlüssel vom Tisch und sagte, nun habt ihr ein festes Fundament, um eine große

Koalition zu bilden, ihr Prinzipienreiter, und Mutter sagte, Assi, leg die Schlüssel zurück, wir fahren nicht mehr mit diesem Auto, und Großvater meinte, wenn Alma sich darauf versteift, Propaganda für die fünfte Kolonne zu machen – was die Bezeichnung für Verräter, Spione und Terroristen ist, die aus dem eigenen Volk stammen und diesem in den Rücken fallen, um ihm ein Messer hineinzustecken –, dann gibt es auch für ihn eine Grenze, und dies ist seine Grenze; wenn ihr jetzt nicht hinausgeht und diesen Abschaum von den Scheiben des Wagens kratzt, ist es besser, wenn ihr euch an den Gedanken gewöhnt, in Zukunft mit den öffentlichen Verkehrsmitteln zu fahren, das ist mein voller Ernst. Diese Worte äußerte er schon nicht mehr allein, denn Vater und insbesondere Mutter unterbrachen ihn und schrien dazwischen, daß er die Leute von »Jesch Gwul« gefälligst nicht fünfte Kolonne nennen solle und daß es sich um anständige Menschen, Soldaten und Offiziere des Reservedienstes handle, unter denen auch Kriegsversehrte seien; aber Großvater blieb stur und brüllte, daß er nicht schweigen werde, ja, auf keinen Fall werde er schweigen, denn wenn es darunter Versehrte gibt, dann solche mit Hirnverletzungen, und sollten Offiziere darunter sein, dann solche, die nicht ganz richtig im Kopf sind und die unter Selbsthaß leiden – Juden, die Juden hassen, sind die schlimmsten Antisemiten von allen, und man muß sie an der Wurzel packen, wie wenn man Unkraut aus einem Blumenbeet jätet, und darauf schrie Mutter, während ihr die Adern auf der Stirn hervortraten, von welchem Blumenbeet sprichst du, ist Schamir etwa eine Blume? Ist Landau vielleicht eine Blume? Ist Bibi eine Blume? Und Großvater schrie sie an, daß Benjamin Netanjahu sehr wohl eine Blume sei, und was für eine Blume! Und Mutter sagte, daß die einzige Sache, die bei ihm vielleicht blühe, die Wölbung in seiner Hose sei, und Großvater schrie, rutsche nicht unter die Gürtellinie, und Mutter rief, habe ich ihn dorthin geschoben? Er selbst hat die Hosen runtergelassen, als er in aller Öffentlichkeit seine Affäre preisgab! Und Großvater schrie, lenk nicht vom Thema ab, wir sprechen über dein »Jesch Gwul«, eine Organisation, die die Regeln der Demokratie nicht akzeptiert! Hörst du, was ich dir sage? Er schrie, und seine Augen traten hervor: Sie brechen das Gesetz! Bibi hat vielleicht einen Fehltritt begangen, sie aber brechen schlichtweg das Gesetz! Und Mutter sah Vater an und sagte, daß es Fehltritte gäbe, für die es kein Pardon gibt, und daß es Gesetze gäbe, bei denen es eine Pflicht sei, sie zu brechen, und Großvater entgegnete, komm mir bloß nicht mit dem Beispiel Deutschland, und Mutter sagte, daß sie dort hinkommt, wo sie hinkommen will, und daß auch Großvater immer dann mit Deutschland komme, wenn es ihm passe, und dann kehrte Großvater, dem es gerade nicht paßte, auf Deutschland zu kommen, noch mal nach Israel zurück und schrie, daß sie ein zerstörerisches Element seien, und sie stifteten Verwirrung bei den neu eingezogenen Soldaten, die sich fortan nicht mehr freiwillig für die verdeckte Spionagetruppe meldeten, die eine ungeheuer wertvolle Arbeit in Judäa und Samaria verrichte, und hier wedelte er mit der »Ha'arez«, damit wir alle verstanden, daß er sich das nicht ausgedacht hatte, sondern daß es in der Zeitung stand, und darauf schrie Vater ihn an, daß diese Männer keine wertvolle Arbeit, sondern eine Drecksarbeit leisteten, und Großvater solle nicht über Dinge sprechen, von denen er nichts verstehe, und daß Vater eine Menge wüßte, denn bis jetzt würde er immer noch Reservedienst in diesen Löchern machen, weil er es nicht über sich brächte, den Dienst zu verweigern und seine Soldaten im Stich zu lassen, und Großvater sagte, daß es ihn nicht wundern würde, wenn ihm eines Tages zu Ohren käme, daß auch Vater den Dienst in Judäa und Samaria verweigere, wozu Mutter meinte, keine Sorge, dazu fehlt ihm der Mut, und Vater sah Mutter gekränkt an, und wir alle wußten, daß dies für Großvater der geeignete Moment war zu sagen, du wirst dich noch wundern, dein Mann hat kein politisches Rückgrat, und Großvater würde zu der großen Schande übergehen, zu Vaters Unterschrift unter den Offiziersbrief von »Schalom Achschaw« im Jahre 1977, als Begin höchstpersönlich Großvater anrief, um zu fragen, ob es einen Zusammenhang gebe zwischen dem Assaf Lasar, der den Brief mit unterzeichnet habe, und dem kleinen Assi Lasar, so waren Begins Worte, an dessen Beschneidung er teilgenommen hatte, während die gesamte britische Armee in Israel nach ihm suchte, und für die Begin dennoch sein Leben riskierte und kam, und auch zu Vaters Bar Mizwa war er gekommen, und jetzt, als er die Liste der Unterzeichner unter den Brief überflog, war er plötzlich überrascht, auf den Namen Assaf Lasar zu stoßen.

Großvater versuchte, sich zu entschuldigen, und sagte, daß wohl ein Mißverständnis vorliege und daß es sich um einen anderen Lasar handeln müsse, und auf der Stelle rief er Vater an und fragte ihn, ob etwas dran sei, und, wie kannst du mir das antun, und Vater sagte, ich tue dir nichts an, und Großvater fragte ihn, was habe ich nur falsch gemacht? Und Vater antwortete ihm, daß du nach Israel gekommen bist, anstatt in die USA auszuwandern, und Großvater sagte, daß dies nicht der geeignete Moment für Witze oder für Zynismus sei, es sei ihm bitterernst, worauf Vater schwieg. Großvater sagte, er hoffe, Vater verstehe, daß er sich noch heute hinsetzen und einen Brief an die Zeitungen verfassen müsse, sein

Bedauern äußern und sich von der ganzen Sache distanzieren müsse, denn sonst würde er, Großvater, sein Gesicht verlieren und könne sich nicht mehr in der »Festung« blicken lassen und an den Redaktionssitzungen von »Ha'uma« teilnehmen, und auch auf diese Worte schwieg Vater beharrlich, und dann sagte Großvater, wenn es ihm schwerfalle, etwas zu verfassen, dann habe er selbst einen Brief vorbereitet, der Vater aus der Sache heraushole, ohne daß er allzu heftig dafür bluten müsse, aber hier brach Vater sein Schweigen und sagte, daß er hinter dem Offiziersbrief stehe, hinter jedem Wort, und daß die »Festung« und die Redaktion der »Ha'uma« ihn mal könnten, und Großvater warf den Hörer auf die Gabel und sagte zu Großmutter, daß sie einen Sohn verloren hätten, worauf Großmutter entgegnete, ich habe keinen Sohn verloren und merke dir, daß es Schweine sowohl im Likud als auch bei »Schalom Achschaw« geben kann, und um die Wahrheit zu sagen, kenne sie ein paar hier und ein paar dort, und ihre Söhne würden ihre Söhne bleiben, selbst wenn sie zu Verbrechern würden, und Großvater fragte sie, auch du? Das waren die Worte, die Julius Cäsar seinem treuen Freund Brutus sagte, als er ihn mitten unter seinen Mördern entdeckte, und dann bat sie ihn, kein Drama daraus zu machen, wie jedesmal, wenn einer der Söhne nicht genau das tue, was Großvater denke, aber das hat Großvater nicht überzeugt, denn nicht das zu tun, was er denkt, ist eine Sache, und eine andere Sache ist es, genau das Gegenteil zu tun von dem, was er denkt, und darum hat er mit Vater fast ein ganzes Jahr lang nicht gesprochen, und das wäre wohl bis zu seinem Tod so geblieben, aber glücklicherweise hatte Vater auf dem Weg zum Reservedienst den Motorradunfall, denn damit hatte er die Sünde des Offiziersbriefs verbüßt, und Großvater kam ins Krankenhaus, und alle bemühten sich, den Brief nicht zu erwähnen, und sprachen hauptsächlich über Probleme der Haftpflicht und über Versicherungsschutz und über Motorräder und darüber, wie gut es wäre, wenn Vater privatversichert und nicht Mitglied der Allgemeinen Krankenkasse wäre, die einen Haufen Schwierigkeiten mit dem Papierkram macht und deren Bürokratie samt und sonders dazu dient, ihre Versicherten zu quälen; aber das Thema kam dennoch jedesmal hoch, wenn sie zu ihren Streitereien übergingen, in denen der eine auf den anderen einschrie, wie in dem Streit von Vater und Mutter, als Vater auszog und ihr das Leben versaute, oder bei dem Gezeter am Infostand von »Jesch Gwul« in der Disengoff-Straße, wenn Leute bei Mutter und Maja stehenblieben und sie beschimpften, Verräter! Verräter! Ihr solltet euch was schämen! Erzieht ihr so eure Kinder, indem ihr sie hierherbringt? Ihr lesbischen Weiber! Was überhaupt nicht den Tatsachen entsprach, denn Mutter lebte die meiste Zeit mit Vater, und Maja hatte sogar zwei Männer, die beide bei ihr wohnten und die ein paar komische Sachen mit ihr anstellten, von denen Maja Mutter mit rollenden Augen erzählte. Aber die Leute vor dem Stand interessierte das nicht; sie hatten beschlossen, Mutter und Maja seien lesbisch, und man müsse die Polizei und das Jugendamt verständigen, damit sie das Kind mit dem Kassettenrekorder vor diesen beiden Furien in Sicherheit brachten, und alle Versuche, ihnen ruhig und sachlich zu erklären, worum es ging, schlugen fehl, und am Ende verloren auch Mutter und Maja die Geduld und brüllten zurück, Worte über Demokratie und Menschenrechte, und das veranlaßte einen alten Mann zu schreien, kümmert ihr euch nur um die Araber, ihr rotes Gesindel! Es ist besser, wenn ihr euren Stand zu den Nutten nach Tel Baruch stellt, dort werden euch die

Araber schon geben, was ihr haben wollt. Immer wieder war einer darunter, der dies oder etwas Ähnliches von sich gab, und Mutter und Maja brüllten zurück, ihr Faschisten, und sofort tauchte der Überlebende vom Dienst auf, der seinen Ärmel hochkrempelte und seine Nummer aus Auschwitz zeigte und kreischte, daß man ihn, bitteschön, nicht Faschist nennen solle, bitte nicht ihn! Mutter gab ihm schreiend zur Antwort, daß es auch bei der Friedensbewegung Holocaustüberlebende gebe, und was der Herr im Weltkrieg durchgemacht habe, stehe hier nicht zur Debatte und verschaffe ihm keinerlei Sonderrechte. Auch auf diese Worte folgte ein allgemeines Gezeter von allen Seiten, und alle kläfften Mutter an, wie sie dazu käme, so zu einem Überlebenden zu reden. Schämen Sie sich! Was wollen Sie überhaupt hier? Gehen Sie dahin zurück, wo Sie hergekommen sind, und kritisieren Sie die Leute dort. Hier brauchen wir Sie nicht, Sie Verräterin! Und dann zerrissen sie Mutter und Maja die Formulare und die Aufkleber, warfen den Tisch und die Klappstühle um, und wer dieses Theater erlebte, bekam es mit der Angst zu tun, wie Nama, die sich die Ohren mit den Händen zuhielt, oder er hielt es nicht aus, so wie Saul, der aus dem Zimmer ging, wenn es zu Hause passierte, oder der weglief, wenn es draußen dazu kam, und der erst zurückkehrte, wenn alles vorbei war, und der dann half, die Scherben aufzusammeln, und Mutter fragte, warum sie immer alle provozieren müsse; oder man versuchte zuzuhören, so wie ich, und die Sache zu verstehen und zu dem Schluß zu gelangen, daß scheinbar alle recht haben, allen tat es im Innern weh, und wie konnte es sein, daß der andere nicht begreift, daß er sich irrt? Wie konnte das sein?

Mitten in dem Streit mit Großvater wurde es plötzlich still, und alle nutzten dies, um an ihren Gläsern zu nippen und Luft zu holen, damit sie die Kraft hatten, einander weiter anzuschreien; und das war der Moment, in dem Großmutter, die bis jetzt geschwiegen hatte, zu Großvater sagte, daß sie die Nase voll von dieser Streiterei habe, und wenn er wirklich die Absicht habe, den Kindern – Vater und Mutter – das Auto abzunehmen, würde sie eigenhändig Aufkleber von »Jesch Gwul« auf ihren neuen Subaro kleben, und Großvater sagte, das will ich sehen, und Großmutter bat Mutter, ihr zwei Aufkleber zu geben, denn wir kamen gerade von einer Demonstration, und Mutter hatte ein Paket in der Tasche, das sie herauszog und Großmutter reichte, und Großvater sagte, das wagst du nicht, und Großmutter fragte, nein? Großvater sagte nein, aber man hörte an seiner Stimme, daß er sich nicht sicher war, und dann stand Großmutter auf und fragte, wer wird mich daran hindern? Und auf diese Frage antwortete keiner, und auch keiner stand auf, um sie aufzuhalten, und wie immer hatte sie alle in die Tasche gesteckt, und wir behielten Auto und Aufkleber.

So schlugen wir uns die Zeit vor der Therapiesitzung tot, und manchmal sprachen wir über das, was in der letzten Sitzung gewesen war, und über Dinge, die zu Hause passiert waren und über die man mit dem Therapeuten vielleicht besser nicht sprach, weil es peinlich war, wenn ein Fremder sie zu Ohren bekam, auch wenn man dafür ein Vermögen bezahlte, und alle paar Minuten fragte Mutter, wie spät es sei, und wir gingen rechtzeitig rein, und der Therapeut sagte allen freundlich Schalom, und Nama bat sofort um Papier und Stifte, und sie setzte sich an die Seite auf den Fußboden und malte, und alle naselang, wenn jemand dazu überging, über seine Probleme zu sprechen, kam sie mit einem neuen Bild, denn sie brauchte nur ein paar Sekunden, um eines fertigzumalen, und sie fragte Mutter und Vater, wie denn das Bild sei, und wenn diese sagten, es sei wunderbar, sogar wenn nur zwei schräge Striche, die sich nicht trafen, darauf zu sehen waren – denn das ist die Masche, Kinder schleunigst wieder loszuwerden, die kommen und einen fragen, wie man ein Bild findet –, setzte sie sich wieder hin, um noch ein Bild zu malen, bis ihr einmal der Therapeut den Vorschlag machte, das Gespräch zu malen, und sie verstand gar nicht, was er meinte, und dann erklärte er ihr, daß er meinte, daß sie uns alle malen sollte, wie wir bei ihm sitzen und über das, was uns bedrückt, sprechen, und sie fragte, ob sie auch ihn malen solle, und er erwiderte, wie du willst, und dann fragte sie, ob sie auch sich selbst malen solle, und er sagte wieder, wie du möchtest, und da dachte sie nach und fragte ihn, was bedrückt sie denn? Und Saul sagte, darüber versuchen wir zu sprechen, aber du nervst die ganze Zeit, das ist es, was uns im Moment bedrückt, und Mutter sagte zu Saul, daß er nur für sich sprechen solle, denn sie störe es kein bißchen, wenn Nama komme, um ihr ihre Bilder zu zeigen, und fast wäre ein Streit ausgebrochen, und dann schlug der Therapeut Nama vor, sie solle dem Gespräch zuhören, um herauszufinden, worüber wir sprachen, und Nama sagte ihm, daß er nur Unsinn rede, und er lächelte künstlich und fragte sie, wie sie das meine, und Nama erklärte, daß sie nicht zuhören könne, was uns bedrückt, und es gleichzeitig auch malen könne, und da schlug Mutter vor, sie solle vielleicht zuerst zuhören und dann malen, und das hat sie dann auch tatsächlich gemacht – sie hörte zu, und dann hatte sie es satt und fing ein Bild an, und am Ende war sie fertig und ging zu dem Therapeuten und sagte ihm, daß sie fertig sei, und er bat sie zu erklären, was sie gemalt habe, und sie erklärte, daß der große Mann er sei, der Therapeut, und daß er groß sei, da alle Angst vor ihm hätten, und vor ihm sitzen eine mittelgroße Mutter, ein etwas kleinerer Saul, ein kleiner Jotam, der Vaters Hand hält, der ein bißchen größer ist als Jotam, aber kleiner als Saul und Mutter, und an der Seite ein Mädchen, das auf dem Fußboden sitzt und ihre Familie, die eine Therapie macht, malt, und das bin ich, Nama, die dem Therapeuten das Bild erklärt; es war höchst merkwürdig, daß keines der Männchen auf dem Bild einen Mund hatte, und als wir nach Hause kamen und Mutter zu der Schublade lief, in der sie die Stapel von Namas Bildern aufbewahrt, bemerkten wir, daß auch auf ihren anderen Bildern die Menschen keine Münder hatten, und um diesen nicht vorhandenen Mund entstand eine ganze Geschichte, denn der Therapeut fragte Vater und Mutter, nachdem wir rausgegangen waren – davon weiß ich, weil im Zimmer der Rekorder lief –, ob sie eine Vermutung hätten, warum das Mädchen alle ohne Mund zeichne, und Mutter fragte ihn, ob er denke, daß das nicht in Ordnung sei, und er sagte, daß es so was wie »nicht in Ordnung« nicht gebe, und vielleicht sei die ganze Sache ohne Bedeutung, aber im Alter von fünf könnten Kinder normalerweise ziemlich gute Gesichter zeichnen, und vielleicht könne man etwas der Tatsache entnehmen, daß bei Nama einfach keiner einen Mund hat, und achten Sie mal darauf, was für große Augen alle haben, und man hört bei der Aufnahme das Rascheln des Bildes, das von Hand zu Hand wandert, und Mutter, die den Therapeuten fragt, ob er an etwas Bestimmtes denke, und den Therapeuten, der sagt, daß es ein Detail sei, das ihm aufgefallen sei, und er lasse sie nur an seinen Gedanken teilhaben, worauf Mutter entgegnete, daß sie keine Ahnung habe, was die Ursache sein könne, vielleicht Namas Inhaliergerät, das wir öfter als sonst benutzten, bevor Assaf wieder zu uns zog, und der Therapeut sagte, daß es durchaus möglich sei, daß das die Erklärung sei, und dann überlegte Mutter einen Moment lang und sagte, daß die Maske auch die Nase bedecke und Nasen fehlten nicht auf den Bildern, und darauf sagte der Therapeut, daß alles möglich sei und daß die Sache, wie er schon erwähnte, höchstwahrscheinlich bedeutungslos sei, und dann ist auf der Aufnahme ein Stück Stille, und dann fragt der Therapeut Vater, was er darüber denke, und Vater sagt, der Grund sei womöglich der, daß er Nama jedesmal, wenn sie frech wird oder Schimpfworte benutzt, ein glühendes Messer an den Mund hält, und das Trauma, das sie wegen der Brandwunden hat, eine plausible Erklärung liefere, und Mutter beeilt sich zu erklären, daß er nicht meint, was er da sagt, das ist Assis besonderer Humor, und der Therapeut sagt, daß er sich das denken könne, aber daß es vielleicht nicht uninteressant sei, was er wirklich denkt, denn schließlich sage er so etwas nicht grundlos, aber Vater verriet nicht die Gedanken, die hinter seinen Worten steckten, und darum herrscht auf der Aufnahme Stille, und nachdem ein wenig Zeit vergangen war und der Therapeut dem Schweigen entnahm, daß Vater die Frage offensichtlich nicht beantworten würde, hob er erneut an, damit die Sitzung nicht gänzlich mit Schweigen draufging, denn Vater hatte ihn schon mal gefragt, ob wir auch für die Zeit bezahlen müßten, in der wir schwiegen, worauf der Therapeut geantwortet hatte, daß Schweigen durchaus ein Teil des Therapieprozesses sei, und es zähle zu der Therapiezeit, denn man könne Worte aussprechen oder nicht aussprechen, und was der Therapeut nach dem Schweigen, das durch die Bemerkung aber nicht uninteressant, was er wirklich denkt, entstanden war, sagte, war, daß die Stunde zu Ende sei, und wenn sie nicht zu Ende gewesen wäre, hätten sie vielleicht weiter geschwiegen, das kann man nicht wissen, da sie ja zu Ende war, und bei diesen Therapien achtet man gehörig auf die Zeit, und genau wie es verboten ist, am Anfang der Sitzung zu spät zu kommen, ist es auch verboten, das Ende zu verzögern, und wenn die Stunde zu Ende ist, muß man aufhören zu sprechen, auch wenn man sich mitten in einer höchst wichtigen Angelegenheit befindet, denn im Wartezimmer wartete Familie Efroni, deren Sohn regelmäßig auf Wände, Möbel und die neuen Polsterbezüge des Autos onaniert, und schon im Wartezimmer hörte man, wie er seine Mutter anbrüllte, sie sei eine Hure und die Tochter einer Hure, worauf sie die Augen senkte, denn es war ihr peinlich, daß Fremde diese Worte aufschnappten, und sie tat so, als ob sie ihren Sohn nicht höre, und sie lächelte uns zu, und auch wir senkten die Augen, aber zuvor hatten wir die Hausaufgaben bekommen, die für jeden von uns Empfehlungen waren, etwas zu tun oder zu lassen, was den anderen störte und über das dieser sich bei der Sitzung beklagt hatte; Vater zum Beispiel sollte Mutter geduldig antworten, wohin er ging und wann er zurückkam, und sollte sich nicht sofort unter Druck gesetzt fühlen und meinen, daß Mutter versuchte, ihm seine Freiheit zu beschränken, denn auch wenn er nur in den Laden um die Ecke ging, konnte diese Frage bei ihm eine Krise auslösen; und Mutters Hausaufgaben bestanden darin, zu versuchen, Vater nicht zu fragen, wann er zurückkommt, auch wenn sie es nur aus Gewohnheit tat und nicht, weil sie den Wunsch hatte, ihn zu kontrollieren; und ich sollte Sauls Bitten, ihn und seine Freunde nicht mehr aufzunehmen, mehr respektieren; und Saul sollte mir weniger Prügel verpassen, wenn er mich doch beim Aufnehmen erwischte. Zum Schluß kam stets die

Szene, daß Mutter in ihrer Brieftasche kramte und das Scheckheft suchte und, wenn sie es nicht fand, Vater fragte, ob er seine Schecks greifbar hätte, denn am Ende jeder Sitzung mußte man auch noch hundertachtzig Schekel berappen, und wenn Vater den Scheck ausstellte, zitterte ihm die Hand ein wenig, und ein jeder stellte insgeheim eine Berechnung an, für welche wirklich wichtigen Dinge man soviel Geld hätte ausgeben können, aber keiner traute sich, was zu sagen, um Mutter nicht zu verärgern, die uns sagte, wenn diese Therapie die Familie retten würde, wäre sie jede Agora wert; und dann mußten wir uns wirklich ranhalten, denn aus dem Nebenraum hörte man schon den Jungen der Familie Efroni lauter werden, und wir nahmen schnell die Quittung, die der Therapeut immer vorbereitete, während Mutter und Vater das Scheckheft suchten, denn die Sache mit der Bezahlung war ihm peinlich, und vor der Tür landete die Quittung im Papierkorb, denn der Steuerberater hatte Vater erklärt, daß das Finanzamt Bemühungen zur Gesundung der Familie nicht anerkenne, und in dieser Angelegenheit half Vater auch das Schreiben nichts, das er dem Leiter der Finanzbehörde schickte, in dem er erklärte, daß eine Investition in die Gesundung familiärer Beziehungen in Berufen wie dem seinen und dem von Mutter vergleichbar mit der Investition eines Industriebetriebes in die Modernisierung seines Equipments sei, und es wäre daher nur gerecht, wenn eine solche Ausgabe absetzbar wäre.

Als Mutter Großmutter von Namas Bildern erzählte, bat Großmutter Nama, ihr ein Gesicht zu malen, und Mutter sagte zu Großmutter, sie solle Nama nicht bedrängen und ihr nicht zu verstehen geben, daß etwas nicht in Ordnung sei, und Großmutter meinte, natürlich nicht, und als ihr Nama ihr Bild ohne Mund und mit riesigen Augen brachte, sagte Großmutter wunderbar, wunderbar, fehlt aber da nicht etwas? Und Nama schüttelte den Kopf, und Großmutter forderte sie auf, sieh mal genau hin und sage mir, was ist in deinem Gesicht alles zu sehen? Und Nama sagte, darin ist alles, was man braucht, und Großmutter fragte, und da fehlt gar nichts? Und Nama schaute und schaute und schüttelte den Kopf, und Großmutter versuchte ganz behutsam, Nama einen Hinweis zu geben, daß dem Gesicht ein Mund fehlt, aber Nama war es egal, und am Ende wurde sie müde und setzte sich vor eine Kindersendung, und bis heute malt sie Gesichter ohne Mund, und alle haben sich längst daran gewöhnt, und es stört keinen mehr, nicht einmal Großmutter, die eine Frau ist, bei der alles an seinem Platz sein muß.

Abgesehen von Großmutter, die ein wenig mit Nama zu arbeiten versuchte, achtete keiner von uns mehr auf die Hausaufgaben des Therapeuten, obwohl sie uns, als wir dort anfingen, mitteilten, daß alles an uns hinge und sie nur da seien, um uns zu helfen, damit wir uns selber halfen, und nachdem Mutter über unsere Probleme gesprochen hatte, wobei Saul sie ständig unterbrach und ihr Dinge in Erinnerung rief, die sie zu sagen vergaß oder die zu sagen sie sich vielleicht nicht traute, und auch ich nur mit Vorbehalt erzählte, um niemanden zu verletzen, einschließlich dem Therapeuten, der sich bemühte, sehr nett zu sein – stellte es sich heraus, daß es bei uns eigentlich nur ein Problem gab, und das war Vater; der Therapeut wandte sich immer wieder an ihn und fragte, was meinen Sie dazu? Und Vater sah ihn an, als wäre er vom Mond gefallen, denn er hörte überhaupt nicht hin. Er ging nur mit, weil Mutter es verlangt hatte, und er sagte, sorry, ich war mit meinen Gedanken woanders, bis er schließlich die Nase voll hatte, nicht mehr mitkam und

Mutter versprach, sich um mein Übergewicht und meine schulischen Probleme persönlich zu kümmern, und tatsächlich machte er eine Zeitlang mit mir Hausaufgaben, aber selbst wenn er am Anfang Geduld hatte, war sie mittendrin immer verbraucht, und er wurde nervös, wenn es mir nicht gelang, den Bleistift zu halten, wie es sich gehörte; und noch schlimmer war es, als er mich zum Jogging mitnahm, wovon ich schreckliches Seitenstechen bekam, ich wußte aber, daß ich nichts sagen durfte, denn das hätte ihn enttäuscht, und er ging mit mir ins Schwimmbad, und wenn ich aufgab und sagte, daß mir kalt sei und mir die Augen brennen und daß ich aus dem Wasser will, versuchte er, mich im Guten zu überreden, und wenn das nicht klappte, konnte es passieren, daß ihm der Geduldsfaden riß, und er schrie mich an, daß ich ein Waschlappen sei und mich gehen ließe; und einmal, als ich ihn enttäuscht hatte, weil ich meine Zeiten beim Schwimmen nicht verbesserte und wir uns danach in der Garderobe wogen und feststellen mußten, daß ich kein einziges Gramm abgenommen, sondern vielmehr umgekehrt zugenommen hatte, fuhr er mich an, sieh nur, wie du aussiehst, schämst du dich nicht? Und ich antwortete nicht und wollte nur schnell in die Kleider, damit sie meine Speckrollen verdeckten. Aber er ließ nicht locker, nein, du schämst dich offenbar kein bißchen, aber merke dir, daß ich beginne, mich zu schämen. Sieh nur, wie du aussiehst, wie ein Fettklops, und er zerrte mich mit Gewalt vor den Spiegel, und ich mußte mich davorstellen, und er schrie wieder, sieh dich an! Und ich kniff mit aller Kraft die Augen zu, und er schrie, daß ich sie aufmachen solle, worauf ich sie noch fester zumachte, denn auch ohne Spiegel weiß ich genau, was mit mir los ist, und dann versuchte er, mir die Augen mit Gewalt mit seinen Fingern aufzureißen, und er sagte, ganz klar, daß du sie zumachst – du ekelst dich vor dir selber, aber was für eine Wahl haben wir? Sollen wir vielleicht den ganzen Tag mit geschlossenen Augen herumlaufen? Und er stieß mich beiseite und machte Anstalten, sich abzutrocknen, und als er bemerkte, daß ich die Augen öffnete, fragte er mich, was daran schon so kompliziert sei, ein paar lächerliche Kilos loszuwerden? Schlimmer als seine Worte war die Art, wie er mich ansah, und ich rückte ein wenig von ihm ab und holte den Rekorder aus der Tasche, um ein Gespräch zwischen zwei Männern aufzunehmen, die jenseits der Spinde saßen, denn ich konnte ihm nicht mehr zuhören und ihn nicht mehr ansehen; und ich hörte, wie der eine versuchte, den anderen dazu zu bringen, ihm ein Abonnement für das Theater in Kfar Saba abzukaufen, und der zweite fragte ihn, was er davon hätte, und der erste antwortete, daß es sich lohne, denn es sei ein Kulturpaket, und der zweite fragte, was heißt das, ein Kulturpaket? Und der erste antwortete, daß in dem Paket ein Gastspiel des Habima-Theaters enthalten sei und eines des Theaters von Haifa und ein Konzert des Orchesters von Rischon und eine Ballettaufführung von Bat Schewa und ein Kinderstück, und der zweite sagte, ich habe keine Kinder, worauf der erste meinte, das Gute an dem Paket ist, du kannst dir anstelle des Kinderstücks etwas anderes aussuchen, zum Beispiel Dudu Dotan, und der zweite sagte, ich mag ihn nicht, da verlor der erste ein wenig die Geduld und sagte, egal, dann eben nicht Dudu Dotan. Dann halt Arik Lawi. Und dann fragte der zweite, wenn das Ding so gut ist, warum willst du es mir dann verkaufen? Und der erste hielt sich lange bei dieser Frage auf, und genau in dem Moment, als er ansetzte, dem zweiten eine Antwort zu geben, kam Vater näher und befahl mir, den Rekorder abzustellen, und ich fragte warum, und er entgegnete, weil ich es so will, und darauf erwiderte ich, daß »so« keine Antwort sei, und er erwiderte, ich habe dir gesagt, du sollst aufhören aufzunehmen, und sein Blick wurde noch unheimlicher, und es schien, daß es ihm vor mir grauste, und er kam noch ein wenig näher und wiederholte, daß ich ihm den Rekorder geben solle, und ich entgegnete ihm, daß es mein Rekorder sei, worauf er sich bückte und mir den Rekorder mit Gewalt entreißen wollte, aber ich ließ nicht locker.

Ich trage den Rekorder seit Jahren mit mir herum, überallhin nehme ich ihn mit, und Vater selbst war es, der ihn mir einmal mitgebracht hatte, in der Zeit, als ich ständig krank und noch ein richtiges Kind war. Vater saß die meiste Zeit an meinem Bett, denn Mutter war damit beschäftigt, uns zu ernähren, und er hörte den Geschichten zu, die ich mir erzählte, und er wunderte sich und fragte mich, woher all diese wunderschönen Geschichten kämen? Und ich sagte ihm, aus dem Kopf, und er fragte, aber wie kommen sie in den Kopf? Und ich sagte ihm, daß er es selber wissen müsse, denn er lege sie dorthin, und er sagte, schön wär's, und dann umarmte er mich fest mit seinen kräftigen Händen, denn schon damals machte er Gymnastik, und wenn er sich unbeobachtet fühlte, stand er seitlich vor dem Spiegel und überprüfte, ob sein Bauch dicker geworden war, und er besaß ein Gerät, das wie eine Zange aussah und mit dem er das Fett auf den Hüften und unterhalb der Oberarme maß, und die Gymnastik betrieb er, als würde er gegen jemanden Krieg führen, und wenn er mich heftig umarmte, sagte er oft, mein Junge, mein Junge, du bist mir einer, und ich fragte ihn, was für einer, und er trat ein klein wenig zurück und streichelte mir das Gesicht und sagte, einfach etwas Besonderes, und dann brachte er mir auch diesen Rekorder, My first Sony, was auf Englisch mein erster Sony heißt und was auf ihm geschrieben stand, und er erklärte mir geduldig und ohne nervös zu werden, wie man ihn bediente, denn wie ich bereits erzählte, hatte ich ein kleines Problem mit der Feinmotorik oder, wie meine Krankengymnastin sagte, ein minimales Problem, was dasselbe ist in der Sprache der Krankengymnasten, und deshalb fiel es mir am Anfang schwer, ihn zum Laufen zu bringen, aber Vater half mir und schlug mir vor, alles aufzunehmen, was ich mir selbst erzählte, damit all diese wunderschönen Dinge nicht verlorengingen, und er schlug mir auch vor, alles Interessante aufzunehmen, was ich von anderen hörte, und ich sagte ihm, daß mich alles interessiere, und er meinte, dann nimm einfach alles auf, und er setzte sein sonniges Lächeln auf, wie Mutter es nannte, die immer hinzufügte, daß wir wenigstens keine Angst zu haben brauchten, daß man uns den Strom abstellt, denn dann könne Vater sein Lächeln aktivieren, unseren privaten Energiespender, und wegen dieses Lächelns hatte sie ihn auch geheiratet, was ich einmal aufschnappte, als sie es Saul zur Antwort gab, der sie fragte, warum hast du ihn überhaupt geheiratet? Saul sagte, daß man wegen eines Lächelns niemanden heiratet, und sie meinte, du wirst dich noch wundern, und Saul erwiderte, ich wundere mich jetzt schon, du hättest bei ihm auch andere Dinge überprüfen müssen, dann würden wir jetzt nicht allein hier sitzen, denn es war bei einem von Vaters Ausbrüchen, und ich sagte zu Saul, wenn Mutter Vater nicht geheiratet hätte, wären wir überhaupt nicht hier und er könnte diese Fragen gar nicht stellen und auch nicht auf ihn sauer sein, worauf Saul meinte, halt die Klappe, dich hat niemand gefragt, du bist eh ein Verräter. Die letzten Worte bezogen sich auf die Sache mit der Schule, als wir das Gebäude verließen und Vater am Tor auf uns wartete, weil er uns erklären wollte, wohin er verschwunden war – und Saul nicht bereit war, ihm zuzuhören, und er mich bei der Hand nahm und hastig hinter sich herzog; Vater rannte uns nach, und ich wandte mich nach ihm um und versuchte stehenzubleiben, aber Saul zog mich erbarmungslos vorwärts, er ist irre stark, denn er hat Vaters Muskeln geerbt, und es blieb Vater nichts anderes übrig, als hinter uns herzulaufen und immer wieder zu rufen, Sauli, bleib mal für eine Sekunde stehen, ich will euch nur erklären, und da stieß ich an einen Stein, denn ich hatte die ganze Zeit nach hinten geschaut, und ich schlug mir ein Knie auf, und Vater fragte mich, ob ich in Ordnung sei, aber er traute sich nicht, näher zu kommen, denn Saul kümmerte sich sofort um mich und sagte zu Vater, es wäre besser, wenn er abhaue und uns nicht anmache, denn sonst würde er einen Polizisten rufen; aber Vater bemerkte das Blut an meinem Knie und kam doch ein wenig näher, worauf Saul einen Stein in die Hand nahm und ihm drohte, noch einen Schritt, noch einen Schritt, und er würde mit dem Stein nach ihm werfen, und Vater meinte, sieh dir Jotam an, er ist verletzt, und Saul raunte, das ist nichts, und Vater sagte, ich will sehen, ob es nichts ist, und er machte noch einen Schritt, und Saul hob die Hand mit dem Stein und zischte ihm mit furchterregender, langgezogener Stimme zu, ich warne dich, noch einen Schritt ... Vater blieb stehen, und Saul fuhr mich an, steh endlich auf, genug mit deiner Show, und ich stand auf, und Saul nahm meinen Ranzen und griff wieder nach meiner Hand und zerrte mich noch schneller hinter sich her, nun hinkte ich auch noch, und weil ich mich weiterhin nach Vater umschaute, der erbärmlich und einsam dastand und sich nicht vom Fleck rührte, stürzte ich ein zweites Mal, und Saul fragte giftig, was das solle, warum ich mich dauernd fallen ließe, und ich schrie, laß mich, laß mich, und ich warf ihm Sand in die Augen, stand auf und rannte so schnell ich konnte, was nicht übermäßig schnell ist, zu Vater, der mich mit offenen Armen erwartete und fest umarmte, und als er fertig war, sagte er, komm, wir werden uns den Schaden einmal ansehen, und ich setzte mich, und er zog ein Taschentuch heraus und machte sich daran, mir die Wunde zu säubern; von weitem sah ich, wie Saul sich den Sand aus den Augen rieb, und er blieb noch ein wenig stehen und schaute, und am Ende warf er meinen Ranzen hin, drehte sich um und ging, und inzwischen hatte Vater mein Knie mit seinem Taschentuch verbunden, und er umarmte mich noch einmal ohne ein Wort, denn ich verstand ihn auch ohne Erklärungen, und die Erklärungen hob er sich für Saul auf. Danach begleitete er mich fast bis zum Haus, und im Treppenhaus sah ich ihn nach oben schauen, vielleicht hoffte er, zufällig Mutter zu sehen, wie sie auf den Balkon kam, um die Blumenkästen zu gießen, und als ich oben war, lief ich zum Fenster, um mich zu vergewissern, daß er noch dort war, aber er war nicht mehr da, und auf dem Bett fand ich einen Zettel von Saul, daß ich für ihn gestorben sei und daß ich hier nichts mehr zu suchen hätte, solle ich doch zu Vater und zu seiner Schnepfe ziehen und mit ihnen zusammenleben, und bis zu dem Gespräch mit Mutter über Vaters Lächeln sprach Saul tatsächlich kein Wort mehr mit mir und tat, als sei ich Luft – darin ist er ein großer Meister.

Mutter sagte Sauli, daß er mich in Ruhe lassen solle, und sie begann über seine Worte zu sinnieren und fuhr fort, daß es nicht nur das Lächeln war, sondern auch die Art, wie es Vater gelungen war, sie wieder aufzurichten, als sie neu ins Land eingewandert und zutiefst deprimiert war wegen all der furchtbaren Dinge, die ihr in Argentinien passiert waren, und überdies hatte sie all die Probleme, die man als Neueinwanderin hat, und sie fand keine Arbeit als Architektin, bis sie eines Tages Amalia in einer Solidaritätsveranstaltung mit den Desaparecidos kennenlernte, und Amalia nahm sie mit ins Theater und erzählte allen, was für eine wunderbare Bühnenbildnerin sie sei, und sie stellte ihr Vater vor, der dort gerade ein Stück inszenierte, aber sie warnte sie auch, daß man mit den Scherben der Herzen, die er schon gebrochen habe, die Via Dolorosa pflastern könne, aber Mutter hörte nicht auf sie, und nun hat sie den Salat, wie Amalia stets meinte, wenn sie kam, um Mutter zu trösten, nachdem Vater sie wieder einmal sitzengelassen hatte und ihr nichts als die Erinnerung an sein Lächeln blieb, nach dem sie dann Sehnsucht hatte, und auch ich sehnte mich danach in der Ankleidekabine im Schwimmbad, als er neben mir stand und versuchte, mir den Rekorder gewaltsam zu entreißen, wieder und wieder sagte er, gib mir schon diesen verflixten Rekorder – alles ist registriert, denn der Rekorder lief ununterbrochen –, und ich gebe ihm keine Antwort, und man hört nur seinen Atem und meinen Atem, und dann zog er heftiger und heftiger, und die beiden, die sich über das Kulturpaket unterhielten, unterbrachen ihr Gespräch und sahen uns zu, und ich schämte mich für ihn, daß er in aller Öffentlichkeit so mit seinem Sohn umsprang. Am Ende riß er mir den Rekorder aus den Händen und sagte, daß er ihn mir nicht zurückgebe, bevor ich nicht fünf Kilo abgenommen hätte, und ich begann zu weinen, denn ich hielt es nicht mehr aus, und er schrie, was hast du von diesen Aufnahmen, du Heulsuse? Willst du vielleicht das ganze Leben aufnehmen? Fang endlich an zu leben! Und ich schrie ihn an, du hast mir doch gesagt, ich soll die Aufnahmen machen! Und er brüllte zurück, dann habe ich es halt gesagt! Ich habe es gesagt, und jetzt sage ich etwas anderes, und ich schrie zurück, daß ich kein Jojo sei, dem man mal dies und mal jenes zu tun heißt, und daß er mir den Rekorder zurückgeben solle, und am Ende knallte er den Rekorder mit voller Wucht auf den Boden, und so ging mein erster Sony in die Brüche, und jene Aufnahme reicht genau bis zu der Stelle, an der der Rekorder den Geist aufgab, und bis heute weiß ich nicht, ob der zweite Mann das Kulturpaket nun gekauft hat oder nicht, und wenn ja – wie ihn der erste herumgekriegt hat.

Nachts weckte er mich und gab mir einen neuen Rekorder, viel besser in der Aufnahme und auf dem neuesten Stand der Technik, Stereo; und ich fragte ihn, wo hast du denn den mitten in der Nacht aufgetrieben? Und er erzählte mir, daß er jemanden im Flughafen kenne, der ihn in den Duty-Free-Shop gelassen hätte, und ich fragte, und woher hattest du das Geld? Und er sagte, er habe eine Bank ausgeraubt, und er lächelte, und ich lächelte zurück, und dann zog er mich an sich und nahm mich in den Arm und sagte mir, daß er meinen Körper Gramm für Gramm, auch die überschüssigen, um Verzeihung bitte, und es mache ihm überhaupt nichts aus, wie ich aussähe, denn ich sei ein Schatz; und dann rückte er ein wenig von mir ab und sah mir in die Augen, und die seinen waren voller Tränen, von denen eine rauskullerte und ihm auf die Wange tropfte, und er zog die Nase hoch, als wäre er erkältet, aber Schnupfen hatte er nicht, sondern es waren einfach die Kanäle, die die Tränensäcke mit dem Hohlraum der Nase verbinden und überflüssige Tränenflüssigkeit ableiten, was sie mal in Kanal Acht brachten, in der Sendung über den menschlichen Körper, und geistesabwesend nahm er die Zipfel meines Bettuches und putzte sich damit die Nase, bemerkte sein

Mißgeschick und sagte, was für ein Idiot ich bin, und er kramte vergeblich nach einem Taschentuch, und wieder nahm er die Spitze des Lakens und wischte noch mal, bemerkte es abermals, aber es war ihm schon egal, und er putzte weiter, und sein Blick war so anders als der, den er in der Umkleidekabine draufhatte, und er bat erneut um Verzeihung und erklärte mir, daß er es nicht im Griff habe, und sagte, daß es ihm viel bedeute, daß ich wisse, daß er mich, auch wenn er wütend sei, liebhabe, und er sei überhaupt nicht wütend auf mich gewesen, sondern auf sich selbst, aber er lasse es immer an den falschen Menschen aus, und wieder bat er um Verzeihung und beteuerte mir, wie wunderbar es sei, daß ich anderen zuhören könne, und ich streichelte ihn und sagte ihm, es macht nichts, Papa, und ich fühlte mich schuldig, daß es ihm meinetwegen so schlecht ging, und am Ende schliefen wir zusammen ein, und am Morgen wachte ich vor ihm auf, aber ich rührte mich nicht von der Stelle, damit er nicht aufwachte und aufstand, denn es tat gut, so nah bei ihm zu liegen, und ich streckte nur die Hand vorsichtig nach dem neuen Rekorder aus, den er mir gekauft hatte, und ich stellte ihn an, und das ist die erste Aufnahme, die ich von dem neuen Gerät habe: Vaters Atemzüge und das Recken und Gähnen und die Frage, die er stellte, ist es schon Morgen? Sein Sonnenlächeln, als er mich bemerkte, mit den Krähenfüßen, die ihm aus den Augenwinkeln kommen und die wie Strahlen aussehen, sieht man bei der Aufnahme natürlich nicht, aber ich erinnere mich daran, wenn ich Vater sagen höre: Bin ich hier eingeschlafen? Und man hört das zweite Strecken, das für einen Moment das Lächeln verzog, und einen langgezogenen Seufzer und ein zweites Lächeln, und Stille, und im Hintergrund unentwegt die Stimmen von Mutter, Nama und Saul aus dem Wohnzimmer, die sich über kleine, belanglose Dinge unterhalten, aus denen das Glück besteht wie Mutter sagt, denn wenn man über sie spricht, weiß jeder gleich, daß keiner gestorben ist und keiner krank ist und daß kein Krieg ausgebrochen ist; was mein Rekorder nicht registrierte, obwohl er viel besser und empfindlicher war als der erste Sony, ist meine innere Stimme, die bettelte, daß sich nichts bewegen möge, daß sich ja nichts verändern solle, und dann hört man Mutter Nama bitten, daß sie nachsehen soll, ob Vater und Jotam schon wach sind, und ich und Vater schlossen rasch die Augen, und man hört, wie ihre Schritte näherkommen, und das Geschirr, das Mutter in der Küche spült, und wie Saul den Fernseher umschaltet, und durch die Ritzen zwischen meinen Augenlidern sah ich, wie Nama hereinschlich, näherkam und sich bückte, um genau zu überprüfen, ob wir tatsächlich schliefen oder uns nur verstellten, und sie schreit Mutter zu, sie schlafen noch, und Vater macht Bah, und sie ruft Mami! Und er zog sie an sich, und wir lagen alle übereinander, denn auch Mutter und Sauli kamen, und von unserem Gewicht brach der Bettpfosten, und das Bett fiel mit riesigem Getöse zusammen, und Frau Pomeranz von unten kam hoch und fragte, ob wir die Explosion gehört hätten, denn sie war immer noch in Saddam-Alarmbereitschaft, auch ein Jahr nachdem der Krieg zu Ende war, und wir grölten, und wir luden sie zu Kaffee und Pfannkuchen ein, Vaters größter Spezialität, und wenn er eine Imbißbude aufgemacht hätte, hätte er damit den Reibach seines Lebens machen können und nicht solch eine Schrottkiste fahren müssen, wie Schalom, der Inhaber der Werkstatt, der ein Soldat von Vater in der Golani-Einheit gewesen war, Großvaters Renault spöttisch nannte, als wir kamen, um das Auto aus der Werkstatt zu holen, und er erzählte uns, daß Vater ein strenger Offizier war, aber er achtete darauf, jeden Morgen für die Patrouillen Pfannkuchen zu backen, die sie im Winter auf dem Hermon auf den Beinen hielten – und Geld für die Reparatur, nach allem, was er mit Vater auf dem Hermon durchgemacht hat, wollte er auf keinen Fall nehmen, nur für die Ersatzteile und für die Arbeit, und es half Mutter nichts, daß sie Vater sagte, selbst wenn Schalom den Anteil der Nostalgiekosten auf die Ersatzteile geschlagen hätte, sei die Rechnung immer noch zu hoch, und daß er Vater übers Ohr gehauen habe, und überall sonst hätte Vater nur die Hälfte hingeblättert; und so, in der Küche mit Frau Pomeranz, begann eine der letzten guten Phasen Vaters, dessen Leben sich in gute Phasen, die wunderbar waren, und in schlechte Phasen, die furchtbar waren, aufteilte, und einfache Phasen oder, wie Mutter sagte, normale Zeiten hat er nie erlebt.

Wenn Mutter ihn in einer schlechten Phase kennengelernt hätte, hätte sie ihn sicherlich nicht genommen, aber die Misere – oder das Glück, je nachdem, von welcher Seite man es betrachtet – war, daß sie ihn in einer seiner besten Zeiten kennengelernt hatte, denn er hatte gerade mit zwei Theaterstücken Erfolg, und beim zweiten Stück lernte er Mutter kennen, und es war nicht nur des Lächelns wegen, daß sie ihn heiratete, es gab noch mehr Dinge, zum Beispiel, daß er mit ihr spanisch sprach, als sie kaum ein Wort Hebräisch konnte, denn er wußte noch fast alles, was er in Argentinien gelernt hatte in der Zeit, als Großvater und Großmutter im Auftrag der Bejtar dort hingefahren waren und er noch ein Kind war, und er zitierte ihr aus Platero y yo, was Platero und ich heißt, und aus Martín Fierro, den er ins Hebräische zu übersetzen versuchte, und viele Jahre nach ihrer Hochzeit fiel ihm noch aus heiterem Himmel irgendein Werbespot aus dem Fernsehen ein, wie Coca-Cola refresca mejor, oder der Schlager von Palito Ortega, der der Chaim Mosche der Schlagerwelt Argentiniens war, über die Braut, die am Hochzeitstag starb, und wenn er zum Refrain kam, wurde er lauter und sang, y te vas, y te vas, al cielo, vestida de novia, te vas y un coro muy triste de angeles sollozan la marcha nupcial, und andere Lieder aus der Zeit, als sie Kinder in Argentinien waren. Mutter hörte zu, und manchmal machte sie mit und sagte, woher weißt du das noch, ich habe es vergessen, und darauf antwortete er, daß er sich an alles erinnere, denn er sei ein esponja, was ein spanischer Schwamm ist, und das ist der zweite Name, den ihm die Kinder in der Schule in Buenos Aires gaben, wegen seines Gedächtnisses, denn wie ein Schwamm war er, saugte alles in sich auf, und auch weil er dick und schwächlich war und ein wenig an einen Schwamm erinnerte, und anscheinend habe ich sowohl das Gedächtnis als auch den Speck von ihm geerbt, allerdings turnte er wie ein Irrer und kämpfte gegen sein Fett an, und es gelang ihm tatsächlich, es zu verbrennen, während ich mich geschlagen gebe und es sich bei mir immer weiter ansetzt, so daß ich es tatsächlich vermeide, mich im Spiegel anzuschauen, selbst wenn niemand in der Nähe ist. Und seit letztem Sommer gehe ich nicht mehr ans Meer.

Als er mit Großvater und Großmutter nach Buenos Aires fuhr, hatte er etwa mein Alter, und sein älterer Bruder Adam war ein bißchen älter als Saul, und Abram, der jüngere Bruder der beiden, der heute in Bnej Brak wohnt, war noch gar nicht auf der Welt, und sie segelten drei volle Wochen lang dorthin, auf einem riesigen italienischen Schiff namens Conte Grande, und als sie den Äquator überquerten und eine Riesenfete zu Ehren Neptuns gefeiert wurde und im Swimmingpool als Nymphen verkleidete Stewardessen schwammen, Kreaturen, die halb Fisch halb Frau sind, wie Ariel, die Meerjungfrau, fragte er Großmutter pausenlos, wo denn die Äquatorlinie genau sei, so wie ich ihn gefragt habe, wo die Grüne Linie verläuft, als wir zu der Siedlung Ariel fuhren, zur Bar Mizwa meines Cousins Itamar, Adams mittlerem Sohn, und Mutter nicht mitkam, weil sie auf gar keinen Fall die Grüne Linie überschreiten wollte, die für sie die Grenze Israels war, und es half nichts, daß Großmutter meinte, für Itamars Bar Mizwa, der ein phantastischer Junge sei, könne sie ruhig ein wenig flexibler mit ihren Prinzipien umgehen, und Großvater einwandte, wenn sie schon die Linie für ihre Demonstrationen gegen die Einheit Israels überschreite, könne sie auch mal ein kleines Opfer für die Einheit der Familie bringen, und Mutter hatte auf diesen schönen Spruch Großvaters schon eine Antwort parat, aber sie wartete ab, denn Großvater liebte seine eigenen Worte dermaßen, daß er unverzüglich sein Notizbuch zückte, in das er bedeutsame, schöne Formulierungen zu vermerken pflegte, die es wert waren, in Erinnerung behalten zu werden, und die ihm bei seinen Artikeln von Nutzen sein könnten, welche er für »Ha'uma« verfaßte, eine Zeitung, die außer ihm und ein paar anderen Senioren in der »Festung« kein Likud-Mitglied mehr las, und als er damit fertig war, zu notieren und sich zu begeistern, sah er Mutter an und fragte, na, was sagst du zu dem Argument? Und Mutter platzte beinahe vor Lachen und konnte überhaupt nichts sagen, aber sie gab durch ihr Kopfschütteln zu verstehen, nein, sie würde nicht mitkommen, und jemand mußte auch bei Nama bleiben, die gerade einen Asthmaanfall hinter sich hatte, denn es war Frühling, und die Blüte der Zitrusfrüchte könnte unterwegs die Lage noch verschlimmern, aber das war eine Ausrede.

Im Auto bat ich Vater, mir die Grüne Linie, über die bei uns so viel geredet wurde, zu zeigen, wenn wir daran vorbeikämen. Und kurz nach Kfar Saba hielt Vater den Wagen an, deutete mit dem Finger und sagte zu mir und Sauli, hier ungefähr verläuft sie, und Großvater, der von dem Moment an, in dem wir in den Wagen stiegen, bis zu jenem Augenblick, in dem wir anhielten, um die Grüne Linie zu besichtigen, nicht aufgehört hatte, darüber zu meckern, daß Mutter wieder mal nicht mitkam, und wie so eine Linke in seine Familie geraten konnte, die einmal sogar – wegen einer ihrer Demonstrationen gegen die Soldaten – eingelocht wurde, und welch eine Erziehung seine Enkel in einem Haus genössen, in dem eine Kultur der politischen Verantwortungslosigkeit an der Tagesordnung war, Großvater also berichtigte Vater und sagte, die Grüne Linie verläuft nicht hier, mein Herr, sie verlief hier! Und damit hatte er recht, denn ich und Sauli konnten beim besten Willen nichts von einer Linie sehen, und Vater warf ein, verlauft, verlief, das Wesentliche daran ist, daß sie bald wieder hier verlaufen wird, und sicher wird nächstes Jahr, wenn wir zu Itamars vierzehntem Geburtstag nach Ariel fahren, auf der Straße schon ein Checkpoint stehen, über dem die Flagge der PLO weht, und Arafat wird hier das Sagen haben.

Als Vater seinen Satz beendet hatte, herrschte für ein paar Sekunden tödliches Schweigen, und dann sagte Großvater ganz ruhig zu Vater, bitte verlaß den Wagen oder nimm deine Worte zurück, und Großmutter meinte, also wirklich, Zwi, wir kommen zu spät zur Bar Mizwa, und Großvater fuhr sie an, was heißt hier, also wirklich, Zwi? Hier geht es um bedeutsamere Dinge als um eine Bar Mizwa, und Großmutter bemerkte, daß es für sie nichts Wichtigeres auf der Welt gebe als die Geburtstage ihrer Enkel, was Großvater schon nicht mehr hörte, denn er holte tief Luft, um die geballte Wut unter Kontrolle zu bekommen, die sich in seinem Bauch gesammelt hatte und jeden Moment in den Mund gepreßt würde, denn nur von dort konnte man sie in Form von Gebrüll wieder loswerden, und auf seiner Stirn trat eine Vene hervor, was ein schlechtes Omen war, und er sagte zu Großmutter, sag ihm, daß man in meinem Wagen – wir fuhren mit seinem Subaro, denn unser Wagen schaffte kaum die Steigung von Ramat Gan – so etwas nicht ungestraft in den Mund nimmt, und Großmutter entgegnete, sag es ihm selbst, du sitzt neben ihm, und Großvater sagte, Miriam, ich bitte dich eindringlich, eindringlich, eindringlich . . . Großmutter sagte, er hört dich, Zwi, stimmt's, daß du ihn hörst, Assi? Um zu beweisen, daß Großmutter recht hatte, fragte Vater, was äußert man nicht ungestraft? Großvater war über diese Frage so verblüfft, daß er ein Taschentuch zückte und hineinschnäuzte, es zurück in die Tasche steckte und das Radio an- und wieder ausschaltete. Wir dachten schon, daß er vor lauter Verwirrung vielleicht vergessen hatte, daß er mitten in einem Streit war, doch da erinnerte ihn Vater daran: Du hast mir noch nicht gesagt, was man nicht ungestraft äußert; Großvater entgegnete, man spricht in meinem Wagen nicht über einen palästinensischen Staat mit diesem Mörder Arafat an der Spitze, worauf Vater meinte, daß auch Begin mal ein Terrorist gewesen sei und sich in ein Staatsoberhaupt verwandelt habe, und Großvater fragte, wie bitte, Begin, ein Terrorist? Vater bejahte, und Großvater fragte ein zweites Mal, ein Terrorist? Vater bejahte abermals, und das Spielchen wiederholten sie etwa fünfmal, jedesmal mit etwas lauterer Stimme, dann gingen sie zu ihrer zweiten Standardfrage in Streitgesprächen über, als Großvater fragte, du vergleichst Begin mit Arafat? Und Vater darauf mit Ja antwortete, und Großvater die Reihenfolge änderte und fragte, ob er Arafat mit Begin vergleiche, worauf Vater entgegenhielt, daß es sich gleichbleibe, und Großvater schrie auf, du Klugscheißer! Antworte mir mit ja oder nein! Vater bejahte, und Großvater hob an, einen seiner Bandwurmsätze loszulassen, die ganz tief unten begannen, wenn die Lungen vollgepumpt waren, und hoch oben endeten, mit roter Birne und Spucke, die in alle Richtungen flog, denn die Luft in den Lungen reicht nicht aus für so lange Sätze, wie kannst du Begin, den größten Freiheitskämpfer für das jüdische Volk seit Bar Kochba, mit diesem unrasierten Bluthund, an dessen Händen das Blut von Kindern klebt, vergleichen? Wozu Vater meinte, daß sich dieser Vergleich mit Leichtigkeit anstellen ließe, weil er sich förmlich aufdränge, und Großvater warf den Kopf verzweifelt hin und her, wiederholte spöttelnd Vaters letzte Worte, sich förmlich aufdrängt, verstummte, wiederholte sie aufs neue und sagte, daß er nicht mehr könne. Er konne einfach nicht mehr. Er habe umsonst gelebt. Seine Vision und sein Glaube zerbersten an den Klippen des Zynismus des einen und an der Mystik des zweiten Sohnes, worauf Vater entgegnete, zum Glück bleibt dir Adam, und Großvater stöhnte und zischte, du verstehst nicht, wovon ich spreche, und er fing an zu erläutern, daß zwei Bruchstellen die ganze Familie in Stücke rissen, Nimrod, der seinen Namen ablegte und sich in die Welt zurückzog, aus der Großvater geflohen sei, und Vater, der alle Linien überschritt, um in das feindliche Lager überzulaufen. Wir alle lauschten schweigend Großvaters trostlosen Worten, Vater aber, der in einer seiner sadistischen Launen war, sagte, daß er gar nicht daran denke, sich zu entschuldigen, und Großvater seufzte und sagte, wenn er ein wenig jünger wäre und Vater ein bißchen kleiner, würde er ihn übers Knie legen, wie damals, als er ihn in der Kirche erwischte, und wieder brüllte er los, daß die Spucke nur so flog, und Vater erwiderte ihm, daß er blind und fanatisch sei, und wenn sein Stellvertreter Gottes, Jabotinsky, noch am Leben wäre, wäre er heute sicher Mitglied der Friedensbewegung; bevor Großvater etwas dazu sagen konnte, schlug Großmutter vor, am Straßenrand anzuhalten, damit Großvater aussteigen und ein wenig frische Luft schnappen könne – was Großmutters Rezept für die meisten Krankheiten war, und als Vater und Adam Kinder waren, schickte sie sie im Winter manchmal mit Großvater vor die Tür, damit sie sich in der Allee die Füße vertraten und ein wenig Sauerstoff tankten, damit sie zur Ruhe kämen und ihre Lungen vom Gestank des Ölofens reinigten, und sie stiegen ein Stockwerk tiefer und setzten sich auf die Stufen und froren vor Kälte, und Großvater las ihnen Artikel aus der »Cherut« vor, der Zeitung für die Einheit der Heimat, Sammlung der Zerstreuten Israels, soziale Gerechtigkeit und die Freiheit aller Menschen, um die halbe Stunde totzuschlagen, die man mindestens Luft schnappen muß, wenn es etwas bringen soll, und so kam es, daß in besonders regnerischen Wintern Adam und Vater über die Geschehnisse in unserem Land mehr erfuhren als zu anderen Zeiten, in denen man sich nicht im Treppenhaus verkriechen mußte; sie vertrieben sich die Zeit, indem sie die Fortschritte verfolgten, die »Bejtar Tel Aviv« gegen »Hapoel« machte, wo doch der Schiedsrichter Rosenbaum gegen die Bejtar war, wie »Bejtar Tel Aviv« gegen »Makkabi Tel Aviv« gewann, trotz des Schiedsrichters, der wiederum jener Rosenbaum war; und sie gaben sich nicht mit den Sportkolumnen zufrieden, sondern sie verfolgten auch die Spionageaffäre in Kairo und die Besatzung der Bat Galim, die in ägyptische Gefangenschaft geriet, und die traurige Geschichte von Uri Illan, Gott räche sein Blut, auf dessen Leichnam, als die Syrer ihn zurückgaben, ein Zettel versteckt war, auf den er geschrieben hatte: »Ich habe nichts verraten«, und Großvater, den diese Nachricht zu Tränen rührte, verglich sein Heldentum mit dem der von den Briten erhängten Ezel- und Lechi-Mitglieder, obgleich Uri Illan aus dem Kibbuz Gan Schmuel stammte, in dem bekanntlich auch faule Früchte und Unkraut wie der Landesverräter Uri Adiv herangewachsen sind und Uri Illans Mutter, die Knessetabgeordnete der Mapam, und sein Vater, der Sekretär des Kibbuz war; was ist das für ein Land, das seine Soldaten und Matrosen im Stich läßt und ein syrisches Flugzeug zurückgibt, ohne die geringste Gegenleistung dafür zu erhalten; in dieser Angelegenheit stellte auch der Knessetabgeordnete Chaim Landau einen Mißtrauensantrag, um die Regierung zu stürzen, und stellte die Behauptung auf, die sein Sohn bis heute teile, daß die Regierung der Linken eine Katastrophe für die Existenz des Staates sei und eine Gefahr für die Sicherheit seiner Bürger und daß ihr permanenter Rückzug von allen Stützpunkten die Aggressivität des Feindes ermuntere, und darum müsse sie gehen.

Vater hielt den Wagen an, Großvater öffnete langsam die Wagentür, und Saul raunte mir zu, daß das, was Großvater gleich sagen würde – Jabotinsky in der Friedensbewegung –, eine Infamie sei, was er prompt tat, dabei drehte er sich ein wenig um und half mit seinen Händen seinen Beinen aus dem Wagen, und erst nachdem beide Beine wieder die Erde berührten, beugte er sich nach vorn und stieg vollends aus, nur so kommen alte Leute aus modernen Wagen wieder raus, die von jungen Leuten für junge Leute konzipiert werden, und Großmutter reichte ihm durch mein Fenster den Gehstock;

Großvater entfernte sich ganz allmählich vom Auto, und als er weit genug weg war, sagte Großmutter zu Vater, schäm dich. Siehst du nicht, daß er nicht mehr der Jüngste ist? Mußt du ihn absichtlich so provozieren? Willst du, daß er noch einen Herzinfarkt bekommt? Das war Großmutters Art, jene zu beruhigen, die sich über Großvater erbosten, denn vor Jahren hatte er mal einen »Anfall«, das war der Name, den sie seinem Herzinfarkt gegeben hatten; Vater sagte, dann soll er aufhören, so über Alma zu sprechen, und damit meinte er Großvaters Bemerkung vor dem Streit, und Großmutter sagte, wer im Glashaus sitzt, und sie spielte auf all den Kummer an, den Vater Mutter zufügte, und sie stieg aus dem Wagen und gesellte sich zu Großvater, der neben einem Olivenbaum stand, und wir hörten nicht, was sie sprachen, wir sahen nur durch die Scheiben des Wagens, daß sie ihre Hand auf seine Schulter legte und er die Schulter einzog und ein Stückchen von ihr abrückte, und sie näherte sich ihm von hinten und legte ihre Hand auf seine andere Schulter, worauf er sich zu ihr umdrehte und aufgeregt etwas zu ihr sagte, wobei seine Hände herumfuchtelten, hauptsächlich in unsere Richtung, und sie ihm gelassen antwortete und gerade in die andere Richtung wies. Wir alle drehten den Kopf, um zu sehen, wohin sie deutete, und wir sahen die Sonne im Meer versinken, und wir blickten zurück in Richtung Großvater und Großmutter, die einander umarmten – seine Glatze glänzte mitten in ihrem wunderschönen Haar – und die älter zu sein schienen, als der Olivenbaum hinter ihnen, sogar älter als die Erde unter ihren Füßen, und ich empfand – zweifellos hatte Vater die gleichen Gefühle, denn als ich ihn ansah, bemerkte ich, daß seine Augen feucht wurden – ein Gefühl des Abschieds; Vater stieg aus dem Auto und ging auf sie zu, und nach seiner gebeugten Haltung und seinen Gesten zu urteilen, bat er wohl um Vergebung, und Saul sagte, hättest du geglaubt, daß all das wegen einer beschissenen grünen Linie passieren würde, die es nicht mal gibt? Sie existiert nur in der Vorstellung, wie die Höhenlinie oder die Bruchlinie oder der Äquator, den Vater auf seiner Fahrt nach Argentinien suchte und suchte, und es half nicht, daß sie ihn riefen, er solle kommen und der Prozession zusehen und sich die Matrosen betrachten, die sich als Neptuns Wächter verkleidet hatten, und die Nymphen in dem Pool. Er lehnte sich mit Großmutters Opernglas an die Reling und suchte die Linie, bis die Sonne sank und es dunkel wurde; und das ist vielleicht eines der größten Probleme zwischen Kindern und Erwachsenen: Die Erwachsenen sprechen über Dinge, die wir nicht sehen können, und wir reden über Dinge, die sie nicht wahrnehmen, und so gibt es zwischen uns eine unsichtbare Trennungslinie, und wer sie überquert, hört auf, etwas zu sein, und ist dabei, etwas anderes zu werden.

Als sie in Buenos Aires ankamen, wurden sie sofort in der Schule angemeldet, denn das Schuljahr hatte bereits begonnen, und in der Klasse nannten alle Vater conejo de la mala suerte, was ein vom Pech verfolgter Hase ist – Hase, weil ihm die Schneidezähne vorstanden, und Pech, weil er dauernd hinschlug, und wenn er nicht von selber stürzte, gab es Kinder in der Klasse, die ihn immer wieder stolpern ließen, weil er dick war und neu in der Klasse und lahm und dasselbe Problem mit der Feinmotorik hatte wie ich, und er sprach kein Spanisch, und als er es schließlich beherrschte, brachte er die anderen mit seinem Akzent zum Lachen, hauptsächlich wegen des R, das bei den Südamerikanern an einer viel tieferen Stelle im Hals sitzt als bei uns, und jeden Morgen, wenn sie auf dem Schulhof standen und jenes Lied zu Ehren der Flagge Argentiniens sangen – denn in Argentinien ehrt man die Flagge, wie Großvater sagte, nicht wie hier, wo man nicht nur nicht die Flagge ehrt, sondern eher die, die diese verspotten –, sang Vater nicht mit, denn Adam hatte ihm erklärt, es sei Verrat, eine Hymne für eine andere Flagge zu singen, und darum machte Vater nur den Mund auf und zu, als ob er singe, und er knickte ein wenig die Knie unter dem guardapolvo, was auf spanisch ein Staubwächter ist, womit der komische Kittel gemeint ist, der aussieht wie von einem Arzt oder einer Krankenschwester und der als Schuluniform diente; Vater beugte die Knie ein wenig, weil er zu Ehren der fremden Flagge eines Landes, in dem es zuhauf Naziverbrecher und Antisemitismus gab, nicht salutieren wollte, und im Herzen versuchte er, die »Hatikwa« zu singen und nicht die Worte Zinnen und Zion zu vertauschen, und eines Tages stand der Lehrer neben ihm, der durch die Reihen ging, um zu überprüfen, ob auch alle mitsangen, und Vater bemerkte ihn nicht, denn um sich bei der »Hatikwa« zu konzentrieren, während alle anderen Kinder ihn mit aquí está la bandera azul y blanca aus dem Konzept brachten, hielt er die Augen fest geschlossen, und der Lehrer beugte sich zu ihm herab und brachte sein Ohr immer näher an Vaters Mund, und als Vater die Wärme des Lehrerohrs an seinen Lippen wahrnahm, schlug er die Augen auf, aber es war schon zu spät für einen Versuch, die Sache wieder geradezubiegen, und so erwischten sie ihn, wie er sich über die Flagge des Landes lustig machte, in dem er zu Gast war, und man brachte ihn zu einer Vernehmung, und zur Strafe mußte er dreiundvierzigmal das Lied abschreiben, nach der Anzahl der Worte, die die Hymne auf die Flagge enthält; aber den Kindern in der Klasse reichte das nicht aus, sie hielten ihr eigenes Gericht über ihn und beschlossen, seine Strafe solle darin bestehen, ihnen in jeder Pause das Lied solo vorzutragen, auf dem Schulhof, vor dem Fahnenmast, und als er sich weigerte, sagten sie ihm, dies sei der Beweis, daß er ein israelischer Spion sei, und sie fielen über ihn her, verprügelten ihn, und während er in seinem Innern unablässig dachte, vergesse ich dich Jerusalem, so verdorre meine Rechte; und was er sich fragte, während alle anderen auf ihn eindroschen, war, wie kann eine rechte Hand verdorren? Denn bekanntlich verdorren Hände nicht, aber wenn der Satz gut genug war für die Helden Barasani und Feinstein, die im Leben und im Tod nicht voneinander schieden, dann war er auch gut für ihn, und er rief sich die Heldengeschichte dieser beiden Heiligen in Erinnerung, von denen Großvater auch uns erzählt hatte, insbesondere über die letzten drei Minuten ihres Lebens, die schnell vergingen, denn sie mußten die Handgranate zusammenbauen, die ihnen in Einzelteilen zugespielt worden war, und dabei waren ihre Gesichter erhitzt, und ihre Augen glühten, und als die Granate fertig war, kauerten sie sich zusammen in die Ecke der Zelle und hielten sich fest umarmt, damit die Splitter der Granate nicht nach außen flogen und den britischen Wachmann verletzten, und sie preßten ihre Lippen in einem letzten Lebenskuß aufeinander, und nachdem sie den Splint gezogen hatten, riefen sie zusammen Höre, Israel, der Ewige, unser Gott, der Ewige ist einzig! Und so brachten sie ihr Ende hinter sich, buchstäblich aneinanderklebend, und wurden zu einem Fleisch.

Auf einmal, mitten in der Abreibung, die Vater aus allen Richtungen einsteckte, blitzte in ihm ein Gedanke auf. Woher wußte Großvater, was sie einander sagten, eine Minute bevor sie sich umbrachten? Schließlich war weder er noch sonst jemand mit ihnen in der Todeszelle gewesen, aber sogleich verjagte er diesen sündigen Gedanken aus seinem Kopf und murmelte die Parole schneller und schneller, um weiteren Ketzergedanken keine Gelegenheit zu geben, und pausenlos hieben die argentinischen Kinder auf ihn ein, und schließlich und endlich, als er die Schläge nicht mehr aushielt, schrie er, er sei bereit zu singen, und alle stellten sich im Kreis um ihn auf und befahlen, er solle loslegen, und mit leiser Stimme hob er an, und sie schrien, daß man ihn nicht verstehen könne, und begannen ihn wegen seiner Aussprache zu verspotten und Orangenschalen und Kreide nach ihm zu schmeißen, hoben ihm auch den guardapolvo hoch, um zu prüfen, ob er die Knie durchdrückte, und als sie sahen, daß er sie ein wenig beugte, traten sie nach ihnen, um sie geradezubiegen, und das tat furchtbar weh, und er sang noch lauter, und je mehr sie ihn bewarfen, um so lauter sang er, und so stand er inmitten des Schulhofes und brüllte ihnen ihre verdammte Hymne zu, und als er fertig war, klatschten einige in die Hände und andere gingen an ihm vorbei und versetzten ihm einen Tritt oder einen Hieb mit der Faust oder spuckten ihn an, und als er an diesem Tag nach Hause kam, mit blauen Flecken übersät, mit bluttriefender Nase und ohne Knöpfe und Taschen am guardapolvo, die sie ihm allesamt abgerissen hatten, fühlte er, daß er das Erbe der Märtyrer verraten und Schande über das Vermächtnis von Ezel und Bejtar gebracht hatte, die für Großvater am meisten zählten auf der Welt, und sein einziger Wunsch in jener Stunde war, sich das Leben zu nehmen, und er stieg auf den Fenstersims und wollte in der Malavia-Straße, gegenüber dem botanischen Garten, aus dem siebten Stock springen, aber im letzten Moment schnappte ihn Julia, die indianische Muchacha, die man heute Au pair nennt, und zog ihn hinein; vor lauter Aufregung begann sie zu weinen und wiederholte unablässig, que Dios no te permita suicidarte, daß Gott dir nicht erlaubt, Hand an dich zu legen, und dann versorgte sie seine Wunden, wechselte ihm die Kleider, wusch und kämmte ihn und brachte ihn in Großvaters Arbeitszimmer, an dessen Wänden drei Bilder hingen – in der Mitte Großvaters Großvater, der ein Handwerker und ein frommer Mann war und im Holocaust sein Leben verlor, rechts von ihm Zev Jabotinsky, der in der Diaspora verstarb, und links Menachem Begin, der viele Jahre später »in der Abriegelung« das Zeitliche segnete, und sie zeigte auf die Bilder und befahl ihm zu beten, a tú Dios, was dein Gott auf spanisch heißt, und weil Vater überzeugt war, daß Gott wohl kaum eine Brille trug, während die drei auf den Bildern Brillenträger waren, sagte er ihr, daß das nicht seine Götter seien, worauf sie ihn fragte, zu wem betest du denn, wenn es dir schlecht geht? Er antwortete, zu niemandem, und sie erwiderte, furchtbar, furchtbar, überlegte eine Weile, wie man dieses große Problem lösen könne, und am Ende reichte sie ihm eine Hand und sagte ihm, komm, und sie führte ihn zu ihrem verbotenen Zimmer, das hinter der Küche lag, und sie zeigte auf Jesus, der über ihrem Bett hing, und sie sagte Jesucristo mi Dios, was auf spanisch Jesus Christus, mein Gott heißt. Und weil sie so tat wie sein Vater, wenn er zwei Menschen einander vorstellte, nickte Vater mit dem Kopf und sagte mucho gusto, Assaf, sehr angenehm, Assaf, und dann schlug Julia vor, daß er inzwischen, bis er mit Vater und Mutter geklärt habe, zu wem er beten solle, Jesucristo nehmen könne, que es el patrón de todos los miserables, der der Beschützer aller Armen ist, und sie fiel auf die Knie, und er tat es ihr nach und sah Jesus an, dem die Römer Nägel in die Hände gebohrt und in Brust und Bauch gestochen hatten, weil die Juden ihn verpetzt hatten, und dieser Jesus kam Vater nicht weniger niedergeschlagen vor als er selber, vielleicht sogar noch unglücklicher, und er fing leise an, zu ihm zu beten, daß er alle Juden in Argentinien bestrafen solle, denn die Schule, in die er ging, hieß Theodor-Herzl-Schule, und an dem Namen sah man, daß es eine jüdische Schule war, und dann, jeden Abend, wenn seine Eltern ausgingen – denn Buenos Aires war nicht Tel Aviv, wie Großmutter sagte, es ist eine Stadt mit europäischem Flair, und man hat viele Möglichkeiten, etwas am Abend zu unternehmen –, nachdem Adam eingeschlafen war, ging Vater zu Julias Zimmer und sagte mit ihr das Ave Maria auf, und bis heute erinnert er sich, daß es mit bitte für uns Sünder, jetzt und in der Stunde unseres Todes Amen endete, und in seinem Bett flüsterte er die Gebete, die Julia ihm beibrachte: iba por un caminito/me encontré con Jesucristo/Jesucristo mi padre/Santa Maria mi madre/me hice una cruz en la frente/para qué el malo no me encontrara/ni de día ni de noche ni de la hora de mi muerte; und sonntags, wenn Großmutter Julia bat, mit Vater ein wenig im Parque Palermo spazierenzugehen, gingen sie zur Messe in die Kirche Santo Domingo und beteten, und sie hörten den Geschichten des Priesters zu, der ein besonderes, feierliches Kostüm trug, das aus einem Meßgewand bestand, einem weißen Stoff mit vergoldeten Schultern, und einer Albe, einer Art langem Kittel, und einem Manipel, einem Seidenband, das der Priester über die linke Hand legt, und einer Stola und so etwas wie einer großen Kipa, und bis heute hat Großmutter ein solches Kostüm auf dem Speicher, denn am kommenden Purim wollte sich Vater partout als Priester verkleiden, wozu Großvater meinte, nur über meine Leiche, kommt nicht in Frage, und diesen

Abschaum werden wir in den Mülleimer werfen, aber Großmutter hatte Mitleid mit Vater, der deshalb drei Tage lang geweint hatte, und sie warf die Sachen nicht weg, sondern bewahrte sie all die Jahre hindurch auf.

Nachdem der Priester über das letzte Abendmahl gesprochen hatte und darüber, wie Jesus drei Tage nach seinem Tod wieder auferstand und in den Himmel fuhr, gingen alle zum Altar, beteten das Glaubensbekenntnis, murmelten Psalmen, und sie riefen neunmal hintereinander auf griechisch nach Jesus, was anscheinend nicht genügte, denn er erschien nicht, und dann kamen sie zu Wandlung und Kommunion, was wie das Verspeisen des Fleisches von Jesus und das Trinken seines Blutes ist, und Vater kniete neben Julia und wartete mit geschlossenen Augen zusammen mit allen, daß der Priester kam und ihm den Leib des Herrn in den Mund legte, und als er die Finger des Priesters spürte, der die Hostie auf seiner Zunge deponierte, machte er den Mund zu und die Augen auf und sah auf die riesigen bunten Fenster in der Höhe, die in einem Kreis angeordnet waren, und sie erzählten in Bildern von der Reise unseres Vaters Jakob von Be'er Schewa nach Charan und von dem Traum von der Himmelsleiter, die auf der Erde steht und deren oberes Ende im Himmel schwebt und auf der Engel auf- und niedersteigen – aber damals wußte er noch nicht, daß die Engel, die auf diese Leiter kletterten, ein und dieselben waren, welche Lot hundertachtunddreißig Jahre zuvor die Vernichtung Sodoms verheißen hatten und die Gott zur Strafe für ihren Hochmut auf der Erde ließ, weil sie behauptet hatten, wir werden diese Stätte verderben, und über dieses »wir« war Gott erbost, denn sie hatten sich mit seinen Federn geschmückt, was uns Nimrod-Abram erklärte, der uns auch die genaue Berechnung aufstellte, warum hundertachtunddreißig Jahre, denn diese Sodom-Geschichte passierte ein Jahr, bevor Isaak geboren wurde, und Isaak war sechzig, als er Jakob zeugte, das heißt, daß wir bei einundsechzig sind, und Jakob und Esau erhielten seinen Segen, als sie dreiundsechzig waren, und so erreichen wir also hundertvierundzwanzig, und noch weitere vierzehn Jahre vergingen von jenem Tag bis zu dem Zeitpunkt, als Jakob seinen Traum träumte, was hundertachtunddreißig Jahre macht, und Vater meinte dazu, daß es ein Glück war, daß Jakob seinen Traum geträumt hatte, denn ansonsten hätten jene Engel keine Leiter gehabt, um darauf in den Himmel zurückzusteigen, und bis zum heutigen Tag würde unter uns eine Gruppe von Engeln wirken, für die man sicherlich eigene Tarifverträge abschließen müßte. Aber damals, in der Messe, dachte er, daß es einfach Engel seien, die auf- und niederstiegen, und so betrachtete er sie auch, und er lauschte dem Chor, der inzwischen angefangen hatte, die Missa solemnis von Beethoven zu singen, die er bis heute gerne hört und die er auswendig kennt, und am Ende rief ihnen der Priester zu, ite missa est, was bedeutet, geht, ihr seid entlassen, aber sie blieben, denn Vater wollte weiter der Orgel zuhören, und erst als es spät wurde, wurde Julia unruhig und meinte, Großvater und Großmutter würden zu Hause auf sie warten, und unterwegs beschwor sie ihn bei der Jungfrau Maria, daheim nichts zu erzählen, und wenn Adam nicht gewesen wäre, der eines Tages Verdacht schöpfte und ihnen bis zur Kirche folgte und der sah, wie Vater vor Jesus auf die Knie fiel, wäre Vater noch zum ersten jüdischen Papst gewählt worden; aber Adam rannte heim und rief Großvater, der mit seiner Rasur beschäftigt war, zu, daß man Assi vor der Inquisition retten müsse, worauf Großvater sich nicht einmal anzog, sondern die Hosenträger über dem Unterhemd festschnallte und so schnell er konnte hinter Adam herrannte, und schnaufend erreichte er die Kirche, mit halbrasierter Wange und Seifenflocken hinter den Ohrläppchen, und mitten im Gottesdienst, als der Priester schon im Begriff war, eine Hostie in Vaters Mund zu schieben, stieß er den Priester beiseite und schrie ihn auf polnisch an, denn in seinem Kopf waren Priester und Polen eins, und Julia beschimpfte er in einem Gemisch aus Spanisch und Jiddisch, denn wer weiß, vielleicht waren diese Indianer die Nachkommen der verlorenen zehn Stämme und verstanden Großvaters Jiddisch besser als sein Spanisch, das überhaupt keiner verstand, und Vater zerrte er am Ohr nach Hause und dort angekommen in sein Arbeitszimmer, dessen Tür er verriegelte, obgleich Großmutter ihn ermahnte, er solle nicht die Relationen aus den Augen verlieren, schließlich sei Vater noch ein Kind, und er legte Vater unter den drei Bildnissen von Begin, Jabotinsky und seinem eigenen Großvater über seine Knie und erteilte ihm eine Lektion in Sachen Dreifaltigkeit, wie Vater es nannte, zum ersten Mal in seinem Leben schlug Großvater ihn und schlug und hörte nicht auf, bis Großmutter Vaters Geschrei nicht mehr ertragen konnte und Großvater aufzuhören gebot, und Julia entließ man auf der Stelle, und man war ganz und gar nicht bereit, ihr ein Empfehlungsschreiben zu geben, und sie taten sich nach einer jüdischen Muchacha um, aber Juden verrichteten schon damals ungern Tätigkeiten, für die man heute Philippinen ins Land holt.

Diese Geschichte erzählte Vater Mutters Freunden aus Buenos Aires, die zu Besuch gekommen waren, aber er lachte dabei, und nur ab und zu machte er eine Pause, damit Mutter ihm half, sich an irgendein spanisches Wort zu erinnern oder an einen Straßennamen, oder er wartete, daß Mutter Saul auf hebräisch erklärte, was er nicht verstand. Daß er über eine so traurige Geschichte lachen konnte, ließ mich hoffen, daß auch ich einmal lachen würde, nach vielen Jahren, wenn ich von all den Abscheulichkeiten erzählen würde, die mir in der Schule widerfuhren – von den Prügeln und den Demütigungen und daß keiner mich in seine Gruppe wählt, wenn wir zwei Mannschaften bilden, und wie ich bete, daß jemand mich doch nehmen möge, aber immer als letzter übrigbleibe, worauf beide Gruppen gewöhnlich zu streiten beginnen, weil jeder Gruppenführer möchte, daß ich zur gegnerischen Mannschaft gehöre, und mir nichts anderes zu tun bleibt, als zu sagen, daß ich mich sowieso nicht gut fühle und keine Lust zu spielen habe, und ich fühle tief in mir, was Vater empfunden haben mußte, als er lebensmüde auf das Fenster in dem Haus in der Malavia-Straße stieg, aber in ein paar Jahren, wenn ich in Vaters Alter sein würde, würde ich gewiß darüber lachen können, so wie er, als er seine Geschichte zum besten gab.

Das waren die Gedanken, denen ich am Toten Meer nachhing, als ich die Augen schloß und versuchte, mich zu sammeln und Großvaters Lachen zu hören, das angeblich all die Jahre hindurch dorthin geflossen war. Mit einem Mal dachte ich, mal sehen, ob auch die anderen die Augen schließen, und ich öffnete die meinen einen Schlitz breit und sah durch die lilaroten Kreise, daß Vater die Augen fest geschlossen hielt, und ich drehte den Kopf ein wenig und sah, daß auch Nama ihre Augen ganz fest zukniff, weil sie glaubte, daß man sich so konzentriert, und ich drehte den Kopf noch ein wenig weiter und sah Saul, der etwas abseits stand und versuchte, Steine auf dem Wasser hüpfen zu lassen, und Vater fragte noch einmal, hört man jetzt etwas? Und Nama antwortete: Ja, ich höre Großvater lachen, und Saul sagte, so ein Quatsch, das kann nicht sein, und er wollte zum Auto zurück, aber ihm fiel ein, daß Vaters Neue, die den ganzen Weg über versucht hatte, sich bei ihm einzuschmeicheln, dort saß, und er ging ein Stück von uns weg, und Vater fragte mich, ob ich denke, daß der Rekorder etwas aufgenommen habe.

Ich spulte die Kassette zurück, und wir hörten nur das, was wir dort laut gesagt hatten, und kein Wort von den Gedanken, die mir im Kopf herumschwirrten, denn man hat noch kein Gerät erfunden, das Gedanken aufnehmen kann, obwohl Leonid daran arbeitete, eines zu entwickeln; Vater sagte, daß wir noch einen Versuch unternehmen würden, und wieder machten wir die Augen zu und lauschten, und es war still, bis Nama plötzlich sagte, ich muß Pipi, und wenn einer Pipi muß, werden alle anderen angesteckt und müssen auch mal, was eine typisch jüdische Krankheit ist; wir stellten uns in einer Reihe auf und pinkelten, und wir sahen, wie unsere Pisse das weiße Salz schmelzen ließ, wie sie Gänge hineingrub und wie es zischte, wie das Alka Seltzer, das Großvater in Wasser legte, weil er Probleme mit dem Magen hatte.

Dann gingen wir zurück zum Auto und fuhren nach Ein Gedi, und in der Nacht nahm mich diese blöde Kuh von Michal wie versprochen zu einem Beobachtungsposten mit, wo man Geräusche von Schakalen und Füchsen hörte, die ich aufnahm, und auch das Geplätscher des Davidwasserfalls nahm ich auf, und diese beiden Aufnahmen legte ich in die Schublade zu den Stimmen aus der Natur, und die dritte Aufnahme auf dieser Fahrt machte ich, als Vater sich in den Schlafsack von Michal schlich, nachdem er dachte, wir seien eingeschlafen, und man hört sie sagen, Assaf, deine Kinder; und er sagt, sie schlafen schon; und sie sagt, und wenn eines von ihnen wach wird; und er antwortet, wir hätten den Schlaf von Murmeltieren; und sie sagt, trotzdem meine ich, daß es keine gute Idee ist, denn . . . und dann hörte sie auf, ihr entwich ein Seufzer, und sie flüsterte, du weißt nicht, was du mit mir machst; und er behauptete, daß das noch gar nichts sei, erst die Ouvertüre, und nach einer ruhigen Minute entfuhr ihr ein spitzer Schrei, worauf er meinte, daß man in einer Serenade nicht zum Fortissimo übergehen dürfe, und sie kicherte und flüsterte, du weißt, daß ich es nicht im Griff habe; Vater befahl ihr, beiß dir auf die Lippen. Dann wurde es still, und in meinem Kopf schrie es, Hure! Hure! Hure! Und eine schwächere Stimme brüllte, Verräter, Verräter, und von draußen drang wieder ein kleines Seufzen, und Vater meinte, daß er zur Sicherheit prüfen müsse, ob Jotams Rekorder ausgeschaltet sei, denn bei diesem Jungen könne man nie wissen, und man hörte den Reißverschluß des Schlafsacks, und ich schaltete schnell den Rekorder aus, und dann tauchte Vater über mir auf, lang und splitternackt, und zwischen den Beinen stach sein Pimmel vor wie ein Speer oder wie ein Schwert, und ich schloß schleunigst die Augen, und mir wurde kotzübel, aber ich riß mich zusammen und spürte, wie er sich direkt neben mir bückte, um den Rekorder zu überprüfen, und dann sah er mich eine Weile an und flüsterte Jotam, Jotam, denn er wollte testen, ob ich wirklich schlief, und dann kam er näher und gab mir einen Kuß auf die Wange, der nach ihrem Parfüm stank, und ich dachte, wenn mir nur nicht das Kotzen kommt und ich mich verrate, daß ich von seiner Schande weiß, und dann ging er auch zu Saul und Nama und machte den gleichen Versuch, um sicherzugehen, daß auch sie eingeschlafen waren, und dann kehrte er zurück in ihren Schlafsack und sagte ihr, daß sie sich ihm volle Granate hingeben könne, und ich kniff weiter die Augen zu und hielt mir ganz fest die Ohren zu, damit ihre Stimmen nicht zu mir drangen, und ich betete, daß es Tag werden und dieser Traum aus mir gelöscht würde. Als ich am Morgen aufwachte, ging über den Bergen von Moab die Sonne auf; Vater und Michal waren sauber und adrett und bereiteten uns auf dem Gaskocher heiße Schokolade zu, und ich dachte schon, daß alles, was ich in der Nacht gehört hatte, vielleicht doch nur ein Traum war, bis ich die Wunde auf Michals Lippe sah und begriff, daß sie von den Bissen kam, die sie sich zugefügt hatte, um ihr Stöhnen zu unterdrücken.

Später fuhren wir mit der Seilbahn hinauf nach Massada, und Vater und Michal bemühten sich, furchtbar nett zu sein. Vater versuchte, uns den Arnon am anderen Ufer des Toten Meeres zu zeigen, der jenseits der Grenze fließt, wo er mal mit seinen Freunden aus der Golani-Eliteeinheit einen Besuch abgestattet hatte; er wollte uns dauernd das Fernglas in die Hand drücken, wir aber brummten, daß man den Fluß auch ohne Fernglas sehen könne, aber die Wahrheit ist, daß wir nicht mal in die Richtung schauten; Michal gab Erklärungen ab über die Mauer und die Rampe der Römer, und sie erzählte von der Rede Elasar Ben Jairs, der uns aus Großvaters Geschichten, für den Massada und Tel Chai die wichtigsten Orte nach Jerusalem waren, bestens bekannt war; sie zeigte uns die Stellen, an denen sich die Zisternen befunden hatten und die Mikwe und die Kornkammern und die Synagoge und die Wohnhäuser; ständig nervte sie uns, ob wir keine Fragen hätten, und nur Nama stellte Fragen, denn sie hatten sich ein wenig angefreundet; Michal erklärte ihr jede Kleinigkeit mit Engelsgeduld, aber ich und Saul, wir schwiegen, obwohl Vater immer wieder vorschlug, die Gelegenheit zu nutzen, da Michal selbst an einem Teil der Ausgrabungen beteiligt gewesen sei und eine Menge interessanter Einzelheiten über Massada wisse, und am Ende fragte Saul, ob sie vielleicht auch wüßte, wo das Bordell auf Massada gestanden hätte, und Michal wußte nicht recht und wurde puterrot, und sie verneinte, warum fragst du, und Saul meinte, nur so; Vater roch Lunte und fragte ihn, bist du mit dem »nur so« ganz sicher? Saul nickte, und er wurde nachdenklich und fragte, ob sie sich ihrer Meinung nach dafür nach Ein Gedi, wo wir übernachtet hatten, bequemen mußten, und es wurde still, und Saul nahm Nama bei der Hand und zog sie zu uns, und mir tat Michal ein wenig leid, obwohl sie eine Nutte war, denn wir waren zu dritt gegen sie, und Vater wußte nicht, wie er ihr zu Hilfe kommen konnte, denn Saul hatte nicht ausdrücklich gesagt, daß sie eine Nutte war, und so konnte man ihm auch nichts anhängen; sie stand ein wenig abseits und versuchte, eine lästige Fliege zu vertreiben, die sich dauernd auf ihre Bißwunde setzte, und sie sah einsam aus.

Als ich Saul ein paar Tage später erzählte, daß sie mir leid getan hätte, sagte er mir, daß ich niemals, niemals mit meinen Feinden Mitleid haben dürfe, und er rief mir die traurige Geschichte von Vaters Freund in Erinnerung, Alon, von dem ein Bild bei uns im Wohnzimmer hing und der im Jom-Kippur-Krieg mit einem verwundeten syrischen Gefangenen Mitleid hatte und seine Waffe weglegte, um eine Wasserflasche aus dem Gepäck zu holen und dem Syrer etwas zu trinken zu geben; der Syrer jedoch nutzte den Moment und schoß auf ihn, und Alon war tot, und wenn er nicht ein solch weiches Herz gehabt hätte, würde er heute noch leben und wäre ein bedeutender Maler geworden.

Bevor wir in die Seilbahn stiegen, um zum Parkplatz zurückzukehren, sagte Michal auf einmal zu Vater, daß sie zu Fuß runterklettern würde, denn sie wolle ein wenig allein sein, und er entgegnete, daß wir unten auf sie warten würden, worauf sie meinte, wir bräuchten nicht zu warten, sie würde schon irgendwie per Anhalter zurückkommen, worauf Vater erwiderte, bloß nicht per Anhalter, und seinen Geldbeutel rauskramte, um ihr Geld für die Busfahrt zu geben, und Saul flüsterte mir zu, für sie hat er Kohle, und ich flüsterte zurück, daß es gefährlich sei, per Anhalter zu fahren, denn damals kam es häufig vor, daß Araber Juden in ihren Wagen mitnahmen, um sie dann um die Ecke zu bringen, und trotz alledem war und blieb sie eine Jüdin; Saul meinte, von ihm aus könne man sie in kleine Stücke hacken, verbrennen und ihre Asche ins Meer streuen, wie man es mit Eichmann gemacht hatte, bei dessen Prozeß Großmutter als Zeugin aufgetreten war; aber niemand krümmte Michal ein Haar, denn später haben wir sie noch mal getroffen, und sie hat sich sogar ein bißchen mit Mutter angefreundet und wurde in die Organisation der Opfer Assaf Lasars aufgenommen, die längst einen Abgeordneten für die Knesset stellen könnte, wie Amalia zu sagen pflegte, aber das war später, nach Vaters großem Fiasko mit Namas Inhaliergerät, als er in Michals Wohnung gezogen war und begonnen hatte, auch ihr Hörner aufzusetzen. Inzwischen waren wir ohne sie nach Tel Aviv zurückgekehrt, und zweieinhalb Stunden, so lange, wie man für die Fahrt von Massada bis zu unserem Haus braucht, brachte keiner auch nur ein Wort über die Lippen; mich quälte unablässig die Frage, wohin mit Vaters und Michals Stöhnen, und zu guter Letzt, weil keine der Schubladen, die mit Vater zusammenhingen, so richtig passen wollte, beschloß ich, sie zu überspielen, in der Hoffnung, daß sie damit auch aus meiner Erinnerung gelöscht würde, und das einzige, worüber ich im Zusammenhang mit diesem Ausflug eine Entscheidung treffen mußte, war die Aufnahme, bei der ich versuchte, Großvaters Lachen, das ins Tote Meer geflossen war, einzufangen und auf der es hier und da ein Wort von Vater, Saul und Nama gibt und jede Menge Schweigen, das von den Momenten herrührt, in denen wir uns sammelten, denn auch diese Kassette paßte in keine der Schubladen.

Beim Abendessen, nachdem Vater gegangen war, ohne ein Wort mit Mutter geredet zu haben – denn gerade dann, wenn er uns zurückbrachte, stand sie für gewöhnlich unter der Dusche –, versuchte uns Mutter behutsam, ohne daß wir bemerkten, wie sie vor Neugier platzte, auszuhorchen, wie der Ausflug gewesen sei. Was sie im Grunde interessierte, war, wie es Vater ging und wie seine Neue war, aber das gab sie natürlich nicht zu. Saul antwortete hastig, ohne die Augen vom Teller zu lassen, daß der Ausflug ganz o. k. war, und er hatte es eilig, zu seinen Hausaufgaben zu kommen, damit er auf der einen Seite nicht lügen mußte und auch Mutter nicht weh tat, wenn er auf der anderen Seite die Wahrheit sagte, was zwei Verbrechen waren, die ihm mehr oder weniger gleich schwer erschienen, weshalb er sich nicht entscheiden konnte, welches von beiden nun das kleinere Übel war. Namas Kopf fiel in den Salat, als sie einschlief, und ich allein blieb mit Mutter zurück, und um sie nicht ganz leer ausgehen zu lassen, damit sie, Gott behüte, nicht auf die Idee kam, wir versuchten, ihr etwas zu verheimlichen, beriet ich mich mit ihr, was ich mit dem aufgenommenen Schweigen anfangen sollte, was sie an eine Geschichte erinnerte, die sie vor Jahren mal gelesen hatte über jemanden, der bei der Rundfunkanstalt arbeitete und der aus den Programmen, die er moderierte, die Momente des Schweigens ausschnitt und sammelte und in einer Streichholzschachtel aufbewahrte, und sie dachte still nach und kam zu dem Ergebnis, daß auch Schweigen eine Bedeutung haben könne, und weil das Schweigen auf der Kassette den Versuch dokumentiert, Großvaters Lachen zu hören, beschloß ich, sie in seine Schublade zu legen, zusammen mit der Aufnahme der Sendung des zweiten Hörfunkprogramms, bei der man Großvater zu dem heldenhaften Schlomo Ben Joseph, Gott räche sein Blut, befragte, den Großvater aus Luzk, dem Heimatort der beiden, gekannt hatte. In der Sendung gelang es Großvater, von der Bestürzung zu erzählen, die jedermann in der Stadt erfaßte, der von dem Urteil hörte, und wie die Rabbiner den Montag, den Tag vor der Hinrichtung, zum Fastentag erklärten, denn die Briten hängten ihre Todeskandidaten in der Regel ausgerechnet an den Dienstagen, dem Tag, über den in der Genesis zweimal steht, daß er gut sei, und in den Synagogen sagten sie Psalmen und Bittgebete auf – und am selben Tag erreichte Ben Josephs Bruder die Bejtar-Feste in Luzk und las den Freunden einen Brief vor, den Ben Joseph seiner Mutter aus dem Gefängnis geschrieben hatte und in dem stand: »Ich werde sterben, und dennoch bereue ich nichts. Und warum nicht? Weil ich für die Heimat sterbe . . .« Großvater wollte fortfahren und einen äußerst wichtigen Abschnitt vortragen, für den er eigens zum Jabotinsky-Institut gelaufen war und Mascha gebeten hatte, ihn für ihn abzulichten, damit Großvater mit seiner Hilfe den enormen Einfluß, den Trumpeldor auf Ben Joseph und Gruner hatte, belegen konnte, und es stimmt ganz einfach nicht, daß die Bejtar Trumpeldor der Arbeiterpartei abspenstig gemacht hat, der Beweis dafür findet sich in den Schriften Trumpeldors selbst, und wer diese objektiv studiert, insbesondere den Artikel »Der Pionier, sein Wesen und seine Aufgabe«, der 1918 in Riga veröffentlicht wurde und der aus irgendeinem Grund in allen Geschichtsbüchern fehlt, die von den Leuten der Arbeiterpartei verfaßt wurden, wird verstehen, daß Trumpeldor für eine nationale Erneuerung war und nicht für eine Erneuerung der Klassengesellschaft. Hier jedoch fällt der Moderator Großvater ins Wort und bittet ihn, sich auf Schlomo Ben Joseph zu beschränken, denn die Zeit drängt, und es besteht nicht die Absicht, das Gespräch auch auf Tel Chai auszuweiten, und Großvater sagt, daß das genau der Punkt sei: Man muß den einen verstehen, um den zweiten begreifen zu können, denn beide waren sie Glieder derselben Kette, und beide Dinge gehen Hand in Hand, und darum möge sich der Moderator ein wenig gedulden und ihn zu der Hauptsache kommen lassen, und um den engen Zusammenhang zwischen Trumpeldor und der Bejtar zu zeigen, möchte er etwas ausholen, um das Herz der heutigen Jugend anzusprechen. Die Geschichte handelt von der erstaunlichen Fahrt von zehn Motorradfahrern, alles Mitglieder der Bejtar unter dem Kommando von Schmuel Katz, die auf ihren Motorrädern Erez Israel verließen und in ihrem Gepäck, in einer versiegelten Granatenhülse, Erde von Trumpeldors Grab mit sich trugen, um diese auf Pilsudskis Grabhügel in Krakau zu streuen; bei der Zeremonie in Tel Chai, während der die Hülse gefüllt und versiegelt wurde, waren die Führer der Bejtar des Landes anwesend sowie der polnische Konsul in Palästina, und von Tel Chai fuhren sie nach Syrien, durch die Türkei nach Griechenland und Jugoslawien, wo sie auch Jabotinsky trafen, dem sie ein paar Tage lang als Ehreneskorte dienten, und überall, wo er hinkam, waren alle überzeugt, daß er mindestens ein Staatsoberhaupt sein müsse, und nachdem sie sich von ihm verabschiedet hatten, fuhren sie weiter nach Ungarn, Österreich und in die Tschechoslowakei, und schließlich erreichten sie Polen, und in jedes jüdische Städtchen fuhren sie in Formation und in Uniform, und was für einen enormen Eindruck hat es auf uns gemacht . . . Hier schafft es der Moderator endlich, Großvater ins Wort zu fallen und ihm ungeduldig zu bedeuten, er drifte schon wieder vom Thema ab und ihm bleibe ein einziger Schlußsatz, denn die Zeit dränge, und Großvater geriet vor lauter Aufregung und weil man in so kurzer Zeit nicht so viel sagen könne ins Stottern, und dann meinte der Moderator, es tut mir leid, unsere Zeit ist um, und sie bringen einen Werbespot für Sprungrahmen gegen Bandscheibenschäden, und man hört Großmutter sagen, Frechheit, und sie fügt hinzu, daß man seinen Namen nicht einmal wiederholt habe. Es gibt in diesem Land nicht die Spur von Anstand, und es fehlte nur, daß ihr rausrutschte – wie es ihr manchmal passiert, wenn sie für einen Moment den Holocaust vergißt –, daß das in Deutschland nicht vorgekommen wäre, denn für sie unterteilte sich Israel in Dinge, die dort passieren würden, und in solche, die dort nicht passiert wären, und zu den Dingen, die in Deutschland nicht passieren würden, gehören die Warteschlangen, die vor einem immer länger und länger würden, und der Dreck und der Irrtum der Telefongesellschaft, die in Großmutters Telefonrechnungen Gespräche aufführte, die aus einem Büro für Telefonsex stammten, was eine Art Bordell ist und dreiundzwanzig Briefe erforderte, bis man eine Korrektur vornahm; und dazu gehört auch Mosche Chakim, der sich einen ganzen Sommer lang am Gordon-Strand zu ihr gesellte und sie jeden Tag in einer anderen Sprache fragte – denn sie tat so, als ob sie nicht verstünde, was er meinte –, ob die Dame mit ihm Beachball spiele, was ein billiger Trick war, um eine Frau ihres Alters anzumachen, die auf sich achtet, und wenn Großmutter keine

Antwort gab, sich nur tiefer in ihr Buch vergrub und den Finger mit dem Ehering, der in der Sonne blinkte wie der Leuchtturm eines privaten Hafens, in dem nur ein einziges Schiff ankern darf, betont in seine Richtung hielt, pflegte er sich nicht weit von ihr niederzulassen, aus seiner verschlissenen TWA-Tasche ein Messer und einen Apfel hervorzuholen, von dem er langsam und präzise eine dünne Spirale abschälte, die auf eine Plastiktüte fiel, welche er auf dem Sand ausgebreitet hatte, und sich auf der Tüte zu einem hohlen Apfel sammelte; wenn er fertig war, bot er mir den Apfel an, er selbst verzehrte die Schale, und schielte hinüber zu der schönen Großmutter, die ihn zu ignorieren versuchte, und er murmelte, daß die Ochsen die Erde langsam pflügten, aber daß die Erde geduldig sei, und er lächelte zufrieden vor sich hin, bis Großmutter eines Tages die Beherrschung verlor und ihm sagte, falls er bei seinem dämlichen Gleichnis die Erde sein sollte, dann müsse er wissen, daß die Ochsen, auf die er warte, ein ganz und gar anderes Grundstück pflügten, und falls er der Ochse wäre, dann beginne die Erde allmählich die Geduld zu verlieren, und er solle sie bitte nicht länger belästigen und ihrem Enkel keine Äpfel mehr anbieten, denn der bekomme, Gott sei's gedankt, genug Früchte von ihr, und er solle Leine ziehen, sonst würde sie den Bademeister rufen. Noch eine Sache, die in Deutschland nicht passiert wäre, ist das Beispiel mit der Fußgängerampel in der Ben-Gurion-Allee, Ecke Ben-Jehuda, die allzu rasch auf Rot wechselte, so daß die Alten, die bei Grün Anstalten gemacht hatten, die Straße zu überqueren, mitten auf der Straße voller Autos feststeckten, welche sie aus allen Himmelsrichtungen wie tollwütige Bestien überfielen, und in dieser Frage, wie in einer Million anderer Fragen auch, führte sie Briefwechsel mit der Polizei, der Stadtverwaltung, dem

Verkehrsministerium, ferner mit dem Zuständigen für öffentliche Beschwerden sowie mit einer Verbrauchersendung, und schließlich kamen die von der Ampelgesellschaft, und man verlängerte wahrhaftig die Grünphase für die Fußgänger, und was wir aus diesem Vorfall lernen, ist, daß Herzl recht behält: Wenn ihr wollt, ist es kein Märchen.

Großvater war noch lange Zeit verärgert über die Radiosendung, die ich eigens für ihn aufgenommen hatte, und er bat mich in einem fort, sie ihm vorzuspielen, wobei er mir mit der Hand Zeichen machte, wenn ich mittendrin stoppen sollte, Vermerke in ein Notizbuch schrieb und sagte, ich solle weitermachen, mir abermals ein Zeichen gab, und jedesmal von neuem zusammenfaßte, was er gesagt hatte und was er nicht gesagt hatte, aber hätte sagen sollen, und was er überhaupt nicht hätte sagen dürfen. Er wiegte den Kopf hin und her, weil er so enttäuscht war, daß er nicht die Gelegenheit genutzt hatte, der Jugend von heute ein wenig von dem Vermächtnis und ein paar Ideale zu vermitteln und die Verdienste von Ezel und Bejtar etwas deutlich zu machen, deren Anteil in den Geschichtsbüchern derart beschnitten wurde, denn die Arbeiterpartei beherrschte das Erziehungssystem, die Geschichtsbücher und die Medien und verschwieg böswillig sogar die Verdienste des Ezel, die aus der Bejtar hervorging beim Aufstand im Warschauer Ghetto, ja sogar dort, in dem sterbenden Ghetto, trotz der Ströme von Blut, wurden die Mauern nicht eingerissen, um deren Errichtung sich die Leute der Haschomer Haza'ir bemühten, damit sie die verschiedenen Bewegungen trennten, und dann bat Großvater, die Aufnahme noch mal hören zu dürfen, und er widmete sich wieder den Notizen, denn der Lektor der »Ha'uma« hatte ihm zugesagt, daß man versuchen würde, ihm ein weiteres Interview in Kanal sieben zu ermöglichen, und dort wollte er bestens gerüstet auftreten – wieder nickte er mit dem Kopf, wie er nickte, wenn wir an jedem elften Adar auf dem Weg nach Tel Chai in Rosch Pina Station machten, um eine kleine Gedächtnisfeier für Schlomo Ben Joseph abzuhalten, bevor wir zur großen Trauerfeier für Joseph Trumpeldor fuhren.

Jahr für Jahr wurde der Weg für ihn ein wenig beschwerlicher und für mich ein wenig leichter, denn der Friedhof in Rosch Pina liegt an einem überaus steilen Hang; wir bestiegen den Hang von dem Platz aus, an dem wir den Subaro parkten, bis zum Grab, mit einer kleinen Hacke bewaffnet und einem Straßenbesen mit halbem Stiel, denn ein ganzer paßte nicht in den Kofferraum, sowie mit drei Literflaschen Wasser, die wir uns zu Hause vorbereitet hatten, und mit ein paar Geranien, die zu einer wenig verwöhnten Gattung gehören und auch dann durchhalten, wenn man sie so vernachlässigt wie das Grab, und mit einem Handstaubsauger, den Großmutter für die Ecken und zur Beseitigung der Krümel von Tischdecke und Arbeitsplatte in der Küche benutzte, und alle paar Meter legten wir eine Verschnaufpause ein; wenn wir den Friedhof betraten, waren wir stets peinlichst darauf bedacht, das Tor zu schließen, auf dem völlig zu Recht stand, Schließen Sie das Tor, damit keine Kühe auf das Friedhofsgelände gelangen, denn es passierte uns einmal, daß wir nicht darauf achteten, und hinter uns fiel eine komplette Viehherde in das Gelände ein, die wir erst bemerkten, als wir schon begonnen hatten, uns um das Grab zu kümmern, und die Rindviecher, wie Großvater sie nannte, begannen zwischen den Gräbern herumzulaufen und zu scheißen und junge Pflanzen zu weiden, und Großvater rannte in alle Himmelsrichtungen hinter ihnen her, was nicht so einfach war, denn es gab keine ordentlichen Wege wie in Kirjat Scha'ul oder Cholon, und der Boden war felsig und voller Schlaglöcher, und von Zeit zu Zeit fiel er hin, stand auf, stürzte abermals, wobei er den Viechern ohne Unterlaß »Kischta . . ., Ruchu . . ., Lechu . . . « zuschrie, aber es handelte sich um holländische Färsen, die weder jiddisch noch arabisch noch hebräisch verstanden und die nur noch weiter auseinanderstoben und zum oberen Teil des Friedhofs trabten, wo ein paar mächtige Zypressen wuchsen, zwischen denen die verfallenden Gräber der Pioniere des Dorfes lagen, die teils so alt waren, daß die Namen der Toten unleserlich waren, so daß keiner je wissen wird, wer hier begraben liegt, und am Ende ließen die Rinder sich nieder, hoch oben, an einer Stelle, die für Großvater unerreichbar war, und sie glotzten ihn neugierig und verächtlich an, und der völlig verschwitzte Großvater setzte sich keuchend und schwer atmend neben das Grab Ben Josephs, lehnte sich an die gewaltige Marmorplatte, auf der »Wir sterben oder erobern den Berg« stand, jene Worte, die Ben Joseph auf die Mauer seiner Zelle im Gefängnis von Akko geschrieben hatte, und als ich sah, wie Großvater sich mit einer Hand die Brust hielt, betete ich, daß er nicht etwa einen Anfall bekam und es am Ende so aussah, als ob er, der den Berg, auf dem sich die Kühe breitmachten, nicht erobert hatte, sein Leben nun zu dessen Füßen aushauchen würde, in der Nachbarschaft des Grabes von Ben Joseph.

Wir blieben ein wenig an der Marmorplatte sitzen und schauten auf die alten Häuser des Dorfes, die aus dunklem Stein gebaut und mit roten Ziegeln gedeckt waren, die mit der Zeit schwarz geworden waren, und auf den Baron-Park, der den Namen des Baron Rothschild trug und nicht den des Baron Hirsch, der Erez Israel in Argentinien gründen wollte und dort jüdische

Dörfer errichtete, in denen Mutters Mutters Großvater und Großmutter lebten, nachdem sie vor den Pogromen in Kishinew geflohen waren, und es war für eine lange Weile mäuschenstill, nur Großvaters schwerer Atem und das Rauschen des gewaltigen Eukalyptusbaumes, der neben dem Grab wuchs und dem der Wind durch die Äste strich, waren zu hören, und eine Stimme, die aus der Ferne jenseits des Tales brüllte: Muhammed, bring die Leiter zum zweiten Fenster; zu sehen war niemand, denn die Bäume verstellten die Sicht; dann, nach einer Minute, erklang die Stimme wieder, zum zweiten Fenster, du Hornochse, nicht zum dritten, und abermals herrschte Stille, und dann sagte Großvater wie zu sich selbst, daß dies ein angenehmer Ort sei, um begraben zu werden, wegen der Ruhe und der Felsen, die eine erfrischende Abwechslung zu dem Treibsand des Friedhofs in Cholon darstellten, worauf er aufstand und sich wieder Ben Josephs Ruhestätte widmete, um dort weiterzumachen, wo ihn die Kühe unterbrochen hatten.

Zunächst gingen wir mit dem Straßenbesen über den Grabstein, dann mit einem Pinsel Stärke acht, mit dem wir die Ritzen und das Ezel-Emblem säuberten, das in die rechte Ecke des Grabes gemeißelt war und die beiden Worte »NUR SO« enthielt, zwischen die man die Karte Groß-Israels geritzt hat und eine Hand, die ein Gewehr hält. Mit dem Pinsel strich ich auch über die Aufschrift »Hier ruht Schlomo Ben Joseph (Schalom Tabeznik), Sohn von Jakob und Rachel, geboren am dreißigsten Nissan 1913, bestieg im Gefängnis von Akko den Galgen in Liebe, Heldenmut und Heiligkeit am dreißigsten Siwan 1938«, und jedesmal machte es mich schaudern, daß er an ein und demselben Tag geboren wurde und gestorben ist, nämlich am dreißigsten; anschließend saugten wir mit Großmutters Handstaubsauger die winzigen

Ritzen frei, wuschen den Stein mit dem mitgebrachten Wasser aus den Literflaschen ab, schrubbten ihn mit den Handflächen und rieben ihn mit dem speziellen Lappen trocken, den Großvater für die Autoscheiben angeschafft hatte, einem Lappen aus Hirschleder, der gleichzeitig saugte, trocknete und reinigte, rissen die Geranien des Vorjahres aus, die jedenfalls nicht durchgehalten hatten, und pflanzten die neuen ein; dabei nickte Großvater fortwährend mit dem Kopf und stöhnte darüber, wie die Cherut-Bewegung, sogar wenn sie die Regierung stelle, ihr Vermächtnis und die Stätten ihrer Heldentaten verkommen lasse, und das Endergebnis würde sein, daß sie ihre Machtposition einbüße, denn wer sich nicht um seine Wurzeln kümmert, wird am Ende seine Blätter verlieren; wenn wir fertig waren und uns noch ein wenig Wasser blieb, kümmerten wir uns auch um das Grab des Ezel-Mitglieds Israel Liebermann, dem Sohn von Mosche; für das dritte Grab, das von Arie Kleinstein, dem Sohn von Gittel und Michael, Hagana-Mitglied, der siebzehn war, als er starb, und der dicht neben den beiden anderen begraben war, hatten wir jedoch nie etwas übrig.

Wenn wir mit allem fertig waren, stellte Großvater sich vor das Grab, senkte den Kopf und schloß die Augen, um sich besser an Ben Joseph und das Dorf erinnern zu können zu der Zeit, als er zusammen mit seiner Bejtar-Truppe hier gewesen war und sie bei den Bauern in den Tabakfeldern arbeiteten, in Um-el-Dareb und auf dem El-Schaked-Hügel und den Feldern von Schumeria; zunächst pflanzten sie, dann häckselten sie, und zusammen mit den beiden Mädchen der Gruppe fädelten sie die Blätter auf Eisenschnüre, legten sie zum Trocknen aus und sammelten sie wieder ein, und am Ende rissen sie die alten Pflanzen aus, um Platz für neue zu schaffen;

damals gab es noch kein Café im Baron-Park, und in den wunderschönen Häusern vor dem Friedhof wohnten fleißige Leute und keine Gammler und Haschischraucher, deren einzige Sorge das Befriedigen ihrer Bedürfnisse ist, was vielleicht das Problem der Gesellschaft unserer Tage überhaupt ist. Heute wie damals brauchen wir wieder eine neue Generation von Pionieren, und ich soll wissen, daß ein echter Pionier viel mehr ist als ein Arbeiter oder Bauer. Er ist die geeignete Person für jede nationale Aufgabe, denn der Arbeiter hat seine Interessen, und der Soldat hat den Esprit de corps, was französisch ist und, wie Vater mir erklärte, Korpsgeist bedeutet; aber das Land Israel braucht wieder eine Generation, die keine Interessen und Gewohnheiten hat. Menschen, die einfache Eisenstangen sind. Formbar, aber aus Eisen, mit denen man alles stählen kann, was man für die nationale Maschinerie braucht. Fehlt ein Hammer? Ich bin der Hammer! Fehlen Nägel, Schrauben, Schwungräder? Nimm mich! Muß gegraben werden? Ich grabe! Muß geschossen werden? Ich bin ein Soldat! Pflügen? Ich bin ein Bauer! Ich werde zum Bauarbeiter, zum Arzt, zum Lehrer, zum Wasserträger, bitte schön, und Großvater streckte seine beiden alten, zittrigen Hände aus und fuhr mit Begeisterung fort: Ich bin für alles zu gebrauchen. Ich habe kein Gesicht, ich habe keine psychischen Probleme, keine Gefühle, ich habe nicht mal einen Namen. Ich bin die reine Idee des Dienens, zu allem bereit. Ich bin an nichts gebunden. Ich kenne nur einen Befehl: Bauen!

Wenn er mit seiner Rede fertig war, pflegten wir die Gerätschaften wieder einzusammeln, und er gab mir die Hand, und wir stiegen langsam hinab, zurück zum Auto; unterwegs meinte er, daß wenigstens ich den Geist bewahre, und wie gut es doch sei, daß ich mit ihm gekommen sei. Obwohl Mutter aus tiefstem Herzen gegen diese Fahrten war, auf denen Großvater mich indoktrinierte, womit sie eine Gehirnwäsche meinte, während Vater nur wenige Einwände hatte, denn er war nicht so extrem wie Mutter, sondern nach ihren Worten scheißliberal, wie all seine Freunde bei »Schalom achschaw« – bestand ich darauf und war unter gar keinen Umständen bereit, auf die Fahrt und Großvaters Geschichten über seine Vergangenheit zu verzichten.

Als er vierzehn war, im Sommer 1930, fuhr er zusammen mit seinem Vater mit dem Fahrrad von Luzk bis Warschau, um an der Gründungszeremonie der Bejtar in Polen teilzunehmen, zu der zweitausend Menschen aus allen Teilen des Landes herbeiströmten, und alle hatten die braunen Uniformen an, die das Symbol für die Erde sind, und jeder, der behauptet, daß die Bejtar die Uniformen der Nazis kopierte, ist entweder ein Vollidiot oder ein Schuft, denn genau das Gegenteil ist wahr, und alle banden die schönen, schwarzen Tücher um und schulterten die Gurte, die von der linken Schulter bis zur rechten Hüfte über dem Körper lagen, und sie bauten Zeltlager, die in Reihen angeordnet waren, kerzengerade wie ein Lineal, am Rande des Vorortes Praga an der Weichsel. Morgens exerzierten sie nach dem »Handbuch der disziplinarischen Übungen«, das Edri ein Jahr zuvor verfaßt hatte und in dem er bis ins kleinste Detail erklärte, bis zu welcher Höhe das Knie gehoben wird, wenn man marschiert, und welcher Abstand zwischen den Reihen und den Kolonnen eingehalten werden muß und wie man Schildwachen und Wachen ablöst, und es enthielt Noten für den Einsatz der Trompeter, die das Lager mit lauter Fanfare weckten, und als sie schließlich in einem imposanten Zug in die Stadt marschierten, stand dort eine große Menge von Juden und Polen zu beiden Seiten der Straße und empfing sie mit Beifall und Händeklatschen, und die Leute fragten einander erstaunt, Woisko zydowskie? Was auf polnisch Judenarmee heißt, und tatsächlich fühlte Großvater, daß sie recht hatten, daß er Teil einer großen und starken Armee war, die die Juden aus der Diaspora erlösen und Erez Israel vom Joch der Fremdherrschaft befreien würde, denn sie bildeten lange Kolonnen, und alle marschierten ordentlich in Reih und Glied, links, rechts, links, rechts, und vor ihnen lief der Fanfarenzug, der energisch einen Marsch spielte, bekanntlich eine Melodie, deren sich große Armeen bedienen, und dekorierte berittene Polizisten brachten sie von ihrem Lager im Vorort Praga zum Pilsudski-Platz, wo sie innehielten, um Blumen auf dem Grab des unbekannten Soldaten niederzulegen, und wenn all diese Formationen zusammengenommen keine Armee sind, dann weiß Großvater nicht, was eine Armee ist, und den Beweis dafür, daß er recht hatte, bekam er auf dem Rückweg, als sie in der Nalewki-Straße von den Kommunisten vom Bund und von der Haschomer Haza'ir überfallen wurden. Die organisierte Bejtar-Armee reagierte wie eine gut geölte Maschine und zeigte beispielhaft, wie Ordnung und Disziplin über Anarchie und Chaos siegen, denn man schlug sie mit Pauken und Trompeten in die Flucht, man verpaßte ihnen eine wahre Lektion, zerstreute sie in alle Winde und erreichte rechtzeitig zur Schlußzeremonie den Paderewski-Park, in dem alle Führer des Zionismus Reden hielten, inklusive Grienbojm höchstpersönlich, und es wurden Sportwettbewerbe veranstaltet unter dem Kommando von Mirkowitz, und am Ende stellten sie sich auf dem riesigen Platz in der Form des siebenarmigen Leuchters auf, und Großvater, der am oberen Ende des linken Armes stand, fühlte, was die Israeliten bei der Offenbarung am Sinai gefühlt haben mußten, er hatte die Impression einer erhabenen Vergeistigung, und es festigte sich in ihm der Entschluß, nach Erez Israel auszuwandern.

An dieser Stelle wurde er still, und man konnte sehen, wie in seinen Augen die Tränen glänzten, aber er erholte sich schnell und schilderte, wie er nicht nur Worte machte, sondern sie in die Tat umsetzte; acht Jahre nach der Konferenz von Warschau beteiligte er sich am »Nationalsport« – so hatte Jabotinsky die illegalen Einwanderungen genannt, denn nicht immer konnten die Juden ohne weiteres nach Erez Israel einwandern, und als die von der Mapai kamen und behaupteten, daß man mit den Briten kooperieren müsse und nur Leute mit von den Briten ausgestellten Zertifikaten einwandern lassen könne, entgegnete ihnen Jabotinsky, was man tun müsse, sei die Pfeife zum Symbol für den Kampf um Einwanderung zu wählen und einfach auf die ungerechten Gesetze der Briten zu pfeifen; als Großvater sich an Jabotinskys Worte erinnerte, fragte er mich sofort, ob mein Rekorder läuft, denn dieser gescheite Jude hatte eine besondere Art, sich auszudrücken, und es schade nichts, mehr darüber zu erfahren, und das Pfeifen als Symbol und Strategie ist nur eine seiner zahlreichen glorreichen Ideen, und wenn man auf ihn gehört hätte, wären vielleicht weniger Juden von den Nazis umgebracht worden. Großvater war tatsächlich seinem Rat gefolgt und gesellte sich zu einer Bejtar-Gruppe, die sich auf der Draga einschiffte; kurz vor der Küste Israels brachte man sie auf ein kleines Schiff mit Namen Artimisia, das bis zum Ufer fahren konnte, und am Strand von Netanja stiegen sie von Bord, und von dort schleuste man sie zum Esther-Kino, das heute nicht mehr existiert und in dem man ihnen das erste israelische Frühstück ihres Lebens servierte, und Großvater wußte noch genau, woraus es bestand: aus einer hebräischen Tomate, einem halben hebräischen Ei, einer Handvoll Oliven und einem Brötchen, und je zwei Einwanderer teilten sich einen Becher Sauermilch, auf dem hebräische Buchstaben geschrieben standen, und wer nicht weiß, was es bedeutet, ein Jude aus der Diaspora zu sein, vollgesogen mit zweitausend Jahren der Sehnsucht nach der Heimat, kann sich die Freude und Erregung nicht vorstellen, die sie wegen eines solch gewöhnlichen Erzeugnisses erfaßte, dessen Deckel ein hebräisches Wort zierte, auch wenn es nur das Wort »Tnuwa« war, was, wie jedermann weiß, ein Betrieb der Arbeiterpartei ist, die mehr vom ersten Mai hält als vom Unabhängigkeitstag, weswegen Großvater bis zu seinem Tod darauf achtete, im Supermarkt Milchprodukte von Tene-Noga oder Tara zu kaufen, und sogar zu dem Milkshake von Jotwata, auf den wir so scharf waren, meinte er, daß vielleicht jeder einzelne dieser Kibbuzniks ein prima Kerl sein mag, aber ihre Produkte zu kaufen bedeute, indirekt Peres und Rabin zu unterstützen, was aus politischer Sicht ein großer Fehler wäre, aber als er Namas enttäuschten Blick sah, die im Einkaufswagen des Supermarktes mit dem Gesicht zu ihm saß, gab er nach und kaufte uns den Milkshake, und von diesem Tag an war Jotwata von Großvaters Boykott ausgenommen.

Früh am Morgen kam ein Egged-Bus und brachte Großvaters Gruppe von Netanja nach Rosch Pina, und Großvater konnte nicht vergessen, daß sie beim Verlassen des Busses der Journalist Mosche Madzini von »Ha'arez« erwartete, um einen Artikel über die von dem Ezel organisierte illegale Einwanderung zu schreiben; nach ein paar Tagen erfuhr er, daß in der Zeitung stand, es sei schade, daß dieser Dienst an der Menschheit von unreinen Händen verrichtet würde, und damit waren die

Hände des Ezel gemeint, und wenn Großvater an diesen Punkt seiner Geschichte kam, sah er seinen Zuhörer an und betonte es ein zweites Mal – für den Fall, daß der Betreffende nicht richtig verstanden hatte –, daß Madzini schlichtweg behauptete, der Ezel habe unreine Hände, und das paßte seiner Meinung nach zu der sogenannten Jagdsaison, die die Periode der großen Schande der Linken war und in der sie neue Höhepunkte in Sachen Gemeinheit erreichten, denn sie verrieten Anhänger von Jabotinsky und lieferten sie den Briten aus, und das erinnerte ihn an den großen Skandal in der Zeit der Flucht, als nämlich keine der zionistischen Organisationen, die den Überlebenden halfen, aus Polen und aus anderen Ländern zu fliehen, bereit war, die Bejtar teilhaben zu lassen, und das brachte ihn auf einen nicht geringeren Skandal, der darin bestand, daß die erste Knesset Entschädigungs- und Ausgleichszahlungen für die Opfer des Untergrunds beschloß, des Untergrunds, der gegen die Briten kämpfte, das Gesetz jedoch nicht die Verwundeten des Ezel und der Lechi einschloß – und man solle ihm bitte schön nicht mit Vetternwirtschaft kommen, denn wenn er eine Liste der Benachteiligungen aufstellen würde, wie man sie nach Strich und Faden diskriminierte, als sie in der Opposition waren, würde diese mit der Zertifikatszuteilung in der Periode der zweiten Einwanderungswelle beginnen und keinesfalls mit der traurigen Geschichte enden, wie Großmutter gekündigt wurde, als sie im Krankenhaus herausfanden, daß sie kein Gewerkschaftsmitglied und überdies eine Cherutwählerin war, obwohl ausgebildete Krankenschwestern von ihrem Niveau zu jener Zeit Mangelware waren; ganz zu schweigen von der Zyperngeschichte, die eine Sache für sich ist und auf die ich noch zurückkommen werde.

Dies ist mehr oder weniger das, was mir von Großvater geblieben ist, abgesehen von ein paar Fotos und natürlich der Aufnahme, bei der er auf Großmutters siebzigsten Geburtstag ihre herrlichen Brüste schildert, und wie er mir, nachdem ich ihr erklärte, warum es so wichtig sei, daß ich aufnehme, zuruft, er begräbt uns schon, der Knirps, so schnell bringt ihr mich nicht unter die Erde. Immer wenn ich mir die Aufnahme anhöre, steigen mir Tränen in die Augen, und es fällt mir schwer zu begreifen, wie ich auf der einen Seite seine Stimme ausdrücklich sagen höre, »so schnell bringt ihr mich nicht unter die Erde«, und er auf der anderen Seite schon mausetot ist und unter der Erde liegt, und wie Saul behauptet, sich längst Maden und Regenwürmer über ihn hergemacht haben, so daß nach einem Monat nichts mehr von ihm übrig war bis auf einen Totenkopf vielleicht und ein Gerippe und ein paar Haarbüschel auf dem Schädel, was bei ihm eigentlich nicht in Frage kommt, da er schon eine Platte hatte, bevor er starb.

Zum Glück hatte ich Großmutter die Geburtstagskassette nicht ausgehändigt, sondern konnte mich vor ihr in Sicherheit bringen und die Kassette im geheimen Teil meiner Sammlung verstecken. Hin und wieder spiele ich sie ab und versuche mir vorzustellen, wie ihre Titten damals, als Großvater ihre Bekanntschaft machte, wohl aussahen. Sicher nicht wie zu der Zeit, als sie mich noch zum Gordon-Strand mitnahm und man mich in der Damenumkleidekabine duldete, wo ich hastig, im Sitzen, die Badehose hochzog, damit die Frauen mir nichts abgucken konnten, und den Kopf gesenkt hielt und mir das ansah, was Mutter Scheide und die Biologielehrerin die weiblichen Fortpflanzungsorgane nannte, und Ido, Sauls Freund, der fast alles über Frauen wußte, Zauberhöhle oder Vergnügungstunnel oder kurz Fotze; wenn er Fotze sagte, flüsterte er, und mir lief es eiskalt über den Rükken, und ich dachte Fotze . . . Fotze. Ich schaffte es nicht, dieses Wort laut über die Lippen zu bringen, so wie Motel erklärte, der älteste Sohn von Abram, der uns in der Zeit, als die Kinder Abrams sich bei uns versteckt hielten, weil man ihrer Mutter die Eileiter abband, daß man den Namen Jehowas nicht in den Mund nehmen dürfe, worauf Saul ihn fragte, was passiert, wenn man ihn ausspricht? Und Motel antwortete, etwas Grauenvolles, Entsetzliches, und Ido lachte und behauptete, ich traue mich, worauf Motel sagte, das fehlte noch, und Saul rückte ein wenig von Ido ab und versicherte, ich bin nicht mit von der Partie, denn wenn Er auf einen sauer war, war man besser nicht in der Nähe, und ich, der ich mich im Zimmer unterm Bett versteckte und ihre Gespräche aufnahm, kauerte mich zusammen und betete zu Gott, daß er nur Ido bestrafen und nicht das ganze Zimmer in die Luft sprengen möge, wie bei dem Wunder, das Gidon mit der Watte und dem Regen machte, als alles naß wurde außer der Watte, und später alles trokken war mit Ausnahme der Watte, die naß geworden war, denn wenn Gott will, kann er sehr präzise sein, nicht wie die Regierung, die den Arabern in den besetzten Gebieten Kollektivstrafen auferlegt, was laut Vater ungerechte Strafen sind, die man allen aufbrummt, egal ob schuldig oder unschuldig.

Ido dachte einen Moment lang nach, und Saul drängte ihn, los, sei ein Mann, weshalb Motel ihn warnte, er dürfe nicht hetzen, denn der Verführer sei ebenso schuldig wie der Sünder, und Saul meinte, ich will nur sehen, ob er Mut hat, worauf Ido entgegnete, klar habe ich ihn, und er sperrte den Mund auf und machte ihn wieder zu, sperrte ihn auf und machte ihn wieder zu, und wir hingen an seinen Lippen, denn wir wollten sehen, was passiert, wenn einen der Blitz erschlägt, denn das war es, was Motel schließlich zu der Frage, was demjenigen passieren würde, der den Namen Jehowas in den Mund nimmt, eingefallen war, und auf einmal dachte ich an den Rekorder – wenn er den Namen Jehowas aufnähme, während er aus Idos Mund kam, würde Gott auch den Rekorder hochgehen lassen, und Saul würde herausfinden, daß ich mich im Zimmer versteckte und seine Geheimnisse belauschte, und er würde mir eine Tracht Prügel verpassen, die sich gewaschen hat; darum schaltete ich den Rekorder ab, denn ich wollte keine Schwierigkeiten, weder mit Gott noch mit Saul, und am Ende versäumte ich nichts, denn Ido zog den Schwanz ein und äffte nur mit dem Mund einen Fisch nach, und Saul feuerte ihn an, man hört nichts, man hört nichts, und Ido ahmte einen noch größeren Fisch nach, aber der Name Jehowas kam nicht über seine Lippen, nur dumme Fotze. Nicht, daß ich beides vergleichen will, aber dieses Wort Fotze kam mir vor wie der Name Gottes für das weibliche Fortpflanzungsorgan, und wenn ich es schon nicht in den Mund nehmen konnte, denn es wollte mir einfach nicht über die Lippen, dann wollte ich es wenigstens sehen, und genau das war es, was ich in der Umkleidekabine am Gordon-Strand versuchte: genau sehen wollte ich sie, und ich betete, Großmutter möge sich nicht ständig bewegen, denn wenn es mir endlich gelang, einen günstigen Blickwinkel zu erhaschen, drehte sie sich plötzlich um, oder ihr Handtuch streifte dort vorbei und verdeckte die Sicht, oder sie hob das Bein, das neben mir stand und sie wiederum verdeckte, oder sie bückte sich, und ihr Bauch und ihre Brüste waren im Weg – kaum zu glauben, daß es sich um dieselben Dinger handelte, von denen Großvater glänzende Augen bekam. Sie hingen beinah bis auf den Boden, wippten und sahen aus wie die Luftballons, die von einem längst vergangenen Geburtstag am Leuchter im Wohnzimmer hängengeblieben waren, weil Vater wieder einmal ausgezogen war und niemand sonst sie runterholte und Mutter eine ihrer Krisen hatte und keine Lust zu gar nichts, und aus denen ganz allmählich die Luft entwich und die schrumpften und, wabbelig wurden, und wer das Zimmer betrat, wußte sofort, daß einmal ein Geburtstag gefeiert wurde und daß es lustig zuging, daß die Feier jedoch lange zurücklag und in der Zwischenzeit andere Dinge passiert waren, womöglich solche trauriger Natur, und das war anscheinend mit Großmutters Titten geschehen, über die Großvater nicht zu schwärmen aufhörte, wenn er einen über den Durst getrunken hatte. Sicher war auch aus ihnen die Luft raus, dagegen kann man wohl nichts machen, denn so ist das im Leben, wie Mutters Mutter Großmutter einmal sagte, als diese sie einmal in ihrem Endstadium besuchte, um ihr das bißchen Haar zu schneiden, und Mutter sie mit Großmutters Hilfe vor den Spiegel setzte, nachdem sie sich eine Weile nicht gesehen hatte; zunächst zuckte sie erschrocken zusammen, denn sie hatte sich glattweg nicht wiedererkannt, dann schloß sie die Augen, und ich sah Tränen in ihren Wimpern, und während des Frisierens machte sie nicht ein einziges Mal die Augen auf und sagte keinen Ton und antwortete nicht auf Mutters und Großmutters Fragen, die sie aufzumuntern versuchten, und damit keine unangenehme Stille entstand, erzählte Großmutter uns von dem Frisiersalon, den ihre Mutter von 1923 bis 1936 in Berlin führte, bis das Gesetz kam, daß Juden Deutschen nicht das Haar machen durften, die den größten Teil von Großmutters Mutters Kunden ausmachten, und wie sie ihrer Mutter dort beim Spülen des Haares mit Kamillentee zur Hand ging, denn helles Haar war sehr gefragt; sie erhitzte auf einem Spirituskocher das Onduliergerät, mit dem man Locken, Korkenzieher und Wellen legte, und in den Ferien fuhr sie mit ihrer Mutter zu den Häusern der reicheren Kundinnen, die Morgen für Morgen Großmutters Mutter für etwa eine halbe Stunde beanspruchten; Großmutters größtes Erlebnis waren ihre Besuche im Haus der Schauspielerin Elisabeth Bergner, die an keinem wichtigen Ereignis teilnahm, ohne daß man ihr zuvor das Haar kämmte, und die sie einmal zu einer Matinee einlud mit der Aufführung des Brennenden Geheimnis von Stefan Zweig, einem Stück, das von einem Kind erzählte, das mitansah, wie seine Mutter sich in einen anderen Mann verliebte und sie daraufhin an den Vater verriet, und das Großmutter derart erschütterte, daß sie bis heute nicht bereit ist, die Geschichte nochmals zu lesen und sich an ihr trauriges Ende zu erinnern, aber wenn Mutters Mutter dennoch neugierig wäre und es gerne hören möchte, würde sie sich die Mühe machen und sich zurückerinnern; schließlich bemerkte sie, daß Mutters Mutter überhaupt nicht zuhörte, und sie sagte, was plappere ich dir den Kopf voll mit meinen blödsinnigen Erinnerungen? Sie wurde still und war mit Mutters Mutters Frisur fertig, und mit kämmen und fönen, und alle beteuerten, wie gut Mutters Mutter aussähe, und sie solle die Augen aufmachen und in den Spiegel schauen, was sie dann auch tat; sie betrachtete sich eine ganze Weile, und schließlich meinte sie, daß alle Dinge schön, frisch, straff und voll beginnen und die Zeit ihnen die Luft rausnimmt, denn die Zeit ist wie eine Zecke – sie wird voller und voller, und wir werden leerer und leerer, worauf Mutter wieder meinte, basta mamá, und Mutters Mutter entgegnete, por qué basta? Esto es la verdad, was warum genug? Das ist die Wahrheit heißt, und dann bat sie, den Spiegel aus dem Zimmer zu entfernen, und bis zu ihrem Tod sah sie sich nicht mehr an und achtete darauf, eine Perücke zu tragen, wenn wir zu Besuch kamen, und ihren Worten entnehme ich, daß es einen Zusammenhang gibt zwischen Zeit und Luft. A, sind beide sich ähnlich, da beide unsichtbar sind. B, ist das seltsame an ihnen, daß man sie nicht spürt, wenn sie vorhanden sind, und erst wenn sie knapp werden, fühlt man sie; und wie man sie fühlt, denn wenn keine Zeit ist, beispielsweise am Morgen, beeilen sich alle wie verrückt, und Mutter nörgelt, daß die Zeit dränge; und wenn die Luft ausgeht, angenommen bei Tauchwettbewerben in der Badewanne, erstickt man. Ein weiteres Beispiel für die Gemeinsamkeiten der beiden ist, wenn keine Zeit ist, fängt man an, sich zu beeilen und zu laufen, um Zeit zu gewinnen, die verloren ging, aber von dem Laufen, um Zeit zu gewinnen, beginnt man nach Luft zu schnappen, und das Endergebnis ist, daß man vielleicht rechtzeitig ankommt, aber ohne Luft.

Nachdem Großmutter sich bückte, um sich ordentlich zwischen den Zehen abzutrocknen, damit ihr dort keine Pilze wuchsen, rieb sie mir für gewöhnlich die Ohren trocken, damit dort keine Kartoffeln sprossen, und dann richtete sie sich auf, um ihr wunderschönes Haar zu frottieren, das selbst als sie achtundsechzig wurde – was das letzte Jahr war, in dem man mir noch erlaubte, sie in die Damenkabine zu begleiten –, schwarz und dicht war, und dies war eine weitere Gelegenheit, sie zu begutachten und diese Locken zu betrachten, die den Eingang zu ihrer Scheide bedeckten und unter denen ein paar weiße Haare waren; ihr Schamhaar erinnerte mich an den Pool, den wir im Davidfluß gesehen hatten, mit der Höhle und diesem Farn mit dem Namen Schulamits Haar, der wie ein Vorhang über den Eingang fällt; einmal setzte sie sich auf die Bank mir gegenüber und unterhielt sich mit einer Freundin, und dabei gab sie nicht Obacht, und die Beine gingen ihr auseinander, wodurch ich für einen kurzen Moment sah, wie der Schlitz auseinanderklaffte; ich war ganz aus dem Häuschen und dachte, ich habe sie gesehen, ich habe sie gesehen, und als ich Ido davon berichtete, meinte er, ich hätte Abrakadabra murmeln sollen und dann sehen können, was für Möglichkeiten sich da boten und es würde mich nicht länger wundern, daß Vater, Adam und Abram dort herauskommen konnten, denn die Öffnung einer Frau sei nicht wie die Öffnung eines Hauses oder wie das Loch in der Schraubenmutter; sie sei flexibel und dehnbar. Ido weiß, wovon er spricht, denn seine Schwester ist Studentin, und sie bumst schon, und er guckt ihr regelmäßig zu, und wenn sie gerade nicht bumst, steckt sie sich stöhnend die tollsten Sachen unten rein, und einmal sah er sie mit einer Salatgurke, aber ohne weiteres hätte dort auch eine Aubergine reingepaßt – so sagte er zu Saul und Eli aus ihrer Klasse, worauf Eli meinte, sicher wirst du gleich behaupten, daß sogar eine Wassermelone dort hineingeht, und Ido meinte, du würdest dich wundern, und dann erklärte er, daß es bei ihr daher kam, daß sie ein Alter erreicht hatte, in dem sie scharf geworden war, und ich fragte, scharf worauf, und darauf meinte Ido zu Saul, vielleicht schmeißt du mal diese Kaulquappe hier raus, ich will nicht, daß man mir anhängt, ich hätte ihn verdorben, worauf ich beteuerte, schon vorher verdorben gewesen zu sein, aber es half mir nichts, und so habe ich verpaßt, was er damit sagen wollte, daß sie scharf war. Scharf worauf?

Einmal hörte ich, wie er Saul und Motel erklärte, wie man herausfindet, ob die Lehrerin in der Nacht bestiegen wurde. Wenn sie beim Gehen die Beine ein wenig spreizt und wenn sie sich vorsichtig auf den Stuhl setzt – ist das ein Zeichen dafür, daß einer sie gepimpert hat, denn Frauen tut die ganze Sache weh, und was Männer mit ihnen machen, ist, sie aufzureißen. Saul fragte, bist du sicher, und Ido nickte, und Saul hakte nach, woher bist du dir so sicher? Und Ido schlug vor, kommt und hört euch an, wie meine Schwester schreit, wenn ihr Typ sie aufreißt, dann seht ihr selbst, und Saul fragte, wieso läßt sie ihn dann? Ido meinte, so ist das eben! Wie oft habe ich es dir erklärt, Frauen sind scharf, und außerdem tut es ihnen gut, wenn sie sich von den Männern aufreißen lassen, weil die Männer es so wollen, und Frauen haben es gern, den Männern zu geben, was sie haben wollen, auch wenn es ihnen weh tut. So hat die Natur sie erschaffen. Und Motel, der mit gesenkten Augen dabeisaß, denn es gehörte sich nicht für ein ultraorthodoxes Kind, solchen Gesprächen zu lauschen, verbesserte ihn und sagte, so hat Gott sie erschaffen. Worauf Ido sagte, die Natur, Gott, was macht das schon für einen Unterschied? Und Motel wurde unruhig und beteuerte, daß es wichtig sei, denn Gott habe die Natur geschaffen – du warst auch nicht bereit, seinen Namen auszusprechen, Tatsache, und das ist ein Zeichen, daß auch du es zugibst, und Ido sagte, meinetwegen, dann hat halt Er sie so geschaffen, und Saul schrie plötzlich, ich will dein Gesülze über Frauen nicht länger hören, denn sicher fiel ihm in diesem Moment Mutter und ihr Stöhnen ein, das wir in der Nacht, in der wir beide wach geworden waren, aus ihrem Zimmer gehört hatten, und er sah Ido mit dem verrückten Blick an, der ihm in solchen Augenblicken in den Augen stand und der sogar Mutter und Vater Angst einjagte; und Ido, der einen Schrecken bekam und befürchtete, Saul würde ihm die Freundschaft kündigen – denn Saul ist Klassenbester und ein Spitzensportler, Platz vier beim Kindertennis bis dreizehn –, sagte, daß er bereit sei, ihm sogar zu zeigen, wie seine Schwester bumst, um ihm zu beweisen, daß er die Wahrheit sagte, aber Saul winkte ab, er könne darauf verzichten, und wenn Idos Schwester eine läufige Nutte sei, hieße das noch lange nicht, daß alle Frauen so seien, und er ging aufgebracht aus dem Zimmer, und darum brachte ich den Mut auf, aus meinem Versteck zu kriechen und Ido zu bitten, mich anstelle von Saul mitzunehmen, um zu sehen, wie einer seine Schwester bumst. Ido sah mich voller Verachtung an und sagte, schon wieder du, aber schließlich erklärte er sich bereit, meinen Rekorder mitzunehmen und mir ein paar Aufnahmen zu machen, und das Ergebnis ist die erste Aufnahme, die ich zu Geld machte – einen Schekel für den, der sie hören wollte, und nur über Kopfhörer, damit die anderen, die nicht bezahlt hatten, nicht in den Genuß kamen, und was man darauf außer ihrem Stöhnen und dem Stöhnen ihres Typs und dem Schmatzen von Küssen hört, ist, daß er plötzlich bittet, lutsch mir einen, lutsch mir einen, und sie sagt, hast du sie nicht alle? Und er sagt, dann liebst du mich nicht, und sie fragt, wie kannst du so was behaupten? Und er antwortet, du tust nicht, worum ich dich bitte, und sie sagt, ich gehe immerhin mit dir ins Bett, und er sagt, miteinander pennen ist nicht alles, und dann hört man wieder Gestöhne, und sie beginnt zu schreien, Ja! ja! Oh! Oh! Gott! Fester, fester! Und wieder ja, ja, als ob jemand ihr eine Frage gestellt hätte, und erneut Gott, Gott, wie du es mir machst, und das hat etwas Merkwürdiges, denn A, was hat er ihr gemacht? Und B, wer hat ihr was gemacht? Und dann beginnt auch Gott, oder wer immer der andere ist, zu stöhnen, und sie schreit tüchtig los, und an dieser Stelle war die Kassette voll, denn dieser Idiot von Ido hatte nicht an den Anfang zurückgespult, und nicht nur das: Als er hörte, daß ich für das Abspielen Bares kassierte, forderte er seinen Anteil, und so mußte ich meine Einnahmen mit ihm teilen, aber was mit dem »Lutsch mir einen« gemeint war, hat er mir nicht gesagt, und je mehr ich darüber nachdenke, um so schwerer fällt es mir, zu glauben, daß sie sein männliches Fortpflanzungsorgan in den Mund nehmen sollte, und es half nichts, daß ich wieder und wieder die Kassette abhörte, bis ich sie auswendig konnte – sie enthielt keinerlei konkrete Hinweise. Am Ende, vor lauter Abspielen für meine eigenen Zwecke und für die Zwecke anderer, nutzte sie sich ab, und ich hatte keinen Ersatz, denn damals war ich noch kein Profi und fertigte nicht umgehend eine Kopie an, aber macht nichts, denn auf der Kassette sind nur Stimmen, und was wirklich zählt, ist es zu sehen, und als Anschauungsobjekt hatte ich nur Großmutter in der Umkleidekabine am Gordon-Strand, und das auch nicht für lange, denn als ich das letzte Mal mit ihr dort war, knöpfte ich mir eine andere Frau vor, eine jüngere als Großmutter, und ich bemerkte nicht, daß sie sah, wie ich sie ansah, denn ich begutachtete sie nur untenrum und hatte nach langem Hin und Her endlich einen Winkel gefunden, aus dem ich einwandfrei in ihre Öffnung sehen konnte, die mich ein wenig an einen senkrecht stehenden Mund erinnerte, als plötzlich ein Wunder geschah und ich sah, wie die Möse sich erhob und langsam auf mich zukam, näher und näher, und ich konnte schon die Hand nach ihr ausstrecken, um sie zu befühlen, so nah bei mir stand diese Möse, und als ich den Arm hob und meine Hand nach den winzigen, glänzenden Löckchen greifen wollte – peng, da bekam ich eine Ohrfeige, und ich hob den Kopf und sah, daß zu dieser Möse eine Frau gehörte, die ganz außer sich war; sie fing an zu zetern, daß man diesen kleinen Triebtäter aus der Umkleidekabine schaffen solle, worauf Großmutter sie anfuhr, schämen Sie sich, wie reden Sie in Anwesenheit eines Kindes, und die andere entgegnete, der da mag ein Kind sein, aber sehen Sie sich diesen Schwanz an, auf den kann man einen kompletten Hammel spießen, und alle Frauen rings um uns sahen mich unverhohlen an, mit Ausnahme von zwei Orthodoxen, die nur aus den Augenwinkeln lugten, und in der Tat hatte ich einen Wulst in der Badehose, den ich auf der Stelle mit den Händen bedeckte, aber ich bekam ihn nicht runter, obwohl ich es wollte, und die Antwort auf Idos Rätsel – was das einzige Ding sei, das man allein durch den Wunsch zum Stehen bringen könne – ist schlichtweg falsch, denn er stand, auch wenn ich es nicht wollte, und er ging auch nicht runter, als ich es wollte, aber einen kompletten Hammel darauf zu spießen war maßlos übertrieben, eine Frau, die in Gelächter ausbrach, sagte der Gereizten sogar, keinen kompletten Hammel, vielleicht eher zwei Küken, aber auch die Zweite übertrieb, was die Messung bewies, die ich mit einer Schnur und zwei Küken vornahm, wobei ich Vergleiche anstellte und es sich herausstellte, daß es nur ein Küken und etwas mehr war. In der Zwischenzeit eilte, von dem Tumult angelockt, eine Wärterin herbei und sagte zu Großmutter, es sei in der Tat an der Zeit, daß ich mich in den Herrenkabinen umziehe, denn ich sei ja schon ein richtiger kleiner Mann.

Am Anfang wußten wir nichts von Vater und Michal, und die ganze Sache kam nur per Zufall ans Licht, kurz vor der Fahrt nach Ein Gedi, vielleicht fuhren wir auch nur nach Ein Gedi, weil die Geschichte aufgeflogen war und Mutter Vater gebeten hatte, uns mitzunehmen, weil sie allein sein wollte.

Kurz nach dem Ausflug zog Vater zu Michal und traf sich mit Mutter, um all die neuen Vereinbarungen zu treffen, die uns betrafen, und er bat Mutter Großmutter nichts davon zu erzählen, denn Großmutter war über den Verlust von Großvater noch nicht hinweg, und er wollte ihr nicht noch mehr Kummer bereiten, und Mutter brauste auf, was willst du? Soll ich ihr vielleicht erzählen, daß du im Auftrag einer Wohltätigkeitsorganisation auf die Seychellen gefahren bist? Darauf sagte Vater, daß sie nicht zynisch zu werden brauche, hier gehe es um seine Mutter, und er bitte um nichts weiter, als sie zum jetzigen Zeitpunkt nicht auch noch mit dieser Trennung zu belasten, denn das würde ihr den Rest geben, worauf Mutter entgegnete, er wisse, wie sehr sie Großmutter möge und wie sehr sie an ihr hänge, aber sie denke nicht, daß man Großmutter wie ein kleines Kind behandeln müsse, da sie eine starke, mutige Person sei, die eine Menge in ihrem Leben ertragen habe, und Vater erwiderte, daß sie ihm nicht zu sagen brauche, wer seine Mutter sei, sein ganzes Leben habe er sich darum bemüht, sie zu verstehen und sich in sie hineinzuversetzen, sie zu lieben und für sie zu leben, sich von ihr zu lösen und ihr ähnlich zu werden und anders zu werden als sie und auf sich aufzupassen für sie und sich ihretwegen aufzugeben und vor ihren Erwartungen sowohl zu bestehen als auch zu versagen, denn er wolle sein, was er ist, und gleichzeitig müsse er etwas anderes sein, von dem er nicht wisse, was es sei, er müsse irgendein Ziel verwirklichen, für das Großmutter all das durchgemacht habe, und in seiner Seele gäbe es schon ein kleines Konzentrationslager, in dem sich ihre diffusen Erinnerungen dicht an dicht aneinanderquetschten, die Erinnerungen, über die sie nie gesprochen hat, weil sie die Familie einfach nicht mit ihrer Vergangenheit belasten wollte, aber diese

Erlebnisse strömen aus all ihren Poren, und sie drängen bei ihr durch den Blick nach draußen; ihr Horror vor Polizisten – wenn sie sie sieht, wechselt sie unbewußt die Straßenseite; wie sie sie nachts, als sie Kinder waren, ständig abhörte, ob sie auch nicht aufgehört hatten zu atmen; der Kühlschrank, zum Bersten voll mit Plastikschüsseln und Gläsern mit Plastikhäubchen, die mit Gummis abgedichtet waren und die die Reste von Reis und Suppe und ein paar Kopfsalatblätter enthielten, die von einer Mahlzeit übriggeblieben waren, denn man wirft kein Essen weg; und der Krieg, den sie per Post mit der ganzen Welt führte, mit Drohungen und Betteleien, um zu verhindern, daß Adam und Vater zu Kampfeinheiten eingezogen wurden, ganz zu schweigen von dem Brief an Vaters Offizier in seiner Eliteeinheit, der ihn bis auf die Knochen blamierte, denn sie schrieb darin, daß sie darum bäte, gut auf Vater achtzugeben, und sie ging genauer darauf ein, was ihm verboten sei und was erlaubt und in welchen Dingen er empfindlich sei und daß man Vater auf gar keinen Fall von dem Brief erzählen dürfe, aber der Offizier versammelte die ganze Abteilung und las den Brief laut vor, und alle hielten sich die Bäuche vor Lachen, und Vater wußte nicht, auf wen er mehr böse sein sollte, auf sie, die ihn nicht verstand, oder auf die anderen, die eine Herde von Rindviechern waren und Großmutter nicht verstanden, und sie standen da und lachten sich kaputt, und seither hing ihm der Spitzname Exodus an; wie die kleinsten Abschiede sie zerfleischten, und ihr Warten an der Straßenecke, denn von dort konnte man schneller sehen, wann Adam und er aus der Schule zurückkamen, daß sie auch ja die Straße auf dem Zebrastreifen überquerten und darauf achteten, nach links und rechts zu schauen, und links und rechts, und wieder nach links, was sie unentwegt trainierten, als

Adam in der fünften Klasse und Vater in der dritten Klasse waren, denn bis dahin hatte sie sie einfach zur Schule gebracht und auch wieder abgeholt, bis sie eines Tages meuterten und sagten, daß sie entweder allein gehen dürften oder gar nicht gingen, denn die ganze Schule verspottete sie bereits, und dann mußte Großvater nach einer Wohnung suchen, die näher an der Schule lag, damit es auf dem Schulweg sowenig Straßen wie möglich zu überqueren galt, und sie fanden eine Wohnung in der Haklir-Straße, von der aus man bis zur Schule nur über eine einzige Straße mußte; und Fußballspiele, Basketball, Schulausflüge, Lagerfeuer – sie alle waren tabu; und man kochte stets auf Elektroherden und nicht auf Gas, damit es kein Leck gab; und die Fotomontage von ihr, ihrer Schwester Sarah, ihrem kleinen Bruder Emanuel und ihren Eltern, die sie aus drei verschiedenen Bildern zusammengesetzt hatte, um ein Bild von allen zusammen im Album zu haben. Dann komm du nicht und erzähl mir etwas über meine Mutter. Und darauf sagte Mutter mit sanfter Stimme, Assi, ich weiß, daß es nicht einfach ist. Und Vater schwieg, und Mutter fügte hinzu, daß sie manchmal nicht wisse, was man ihm sagen solle und was nicht, denn sosehr er auch überzeugt sei, daß er die Menschen verstehe, sowenig wisse er im Grunde über sie, und Vater sagte, daß er nicht diskutieren wolle, denn auch ohne Streit habe er es mit dieser ganzen Geschichte schon schwer genug, und Mutter fragte, mit welcher Geschichte? Und Vater sagte, damit, daß ich ausgezogen bin und was ich dir damit antue und den Kindern und mir selber und Mutter. Und Mutter fragte ihn, ob er sich sicher sei, daß es diesmal endgültig sei, und Vater sagte, er denke ja, und Mutter grübelte und fragte, ob er verliebt sei, und auch darauf sagte er, er denke ja, und dann fragte ihn Mutter, ob es irgend etwas gäbe, das er mit Bestimmtheit wisse, und diesmal antwortete Vater mit Nein, und Mutter sagte, es sei gut, daß er zur Abwechslung auch mal eine andere Antwort gäbe, und dann schwiegen sie. Vater meinte schließlich, daß er bei Gelegenheit vorbeikäme, um den Computer und ein paar Bücher abzuholen, und Mutter sagte ihm, daß er nicht auf eine bessere Gelegenheit warten solle, und er solle seinen Krempel gleich mitnehmen, denn sie wolle ein für allemal reinen Tisch machen und keinen Platz für Ausreden lassen, die ihm die Möglichkeit offenließen, nochmals zu kommen, und Vater fragte, ob es jetzt sein müsse, auf der Stelle, was ist daran so eilig? Mutter erwiderte, daß die Zeit für sie dränge, und er müsse wissen, daß die Zeit, über deren Verrinnen und Verrinnen er so sehr jammere, nicht nur für ihn vergehe, sondern auch für sie, und sie wolle sich einfach von den letzten Resten seiner Gegenwart säubern, damit sie neu beginnen könne, und Vater sagte, er ziehe es dennoch vor, die Sachen abzuholen, wenn die Kinder nicht in der Wohnung seien, und Mutter sagte, daß man die Realität nicht beschönige, indem man sie vertusche, was in etwa dem entspreche, was er sein ganzes Leben lang tue, und daß diese Kinder viel besser Bescheid wüßten, als er es sich vorstelle. Da wurde er mißtrauisch und fragte, was erzählst du ihnen über mich? Und Mutter antwortete, ich muß ihnen gar nichts erzählen, du hast sensible, neugierige Kinder mit offenen Augen, und sie sehen einfach das, was um sie herum geschieht, und sie verstehen alles, denn dies ist eine Geschichte, die sich von allein erzählt. Und Vater sagte, dennoch ziehe ich es vor, die Sachen nicht jetzt mitzunehmen, und Mutter sagte, er solle es mit ihr absprechen, bevor er komme, denn sie wolle nicht, daß er sie überrasche, und er fragte, ein wenig schmeichelnd, ob sie ein paar Überraschungen für ihn bereithalten wolle, und sie erwiderte, daß sie für ihn nicht mehr das Geringste bereithalten wolle, und es herrschte unheilvolle Stille zwischen den beiden, und dann meinte Vater, daß sie nicht zu Feinden werden müßten, und Mutter sagte, daß sie versuchen werde, diese Empfehlung zu verinnerlichen, und Vater sagte, daß ihnen keiner nehmen könne, was einmal zwischen ihnen war, und Mutter sagte, also wirklich, Assi, diese klebrigen Phrasen passen nicht zu dir, was bezweckst du damit? Und Vater sagte, die dicke Luft zu vertreiben, und Mutter kicherte, denn es fiel ihr ein, wie Jossi Bejlin einmal versuchte, Peres »stinkenden Trick« schönzureden, und wie Großvater damals sagte, hier haben wir wieder einmal den Beweis, wie sie den Gestank eines Heringsfasses mit dem Rasierwasser dieses aalglatten Schnösels überdecken wollen, und das äußerte sie dann auch, und Vater stand auf, und Mutter erinnerte ihn daran, daß Nama am Samstag Geburtstag habe, und Vater fragte, wer kommt? Und Mutter sagte, wie üblich, die Familie, ein paar Freunde und die Kinder aus dem Kindergarten, und sie hoffe, daß auch Vater komme, und dann fragte Vater, heißt das, daß ich eingeladen bin, und Mutter sagte, daß er nicht eingeladen, sondern der Gastgeber sei und er solle doch mit dieser Schöntuerei aufhören, mit der er sich bei ihr Liebkind machen wolle, und dann sagte Vater, daß er einen Blick auf die Kinder werfen gehe, und er kam in unser Zimmer, trat leise ein und rutschte auf den Knien zu mir, und als er sah, daß ich wach war, fragte er mich, ob ich denn alles aufgenommen hätte, und ich nickte, und er lächelte und fragte mich, was ich mit der Aufnahme vorhätte, aber er konnte seine Frage nicht beenden, denn auf einmal stockte ihm die Stimme bei dem Wort Aufnahme, und er brach in Tränen aus und legte den Kopf auf meine Decke und fragte ein paarmal, was richte ich an, was richte ich nur an? Mutter, die ins Zimmer gekommen war und uns von der Seite ansah, antwortete ihm zornig, du lädst den Kindern dein schlechtes Gewissen auf, und Vater hörte sofort zu weinen auf und sagte mir, daß Mutter recht habe, und es gäbe keinerlei Zusammenhang zwischen seinem Weggehen und uns, und daß er uns immer liebhabe und immer lieben würde, und die Wahrheit sei, daß er auch Mutter liebe, aber er müsse gehen, und dann küßte er mich und strich mir die Decke glatt und ging rüber zu Saulis Bett, der sich auf einmal zur Wand drehte, die Decke über den Kopf zog und ihn keines Blickes würdigte; zum Schluß kroch er auf allen vieren unter den Schreibtisch, denn damals hatte Nama sich dort ihre Ecke eingerichtet, weil Tiger es lieben, in engen, dunklen Ecken zu kauern, wie Michal ihr bei dem Ausflug nach Ein Gedi erklärt hatte, und er küßte sie, stand auf, haute sich dabei den Kopf an, murmelte einen Fluch und ging schnell aus dem Zimmer, und ich hörte die Tür auf- und zugehen, und für einen Moment war es still. Gewiß stand er vor der Tür und dachte vielleicht doch daran, zurückzukehren, aber dann hörte man das Geräusch seiner Sprünge auf den Stufen, denn er nahm immer mehrere auf einmal, und das Anlassen des Motorrads und wie es sich entfernte, und dann wurde es wieder still, denn es war schon etwa drei Uhr morgens; plötzlich hörte man aus der Küche, wie jemand das Geschirr spülte; erneut wurde es still, und Mutter trat auf den Balkon vor dem Badezimmer, stopfte die Wäsche aus der Wäschetruhe in die Waschmaschine, ließ eine Maschine laufen, und von dort ging sie ins Wohnzimmer und machte sich daran, die Möbel umzustellen; sie schleppte den Perserteppich vom Flohmarkt auf den Balkon, und ich sah zu Saul, der zu mir herüberschaute und flüsterte, wenn sie bloß nicht anfängt, die Teppiche zu klopfen, und zum Glück ließ sie es sein, und sie erschien im Flur, kramte im Wandschrank und holte das Tigerkostüm hervor, das sie Nama gerade nähte, denn es war die Zeit, in der Nama aufhörte, ein Schmetterling zu sein; weil ihr Michal erzählt hatte, daß die Tiger in der Judäischen Wüste vom Aussterben bedroht seien, hatte sie beschlossen, das Königreich der Insekten zu verlassen und sich in einen Tiger zu verwandeln, und als Mutter den Pelz aus dem Schrank zog, den sie im schicksten Laden von Nachalat Binjamin gekauft hatte, fiel fast alles raus, was sich in dem Schrank befand, in den wir alles stopften und den man schon längst hätte gründlich ausmisten müssen; sie versuchte, die Sachen wieder hineinzuzwängen, die aber immer wieder herausquollen, und sie wurde nervös und fing an, alles in einer Art stillem Zorn hineinzuquetschen, als plötzlich eines der Regalbretter brach und die ganze Chose wieder nach draußen kippte; sie fluchte auf spanisch, la puta, que te parió; sie setzte sich auf den Boden, lehnte sich an die Wand, und auf einmal summte sie ein Stück aus einem beknackten Lied von Trini Lopez, hörte auf und holte tief Luft, was ihre Methode ist, ihr Schluchzen in sich zu begraben, damit wir es nicht mitansehen, sie stand auf und machte sich wieder daran, das Tohuwabohu aufzusammeln, um einen dritten Versuch zu starten, es in den Schrank zu bugsieren, und sie stach sich an irgendeinem Reißnagel, der aus einem Drachen ragte, und aus ihrem Finger quoll langsam Blut, das sie abzulutschen begann, und auf einmal bemerkte sie Sauli, der inzwischen aus dem Zimmer getreten war und sagte, daß er ihr ein Pflaster hole, und er war sofort zurück und klebte ihr das Pflaster über den Finger, und sie sagte, sieh nur, was für ein Chaos, und er schlug vor, sie solle es liegenlassen, er werde es schon in

Ordnung bringen, und Mutter sagte ihm, wo kommt bloß dieser ganze Mist her? Die Hälfte von dem Zeug kann in den Müll, und Saul fragte, ob sie die Sachen gleich aussortieren wolle, und Mutter sagte, warum nicht, die Nacht ist eh im Eimer, und sie fingen an zu selektieren, und als Sauli den ersten Haufen auf die Straße hinunterbrachte, ging sie ins Badezimmer und schluchzte plötzlich fürchterlich, aber als Sauli zurückkam, hatte sie bereits zu weinen aufgehört und kam mit gewaschenem Gesicht, breitem Lächeln und gelöstem Haar heraus und war bereit, die Arbeit wiederaufzunehmen. Saul tat, als bemerke er nicht, was unter dem Lächeln los war, er fragte sie einfach, wohin mit den Priesterklamotten, die Großmutter uns vor ein paar Jahren gegeben hatte und die er jetzt aus dem Haufen zog, und Mutter sagte, leg es in diese Kiste, die auf den Speicher kommt, wenn wir Mottenpulver darübergestreut haben, und Saul fragte, bist du sicher? Und Mutter sagte, ja, denn eine schöne Geschichte hängt an diesem Kostüm, und Saul meinte, daß es vermutlich eine Geschichte sei, die man besser vergesse, wenn Mutter ein für allemal einen Schlußstrich ziehen wolle, worauf Mutter erwiderte, daß es keine Rolle spiele, was in der Zukunft aus ihrer Beziehung zu Vater würde – ihre Erinnerungen an ihn seien schon für alle Ewigkeit ein Teil von ihr, und sie nahm das Kostüm, breitete das Priestergewand aus, um es zusammenzulegen, und man konnte sich kaum vorstellen, daß Vater mit seinen einszweiundachtzig jemals da hineingepaßt hat, und ich hatte den Eindruck, daß es das war, was auch Mutter durch den Kopf ging, denn sie versuchte, die Robe zum Spaß über Sauls Schultern zu legen, der jedoch wich zurück, als ob er etwas Unreines berührt hätte, dann faltete sie das Gewand und die restlichen Dinge und legte sie in die Kiste, und Saul streute

Mottenpulver darüber, und gemeinsam hievten sie die Kiste auf den Dachboden, und nachdem sie die Luke geschlossen hatten und Saul die Leiter zusammenschob, bat Mutter ihn, er solle nicht böse auf Vater sein, denn es wäre auch so schon kompliziert genug, und Saul sagte, wenn sie es wolle, würde er sich Mühe geben, und er ging, um die Leiter auf den Küchenbalkon zu stellen.

Nach ein paar Tagen, in denen wir gespannt darauf warteten, daß Vater zurückkehrte, kamen wir eines Tages aus der Schule und begriffen, daß er, selbst wenn er es bereute, keine Chance mehr hatte, jemals wieder von Mutter eingelassen zu werden. Den ersten Beweis erhielten wir schon im Treppenhaus, als Saul seinen Schlüssel ins Schloß steckte und der Schlüssel sich nicht drehen ließ; ich versuchte es nach ihm, und auch meiner konnte das Schloß nicht öffnen, und dann klingelten wir, und Mutter öffnete uns die Tür in ihrem blauen Overall, den sie für besondere Reinigungsaktionen trug, und erklärte entschuldigend, sie habe das Schloß auswechseln lassen, und sofort teilte sie uns neue Schlüssel aus und antwortete nicht auf die Frage, warum das Ganze, und wie Vater reinkommen sollte, falls er sich dennoch entschließe, spät in der Nacht zurückzukehren, wie es vorgestern passiert war, als er gekommen war, um ein paar Disketten und Material über Treblinka abzuholen.

Zunächst hatten wir ihn nicht gehört, denn er machte keinen Lärm, aber am Ende ließ er den Anrufbeantworter laufen, auf dem die Drei blinkte, und von den Mitteilungen – von denen die erste eine englische von Leonid, dem Russen, war, auf den ich noch zurückkommen werde, der Mutter an das Treffen im Rabbinat erinnerte; und die zweite war von Großmutter, die anrief, um zu fragen, wie es gehe, und um Bescheid zu geben, daß sie für ein paar Tage nicht zu Hause sei, da sie mit einer

Freundin nach Mizpe Hajamirn fahren würde, und ob Alma oder Assi so nett wären, bitte am Mittwoch mal bei ihr vorbeizuschauen, um die Blumentöpfe und Blumenkästen zu gießen; die dritte war vom Theater, mit der Frage, wie das Theaterstück vorankäme, das Vater dringend abliefern müsse und für das man ihm die Vorankündigung geschickt hätte, damit er sehe, daß man es bereits in das neue Abonnement vom nächsten Jahr eingeplant hat, und er solle sie bitte nicht an der Nase herumführen wie in der letzten Saison – von den Mitteilungen also wachten wir alle auf, bis auf Nama, und Mutter kam in Slip und Unterhemd aus ihrem Schlafzimmer, und ohne Schalom fragte sie, Assi, was suchst du hier? Und er wedelte mit den Sachen, die er abgeholt hatte, und sagte, daß er dieses Material dringend brauche, und Mutter erinnerte ihn daran, daß sie ihn gebeten hatte, seine Besuche mit ihr abzusprechen, und er antwortete, dies sei kein Besuch, diese Wohnung gehöre auch ihm, und weil es spät war, wollte er nicht klingeln und jemanden wecken, und Mutter solle keine Affäre daraus machen, denn er habe nichts gestohlen, nur ein paar Disketten und ein paar Bücher geholt, siehst du, und wieder zeigte er ihr seine Sachen, übrigens, wer ist dieser Leonid? Und während er fragte, äffte er spöttisch Leonids Akzent nach, und Mutter gab ihm zur Antwort, daß es ihn nichts angehe, und wie er dazu komme, den Anrufbeantworter abzuhören. Mit welchem Recht? Er wohne nicht mehr hier. Und er antwortete, es sei eine Tatsache, daß zwei Nachrichten für ihn dabeigewesen seien, und Mutter sagte, daß es nur eine Nachricht war, denn Miriams Blumentöpfe gieße schließlich ich und nicht du, und Vater sagte, er habe das Recht zu erfahren, wenn seine Mutter für ein paar Tage verreist, und Mutter sagte, daß seine Mutter auch das Recht habe zu erfahren, daß er die Wohnung verlassen hat und nun woanders wohnt und daß sie ihre Nachrichten dorthin schicken muß, wenn er so scharf darauf ist, und das ist das letzte Mal, daß du hier reinkommst, ohne vorher an die Tür zu klopfen, und das letzte Mal, daß du den Anrufbeantworter in diesem Haus betätigst, falls du überhaupt noch einmal die Erlaubnis erhältst, über diese Schwelle zu treten. Hast du mich verstanden, Assi, das letzte Mal!

Vater war nicht besonders verärgert über Mutters Worte und bat sie, nicht so laut zu sein, damit die Kinder nicht aufwachten, und Mutter sagte ihm, daß er sie nicht so von oben herab behandeln solle, als ob sie irgendein Rekrut von ihm wäre, und er solle endlich verschwinden, denn sie sei müde und sie habe morgen einen harten Tag, und Vater entgegnete, daß ein Tag beim Rabbinat in der Tat ein harter Tag sei und man dafür Kräfte sammeln müsse, aber was habe sie überhaupt beim Rabbinat zu suchen und noch dazu mit Leonid, und Mutter sagte wieder, das ginge ihn nichts an, und er erinnerte sie daran, daß sie immer noch verheiratet seien, und er empfehle ihr, sich von ihm scheiden zu lassen, bevor sie jemand anderes heirate, und Mutter sagte, keine Sorge, ich bin schon dabei, das in die Hand zu nehmen, und wenn du schon nicht gehen willst, so habe ich ein paar Papiere, von denen ich möchte, daß du sie unterschreibst, und sie ging zum Papierkorb am Schreibtisch und wühlte darin, und schließlich fand sie die Formulare, die Amalia ihr gebracht hatte, als Mutter sie alarmierte – an dem Tag, als Vater auszog, und nachdem sie damit fertig war, den Schrank mit Saul aufzuräumen, und Saul ins Bett gegangen war. Amalia kam damals auf der Stelle und saß stundenlang mit Mutter zusammen, hetzte sie gegen Vater auf und beschwor sie, diesmal nicht nachzugeben, sie müsse diese Sache bis zum Schluß durchziehen, denn dieser Mann stürzt dich ins Unglück, bis der Tod euch scheidet und vielleicht sogar noch danach – denn in dieser Zeit beschäftigte sie sich ein wenig mit Seelenwanderung –, und hier, laß ihn diese Formulare bei der nächsten Gelegenheit unterschreiben, und Mutter fragte, was ist das? Und Amalia meinte, darin erkläre sich Vater unwiderruflich damit einverstanden, auf alles zu verzichten, und Mutter sagte, daß sie das nicht machen könne, ihre Habe müßte zu gleichen Teilen zwischen ihnen aufgeteilt werden. Und Amalia fragte, wo steht das geschrieben? Und als Mutter keine Antwort gab, fuhr Amalia fort, daß es keinen Grund dafür gebe, daß Mutter, wo Vater ihr das Leben versaut habe, ihm gegenüber nun aus freien Stücken großzügig sein müsse, und du mußt dir auch gut überlegen, was passiert, wenn ihm jetzt, wo er zu Michal gezogen ist, etwas zustößt? Weißt du, welche Komplikationen dadurch entstehen können? Und Mutter fragte besorgt, was heißt das, es wird ihm etwas zustoßen, was meinst du damit? Was soll ihm schon passieren? Amalia grübelte einen Moment lang, um eine feinfühlige Erklärung für eine Frau in Mutters Lage zu finden, und schließlich sagte sie, nehmen wir mal an, daß er den Arsch zusammenkneift, und Mutter, die sich gerade noch ein Glas Wodka einschenkte, war so überrascht, daß sie nicht bemerkte, daß das Glas voll war, bis der Wodka langsam vom Tisch auf ihre Beine tropfte und sie erschrocken aufsprang und fragte, wovon sprichst du? Und Amalia antwortete, daß sie über ein weitverbreitetes und zu ihrem Leidwesen notwendiges Phänomen spreche, das sich täglich ereigne. Zu deiner Information – um uns herum geben permanent Menschen den Löffel ab, und sie erwähnte ein paar Namen, die Mutter kannte, um zu demonstrieren, wie recht sie hatte, und sie endete mit: das kann auch Assi zustoßen, durch einen Unfall oder bei der Armee, oder weiß der Teufel, wo dieser Kerl sich herumtreibt und wen er besteigt und was er sich alles holen kann, und dann wird seine Michal vor Gericht klagen und die Hälfte deiner Kohle fordern, wenn nicht noch mehr, und Mutter, die den Wodka von Tisch und Beinen abwischte, fragte, woher nimmst du diese Geschichten? Und Amalia, die sich schon viermal scheiden und heiraten ließ und mit jedem Mal, wie Vater sagte, ein wenig reicher und bedeutend weniger glücklich wurde, erklärte, daß sie mit Guy, ihrem Anwalt, gesprochen habe, der sagte, daß diese Michal ein leichtes Spiel hätte, weil sie Vaters Lebensgefährtin sei und diesen oder jenen Teil seines Vermögens fordern könne, und Mutter sagte Amalia, daß sie darüber nachdenken müsse, und sie warf die Formulare in den Papierkorb unter dem Schreibtisch, und nun fielen sie ihr wieder ein, denn Vater ging ihr langsam auf die Nerven, und Vater nahm die Papiere, warf nur einen Blick darauf und sagte sofort, daß sie sicherlich aus Amalias Scheidungsbereitschaftskasten stammten, und Mutter sagte, was spielt es für eine Rolle, woher sie stammen. Sie will, daß er unterschreibt und verschwindet, und Vater fragte Mutter, ob sie sich schon an Amalias Anwalt gewandt habe, der schwul sei und dessen Dienst Amalia in Anspruch nehme, weil er am besten wisse, wie man Männern in den Arsch fickt, und tatsächlich hat er auf die Tour Amalias Ex-Ehemännern den Arsch aufgerissen, und Mutter sagte, Assi, entweder du unterschreibst und gehst oder du unterschreibst nicht und gehst, aber geh, denn ich bin müde und möchte ins Bett, und Vater sagte, daß er vorher mit ihr schlafen wolle, und er setzte sein schönstes Lächeln auf und ging auf sie zu, und er legte seine Hand auf ihren Kopf und streichelte sie auf einmal zärtlich, und sie rührte sich nicht, und er zog sie an sich, wild, und fing an, sie auf die Stirn und auf die Augen und auf den Mund zu küssen, und er schob die Hand in ihre Unterhose, und am Anfang war sie sogar einverstanden und erwiderte seine Umarmung, aber plötzlich passierte etwas mit ihr, und sie schlug ihm plötzlich ins Gesicht und hämmerte ihm auf die Brust und kreischte: Geh! Geh weg! Verpiß dich! Und sie schob ihn beiseite und lief zur Tür und machte sie auf, und Vater sagte kein einziges Wort mehr, und vor lauter Schreck vergaß er seine Disketten, die er so dringend gebraucht hatte, daß er mitten in der Nacht gekommen war, um sie zu holen, und er ging raus, und Mutter schloß die Tür hinter ihm zu und sperrte zweimal ab und legte die Kette vor, brachte die Unterhose in Ordnung und ging schlafen, denn sie war tatsächlich furchtbar erschöpft.

Wir standen im Flur mit den neuen Schlüsseln und sahen Amalia und Maja, die in der Mitte des Wohnzimmers standen in einem Meer von Pappkartons, und Saul fragte, was geht hier vor? Und Mutter erklärte, daß sie ein wenig Ordnung schafften, und was sie machten, war, die Bücher in unserem gigantischen Bücherregal Buch für Buch durchzugehen, und bei jedem Band fragten sie, ob er Mutter oder Vater gehöre, und wenn Mutter »meins« sagte, staubten sie gründlich ab und stellten das Buch zurück in das Regal, und wenn die Antwort »seins« lautete, legten sie es ohne zu wischen in einen der Kartons, die schon Vaters Computer, seine Disketten und Klamotten, die Karten und Fotos von Treblinka und all den anderen Kram, der ihm gehörte, enthielten – und später kamen Schaj und Nechamja, Majas Ehemänner, um sie auf ihren Lieferwagen zu laden und zu Vaters neuer Wohnung zu transportieren. Und das war natürlich der zweite Beweis dafür, daß Vater bei Mutter unten durch war, und der dritte Beweis kam nach dem Abendessen, als wir ins Bett gingen und Mutter hörten, die sich neben das Telefon gesetzt hatte, um eine neue Nachricht auf den Anrufbeantworter zu sprechen, anstelle von Vaters Text, der »Schalom, dies ist die Wohnung von Alma und Assaf. Wer eine Nachricht hinterlassen will, dem versprechen wir zurückzurufen. Danke und Aufwiederhören« lautete. Die erste Ansage, die sie ausprobierte, war: »Schalom, Assaf Lasar wohnt nicht mehr hier. Nachrichten für Alma können nach dem Signalton hinterlassen werden.« Aber sie gefiel ihr anscheinend nicht, denn sofort änderte sie sie in »Schalom, Sie sind mit Almas Anschluß verbunden. Nachrichten für Assaf bitte unter 5 23 23 53, hier werden ab heute nur Nachrichten für Alma entgegengenommen – natürlich nach dem Piepston«; und nachdem sie diese Ansage ein paarmal mit uns zusammen abhörte, die wir im dunklen Zimmer lagen, an die Decke starrten und es vermieden, einander anzusehen, änderte sie sie ein drittes und letztes Mal in »Schalom, hier ist 5 28 01 11. Nachrichten für Alma können nach dem Piepston hinterlassen werden. Danke und Aufwiederhören«, und durch diese Nachricht hat Großmutter erfahren – als sie aus Mizpe Hajamim zurückkehrte und anrief, um Mutter für das Blumengießen zu danken und für den Blumenstrauß, der im Wohnzimmer in der chinesischen Vase auf sie wartete –, daß Vater ausgezogen war, und lange Zeit verzieh sie ihm nicht, und als sie bereit gewesen wäre, ihm zu verzeihen, war es zu spät.

Ganz allmählich gewöhnten wir uns an das Arrangement, daß er dienstags und freitags kam, um uns abzuholen und zu Michal zu bringen, die eine kleine Dachwohnung in der Borochow-Straße hatte und die uns ein Zimmer nur für uns herrichtete und extra für uns Kabelanschluß anmeldete – obwohl das Kabelprogramm sie nicht interessierte –, weil sie mitbekommen hatte, daß wir nach dem Kinder- und dem Wissenschaftskanal süchtig waren. Immer hielt sie für jeden von uns irgendeine kleine Überraschung bereit, für Saul eine neue Kassette von Guns'n Roses oder von Metallica, für mich Geschichtsbücher für Kinder und für Nama diverse Sticker oder Tieralben, und ohne zu fragen wußte sie, was jeder von uns am liebsten aß, und es war nicht zu übersehen, daß sie nach Vater verrückt war, nach der Art, wie sie ihn ansah, wenn er lachte oder Nama oder mir etwas erklärte oder ihr selbst von einer neuen Idee für sein neues Stück erzählte, und natürlich an der neuen Ansage ihres Anrufbeantworters, die mit Michals feierlicher Stimme der ganzen Welt verkündete – obwohl Vater nicht so begeistert davon war und auf gar keinen Fall bereit, die Nachricht im Duett aufzunehmen, indem sie seinen Namen nannte und er ihren –, daß man mit der Wohnung von Assaf und Michal verbunden war. Allmählich hoben Saul und ich den Boykott gegen sie auf, und wir begannen uns ein wenig mit ihr anzufreunden, nicht allzusehr, um Mutter nicht zu verraten, aber genug, um damit einverstanden zu sein, auch allein bei ihr zu bleiben, denn Vater war furchtbar beschäftigt mit den Memoiren von Noah Sieben Neschumes, was auf jiddisch Seelen sind, der so genannt wurde, weil es ihm in der Zeit des Holocaust siebenmal gelang, dem Tod zu entrinnen; Großmutter, die ehrenamtlich beim Aufbau des Archivs des Diasporahauses mitarbeitete und die von ihrer Tätigkeit dort ein paar Überlebende kannte, hatte ihn an Vater vermittelt, wie sie uns noch ein paar andere Typen ins Haus geschickt hatte, die sich plötzlich dazu entschieden hatten, wie Noah es nannte, die Schleusentore zu öffnen und die Jauche, die bis hierher stand – dabei zeigte er mit seiner Hand an sein Kinn –, samt und sonders durch Vaters Sieb zu spülen, aber in dem Sieb solle er bitte nicht nur die Scheiße sammeln, die es dort haufenweise gab, sondern auch die Perlen, denn auch Perlen gab es dort; »dort« ist der Name, den die Überlebenden für den Holocaust und für Auschwitz hatten.

Die erste Kundin, die Großmutter schickte, Katja Halperin aus dem Ghetto Lodz, kam schon vor vier, fünf Jahren, und Vater fragte Mutter damals, wozu nun auch noch das? Schließlich versuche er schon sein ganzes Leben lang, sich von der Last zu befreien, die Großmutter ihm unbewußt aufgebürdet habe. Aber Mutter antwortete ihm, daß er in seiner Lage nicht wählerisch sein könne, denn zu jener Zeit hatte sie aufgehört, als Angestellte zu arbeiten, und mit Karlos, der aus Italien zurückgekehrt war, ein Büro eröffnet, und sie hatte Schulden, und alle Theaterstücke, die Vater schrieb, wurden von den Theatern, an denen nur Vollidioten beschäftigt sind, abgelehnt, und Vater hatte angefangen, in einer Werbeagentur zu arbeiten, aber das zog ihn derart runter, daß er sofort wieder aufhörte, und die finanzielle Lage war tatsächlich beschissen, und ständig mußten wir Kredite aufnehmen, um unser Minus auszugleichen, und neue Bürgen für die Kredite suchen, die die alten Bürgen auslösten, die Mahnbriefe von der Bank erhielten, und Mutter schuldete auch Amalia einen Batzen Geld, die ihr jedesmal ein wenig zusteckte, so wie Maja und Orit, die ebenfalls zwei gute Freundinnen von ihr waren, und da war der Wohnungskredit, der uns die Luft abdrückte, und wir hatten mit den Strafzetteln zu kämpfen, die Vater von der Windschutzscheibe riß und in den nächstbesten Abfalleimer warf, und es stellte sich heraus, daß selbst wenn wir den Wagen verkaufen würden, dieser die Schulden nicht abdecken würde, und eines Tages tauchte aus heiterem Himmel eine alte Schuld Vaters bei der Nationalen Sozialversicherung auf, die plötzlich aufflog und schlimme Ausmaße angenommen hatte und über die man uns eine Mahnung schickte und später einen Pfändungsbefehl, der nach dem Mahnbescheid kam und an dem zwei Kleiderschränke von Gerichtsvollziehern hingen, die eineiige Zwillinge waren, und ein schmächtiger Polizist als Begleitschutz, und wir saßen verzweifelt auf dem Sofa, während die drei herumliefen, um zu entscheiden, was sie uns wegnehmen konnten, und Vater fragte, ob bei den Gerichtsvollziehern die Stiere nun serienmäßig gestanzt würden, und einer von ihnen sagte zu Vater, es wäre besser, nicht den starken Mann zu markieren und das Maul zu halten, worauf Vater feststellte, daß einer zum Glück ein Gerstenkorn auf dem rechten Auge hatte und der zweite eines auf dem linken und daß ihre Mama sie sicherlich daran unterscheiden könne, und der Polizist sagte zu Vater, daß er ihn bitte, mit seinen Stänkereien aufzuhören und sie nicht bei der Ausübung ihrer Tätigkeit zu stören, und sie könnten nichts dafür, daß Vater nicht für seine Schulden aufkam, sie seien allein auf Anordnung hier; und sie zogen sich in eine Ecke zurück, um zu tuscheln, und ab und zu warfen sie uns Blicke zu, und der Polizist gab uns bekannt, daß sie einstweilen das Klavier beschlagnahmen würden, das mehr oder weniger die Schulden decke, und wir könnten es zurückhaben, wenn wir innerhalb von dreißig Tagen in den Büros auf dem Masaryk-Platz vorsprechen und das Soll ausgleichen würden, und Vater entgegnete ihm, daß er nicht verstehe, was er mit »vorsprechen und das Soll ausgleichen« meine; der Polizist erklärte es ihm in einfacheren

Worten, und er bat Vater, irgendein Papier zu unterschreiben, und Vater sagte, daß er keine Lust zu unterschreiben habe, und der Polizist meinte, schade, es handle sich um die Liste der mitgenommenen Gegenstände, ohne die Vater es schwerhaben dürfte, den gepfändeten Gegenstand ausgehändigt zu bekommen, und in der Zwischenzeit hoben die Zwillinge das Klavier an, das mal Abram gehört hatte, als er noch Nimrod hieß und Solokonzerte in Wettbewerben für junge Talente gab und Jazzimprovisationen spielte und die ganze Welt ihm offenstand, weil er ein großes Talent war, diese Stiere, wie Vater sie nannte, und als Saul ihnen die Tür aufhielt, die ständig zufiel, ließ Vater den Polizisten stehen und brüllte Saul an, daß er ihnen nicht auch noch behilflich sein solle, und Saul war für einen Moment völlig durcheinander und hielt die Tür weiterhin auf, und da bekam Vater einen seiner Anfälle und schrie, du hilfst ihnen auch noch, du hältst ihnen auch noch die Tür auf! Und er rannte auf die Tür zu, stieß Saul beiseite, schlug die Tür zu und drehte den Schlüssel im Schloß um, und bevor jemand etwas sagen konnte, warf er ihn aus dem Fenster, und es wurde still, und keiner wußte so genau, was er machen sollte, denn wir alle, einschließlich Polizist und Zwillinge, waren völlig verdutzt, und das war es auch, was der Polizist später den Zwillingen sagte – daß dies sein erster Fall von diesem Kaliber sei; zunächst jedoch blieb er ruhig, sah Vater nur an, dann die Zwillinge und Mutter, ging zum Fenster, schaute hinaus, kam zurück zur Tür und versuchte, sie aufzumachen, was ihm nicht gelang, worauf er versuchte, fester an dem Griff zu ziehen, und dieser lockerte sich und ging ab, und der Polizist flog ein wenig nach hinten und fiel auf den Hintern, und Nama fing an zu lachen, und Mutter, Saul und ich konnten uns kaum noch zurückhalten, aber der Polizist sah uns an und sagte, daß es überhaupt nicht komisch sei, und zu Mutter meinte er, ich muß mich sehr über Sie wundern. Ist dies das Vorbild, das Sie Ihren Kindern geben? Und er wandte sich erneut der Tür zu und versuchte, den Griff wieder anzubringen, was ihm nicht gelang, worauf einer der Zwillinge sagte, lassen Sie mich mal ran; und ihm gelang es, und die beiden, er und sein Bruder, kicherten, worauf sich abermals Stille breitmachte; die drei sahen ziemlich erbärmlich aus, und der Polizist dachte angestrengt darüber nach, was zu tun sei, und am Ende ging er auf den Balkon und sah nach unten, in die Richtung, in die Vater den Schlüssel geworfen hatte, und hinter ihm traten die Zwillinge nach draußen, und wir drehten uns auf dem Sofa um und knieten uns, um durch das Fenster, unter dem das Sofa stand, die Straße und den Balkon überschauen zu können, und wir hörten, wie der Zwilling mit dem linken Gerstenkorn den Polizisten fragte, ob er etwas sehe, und der Polizist entgegnete, nein, und dann kam unten eine Frau vorbei, und der Polizist rief ihr zu, hören Sie mal! Doch sie ging weiter, denn sie hatte nicht verstanden, daß es um sie ging, und der Polizist schrie ihr nach, Sie da, mit der roten Tasche! Und Mutter fing wieder zu lachen an, und die Frau ging weiter, weil sie vielleicht so an ihre Tasche gewöhnt war, daß ihr die Farbe nicht mehr bewußt war, aber als der Polizist der Frau ein drittes Mal nachschrie, blieb ein Mann stehen, der nach oben schaute und dort den Polizisten sah, und der Mann rannte hinter der Frau her und überholte sie und sagte ihr, daß der Polizist dort oben – dabei zeigte er auf den Balkon – nach ihr riefe. Worauf sie fragte, nach mir? Ich habe mir nichts zuschulden kommen lassen, und der Mann sagte, ich habe nicht gesagt, daß Sie etwas verbrochen haben, der Polizist auf dem Balkon ruft ganz einfach nach Ihnen. Und der Polizist schrie ihm zu, daß es keine Rolle spiele; solle halt er herkommen, und der Mann fragte, ich? Und die Frau sagte ihm, sehen Sie, er ruft nicht nach mir, sondern nach Ihnen; und der Mann rief zum Polizisten hinauf, wen meinen Sie jetzt? Sie oder mich? Und der Polizist wurde gereizt und stöhnte, Sie oder die da, was spielt es für eine Rolle, kommen Sie beide und basta, und als sie näher kamen, bat er sie nachzusehen, ob dort ein Schlüssel liege; und der Mann und die Frau fingen an herumzulaufen und zu suchen, und ringsum kamen allmählich die Nachbarn auf die Balkone, um zuzusehen und einander zu fragen, was ist los? Was ist passiert? Und sie versuchten herauszufinden, wonach suchen die beiden? Und jeder, der meinte, etwas gesehen zu haben, rief dem Mann und der Frau unten Anweisungen zu, wie etwa: Nicht in diesem Gebüsch, in dem linken Strauch daneben, links, wissen Sie nicht, wo links ist? Und der Mann unten, der lang und dürr war und eine Brille trug, die er in einem fort absetzen und putzen mußte, denn es war unglaublich heiß und ihm rann der Schweiß, und alle scheuchten ihn hin und her – der Mann fragte, ob links von ihm oder links vom Frager, und dann kam der Moment, in dem der Polizist das äußerte, von dem ich vorher bereits ankündigte, daß er es später sagen würde: daß ihm so was noch nicht untergekommen sei. In der Regel verriegeln sich die Gepfändeten in ihren Häusern, und wir stehen vor verschlossener Tür; und hin und wieder kommt es zu Skandalen; einmal hat sich einer sogar einen Pistolenlauf in den Mund gesteckt und gedroht, wenn ihr mir den Fernseher wegnehmt, drücke ich ab! Und einer der Zwillinge fragte, ob der Fernseher verkabelt war, und der Polizist antwortete, und wenn schon – ist das ein Grund, sich in den Mund zu ballern? Der zweite Zwilling erzählte von einer Frau, die bereit war, sie ranzulassen, wenn sie ihr nur die Nähmaschine ließen, mit der sie ihren Lebensunterhalt verdiente, und der Polizist fragte, wo ranzulassen, an die Nähmaschine? Und der zweite Zwilling sagte zu seinem Bruder, ein echtes Superhirn! An die Nähmaschine ranzulassen! Wozu sollte das gut sein? Sehen wir etwa aus, als hätten wir einen Nähsalon? Und er erklärte, daß sie meinte, sie einmal drüberzulassen – dabei streckte er den Zeigefinger aus, ballte die zweite Hand zur Faust –, und steckte den Finger in die Faust und der Polizist sagte, daß solche Angebote keine Seltenheit seien, aber er achte darauf, sie abzulehnen, um zwischen Arbeit und Vergnügen zu trennen, und der erste Zwilling sagte ihm, was ist los mit Ihnen, das ist doch das Vergnügen an der Arbeit, und die drei grölten, und für einen Moment vergaßen sie, daß sie in unserem Haus festsaßen. In der Zwischenzeit mühten sich unten der Mann und die Frau für sie ab, die eine Flasche, einen Büchsendeckel und den Schraubenzieher fanden, der Vater mal runtergefallen war, als Nama zu laufen begann und überall herumkletterte und Großmutter von ihm verlangte, am Balkongeländer ein Sicherheitsgitter anzubringen; und zu guter Letzt fand die Frau den Schlüssel, und auf den Balkons ringsum klatschten alle Applaus, und der Polizist bat die Frau, ihm den Schlüssel hochzuwerfen, und sie warf ein erstes Mal und schaffte es nicht, worauf sie ihre rote Tasche auf einem Auto ablegte und ein zweites Mal warf, und wieder gelang es ihr nicht, und der Polizist bat sie, dem Mann den Schlüssel zu übergeben, der es vielleicht besser hinbrächte als sie, und er erklärte dem Mann, wie er genau zu werfen habe, und kanzelte einen der Zwillinge ab, der an ihn herangetreten war und ihm vorschlug, daß man den Mann vielleicht ganz einfach bitten solle, die Treppe hochzukommen und die Tür von außen aufzusperren. Der Polizist war so vertieft in seine Anweisungen, daß er dem Zwilling zwischen den Instruktionen, die er dem Mann zurief, sagte, drei Dinge wollen wir hier mal klarstellen: Erstens, sehen Sie denn nicht, daß ich beschäftigt bin? Zweitens, stören Sie mich gefälligst nicht mit Ihrem Blödsinn, und drittens, ich weiß, was ich tue. Ungefähr in diesem Moment blieb der Schlüssel in der Dachrinne hängen, an einer Stelle, über die der zweite Zwilling sagte, da geht nichts mehr, denn weder der Mann, der den Schlüssel von unten mit einem Ast zu erreichen versuchte, noch der Polizist, der dem Mann von oben mit einem Besenstiel zu Hilfe kommen wollte, schafften es, obwohl der Polizist ziemlich nah dran war; er beugte sich noch weiter nach draußen und bewegte den Besen nach den Anweisungen, welche ihm die Frau von unten erteilte, die ihm, als sie sah, daß er kurz davor war zu verzweifeln, versicherte, daß es nur noch ein Stückchen sei; genau in diesem Moment kam der Besitzer des Wagens, auf dem die Frau ihre Tasche deponiert hatte, und fuhr an, und die Frau, die bemerkte, daß ihre Tasche im Begriff war, sich zu verselbständigen, begann laut zu kreischen, und der Besen, den der Polizist gerade noch mit den Fingerspitzen hielt, fiel zu Boden, und es war ein Glücksfall, daß der Polizist ihm nicht folgte, denn das Sicherheitsgitter gab plötzlich nach, und das Hemd des Polizisten riß, und der Polizist fluchte, denn es war frisch gewaschen, und in der Zwischenzeit rannte die Ärmste hinter dem Mitsubishi her, der hinter der Kurve in Richtung Boulevard verschwand, und der Polizist schüttelte den Kopf und sagte, schade drum, wobei er das Hemd meinte, und gemeinsam mit den Zwillingen ging er wieder in die Wohnung, und der Zwilling wiederholte seinen Vorschlag, worauf der Polizist gestehen mußte, daß er brauchbar war. In dem Moment bemerkte er Mutter, die sich die Tränen abwischte, die ihr vor lauter Lachen gekommen waren, und wieder sagte er zu ihr, daß es da nichts zu lachen gäbe, ja, daß die Angelegenheit außerordentlich ernst sei, schließlich behinderten sie einen Polizeibeamten bei der Erfüllung seiner Pflicht; Mutter beruhigte sich, und er fragte, wo das Telefon sei, und Mutter erklärte, daß man uns das Telefon abgestellt habe, und dann ging der Polizist wieder zur Tür und studierte sie gründlich, und wieder versuchte er, sie zu öffnen, und stieß einen Fluch aus, und ein Zwilling schlug vor, sie aufzubrechen, und der Polizist sagte, daß sie dazu keine Vollmacht hätten, und der Zwilling warf ein, es sei ein Aufbrechen, um nach draußen zu gelangen, und nicht, um in eine Wohnung einzudringen, und der Polizist meinte, daß er keine Schwierigkeiten riskieren wolle; ihr Gespräch führten sie flüsternd, damit wir es nicht hörten, und der Polizist wandte sich an Mutter und sagte, hören Sie, sicher haben Sie einen Ersatzschlüssel. Bitte öffnen Sie nun die Tür, und wir werden all das Durcheinander vergessen, das Sie bisher angerichtet haben. Und Mutter stand auf, aber Vater schrie sie an, sie solle sich setzen. Dieses Klavier trägt man nur über meine Leiche aus dieser Wohnung. Und als die Gerichtsvollzieher in die hinterste Ecke des Zimmers gingen, um sich abermals zu beraten, trat Vater ans Klavier, klappte den Deckel auf, und fing an, im Stehen Mozarts Kleine Nachtmusik zu spielen, und einer der Zwillinge verließ sofort die Ecke, lief auf Vater zu und gab ihm zu verstehen, daß er zu spielen aufhören solle, denn auf diesem Klavier klebe ein Kuckuck, und Vater würdigte ihn nicht mal eines Blickes und spielte mit einer Hand weiter, und der Polizist kam mit dem zweiten Zwilling näher und sagte zu Vater, daß der Gerichtsvollzieher recht habe. Es handle sich um ein gepfändetes Klavier, das man nicht benutzen dürfe. Und Vater sagte, was habt ihr überhaupt hier zu suchen, macht, daß ihr rauskommt, ich entziehe euch die Aufenthaltsgenehmigung für meine Wohnung. Und der zweite Gerichtsvollzieher trat auf Vater zu und sagte ihm, daß er keine Zeit für Scherze habe, und er solle die Tür öffnen, bevor er ihm Beine mache, und er legte zwei Finger auf Vaters Brust, und Vater raunte ihm zu, Hände weg, und der Gerichtsvollzieher sagte entschieden, machen Sie die Tür auf, und Vater zeterte, Pfoten weg, hören Sie! Und der Gerichtsvollzieher entgegnete, und wenn ich sie nicht wegnehme, was machen Sie dann? Und Vater bemerkte zu dem Polizisten, er solle diesem Kleiderschrank mitteilen, daß er die Pfoten von ihm nehmen solle, und der Gerichtsvollzieher fragte, wie haben Sie mich genannt? Und Vater stieß ihm ohne Vorankündigung seinen Kopf ins Gesicht, und der Mann flog nach hinten, und sofort brach ein großer Tumult aus, denn Mutter schrie Vater an, daß er sich beruhigen solle, und der erste Gerichtsvollzieher, der sich an die Nase faßte, schrie, das ist Blut, und der Polizist schrie Vater zum zweiten Mal an, daß er einen Polizeibeamten an der Erfüllung seiner Pflicht hindere, und er würde ihn festnehmen, und Vater brüllte, daß sie nicht wüßten, mit wem sie es zu tun hätten, nämlich mit einem Verwundeten der Zahal, mit Auszeichnung, verbrieft und versiegelt, und mitten in dem ganzen Durcheinander öffnete Mutter die Tür und bat sie, zu gehen, und der Polizist sagte, daß er wiederkommen würde, und zwar mit einer Anzeige, und so blieben wir ohne Klavier, mit einer Anzeige bei der Polizei und einem Haufen Zornes zwischen Vater und Mutter zurück, die sich gegenseitig die Verantwortung für diese Sache in die Schuhe schoben.

In der Nacht sagte ich zu Saul, ich hätte eine Idee, wie

man zu Geld kommen könne, und ich erinnerte ihn an den Nachbarn von gegenüber, der dienstags aus Aschdod nach Hause kommt und seine Frau verdrischt. Saul fragte, wie man daraus Bares machen könne, und ich erklärte ihm, daß man an Schüler aus seiner und meiner Klasse Eintrittskarten dafür verkaufen könne, und er war Feuer und Flamme und rechnete aus, daß, wenn es uns gelingen würde, jeden Dienstag dreißig Karten à fünf Schekel zu verkaufen, wir im Monat sechshundert Schekel einnehmen würden, was ein schöner Batzen ist, und man könne die Vorstellung die Lasar Horrorshow nennen, und er sagte, ich könne die Schläge auf Band aufnehmen, und am Ende der Vorstellung würden wir Zuschauer interviewen, und mit dieser Aufnahme würden wir den Vorverkauf für die kommenden Wochen noch steigern, was wirklich eine prima Idee war. Wir stiegen beide aus den Betten – er, um Plakate zu malen, die durch schöne Schrift die Aufmerksamkeit auf sich lenken sollten, und ich, um für unsere Horrorshow eine Kassette zu löschen, denn zu der Zeit kaufte Mutter mir wegen des Geldes keine neuen Kassetten. Schon am nächsten Tag brachte Saul die Nachricht unter die Leute und hängte die Plakate auf, und zur ersten Vorstellung fanden sich vierundzwanzig Kinder ein, und es war nicht so einfach, sie alle auf dem Küchenbalkon unterzubringen, von dem aus man eine gute Sicht in Wohnzimmer und Küche der Nachbarn hat; ein paar meckerten über zuwenig Platz, aber Saul stauchte sie zusammen und sagte, wer gehen will, kann die Fliege machen, und wer bleiben will, soll die Klappe halten, denn wenn der Nachbar uns hört, wird er die Vorstellung sofort unterbrechen; da hörten die Quengler auf zu nörgeln, und inzwischen verging die Zeit, aber der Nachbar kam nicht, und Inbal sagte dauernd, daß wir sie verarscht hätten, aber schließlich kam er doch und war wie immer geladen, und im Nu war er unzufrieden mit dem Essen, das seine Frau ihm vorsetzte, und wurde allmählich sauer auf sie. Am Anfang gab sie ihm keine Antwort, und das war es, was ihn immer noch mehr auf die Palme brachte, merkwürdig, daß sie das nicht kapierte, und dann begann er zu brüllen, was mein Rekorder sehr wohl registrierte. An dieser Stelle warf er wie immer plötzlich mit einem Teller nach ihr, und sie verzog sich wie gewöhnlich nach hinten zum Spülstein, sie lernt nichts aus den Erfahrungen, fällt jedesmal auf die gleiche Falle herein und beginnt ihn auf russisch zu verfluchen, denn sie ist Russin und auf hebräisch kann sie noch nicht fluchen, und dann ging er auf sie zu, und wie immer scheuerte er ihr eine, worauf sie vor ihm her durch die ganze Wohnung rannte, und am Ende schloß sie sich erwartungsgemäß im Badezimmer ein, und man sah nur ihren Kopf, denn hierzulande baut man kleine Badezimmerfenster, mit Ausnahme der Häuser, die Mutter entwirft, aber darin wohnen keine Russen, sondern nur ein paar Neureiche, die Mutter mit ihren Kacheln und ihren Whirlpools um den Verstand bringen, weil man sie schließlich nur durch die Badezimmerfenster in die Wohnung kriegt und man dafür die Wand ein Stück aufbrechen und das Fenster größer machen muß, und dann läßt man es so groß, denn so macht man es jetzt in Amerika, was Mutters Zauberwort ist, um die Leute dazu zu bringen, das zu tun, was sie will. Aber bei dem Nachbarn war das Fenster klein, und er hämmerte wie besessen gegen die Tür, was man nicht sah, sondern nur hörte, denn von unserem Beobachtungsposten aus verdeckte ihn die Wand. Und Inbal verwickelte Saul in eine Diskussion darüber, daß sie ihr Geld zurückhaben wolle, und das verdarb die Aufnahme ein wenig, denn im selben Moment begann die Frau zu kreischen, Hilfe, zu Hilfe, er bringen mich um!, und diese blöde Kuh von Inbal macht mir ein overlap, und anstelle der Frau hört man sie und wie Saul ihr erklärt, daß auch im Kino der Mörder manchmal hinter der Tür steht und man ihn nicht sieht, und man hört, wie alle meckern, scht . . . seid doch mal still, laßt uns zuhören, und Inbal bleibt stur, und Saul gibt ihr ihr Geld zurück und befiehlt ihr, sich umzudrehen und nicht hinzusehen und sich die Ohren zuzuhalten, denn im Preis sind Stimmen inbegriffen. Und man hört Nadaw vorschlagen, doch die Polizei zu alarmieren, und wie ich ihm erkläre, daß die Frau jede Woche schreit, daß er sie umbringt, er es aber am Ende nie wahrmacht, und daß sie sich beruhigen und er sie im Klo im Stehen fickt, und dann hört man Inbal fragen, woher weißt du das? Und ich sage ihr, daß ich es eben weiß, worauf sie erwidert, daß sie ihre Karte zurückkaufen will, und Saul erklärt ihr, daß die Karte jetzt teurer ist, und so wurde diese seltene Aufnahme ein wenig beeinträchtigt, und die Schreie der Frau sind nur zwischen unserem Geplapper zu hören. Gegen Ende, als ihr Mann die Tür aufbrach und ihr Saures gab, sind auf der Aufnahme doch noch seine Schreie und ihr Kreischen festgehalten, aber zu sehen bekamen wir davon nur einen Bruchteil. Einmal seinen Kopf und einmal ihren Kopf und einmal seine Fäuste, denn das Klofenster ist, wie schon gesagt, winzig, und am Ende wurden sie wie gewöhnlich müde und beruhigten sich, und er begann ihr den Kopf zu streicheln und die Tränen abzuwischen und auf sie einzureden, und sie krochen unter das Fenster und verschwanden vollends, und so ging die erste Vorstellung zu Ende, und Inbal besaß die Frechheit, das Geld noch mal von Saul zurückzuverlangen, denn ich habe nicht bekommen, was Jotam versprochen hat, fikken würde sie nie über die Lippen bringen, diese Scheinheilige, und das Geld gab Saul ihr auch nicht zurück, denn sie reklamierte nicht ausdrücklich, was genau von dem Versprochenen sie nicht bekommen hatte. Am Abend überreichten wir Mutter hundertfünfundvierzig Schekel in einer Tüte, was dreiundzwanzig mal fünf ist, und weitere zehn Schekel, die Inbal bezahlte, als sie ihre Karte zurückkaufte, und noch zwanzig Schekel aus dem Verkauf von Zitroneneiswürfeln, die wir für einen Schekel pro Stück an den Mann brachten, und Mutter und Vater waren ganz aus dem Häuschen, und Vater schlug vor, mit dem Geld in irgendein gutes Restaurant zu gehen und die Sache zu feiern, und Mutter sagte zu Vater, es wäre besser, wenn er endlich seinen Bruder Adam anriefe, der das meiste Geld in der Familie besaß, und um einen größeren Kredit bei ihm anfrage; Vater gefiel der Gedanke nicht, aber er ging dennoch zum Telefon und rief an, und Adam meinte, daß es kein Problem sei, er müsse sich allerdings mit Nurit absprechen, und Vater sagte, daß es unter den Nägeln brenne, und Adam lachte und sagte, daß er sich keine Sorgen zu machen brauche und es würde schon in Ordnung gehen, und nach etwa einer halben Stunde rief Nurit an und fragte Mutter, warum sie gut genug seien, um Geld zu verleihen, aber nicht gut genug, daß Mutter zur Bar Mizwa ihres Sohnes erscheine; wenn Mutter darauf eine überzeugende Antwort hätte, würde sie Adam sagen, daß er uns soviel Geld leihen solle, wie wir bräuchten. Mutter entgegnete, daß es ihr leichter fiele, auf das Geld zu verzichten, als eine Antwort auf diese Frage zu finden, und warf den Hörer auf. Vater war außer sich und rief Adam wieder an, obwohl Mutter ihm sagte, er solle es sein lassen, und er teilte Adam mit, daß er aufhören solle, seine Frau auf uns anzusetzen, und wenn er uns nichts leihen wolle, solle er es eben lassen. Adam schrie Vater an, daß er ein Faulenzer sei, und er solle anderen nicht die Schuld für seine Misere in die Schuhe schieben, in die er immer wieder reinrutsche, und wenn es ihm nach so vielen Jahren nicht gelänge, etwas auf die Beine zu stellen, müsse er die Konsequenzen ziehen und sich nach Arbeit umsehen, anstatt hinter Krediten und Bürgen herzurennen, und er solle sich schämen, daß er ihre Eltern dazu brächte, ihre Spareinlagen und Lebensversicherungen zu kündigen, um ihm und seiner Jeanne d'Arc aus der Patsche zu helfen, die mit den Frauen in Schwarz an den Kreuzungen steht und Flugblätter gegen mich verteilt, und das schrie Adam schon, gegen mich! Mit welchem Recht meldet sich diese Argentinierin, die hier noch keinen Tropfen Schweiß investiert hat, überhaupt zu Wort? Du weißt nicht, was all diese Dinge für Vater (Großvater) bedeuten. Das bringt ihn ins Grab. Vaters Schalom achschaw – und Mutter, die die Mitkademet oder die Kommunisten wählt, nur weil es bis jetzt noch keine Arafat-Partei gibt, und überhaupt, wie man sie hinter Gitter gebracht hat! Was für eine Schande! Und darauf meinte Vater, daß er ihm seinen und seines Vaters Guru, diesen Jabotinsky, zitieren würde, der mehr als einmal gesagt habe, daß ein Gefängnis keine Tragödie und keine Schande sei für die, die darin säßen, sondern eher für diejenigen, die aufrichtige Menschen dort hineinsteckten. Und Adam beruhigte sich für einen Moment und sagte, sieh nur, was für eine Verschwendung; mit all deinem Wissen über Jabotinskys politische Lehre, deiner Bildung, deinen militärischen Leistungen und deiner Vergangenheit bei der Bejtar könntest du längst in der Regierung sitzen, wenn Alma dich nicht mit diesem Virus infiziert hätte, und er solle bitteschön aufhören, ihnen das Gefühl zu vermitteln, sie seien mindestens Nazis, weil sie Raful wählten und in der Siedlung Ariel wohnten. Was denn, seien sie etwa keine Menschen? Und man solle ihm nicht erzählen, was eine gute Beziehung zu den Arabern sei, denn bei ihm in der Fabrik ernährten sich gut und gern vierzehn Araber, die Gehälter für vierzehn Familien mit nach Hause nähmen, die genau, aber genau, zweiundachtzig Seelen zählten, und er wisse, wovon er spreche, denn er denke immer an die Geburtstage der Verwandten, und er werde zu ihren Festen eingeladen, und bei der großen Ausgangssperre sei er jeden Tag nach Dir Istija gefahren und habe es in die Hand genommen, den Sohn von Salam zu Bestrahlungen und zur Behandlung ins Beylinson-Krankenhaus zu bringen, weil Salam nicht das Haus verlassen konnte, und über diese Geschichte, die der Wahrheit entspricht und die er voller Stolz jedesmal zum besten gibt, wenn eine Diskussion darüber aufkommt, wie die Rechten die Araber behandeln, und auf die Mutter ihm einmal sagte, daß es richtig rührend sei, zu hören, wie Adam mit der einen Hand Salam zu Hause eingesperrt habe und ihm mit der anderen Hand mit dem kranken Sohn behilflich sei, den Salam nicht selbst in die Klinik bringen könne, weil Adam ihn ja eingesperrt habe. Richtig rührend. Du denkst sicher, daß du dafür mindestens den Titel eines Gerechten der Menschheit verdienst. Adam verstand nicht genau, was Mutter meinte, und er fragte, wovon spricht sie? Was habe ich nun schon wieder falsch gemacht? Wäre es ihr lieber, ich hätte den Jungen nicht hingebracht? Und Vater half ihm mit einem bildhafteren Beispiel nach, weil das von Mutter für einen Anhänger der Zomet, der seine Zeit in der Gesellschaft Rafuls verbringt, womöglich zu abstrakt war. Vaters Beispiel handelte von einem Furz, dessen Gestank sein Urheber mit einem Deospray vertreibt, wofür er auch noch gelobt werden will, und wenn das nicht deutlich genug ist, sagte Vater, bin ich auch bereit, es dir in eine Parole zu verpacken, was die Form von Verständigung ist, die euch am vertrautesten ist, und Adam fragte, ob man Salam vielleicht nicht hätte helfen sollen, und darauf antwortete Mutter ihm, das einzig Wahre wäre, wenn Salam nicht auf Adams Hilfe angewiesen sei, und darauf entgegnete Adam, daß nicht er es sei, der die Ausgangssperre zu verantworten habe. Die Araber selbst haben es dazu gebracht – wenn sie sich entsprechend verhalten würden, gäbe es keine Ausgangssperre. Und Vater sagte, daß er auch dafür ein Gleichnis parat habe, aber er habe keine Lust, seine Fabeln an Adam zu vergeuden. Und an dieser Stelle des Telefongesprächs fragte Vater Adam, was Salam mit dem Kredit, um den er ihn bitte, zu tun habe, und Adam entgegnete ihm, daß eins ins andere ginge, und Vater sagte, scher dich zum Teufel, und warf den Hörer auf und war sauer auf Mutter, daß sie sich ausgerechnet zu diesem Zeitpunkt selbständig machen und Schulden machen mußte, und Mutter fragte ihn, worauf genau sie hätte warten sollen? Auf seinen großen Durchbruch? Das ganze Leben mit ihm sei ein einziges Warten. Sie warte nachts, daß er von seinen One-night-Stands zurückkomme, warte, daß er das Theaterstück abschließe, warte, daß er aus seinem Zimmer käme, denn Vater brachte es fertig, sich wochenlang in seinem Zimmer einzuschließen, ohne mit jemandem ein Wort zu wechseln. Und Vater warf ihr vor, daß sie nicht hinter ihm stünde und noch schlimmer – sie glaube nicht an ihn; Mutter entgegnete ihm, daß ihr die Kraft fehle, in diese Diskussion einzusteigen, und daß ein Brief von Großmutter gekommen sei. Sie reichte Vater den Brief, und Vater wurde nervös, denn Briefe sind Großmutters Masche, Dinge mit ihm auszumachen, über die er nicht gerne spricht, und in dem Brief erinnerte ihn

Großmutter daran, daß er schon neununddreißig Jahre alt sei und drei Kinder habe und sie und Großvater nicht mehr so jung seien und den Kindern und Enkeln nicht viel hinterlassen würden und daß eine Familie eine heilige Pflicht sei und daß es ihr schwerfalle, sich von Saul anhören zu müssen, daß man zu Hause wegen Geldmangels keine Sojaschnitzel mehr kaufen könne, die die einzigen Schnitzel seien, die er bereit war zu essen, denn er hatte begonnen, sich vegetarisch zu ernähren; Vater solle bitte mal auf die Schuhe achten, die Großmutter Alma vor zwei Jahren gekauft habe, es sei höchste Zeit, sie durch Neue zu ersetzen; und Alma solle ihr verzeihen, aber irgend jemand müsse Assi darauf aufmerksam machen: Vater vergeude sein Schreibtalent mit überflüssigen Experimenten, die sich nur wohlhabende Menschen, die nicht wüßten, wohin mit ihrem Geld, erlauben könnten, und beim Verband der Diasporagemeinde gäbe es Überlebende, die mit der Lupe nach jemandem suchten, der ihnen ihre Erinnerungen ordentlich und gewissenhaft niederschreiben könne, denn wir werden immer weniger, und selbst die, die geschwiegen haben, begreifen, daß man verhindern muß, daß wir diese schrecklichen Erinnerungen mit uns ins Grab nehmen, was gewiß ein Satz war, den Großvater ihrem Brief zugefügt hatte, als er ihn nachsehen sollte, und darum biete sich hier eine Gelegenheit, Geist mit materiellen Aspekten zu kombinieren, denn dies ist eine wichtige Arbeit, die zusätzlich ein bescheidenes Einkommen garantiert, und in eurer Lage zählt jeder Schekel, und schon am Sonntag, dem fünfzehnten des Monats, würde Frau Halperin zu Vater kommen, um mit ihm die allgemeinen Bedingungen und die Anordnung der Aufzeichnung ihrer Erinnerungen zu besprechen. Kurz darauf klingelte es, und Saul lief, um die Tür zu öffnen, und kam in die Küche zurückgerannt und sagte, draußen stünde eine Dicke, die Halperin heiße und nach Vater frage. Vater steckte den Brief in den Umschlag und sagte, sie hat es mir schon wieder angetan. Und so wurde er vor fünf Jahren zu einem Geisterschreiber, was einer ist, der die Geschichten anderer niederschreibt und in ihrem Namen unterschreibt, und das erklärte ich in der Schule, als jeder sagen sollte, welcher Arbeit sein Vater nachgeht. Solange er bei der Stange blieb, wurde es bei uns zu Hause – in finanzieller Sicht – ein wenig leichter.

Mit der Geschichte von Sieben-Seelen begann Vater ein paar Monate, bevor er zu Michal zog, und er ging ein wenig anders vor als bei den Erinnerungen der Vorgänger. Mit den Vorgängern setzte er sich zunächst in sein Zimmer, und beim ersten Treffen unterhielt man sich ganz allgemein, wie oft man sich in der Woche treffen würde und für wie lange, und ob es sinnvoll sei, nach diesen Treffen Treffen mit anderen zu vereinbaren, die der Überlebende erwähnen würde, und ob der Überlebende irgendwelche Briefe oder Bilder oder Tagebücher aus der Zeit besitze. Ein paar hatten etwas, und sie zogen ihre Bilderfetzen oder alte Blätter raus und überreichten sie ihm mit äußerster Vorsicht, er solle sehen, dies hier ist Mutter und der neben ihr Vater und hier der große Bruder Elischa, der es noch geschafft hatte, am Ersten Weltkrieg teilzunehmen und das Bein zu verlieren, und Motale, der ein Wunder an Gelehrsamkeit war, nicht wie man über jeden, der eine Talmudschule besucht hat und später ums Leben kam, sagt, er sei ein Genie, sondern er war ein richtiges Genie, und Mojschele, der Bengel, der sich im Alter von sechzehn die Schläfenlocken abschnitt und die Kipa und den Gebetsschal ablegte, sich wie ein kleiner Goj zurechtmachte und auf dem Fleischmarkt der Gojim arbeitete, und der Milch und Fleisch zusammen aß und am Schabbat rauchte – und hat es ihm etwa geholfen? Und Schneor und Chawiwa und Pesja, die zu uns kam, um die Feiertage mit uns zu feiern, und die ihr Zuhause nicht mehr sehen sollte. Und das bin ich, hätten Sie es je gedacht? Ich hätte es nicht gedacht. Wenn nicht dieses Bild wäre, hätte ich nicht mehr gewußt, daß ich mal ein Kind war, und bitte, Vorsicht mit dem Bild, denn es ist das einzige, was mir von der Familie geblieben ist. Und nachher erklärte Vater, daß er die Gespräche aufnehmen würde, und aus den Aufnahmen und Notizen, die er anfertige, würde er eine erste Version verfassen, die er dem Überlebenden geben würde, damit dieser sie lesen und seine Anmerkungen machen könne, und dann würde Vater die zweite Version schreiben, die normalerweise auch die endgültige Version wäre, es sei denn, der Gerettete hätte zusätzliche Bitten, aber für eine dritte Version müsse man extra bezahlen, was uns zu dem weniger angenehmen Thema, nämlich den finanziellen Vereinbarungen führt, denn schließlich – Vater würde Arbeit investieren, die zwar eine heilige Arbeit sei, aber für die man dennoch bezahlen müsse, und normalerweise wußten die Leute, daß man bezahlen muß, und es kamen nur kleine Diskussionen darüber auf, wieviel. Und dann sagte Vater, daß man die Arbeit auf verschiedene Weise honorieren könne – nach der Anzahl der Stunden der Treffen und der Schreibarbeit oder nach dem Volumen, was die Seitenzahl ist, die am Ende rauskommt; und man könne nach dem Festpreistarif zahlen, bei dem man einen Preis festlegte, der alles beinhaltete, außer den Extras, die mit der dritten Version einsetzten. Es gab welche, denen der Stundentarif nicht behagte, denn wie sollten sie überprüfen, wieviele Stunden Vater tatsächlich aufwandte; und es gab welche, die mehr Klarheit beim Seitentarif wünschten und die wissen wollten, wie viele Worte auf eine Seite paßten, denn es gibt solche und solche Seiten; und es gab Noah, der für seinen eigenen Tarif war, den er global plusplus nannte, was der Tarif des Festpreises war, der alles in allem alle Extras enthielt; und es gab Milka Sender, die sich über fünf Treffen hin nicht entscheiden konnte, nach welchem Tarif sie zahlen sollte, denn der Festpreis, der um die tausendachthundert Dollar lag, erschien ihr hoch, aber wie könne man im voraus wissen, wie viele Stunden Vater benötigen würde, um die Geschichte zu schreiben, und dann kam ihr die Idee, die Seitenzahl, sagen wir, auf hundertzwanzig zu beschränken, was mit dreizehn Dollar pro Seite auf tausendfünfhundertsechzig Dollar hinausliefe, und Vater war bereit, auf vierzehnhundert Dollar abzurunden, aber was würde passieren, wenn, Gott behüte, ihr Leben nicht auf hundertzwanzig Seiten paßte und ihr noch ein paar Seiten fehlten, denn wenn sie sechsundsiebzig sei, dann käme dabei heraus – und sie pflegte einen kleinen Taschenrechner zu zücken, und weil dieser mit Sonnenenergie betrieben wurde, mußte sie von ihrem Stuhl aufstehen und für ihre Kalkulation ans Fenster treten –, daß es kaum eine Seite und eine halbe pro Jahr sei, und sie schob den Taschenrechner zurück ins Etui, steckte das Etui in eine Plastiktüte und verschloß diese mit einem Gummi, öffnete ihre Tasche und verstaute die Tüte tief in dem Fach mit dem Reißverschluß, und sie fragte Vater, ob eine und eine halbe Seite und noch abissel ihm für ein Lebensjahr ausreichend vorkomme, und Vater versuchte, ihr zu erklären, daß man Leben und Ereignisse nicht nach Seitenmengen schätzen könne, das ändere sich von Geschichte zu Geschichte und hänge von einer Menge Faktoren ab, und sie gab ihm recht und sagte, daß es sicherlich unmöglich sei, aber dennoch habe er Erfahrung und könne es über den Daumen peilen; und als Vater wieder sagte, daß es ihm schwerfalle, fragte sie ihn, was denn der Durchschnitt sei, und Vater, der langsam die Geduld verlor und dem es auf der Zunge lag, zu antworten, es käme auf ihre Größe und ihr Gewicht an, sagte, daß das kürzeste Buch, das er einem Überlebenden geschrieben habe, achtundneunzig Seiten umfaßte und das längste zweihundertdrei und wieder machte sie ihre Tasche auf und das Innenfach mit dem Reißverschluß, der ständig klemmte, denn es war eine alte Tasche, und sie zog die Plastiktüte raus, holte das Etui hervor und den Taschenrechner und versuchte zu rechnen und sah ein, daß die Lichtsituation sich nicht geändert hatte, und stand wieder auf, um ans Fenster zu treten, und jedesmal, wenn sie das tat, mußte ich mich verstekken, denn von dort aus schaute ich heimlich zu und nahm die Treffen auf, und am Fenster ermittelte sie den Durchschnitt und setzte sich wieder, und wieder steckte sie den Taschenrechner in das Etui, das Etui in die Tüte, und Vater fragte, wozu sie es dort reintue, vielleicht würde sie gleich noch eine Berechnung anstellen müssen, und sie lächelte und sagte ihm, daß es sie nichts koste, es rein- und rauszutun, und daß sie nie in Eile sei, denn niemand erwarte sie mehr, und den Taschenrechner würde sie sorgsam aufbewahren, denn er sei ein Geburtstagsgeschenk ihrer Tochter aus Cleveland, und als sie damit fertig war, ihn wegzupacken, sagte sie zu Vater, daß herauskomme, daß der Durchschnitt bei genau hundertfünfzig und einer halben Seite liege, und was nun zu tun bleibe, sei herauszufinden, ob er denke, daß ihr Leben über oder unter dem Durchschnitt liege, und Vater sagte, daß er wirklich keinen blassen Dunst habe, vor allem nicht, bevor er die Geschichte gehört habe, und dann holte sie ein kleines, schwarzes Notizbuch hervor, in das sie ihre Ersparnisse notierte und das Geld, das sie von der Organisation der Sosnowiec-Überlebenden bekommen sollte, und die Hilfe, die ihr das Komitee der ehemaligen Partisanen zugesagt hatte, denn ihr Mann kämpfte zusammen mit Atlas in den Wäldern von Bjelorußland, und all die Überschläge machte sie mit krummem Rücken, das Notizbuch auf den Knien, um es vor Vater zu verbergen, der es nicht sehen sollte und der, Gott behüte, nicht denken sollte, daß sie nicht genug Geld habe, um zu zahlen. Vater fühlte sich unbehaglich und jedesmal, wenn sie ging, sagte er zu Mutter, daß er sich fühle, als würde er auf den Strich gehen, und daß er damit aufhören möchte und daß die Geschichten, die er sich anhöre, ihn unter einer Lawine alptraumhafter Erinnerungen begrüben, und wenn er nachts einschlafe und zu träumen beginne, spitze Großmutter aus den Löchern von Rowno zu ihm herüber und aus dem Schlauch von Treblinka und aus dem furchtbaren Bild des Arbeitslagers Plaszöw neben Krakau, in dem Frauen vor Waggons voller Felsbrocken gespannt worden waren, die sie wie die Tiere den Berg hinaufziehen mußten, und es war eisig kalt, regnete, und die Erde war matschig, und um sie herum standen die Wärterinnen mit ihren Peitschen, und sie peitschten und peitschten, und diese Frauen zogen und rutschten aus, zogen und schlugen hin, und wenn sie nach eineinhalb Stunden am Gipfel des Berges ankamen, mußten sie die Waggons abladen und sie gleich noch einmal mit demselben Geröll beladen, um mit ihnen herunterzukommen und sie dann abermals hochzuziehen.

Jeder hatte seine eigene Art, es zu erzählen. Da war Sonja Krawitz aus Grodno, die zwei Jahre lang in einem Loch im Schweinestall barmherziger Gojim hauste und vor wichtigen Einzelheiten zu Vater zu sagen pflegte: Passen Sie gut auf! Oder: Schreiben Sie es mit meinen Worten! Oder: Ich betone! Als sie etwa erzählte, wie man im Ghetto den Eltern vor der Razzia die Kinder wegnahm und sie in ein gesondertes Haus einsperrte, sagte sie: Ich betone – was wir aus dem Haus hörten, waren Schreie, kein Weinen. Oder sie sagte zu Vater: Passen Sie auf! Zwei Jahre lang lebten wir in Ziemiankas. Wollen Sie, daß ich buchstabiere? Nein, dann mache ich weiter. Bedeutung: Ziemia, auf polnisch Erde; Ziemianka, ein Erdloch. Man gräbt eine zwei Meter tiefe Grube in die Erde und bedeckt sie mit Holzbalken. Man häuft Erde auf die Balken. Man bestreut sie zur Tarnung mit in der Umgebung herumliegenden Sachen. Zwei Jahre lebten wir so unter der Erde. Zu sagen, daß es schlimm war? Den Juden in den Lagern ging es drekkiger. Jetzt notieren Sie: Der Hauptanteil unseres Lebens spielte sich in der Nacht ab, und alles konzentrierte sich um die Meniel. Dorthinein warfen wir den Kehricht, der sich im Laufe des Tages in unserem Loch sammelte. In den schweigenden Fluß kippten wir Nacht für Nacht unsere Nachttöpfe, in die wir tagsüber unsere Notdurft verrichteten. Merken Sie, wie alles sich verkehrt? Jetzt möchte ich betonen, unser Leben bestand aus Gegensätzen. Tag – Nacht. Eine Gefahr kommt – eine Gefahr geht. Deutsche in der Gegend – keine Deutsche in der Gegend. Man macht in den Topf – man macht an das Ufer des Flusses. Man muß schweigen – man darf reden. Das ist das Leben. Ich will sogar betonen, das ist das ganze Leben, nur das, und mittendrin, in unserem Loch, in dem Schweinestall in einem Chutor, am Ufer der Memel, geht die Kindheit zu Ende. Die Kleider, die wir am Anfang mitnahmen, werden zu klein, die Schuhe passen längst nicht mehr. Henja, die ein Jahr alt war, als wir kamen, lernt sprechen. Bei mir setzt die Periode ein. Betonen Sie! Fünf Menschen, ein Loch zwei auf zwei Meter, vierundzwanzig Stunden am Tag, zwei Jahre lang. Haben Sie aufgeschrieben? Und dann drückte sie eine Zigarette aus und zündete sofort eine neue an, und sie hustete trocken und sah auf die Uhr, denn bis heute ist sie eine vielbeschäftigte Frau, und sie fuhr fort: Und was geschieht draußen in der Zwischenzeit? Draußen bringt der Geschichtsminister beide Riesen zusammen. Am Westufer der Memel verbarrikadieren sich die Deutschen, am Ostufer bereiten sich die Russen auf eine Überquerung vor, und wir in der Mitte denken: Kann man nachts runtergehen und die Kleider waschen oder nicht? Schreiben Sie sich eine Zusammenfassung oder eine Art Resümee, Loch mit jüdischer Familie inmitten der Geschichte. Ein Grab lebendiger Menschen inmitten des Königreiches des Todes. Der letzte Satz erfüllt mich mit Beklemmung, er klingt schwülstig; schreiben Sie ihn nicht in das Buch. Was mir wichtig ist, ist zu betonen, daß alles sich verkehrte.

Sonja weinte nie und lächelte nie und versuchte, wie Vater sagte, präzise zu sein, und wenn es möglich gewesen wäre, hätte sie die Geschichte in mathematische Gleichungen gebracht, damit jene Realität nicht durch Tränen oder Nasehochziehen oder Seufzen oder allgemeine Adjektive, die auch zu anderem Horror passen könnten, verwässert würde, weil man das, was geschehen ist, nicht durch Filter sehen darf, und man darf es mit nichts anderem vergleichen, und man darf es nicht benutzen, um andere Dinge zu rechtfertigen oder Dinge zu rügen, die man uns antut oder die wir anderen antun, und man darf keine großen Worte benutzen, denn große Worte, wie sie Vater erklärte, sind wie Resonanzkästen, die viel Lärm machen, aber innen hohl sind, und das

Wichtigste ist, präzise zu sein, verstehen Sie, was ich Ihnen sage? Und Vater sagte, daß er sich Mühe gebe, und sie zündete sich noch eine Zigarette an, rauchte schweigend und ging.

Anders war Scheherezade, die stets einen großen Hut trug und eine Sonnenbrille auch im Zimmer und die, wenn es Abend wurde, bat, das Licht nicht anzumachen; sie war die Tochter eines berühmten Professors für polnische Geschichte an der Universität Wilna, der versucht hatte, Ordnung in das Chaos der polnischen Geschichte zu bringen, bei der bis heute keiner richtig durchblickt, denn Polen gab es mal und gab es mal nicht, war wieder da und verschwand und erschien als Kleinpolen und wurde größer und kleiner, und einmal überfielen es die Russen und einmal die Ukrainer und die Schweden und die Türken und Preußen und wer nicht sonst noch alles, und Vater nannte sie ohne ihr Wissen Scheherezade, denn vierzehn Monate lang überredete sie einen ukrainischen Bauern von den Banderowcys, die mit den Nazis kollaborierten, sie in seinem Haus zu dulden, indem sie ihm Geschichten über das Vermögen ihrer Familie erzählte, das 1939 nicht weit von Wilna vergraben worden sei – denn als die Russen in die Stadt kamen, habe ihr Vater, der der größte Schmied von Litauen und Wolynien war, all seine Schätze im Wald außerhalb der Stadt vergraben, aus Angst, daß die Russen das Familienvermögen beschlagnahmten. Jeden Abend erzählte sie ihm von einem anderen Gegenstand aus der legendären Sammlung ihres Vaters, einen Abend vom Schwert des Großwesirs, das in der Schlacht von Wladislaw gegen die Türken im Jahre 1444 neben der Stadt Warna den Polen in die Hände fiel; der polnische König fiel zwar in dieser heiligen Schlacht, aber seine Soldaten töteten den Wesir, der die türkischen Streitmächte anführte, und nahmen sein Schwert, dessen Scheide aus reinem Silber und mit Diamanten und Smaragden besetzt war; und einen Abend erzählte sie ihm von den Schätzen des Deutschen Orden, der nach vielen Gefechten von Sigismund dem Ersten erobert wurde, und der Schatz mitsamt heiligem Becher wurde in einem Triumphzug nach Krakau gebracht, wo er von Sigismunds seltsamer Frau, Bonna Sfroza, gestohlen wurde, die ihn in der großen Synagoge hinter dem Schrein versteckte, und von dort wanderten Teile des Schatzes zu der Familie Scheherezades, und die Gegenstände dieses Schatzes allein reichten ihr für vier Monate Geschichten, bei denen eine aus der anderen hervorging und die immer im spannendsten Moment aufhörten, damit ihr Ukrainer die Fortsetzung hören wollte, und so ging es Abend für Abend, vierzehn Monate lang. Tagsüber, wenn der Ukrainer zur Arbeit ging, dachte sie sich ein Schmuckstück aus, und am Abend, wenn er zurückkehrte, erlaubte er ihr, aus ihrer Melina herunterzusteigen, die eine Art Versteck im Hohlraum zwischen Dach und Decke war, und sie kochte für ihn, und nachdem er satt war, verlangte er nach seiner Geschichte, und er hörte ihr mit offenem Mund zu, und ab und zu sagte er, daß allein dieser Ring oder dieser Diamant oder jene Ohrringe ihm genug Kohle für das ganze Leben gebracht hätten. Eines Tages bat er sie, ihm eine Karte anzufertigen, damit er losziehen und nach dem Schatz suchen könne, und eine ganze Weile arbeitete sie an der Karte, denn es fiel ihr schwer, sich zu erinnern, und sie wollte genau sein und Zeit gewinnen, und am Ende war sie fertig, und er ging weg und kam nach zwei Wochen mit leeren Händen zurück, schlug ihr mit der Axt auf den Kopf und legte sich schlafen, denn er dachte, daß sie tot sei, aber sie war am Leben geblieben und tötete ihn im Schlaf, und nachdem sie die Karte aus seiner Tasche gezogen hatte, verscharrte sie ihn im Kartoffelloch hinter dem Haus, und nach dem Krieg zog sie selbst los, um den Schatz zu suchen, obwohl sie die ganze Geschichte erfunden hatte, denn vor lauter Erzählen hatte sie selbst begonnen, daran zu glauben, und drei Monate lang lief sie in den Wäldern um Wilna herum und suchte, und Kinder aus den Dörfern der Umgebung nannten sie Judith die Grabende, und was mit Sicherheit die nackte Realität ist, ist die Narbe, die die Axt des Ukrainers hinterlassen hat, und darum trägt sie den Hut und setzt nie die Brille ab.

Ein anderer war Joel Suzkover aus Slonim, der beim Sonderkommando von Auschwitz war und der ohne Ausnahme seine gesamte Familie verloren hatte, Vater, Mutter, zwei Brüder der Mutter, zwei Schwestern und drei Brüder vom Vater, seine eigenen beiden Brüder und seine Schwester, seine Frau und seine Zwillinge, die drei Jahre alt waren. Nichts und niemand war ihm geblieben, und wenn er selbst nicht übriggeblieben wäre, wüßte keiner, daß seine Familie je existiert hat. Aber über das Lager verlor er kein Wort. Er kam in Vaters Zimmer mit allen Bänden der Slonimer Chronik und suchte in Band vier, bis er zu einer Stelle kam, die markiert war, und dann sagte er, daß er mit dem großen Gedicht von Samech Stol, »Die Legende von Slonim«, anfangen möchte, die Jecheskel Raban so schön vom Jiddischen ins Hebräische übersetzt habe, und er nahm einen Schluck Wasser und hustete, um sich vorzubereiten, und wieder räusperte er sich und sagte, ich beginne, und fragte Vater, ob er bereit sei, und Vater stellte seinen Rekorder an und bejahte, und Joel fragte Vater, ob er wüßte, wo Slonim liege, und Vater bejahte, worauf Joel sagte, eine wunderschöne Stadt, hier, hören Sie selbst, und er fing an, ein Gedicht aufzusagen; ganz plötzlich hielt er inne, erhob sich und rannte etwa eine halbe Stunde lang im Zimmer auf und ab, und Vater sagte nichts, verfolgte ihn nur mit dem Kopf von einer Seite auf die andere, und am Ende kam Joel zu den Bänden der Slonimer Chronik zurück, steckte sie in seine Plastiktüte und sagte zu Vater, daß es ihm leid tue, aber es sei für ihn zu früh, und er könne nicht sprechen, und Vater solle ihm die Zeit nachsehen, die er mit ihm vergeudet habe, und er ging zur Tür, meinte plötzlich, daß das Gedicht von Stol sich auf jiddisch besser anhöre, und ging. Vater blieb regungslos sitzen, und nach ein paar Minuten spulte er seinen Rekorder zurück, um Joel noch einmal zu hören, wie er das Gedicht vortrug, und als die Aufnahme bei Joels Schritten angelangt war, machte er den Rekorder aus und wurde nachdenklich, und er sah schrecklich niedergeschlagen aus; dann rief er nach mir, denn er wußte, daß ich mich auf dem Balkon unterm Fenster versteckt hielt, und ich fragte, was ist los? Darauf sagte er, komm herein, worauf ich fragte, ob ich durchs Fenster kommen solle oder hintenherum; Vater sagte, wie du willst, und ich kam hintenherum, denn ich wollte dem Vergehen, Vaters Treffen heimlich zu belauschen, nicht noch ein weiteres hinzufügen, und ich kam ins Zimmer und fragte ihn, ob er mir böse sei, und er bat mich näherzukommen, und ich kam näher, und er streckte mir seine beiden Arme entgegen, zog mich an sich und umarmte mich ganz fest, ohne ein Wort zu sagen, und diese Geschichte von Suzkover, denke ich, diese Geschichte, die nie erzählt wurde, war es, die ihm den Rest gab und ihn veranlaßte, das Geisterschreiben aufzugeben.

Mitten in diesem Grauen mußte Vater immer wieder zur Druckerei rennen und zu den Büros des Verbandes der Diasporaüberlebenden und mit Organisationen aus dem Ausland korrespondieren, die eine Finanzierung

versprochen, aber kein Geld geschickt hatten, und mit
Überlebenden diskutieren, denen gelegentlich nicht ge-
fiel, was Vater schrieb, denn es entsprach nicht haarge-
nau ihren Worten, oder vielleicht hatten sie es auch so
erzählt, aber anders gemeint, und wie konnte Vater die
Taten dieses Schuftes, Gott möge seinen Namen und die
Erinnerung an ihn auslöschen, dieses Kapo Silberstein
unterschlagen, der glücklich in Bat Jam lebt, obwohl er
den gleichen Tod wie Eichmann verdient; und Aschrow
schrie Vater an, wie es sein könne, daß er, der das Buch
bestellt und gutes Geld dafür hingeblättert habe, so
schlecht wegkomme; und da war der innere Konflikt
von Salzmann, wem er das Buch widmen sollte, und
selbst als das Buch schon in Druck gegangen war, rief er
Vater an und ließ ihn nochmals hinrennen, denn er
wollte keinen benachteiligen, und wenn er bei der Wid-
mung eine Liste mit Namen aufführen würde, würde er
mit Sicherheit einen übersehen, und wenn er es kollektiv
dem gesamten Städtchen widmen würde oder der gan-
zen Gemeinde oder den sechs Millionen – würde es zu
allgemein sein, und er wollte etwas Persönliches erzäh-
len, und etwa achtmal änderte er die Widmung, und am
Ende, als das Buch erschien, war er mit der Widmung
nicht zufrieden, denn sie war nicht optimal; und dann
gab es natürlich die Diskussionen, wie der Titel des Bu-
ches lauten sollte, und wie würde der Umschlag gestal-
tet, und was sollte man hinten über das Buch und über
den Verfasser schreiben, denn diese Unglücklichen, sagte
Vater einmal zu Mutter, wollten ihre Erfahrungen in
eine Sprache übersetzen, die noch nicht geschaffen
wurde und wohl auch nie geschaffen würde, und sie
wühlten in dem dürftigen, mageren Wortschatz, der uns
zur Verfügung stünde, und versuchten, zu einer Formel
zu gelangen, die das, was sie durchgemacht hatten, auf

den Punkt brächte – und am Ende entstünde aus der Diskrepanz zwischen dem, was geschrieben wurde, und dem, was sie fühlten, Frustration und Unmut, und diese Arbeit sei von vornherein gänzlich zum Scheitern verurteilt, und Großmutters beharrliches Schweigen sei anscheinend die einzige Sprache, die diese Geschichte wiedergeben könne, und Vater, der ein Wort mit dem nächsten verbinden kann, aber keine Sätze aus Schweigen zu stricken vermag, beschloß, mit der ganzen Sache aufzuhören, und tatsächlich stellte er diese Arbeit ein, bis eines Tages, etwa ein Jahr nach seinem Entschluß, das Geisterschreiben aufzugeben, und ein paar Monate, bevor er zu Michal zog, Noah Sieben-Seelen bei ihm anklopfte, der hochgewachsen, hager und ein wenig gebeugt war, mit langem, weißem, aus der Stirn gekämmtem Haar, das im Nacken zu einem Pferdeschwanz zusammengebunden war, und der glänzende, listige Augen hatte und einen Goldzahn und das Lächeln eines Hochstaplers, der weiß, daß du weißt, daß er ein Hochstapler ist, und Mutter bemerkte auch sofort, daß er einen teuren, schicken Anzug von Yves Saint-Laurent trug, und in der einen Hand hielt er eine Klarinette, und unter dem anderen Arm hatte er eine Holzkiste mit Glasdeckel von der Sorte, wie wir sie im Biologieraum für Schmetterlinge und Grashüpfer haben, und er ging ins Wohnzimmer, sah sich um, legte die Sachen ab und fragte, wo die Toilette sei, und Mutter zeigte ihm den Weg, und als er drinnen war, fragte sie Vater, ob er wüßte, wer das sei, und Vater schüttelte den Kopf, und dann war Noah fertig mit seinem Geschäft und kam raus und stellte sich vor als Noah Weissmann aus der Familie des Jossip Weissmann, und als er sah, daß er niemanden beeindruckte, half er mit der Bemerkung nach, daß Jossip viele Jahre lang der Hauptkantor der Synagoge in Zagreb war und einen lyrischen, weichen, geschmeidigen Tenor hatte, und wenn er mit seiner wunderschönen Stimme das »El male rachamim« sang, konnte man nachvollziehen, was Weltschmerz ist, und diese Stimme öffnete sicherlich die Tore des Himmels, aber es half ihm nichts, denn anscheinend war Gott vor dem Krieg verzogen, und die Ustascha, die die Nazis Kroatiens waren, brachten ihn um, und von ihm hatte Noah die Liebe zur Musik geerbt, und schon im Alter von vierzehn war er ein Virtuose auf Klarinette und Saxophon, und er bewunderte Buddy Bolden, den schwarzen Friseur und Trompeter, von dem wir sicher nicht gehört hatten, und sein Traum sei es gewesen, nach Warschau zu gehen und mit Formanski Adam und Fidler Bobby, der ein begnadeter Saxophonist war, und mit Henrik Gold zu spielen, von dem wir vielleicht gehört hatten, denn er kam später mit Anders Armee nach Israel und schrieb »Unser winziges Land« und »Wind« und »Schalom«, und diese drei waren es, die den Jazz nach Polen brachten; er lief weg von zu Hause und schloß sich einer Klezmergruppe an, die durch ganz Kroatien tingelte und auch nach Galizien und in die Ukraine kam, und sie spielten für die Brazlawer Chassidim auf dem Grab des Rabbi Nachmann und auf Hochzeiten und Beschneidungen und sogar in Gasthöfen und Clubs der Gojim. Am Ende kam er nach Warschau, aber es waren schlechte Zeiten für Musiker, denn der erste Tonfilm, »Der singende Clown«, kam aus Amerika in den riesigen Splendid-Saal von Warschau und lief dort viele Monate lang, und jede Menge Leute kamen, um ihn zu sehen und um zu bewundern, wie die Bilder sich nicht nur bewegten, sondern wie sie auch sprachen, und es störte keinen, daß sie meistens Blödsinn von sich gaben, Hauptsache, der Mund ging auf und es kamen

Stimmen raus, und das war eine Attraktion für alle, außer für die Musiker, die bis zum »Singenden Clown« als musikalische Begleiter der Stummfilme ihr Brot verdienten, aber als die Bilder zu sprechen begannen, verstummten die Instrumente, und die Musiker wurden auf die Straße gesetzt, und alle liefen sich die Hacken ab auf der Suche nach Arbeit, und wo zwei Musiker zusammenkamen, gründeten sie ein Ensemble, und wo drei zusammenkamen, eine Jazzband, und zu viert – ein Orchester, und Warschau wurde zur musikalischsten Stadt der Welt; und Noah hatte großes Glück, daß Formanski gerade da einen Tenorsaxophonisten suchte, als Noah in der Nähe war, und so wollte es das Schicksal, daß er im Wanderorchester von Adam im Kasino-Kino von Warschau spielte, und in Otwozk, das eine Kurstadt ist, und auch in den Hotels in Zakopane, und in der Zeit, als man die Juden im Ghetto Warschau einsperrte, hatte er die Ehre, an dem ersten Symphoniekonzert teilzunehmen, das Formanski im Saal der Judaica-Bibliothek in der Tlomackie-Straße organisierte, und in jener furchtbaren Zeit im Ghetto hatten sie ein kleines Ensemble, das von der Straßenmusik lebte, und sonntags trafen sie sich an der Panska-, Ecke Zielna-Straße, wo der Zaun, der das Ghetto von der arischen Seite trennte, niedrig war, und Hunderte polnischer Musikfreunde, die ohne die jüdischen Spieler zurückgeblieben waren, versammelten sich jenseits des Zauns und hörten zu, und nach einer halben Stunde machten sie Platz für noch mehr Polen, und es gab dort einen polnischen Polizisten mit Herz, der durch die Menge lief und in seinem Hut Geld sammelte und der an den Zaun trat, sich nach allen Seiten umsah, um zu prüfen, ob keine Deutschen in der Nähe waren, und den Musikern das Geld übergab. Aber nicht, um uns über die Musik im Ghetto zu erzählen, sei er zu uns gekommen, obwohl es auch darüber eine Menge zu sagen gäbe, vielleicht später einmal, wenn er mit Vater ein für allemal in bezug auf das Buch, das Vater schreiben wird, einig sei, werde er nochmals darauf zurückkommen. Er erklärte, er habe das Buch gelesen, das Vater für Aschrow geschrieben habe, und den Entschluß gefaßt – obwohl er wisse, daß Vater aufgehört habe, Geschichten von Überlebenden zu schreiben, daß Vater sein Mann sei, und er habe einen Vorschlag, den Vater nicht ablehnen könne; und Vater hob schon an zu sagen, daß die Sache hinter ihm liege und daß er sehr beschäftigt sei, obwohl das einzige, was er zu diesem Zeitpunkt machte, war, wie ein Zombie vor dem Computer zu sitzen und von morgens bis abends Packman zu spielen, bis wir alle von dem Krach durchdrehten und befürchteten, die Tage könnten zurückkehren, in denen die Gerichtsvollzieher bei uns ein- und ausgingen, und Vater sagte zu Noah, daß es ihm äußerst leid täte, aber ... Mitten im Satz stoppte er, denn Noah zog einen Haufen Dollar hervor, die auf einer Klopapierrolle mit einem Gummi zusammengebunden waren, und begann mit nassem Finger Hunderterscheine zu zählen; er kam auf hundert und streckte Vater die Hand mit den Scheinen entgegen und fragte, wer weiß, wieviel hundert mal hundert ist, und Saul sagte sofort zehntausend, und Noah sah ihn an und zeigte sein funkelndes Lächeln und sagte, zum M.I.T. schicken, und wedelte mit den Noten vor Vaters Nase, wobei er lauthals verkündete, zehntausend grüne Lappen, dunkelgrün wie die Blätter eines Maulbeerbaumes ohne Finanzamtmaden, die einen Bissen von den Seiten fressen könnten, was sagen Sie? Noch bevor es Vater gelang, etwas zu sagen, fragte Mutter Noah sofort, ob er Tee oder Kaffee nehme, und er sagte, wenn es keine Umstände macht, ein Glas kochendes Wasser mit Zitrone, einem Löffel Honig und abissel Zimt, was das einzige sei, das seinem kranken Bauch ein wenig Linderung verschaffe, der seit der Befreiung nicht aufgehört habe, ihm Probleme zu machen, und Pardon, wenn ihm ab und zu irgendein klitzekleines Forzale entführe, denn er wolle nicht die kostbare Zeit mit Gängen zur Toilette vergeuden, und daran seht ihr schon, daß ich alle Karten auf den Tisch lege und auch meine kleinen Schwächen nicht verberge, und darum nannten ich und Saul ihn Noah Forzale, obwohl sein Name Noah Weissmann war und er selbst am meisten auf Noah Sieben-Seelen stand, und so sollte Vater das Buch auch nennen, und er sollte es in sieben Kapitel unterteilen, ein Kapitel pro Seele, und im Buch sollten genau sieben gute Taten von ihm erwähnt werden und demgegenüber sieben schlechte, denn nur denjenigen, die sich hin und wieder wie Hornochsen aufführten, gelang es, am Leben zu bleiben, und im Buch würden auch sieben gute Menschen und sieben Teufel erwähnt, und das Buch würde mit dem Jahre 1938 beginnen und im Jahre 1945 enden, was genau sieben Jahre seien, und es würde seinen sieben geliebten Bräuten gewidmet, die letzte inbegriffen, die er erst vor zwei Monaten geheiratet habe – und die mich, so hoffe ich, einmal begraben wird; er zückte seine Brieftasche, zog ein Photo raus und reichte es Vater, und an der Art, wie Vater das Bild ansah, erkannten wir, daß auch er bereit wäre, wie Mutter später meinte, unter ihr begraben zu werden, denn sie sah irre gut aus und erinnerte an Bo Derek, sah wie Noahs Tochter aus, wenn nicht sogar wie seine Enkelin, und wir sollten nicht denken, daß er etwas mit der Nummer sieben habe, es sei nur seine Glückszahl, wann können wir anfangen – denn er ist sehr beschäftigt, sowohl mit Diamanten als auch mit der Nephrologie in der Tel Haschomer Klinik, wo er dreimal die Woche hinmuß, um sich an die Dialyse zu hängen und sein vergiftetes Blut zu waschen, und auch mit dem Komponieren von Musik für Klezmer-Gruppen in der ganzen Welt, und er hat eine Modelagentur mit neuen Gesichtern und jeder Menge slawischer Schönheit, überdies ist er der Mäzen einer Theatergruppe, die sich aus talentierten jungen Leuten aus Kiew zusammensetzt, welche im ganzen Land in Gemeindezentren und Einwanderungszentren auftreten, mit Sketchen und Akrobatik und Debka-Tänzen und mit allem, was das Land sonst noch zu bieten hat, you just name it, wie die Gringos sagen. Mutter, die mit dem Spezialtrank zurückkam, sagte ihm, wir können auf der Stelle anfangen, und Noah lächelte und sagte, schojn, ich sehe, wer hier die Hosen anhat, und wir werden anfangen mit dem, was ich hier habe, und er holte den Kasten und stellte ihn auf den Wohnzimmertisch, öffnete ihn und zog ein paar Tafeln heraus, von denen jede einzelne verglast war, und die Tafeln arrangierte er auf dem Tisch und fragte, was haben wir hier? Wir scharten uns um den Tisch und warfen einen Blick darauf, und Nama sagte wie aus der Pistole geschossen, Kartoffelschalen, und Noah setzte sein verschmitztes Lächeln auf und meinte, nach Harvard schicken, die Stadt, in der sein einziger Sohn aus den Ehen mit den Sieben Dozent war, das ist ein kluges Mädchen. Wie heißt du? Und Nama sagte, Nama, und Noah sagte, macht nichts, fuhr ihr über den Kopf und kam erneut auf seine Schalen zurück, die die Zeugnisse seiner Erlebnisse in Treblinka waren und die er in den schweren Stunden des Hungers um ein Haar verschlungen hätte, denn es gab Zeiten, in denen Kartoffelschalen eine Delikatesse waren, aber irgendwie überwand er seine Gier. Ich bückte mich inzwischen noch tiefer über die Tafeln, holte das Vergrößerungsglas aus meiner Tasche und sah, daß sie ganz und gar beschriftet waren, und ich rief, es sind Buchstaben, worauf Noah lächelte und meinte, nach Kolumbien schicken, wo sein Sohn in semitischen Sprachen promoviert wurde, und Mutter sagte, wollen Sie allen Ernstes behaupten, daß es Schalen von damals sind? Und Noah sagte, daß er jetzt, wo er Mutters begabte Kinder in der Ivy League untergebracht habe, die Sache mit den Schalen erklären würde, die sich erhalten hatten, weil es ihm gelungen war, ein wenig Politur aus der Schreinerei zu klauen und sie zu überziehen, und wie wir sehen könnten, seien sie mit winzigen Schriftzeichen bedeckt, die er von seinem Vater erlernt habe, der auch Kalligraph und Thoraschreiber war und der reinlichste Mann im Stetl, denn jedesmal, wenn der Name Gottes geschrieben werden mußte, rannte er los, um sich zu reinigen, und im Winter kam es vor, daß man das Eis der Mikwe aufbrach, nur damit Noahs Vater weiterschreiben konnte, und die Schalen hier waren nur ein Bruchteil von dem, was Noah beschriftet hatte, und eigentlich stehe das meiste in seinem Kopf geschrieben, und Vater werde es ihm von dort rausholen und in ein Buch verfrachten, und dadurch werde er, anstatt alles im Kopf von Ort zu Ort mit sich herumzutragen, das Buch ins Regal stellen und endlich mit einem sauberen, gelüfteten Hirn herumlaufen können.

Noah warnte uns, daß er seine Geschichte nicht der Reihe nach erzählen würde, und er zog es vor, mit Treblinka zu beginnen, in dem Moment, als die Industrie dort Einzug hielt und Doktor Eberl, der Kommandant, nicht mehr Herr über die Transporte war und das Lager samt und sonders aussah wie ein großes Schlachthaus, damals arbeitete er im Dienstkommando der Dentisten, deren Aufgabe es war, Goldzähne aus den Mündern der

Unglücklichen zu brechen, die aus den Duschen gezerrt wurden, bevor man sie Schicht für Schicht in die Gruben schmiß; und es herrschte große Angst, denn bis Franz Stangl kam und Ordnung schaffte und feste Arbeitsgruppen einrichtete, hast du nicht gewußt, wieviel Zeit dir bleibt, denn jeden Tag machten sie eine Selektion, und die einzige Möglichkeit, am Leben zu bleiben, war, bei den morgendlichen Treffen mit dem Doktor, der bestimmte, wer bleibt und wer geht, so gut wie möglich auszusehen.

Er nippte ein wenig an dem Getränk, das Mutter für ihn aufgegossen hatte, und fuhr dann fort, niemals, nicht einmal in meinen besten Zeiten, als ich noch jedem Paar Beine im Rock den Hof machte und mehr auf mich achtete als Valentino, habe ich mich so oft rasiert wie in jenen Tagen, und ich wusch mir das Gesicht mit Eau de Cologne aus den Paketen der Deportierten, in denen wir auf dem Umschlagplatz, wo sie sie stehen ließen, wenn sie zu den Duschen liefen, wühlten, und in den Taschen der Frauen fanden wir ihre Kosmetik, schmierten uns Puder in unsere Gesichter und malten uns die Lippen mit Lippenstift an, und Mendel und ich kniffen einander in die Wangen, damit sie ein wenig rot wurden, und all dies, um so gesund wie möglich auszusehen bei unserem täglichen Rendezvous mit den Selektoren, und so standen wir da und leisteten unseren Beitrag zu dem quälenden Gestank, der über dem Lager lag – mit dem Geruch von 4711, das schon damals ein überaus berühmtes Eau de Cologne war.

So begann Vater Noahs Buch zu schreiben und beschloß, ein Theaterstück aus dessen Geschichte zu machen, hauptsächlich über die Zeit, in der Noah Mitglied eines Quartetts war, das an der Öffnung des Schlauches spielte, einer Art Korridor aus mit Reisig verflochtenem

Stacheldraht, durch den man die Juden vom Umschlagplatz zu den Duschen trieb, und den ganzen Weg lang schlug man von beiden Seiten auf sie ein und hetzte Hunde auf sie bis zum Eingang zu den Duschen, wo ein Thoravorhang aus einer Synagoge hing, auf dem gestickt stand: In dies, das Tor des Ewigen, wo die Gerechten eingehn! Und neben diesem Himmelstor standen die beiden Himmelsengel Iwan und Nikolai, einer mit einem Stock und der andere mit einem Schwert, und sie quetschten mehr und mehr Menschen in die Duschen, denn auch die anderen wollten sich erfrischen, und als Grünwald, der mit Noah spielte, seine Frau mit den beiden Kindern in den Schlauch laufen sah, gingen sie dazu über, traurige Weisen zu spielen, aber da kam Lalka, was der Kosename war, den die Gefangenen Kurt Franz, dem Stellvertreter Stangls, wegen seines Milchgesichtes gegeben hatten, und erklärte ihnen, daß ihre Musik zum Arbeitstempo passen müsse und daß sie schnellere Rhythmen zu spielen hätten, und um zu unterstreichen, wie wichtig es ihm war, daß sie das Repertoire änderten, schoß er Grünwald in die Schläfe, und so blieben sie ohne Viola und verwandelten sich im Handumdrehen von einem Quartett in ein Trio, und sie verstanden auf der Stelle den Hinweis und gingen dazu über, lustige Melodien von Beschneidungen und Hochzeiten aufzuspielen – und da nahm Noah die Klarinette und fing an zu spielen, und er spielte und spielte, bis ihm Schweißtropfen auf die Stirn traten, und schlagartig hörte er auf, zog ein weißes Tuch aus der Jackentasche, legte die Klarinette beiseite und wischte sich wortlos die Stirn trocken, und Nama sagte, es sei schade, daß ihr keiner was vorspiele, wenn sie dusche, worauf Noah sie ansah und lächelte und sie fragte, woher ihr Name komme, und Nama sagte, daß es umgekehrt sei, daß der Name schon da war, bevor sie geboren wurde, und sie sei zu ihm gekommen, und Noah sagte, Harvard ist eine Nummer zu klein für sie.

Noahs Geschichte ließ Vater nicht mehr los, und er fuhr in das Diaspora-Haus und nach Yad Vaschem und besuchte den Kibbuz Lochamei Hageta'ot und saß mit Noah bei uns zusammen, und wir alle fuhren samstags los, um ihn in Herzelia Pitu'ach zu besuchen, wo er mit seiner Ninotschka wohnte, die er in den Wohncontainern neben Be'er Schewa aufgetrieben hatte, als er dort nach Schnäppchen für seine menschliche Kollektion suchte, und er kaufte ihr einen neuen Suzuki Jeep, wie ihn alle Frauen in der Nachbarschaft besitzen, denn mit ihm ist es einfach, Einkäufe durch die Hintertür und Philippininnen durch die Seitentür einzuladen, und auch damit sie ein wenig ans Meer fahren und in Dan Akadia mit ihren Kellnerfreundinnen zusammensitzen kann, und in diesem Jeep fuhren wir auch mit Michal nach Massada. An einem dieser Samstage, an denen unentwegt gekocht und Wodka und Wein getrunken wurde, stellte Noah Mutter einen bedeutenden Bauunternehmer vor, der häßliche Villen im Villenviertel von Chadera baute, und meinte, daß vielleicht eine Zusammenarbeit daraus entstünde; der Bauunternehmer bot Mutter Arbeit an, aber Mutter sagte ihm, daß sie erst dann bereit wäre, bei ihm zu arbeiten, wenn er das ganze Viertel mit Bulldozern plattwalzen ließe und einreiße, was er dort errichtet habe, denn die Häuser, die halb wie schottische Schlösser und halb wie Schweizer Berghütten aussähen, wie sie auf Postkarten abgebildet sind, seien im besten Fall eine Geschmacklosigkeit, und Meir, der Bauunternehmer, fragte sie, ob sie denke, auf diese Weise an einen Auftrag zu kommen, und Mutter sagte, nein! Ich will Ihnen nur erklären, was ich über das, was Sie gebaut haben, denke, und Meir lächelte und sagte zu Noah, Feuer und keine Frau. Und dennoch gefällt sie mir. Und Noah sagte ihm, er habe gewußt, daß sie ihm gefallen würde, und Meir streckte seine beiden Hände aus, und man sah sofort, daß ihm an der rechten zwei Finger fehlten, nämlich die zwei, die auf der Kreissäge die Platten in Richtung Messer schieben, und wenn man nicht aufpaßt, kommt das dabei heraus, die beiden Finger sind ab, die bei ihm fehlen, und bis heute hebt er sie in einer Formalinflasche auf, die zusammen mit ihm begraben wird, wenn er stirbt, und wegen der Finger verließ er die Schreinerei und wechselte schon vor vierzig Jahren zum Baugewerbe über, und diese beiden Hände – die er nach vorne streckte und Mutter zeigte –, so wie Sie sie mit ihren acht Fingern sehen, haben Beton gemischt und Gerüste zusammengenagelt und kerzengerade Wände hochgezogen und Gips-Putz gemacht, der der glatteste Putz ist, den es auf der Welt gibt, und sogar die Deutschen bauen nicht so, und die Hände bauten Treppen, haben Sie schon mal Treppen gebaut? Mutter schämte sich ein wenig und schüttelte den Kopf, und Meir meinte, natürlich nicht. Sie zeichnen sie nur, und dann kommen Sie, um die Arbeiter anzuschreien, daß Sie es nicht so gemeint haben und auch nicht so. Und Mutter sagte, daß sie sich Mühe gebe, niemanden anzuschreien, und sich mit Erklärungen begnüge, und Meir sagte, daß er ihr etwas über das Bauen von Treppen erklären möchte, was vielleicht die schwierigste und komplizierteste Arbeit am Bau ist; am Anfang war er nur die Nummer drei, die der Nummer zwei als Handlanger diente und dem Meister die Stufen reichte; Meister nannte man Berger, bei dem er Treppen für Solel Bone baute, wo Russen und Jekes beschäftigt waren, und nicht nur Araber, und wer kein Jiddisch sprach, konnte nicht zurechtkommen; sie hatten eine eiserne Arbeitsmoral, und beim Betongießen wurden Armiereisen gelegt, wie es sich gehörte, und erst nach ein paar Monaten, als Nummer zwei sich das Bein brach, wegen einer Stufe, die auf ihn draufgefallen war, wurde er zur Nummer zwei, und Berger brachte ihm auf jiddisch und russisch diesen Beruf bei. Sprechen Sie russisch? fragte er Mutter, und Mutter sagte Nein, und Meir sagte, er auch nicht. Er sei Marokkaner. Woher solle er russisch können? Aber den Berger, den verstand er, denn wenn man es mit einem echten Handwerker zu tun hat, braucht man nicht viel Worte zu machen. Man muß sich nur in die Augen schauen, und schon versteht man sich, denn Professionalität ist eine internationale Sprache, mindestens so international wie die Internationale. Wissen Sie, was die Internationale ist? Und als Mutter bejahte, sagte Meir, daß er die Internationale auf jiddisch singen könne, denn so sang man sie unter den Bauarbeitern am ersten Mai, obwohl er kein Wort verstand von dem, was er sang, und er begann auf jiddisch zu singen: dos wet sejn schojn der letzter/un antschejdener strejt/mit dem internazional/stejt ojf, ihr arbejtslejt. Seine Augen füllten sich mit Tränen, obwohl er kein Wort von dem verstand, was er da sang, und obwohl schon viele Jahre vergangen sind, seit er den ersten Mai gefeiert hat, denn er ist schon lange kein Arbeiter mehr, sondern beschäftigt andere Arbeiter, die heute dieses Lied nicht mehr singen, denn sogar die Gewerkschaft hat die roten Fahnen eingeholt und zusammengefaltet in den Schrank gelegt; und Mutter sang mit ihm, den spanischen Text, und beide hörten gleichzeitig auf und lächelten einander an und wurden Freunde, obwohl sie normalerweise Männer mit Goldketten nicht ausstehen kann, und als er sich von der Aufregung der Erinnerung ein wenig beruhigt hatte, brachte sie ihn auf die Treppen von Berger zurück, und Meir erzählte, daß man, als Berger einen Herzinfarkt bekam und in Kur geschickt wurde, ihn zum Verantwortlichen für die Treppen machte und er das Haus fertigbaute, das Berger mittendrin verlassen hatte, und jeder, der kam, sagte, daß es wunderschöne Arbeit sei; aber für Meir war nur wichtig, was der Meister sagen würde, und eines Tages schickte man einen Lieferwagen zu Bergers Haus, um ihn zusammen mit seiner Frau zur Baustelle zu bringen, und sie hielt ihn an der Hand, und zusammen mit dem Polier und dem Stellvertreter des Bezirksbeauftragten und noch ein paar Funktionären gingen sie ins Treppenhaus, und alle erwiesen Berger die Ehre, denn es war zu der Zeit, als ein Handwerker so angesehen war wie heute ein Anlageberater, und als Berger an Meir vorüberging, der ihn am Eingang erwartete, sah er ihn nicht mal an und Meir, der vor lauter Aufregung fast in die Hosen machte und sich auf der Stelle begraben lassen wollte, weil Berger ihn übersehen hatte, blieb zurück, und von weitem sah er, wie sie die Treppen erreichten und mit der Prüfung begannen. Bergers Frau stieg auf die erste Stufe und half ihrem Mann hochzusteigen, und der stand und knickte die Knie ein und drückte sie durch, wie bei einem kleinen Sprung, nickte mit dem Kopf und sagte zu dem Bauleiter porjadok, was auf russisch in Ordnung heißt, und zu seiner Frau dal'sche, was auf russisch weiter heißt, und sie stieg eine Stufe hoch und zog ihn zu sich, und er – wieder Knieknicken und ein Sprünglein und porjadok, und er holte Luft, schickte seine Frau eine Treppenstufe weiter und wieder dal'sche. So ging es vier Stockwerke lang, vierundachtzigmal in Ordnung und vierundachtzigmal weiter, denn damals baute man einundzwanzig Stufen pro Stockwerk, und nicht sechzehn oder achtzehn wie heute, wo man mehr Menschen in weniger Höhe unterbringen will, und diese ganze Kontrolle verlief schweigend, und keiner gab einen Ton von sich, nur Bergers Stimme erklang, wenn er eine Stufe kontrolliert hatte, sein Gewicht auf ihre Kante stützte, die Knie beugte, Luft holte und in Ordnung, weiter, in Ordnung, weiter sagte; und als er oben ankam, fragte er nach Meir, und alle fragten, wo Meir sei, und die Frage erreichte Meir, der unten in dem dunklen Treppenhaus geblieben war, das man noch nicht an das Stromnetz angeschlossen hatte, denn vor lauter Nervosität hatte er keine Kraft mehr, hinter dem Gefolge herzugehen, und Meir schleppte sich mit Mühe hoch und kam zu Berger und stand vor ihm mit zitternden Knien, und Berger umarmte ihn und sagte ihm, daß er nicht gespürt habe, wo seine Stufen aufhörten und wo die Stufen von Meir anfingen, was das größte Kompliment war, das Meir in seinem ganzen Leben bekommen hatte, und alle klatschten und gingen ins Wohnzimmer der Wohnung, in der ein Tisch aus Neunziger-Platten stand mit Saft und Brause und ein wenig Schokolade und Waffeln, und sie füllten Plastikbecher mit süßem Wein und prosteten sich zu, und sie hielten Abschiedsreden für Berger, der in Frührente ging, und sie kürten Meir offiziell zu Bergers Nachfolger, und künftig nannte man ihn Meir Berger, obwohl er laut Personalausweis Meir Joseph heißt, und vielleicht ist er kein großer Experte in Sachen Architektur, aber auf dem Bau kennt er sich aus, und ob er sich auskennt, und da soll Mutter nicht daherkommen und von oben auf ihn herabschauen, denn er kann nichts dafür, daß dies die Pläne sind, die die Architekten, Mutters Freunde, ihm geben, und er hat ein Grundstück im Norden Tel Avivs, in der Amsterdam-Straße, und er gibt Mutter freie Hand, um es nach ihren Vorstellungen zu verplanen, und so begann Mutter mit Meir Berger zusammenzuarbeiten, den ich Meir Acht-Finger nannte, denn es paßte gut zu Noah Sieben-Seelen. In einem von Bergers Rohbauten lernte Mutter Leonid kennen, der vielleicht ein weiteres Beispiel dafür ist, daß die Geschichte sich wiederholt, denn einmal, vor vierzig Jahren, in der Zeit als Meir Berger einfach Meir war und als junger Bursche bei Solel Bone arbeitete, gab es eine Menge Russen im Baugewerbe, und danach gingen sie weg und wurden zu Direktoren und Geldmachern, wie Meir sie nannte, und ihre Plätze wurden nach und nach von Arabern aus den besetzten Gebieten eingenommen, und nun kehrten die Russen wieder auf die Baustellen zurück; Meir wurde ein guter Freund von Mutter, nachdem die Geschichte von Vater und Michal herauskam und Mutter sich allzugut mit Leonid anfreundete, der in Petersburg Ingenieur für Brückenbau und gebürtiger Christ war und der sich in eine jüdische Schauspielerin verliebt hatte, welche gerade den Entschluß gefaßt hatte, sich ein bißchen ihrer Wurzeln zu erinnern, und ihn veranlaßte zu konvertieren, um ihn nach der Religion Moses und Israels zu heiraten, und als die russischen Tore sich öffneten und die Regierung dort endlich bereit war, unser Volk ziehen zu lassen, schickte ihn seine Jüdin nach Israel vor, damit er das Land auskundschaftete und auf ihre Einwanderung vorbereitete, und er kündigte seine Arbeit, erledigte alle Formalitäten, nahm Abschied von seiner alten Mutter und von seinen Freunden, und als er in Israel ankam, verliebte sie sich plötzlich in einen jüdischen Regisseur vom Broadway, der gekommen war, um an ihrem Theater Regie zu führen, und sie heiratete ihn, obwohl sie bereits mit Leonid verheiratet war, der in der Zwischenzeit Arbeit bei der Straßenkehrertruppe auf dem Chen-Boulevard gefunden hatte, welcher nach Vaters Worten wohl der gefegteste Boulevard der ganzen

Welt ist, denn jedem Neueinwanderer, bei dem man nicht weiß, was man mit ihm anfangen soll, drückt man einen Rechen oder einen Straßenbesen in die Hand und schickt ihn dorthin, und schon bald wird Roni Milo die U-Bahn, die er den Bürgern versprach, dort fahren lassen können, weil der Boulevard jeden Tag ein wenig an Höhe verliert. Nach zwei Monaten Fegen kam ein Vertreter der Einwanderungsbehörde zu ihm und sagte, daß sie etwas für ihn hätten, das besser zu seinem Beruf passe, und man schickte ihn zum Bilo-Autobahnkreuz, um Rasen und Blumen auf die Dämme der neu gebauten Autobahnkreuzung zu pflanzen, und von dort aus landete er auf einer von Meirs Baustellen und wurde Verschaler, und als Mutter zu dieser Baustelle kam – denn sie hatte begonnen, ein paar Objekte von Meir zu beaufsichtigen –, war Leonid der einzige, der ihre Pläne lesen konnte, und so, auf einem Gerüst im vierten Stock, mit einer kleinen Flasche Wodka und einem Baguette, das er mit Mutter über dem Plan teilte, der wie eine Tischdecke ausgebreitet war, lernten sie sich kennen, und nach einer Weile bat er Mutter, ihm bei den Formalitäten, die er im Rabbinat zu erledigen hatte, behilflich zu sein, denn jedesmal, wenn er dort hinkam, wurde er in neue Schwierigkeiten verwickelt, dabei wollte er nichts weiter, als sich vorschriftsgemäß von seiner Russin scheiden zu lassen, die sich nun weigerte zuzugeben, daß sie mit ihm verheiratet war, denn das hätte ihr die Ehe mit dem Amerikaner verdorben, der auf einer koscheren Trauung bestanden hatte, denn zu allem Elend war er auch noch orthodox, und aus religiöser Sicht würde sie zur »sich verweigernden Frau« erklärt, wenn es sich herausstellte, daß sie mit Leonid verheiratet war; dazu kamen die nichtreligiösen Gesetze in Rußland und in den USA, die die Bigamie verbieten, und was sie am meisten interessierte, war: Wenn sie mit Leonid nicht verheiratet gewesen ist, dann muß sie auch ihr Vermögen in Leningrad nicht mit ihm teilen, und sie drohte ihm, wenn er allzuviel Druck ausübe, würde sie ihn denunzieren, daß er gar kein Jude sei, denn seine Konvertierung sei nicht rechtens, wie ihm die Rabbiner in Tel Aviv bestätigten, die den Banditen kannten, der ihn in Rußland konvertierte, und er dürfe schließlich nur deshalb in Israel leben, weil er sie geheiratet hätte, und wenn sie ihn denunzierte, würde er aus dem Land ausgewiesen, und nach Rußland brauchte er gar nicht erst zurückzukehren, denn dort hatte er alles verloren, und seine Mutter hatte in der Zwischenzeit das Zeitliche gesegnet, und das Ergebnis ist, daß er in Israel hängengeblieben ist, mit einer Ehefrau, die nicht seine Ehefrau ist, und die das wenige, was er noch in Rußland besitzt, nicht rausrückt und von der er sich nicht scheiden lassen kann, um das, was ihm zusteht, zu fordern – ein christlicher Russe in Erez Israel, der am ersten Jom Kippur dachte, daß der Jüngste Tag gekommen sei, weil er keinen fahrenden Wagen auf der Straße sah. Was sollte er machen? Er braucht das Rabbinat, um sich von seiner jüdischen Frau scheiden zu lassen, aber wenn er kein Jude ist, dann ist das Rabbinat nicht für ihn zuständig, und er hat dort nichts zu suchen, und insgeheim sind sie bereit, ihm zu verraten, daß seine russische Frau sich überhaupt keine Sorgen zu machen bräuchte, denn seine Heirat mit ihr sei sowieso nicht rechtskräftig aus der Sicht des Judentums, und das einzige, was ihm übrigblieb, und das erklärte Mutter jemand vom Rabbinat, der bereit war, nach der Arbeit ihretwegen Überstunden zu machen, war, nach der Halacha zu konvertieren, dann würde seine Heirat nämlich rückwirkend gültig, und er würde einen Trumpf über seine Frau in die Hand bekommen, denn man könne sie dann zur »sich verweigernden Frau« erklären, und er könne sie zwingen zuzugeben, daß sie seine Frau sei, damit er sich von ihr scheiden lassen könne, und er hätte einen fairen Kompromiß erreicht, und alles wäre in Butter, und, bitte schön, mir für den Rat jetzt fünfhundert Dollar in einem Umschlag überreichen, denn die ganze Nacht mußte ich mit den Worten der Weisen und Ausleger und Richter zubringen, um zu dieser Lösung zu kommen und noch fünfhundert Dollar für die Konvertierung nach der Halacha, denn ohne Konvertierung ist die ganze Lösung keine Pruta wert, und es ist von äußerster Wichtigkeit, daß er versteht, übersetzen Sie ihm bitte ohne Zensur – denn der Rabbi hatte bemerkt, daß das, was Mutter auf englisch sagte, kürzer war als das, was er ihr auf hebräisch sagte –, daß wenn er nicht konvertiert, er bei uns im Rabbinat im speziellen und in Israel im allgemeinen nichts zu suchen hat, und er kann die Scheidung von seiner Frau vergessen, denn aus der Sicht der Halacha ist er gar nicht verheiratet mit ihr; wenn er hingegen den Ratschlag annimmt und konvertiert, werden ihm die zusätzlichen fünfhundert Dollar ein Jahr Studium, Prüfungen und Schwierigkeiten ersparen, und glauben Sie mir, meine Gnädigste, er kommt spottbillig davon; die einzige Sache, die man braucht, um die Eintragung ruckzuck zu vollziehen, ist das Schneiden, und darauf kann man nicht einmal für eine Million Dollar verzichten, denn sonst gilt die Konvertierung nicht, wir sind hier schließlich nicht in Rußland. Als Mutter Leonid den Vorschlag ins Englische übersetzte, erblaßte Leonid und legte, ohne es zu merken, die Hand auf die Leistengegend, und der Rabbi kicherte und bat Mutter, sie solle ihm sagen, daß nichts dabei wäre und daß es gesund sei und dadurch nichts gekürzt würde, und das Wichtigste – es sei kostenlos; man könne

Dr. Fein anrufen, der auf die Beschneidung von Erwachsenen spezialisiert sei, und ansonsten müsse nur noch über einen Namen entschieden werden, denn Leonid ist kein jüdischer Name, und wer bei mir übertritt, muß einen koscheren, jüdischen Namen annehmen, es gibt da ein paar hübsche Möglichkeiten, mit seinem Namen zu spielen, und Mutter bat den Rabbiner, einen Augenblick, lassen Sie ihn zuerst die Beschneidung verdauen, bevor Sie ihm einen neuen Namen aufbrummen, und der Rabbi lachte und fragte, was gibt es bei einer Beschneidung schon zu verdauen? Zweieinhalb Gramm Vorhaut? Menschen gewöhnen sich daran, ohne Arme und Beine zu leben und mit nur einer Niere und einem Herzen aus Plastik – ist da ein neuer Name so eine große Geschichte? Menschen wechseln die Karriere, wechseln die Religion, wechseln das Land, und er warf Mutter einen kurzen Blick zu, denn die meiste Zeit sah er sie nicht an, und lächelte ein Lächeln, von dem Mutter sagte, daß es etwas Verschlagenes hatte, und er fügte hinzu, man wechselt eine Frau, dann wechselt man auch einen Namen, und Mutter übersetzte wieder nur einen Teil der Worte, denn nicht alles, was der Rabbiner sagte, schien ihr passend für Leonids Lage, der abermals erbleichte und um Bedenkzeit bat. Er trug den Namen seines Vaters, der am Ende des Krieges in den Kämpfen um Berlin gefallen war, acht Monate bevor Leonid geboren wurde, und der Rabbi sagte, es gibt keine Zeit zum Nachdenken, morgen kann der Vorschlag vielleicht schon nicht mehr aktuell sein. Da willigte Leonid ein, und der Rabbi dachte einen Moment lang nach und meinte, daß man ihn Li-On nennen könne, ein Name, der schön den Klang des Originals beibehalte, und er demonstrierte es langsam – Leonid, Li-On, schön, was? Man hackt ein wenig an dem Pflänzlein, man unternimmt eine kleine

Beschneidung an dem Namen, und man verzichtet auf die Buchstaben id, die auch die Abkürzung für Gott räche sein Blut sind, was braucht er diese Buchstaben, er lebt und sieht, Gott sei's gedankt, gesund aus, und keiner, so hoffe ich, wird ihm ein Leid antun, so daß Gott sein Blut rächen müßte; und man könnte auch als Lösung die Bedeutung des Namens nehmen und nicht den Klang, denn in Leonid stecke Lion, was Löwe heiße und ebenfalls ein hübscher Name sei, der in der Bibel vorkomme: »Wolf und Schaf sollen beieinander weiden; der Löwe wird Stroh fressen wie das Rind« Jesaja 65,25, oder, »Er hat sich hingestreckt, sich niedergelegt wie ein Löwe, und wie ein junger Löwe – wer will ihn aufstören? Gesegnet sei, der dich segnet, und verflucht, der dich verflucht!« – das vierte Buch Moses, 24,9, und was wählt Leonid, denn er habe es ein bißchen eilig zum Abendgebet, und er wolle die Entscheidung mit Gottes Segen schon in den Computer eingeben und mit Gottes Hilfe die verworrene Affare zu einem Ende bringen, und wir könnten uns zum Abschluß des Werkes beglückwünschen. Und nachdem Mutter Leonid alle Möglichkeiten dargelegt hatte und ihm sagte, daß er die Sache vergessen könne, wenn er erst eine ordnungsgemäße Scheidung von seiner Frau erreicht habe, abgesehen natürlich von der Beschneidung, die ihm sein Leben lang anhängen würde, wählte er Li-On, und der Rabbi sah Mutter an und murmelte, On, wie Potenz und Stärke, »Ruben, mein erster Sohn bist du, meine Kraft und der Erstling meiner Stärke, der Oberste in der Würde und der Oberste in der Macht« – das erste Buch Moses, 49,3, und er lächelte ihr ein wenig verschlagen zu, als wäre er ihr Komplize in irgendeinem Komplott, und er gab es überaus langsam mit einem Finger in den Computer ein, da die Schreibkraft schon nach Hause gegangen war,

Li-On, und murmelte nochmals, Ort wie Potenz, und als er fertig war, gab er ihnen einen Zettel für Dr. Fein in der Sinopsis-Klinik in Bat Yam mit. Schon zwei Tage später brachen wir dorthin auf, Mutter, ich und Leonid, der festliche Kleidung trug und angespannt und bleich war, aber als wir im Krankenhaus ankamen, beruhigte er sich ein wenig, denn im Wartezimmer saßen nicht weniger als dreißig Russen samt Angehörige, die wie er der Beschneidung harrten und von denen die meisten keine Konvertiten, sondern koschere Juden waren, die zu beschneiden man in Rußland versäumt hatte; weil man jedoch hier im Lande in der Armee miteinander duscht und es in den Fabriken offene Pissoirs gibt und in Schwimmbädern und an den Stränden Gemeinschaftsduschen und die Frauen an Pimmel von der jüdischen Sorte gewöhnt sind und sich vor dem christlichen Modell ekeln, wie uns Ido erklärt hat, als er von der Sache hörte – wollten sie keine Ausnahmeerscheinungen sein, und so kommt es, daß sie in der Diaspora aus ein und demselben Grund nicht beschnitten wurden, aus dem sie sich hier beschneiden ließen und wie Leonid in der Sinopsis-Klinik landeten; wie er saßen sie verkrampft und traurig auf den weißen Bänken und versuchten, Geräusche aufzuschnappen, die aus dem Operationszimmer drangen und zwischen denen wir die amerikanische Stimme Dr. Feins vernahmen, der, bevor er das Messer ansetzte, segnete: »Gelobt seist du, Ewiger, unser Gott, König der Welt, der du uns geheiligt durch deine Gebote und uns die Beschneidung befohlen«, und der kurz darauf ins Wartezimmer kam und fragte, wer ist die Mutter oder die Frau von Boas, und wenn keiner reagierte, weil die Mutter oder die Frau an den neuen Namen noch nicht gewöhnt war, warf er einen Blick auf seine Listen und sagte beispielsweise Boris Tzenski, worauf unverzüglich eine besorgte Frau aufsprang und auf ihn zuging, und er schüttelte ihr die Hand und lächelte, um sie mit Masal tow zu beglückwünschen und sie zu beruhigen, daß man sich keine Sorgen zu machen brauche, da alles gut verlaufen sei, nur solle man sich den neuen Namen des Mannes oder Sohnes gut merken, denn hier sind wir in Israel und nicht in Rußland, als würden wir ihnen gestatten, das zu vergessen, und sofort überfiel er sie mit einem Test und fragte, wie lautet sein hebräischer Name? Die meisten gaben schon eine richtige Antwort, und die, die sich irrten, erhielten sogleich noch eine kleine Lektion, und in der Zwischenzeit brachte man Boris-Boas heraus und rief den nächsten Angeklagten herein, hinter dem Dr. Fein im OP verschwand, und zuletzt war die Reihe an Leonid, der in völliger Ohnmacht dalag, lange bevor man ihn narkotisierte, und der nicht aus dem Koma erwachte, nachdem die Wirkung der Narkose längst nachgelassen hatte, wie Mutter Amalia erzählte, und aus dem OP-Saal brachte man ihn zum Erholungsraum, wo bereits ein paar Überlebende in grünen Kitteln lagen, um die sich ihre Angehörigen scharten, und mittags schoben sie einen Wagen mit Sandkuchen und einer Flasche Wein ins Zimmer, und Dr. Fein, der seine kleine Guillotine stillgelegt hatte, kam hinter dem Wagen in das Zimmer der Genesenden, postierte sich in deren Mitte, bat um Ruhe und fragte, sind Sie bereit? Worauf keiner eine Antwort gab und er ein zweites Mal mit etwas lauterer Stimme fragte, sind Sie bereit? Und ein Teil antwortete murmelnd, und ein Teil verstand nicht, was er wollte, denn nicht alle sprachen Hebräisch, und ein Fünfjähriger, der unter dem Namen Senja betäubt wurde und mit dem Namen Guy, den die Eltern für ihn ausgesucht hatten, während er schlief, erwachte und der noch nichts von seinem Glück wußte, beklagte sich über seine Schmerzen, aber das ließ Dr. Fein ungerührt, und er fragte zum dritten Mal, ob sie bereit seien, und alle sollten ihm bitte schön geschlossen mit Ja antworten, und darauf antworteten ihm alle, außer Senja, der wimmerte, daß er den Namen Guy nicht wolle, mit Ja und glaubten irrtümlicherweise, daß die Zeremonie damit beendet sei; die hatte jedoch erst richtig begonnen, und man konnte noch nicht darangehen, sich über die Kuchen herzumachen, denn der Doktor machte weiter, bitte wiederholen Sie: Höre Israel! Und er blickte in die Runde und sah, daß keiner ihm nachsprach, denn alle waren ziemlich verstört, und einer versuchte dem anderen zu erklären, was der Arzt bezweckte, worüber er wiederum enttäuscht war und schimpfte, Sie sind nicht bereit. Warum haben Sie so getan, als ob Sie bereit wären? Wir werden es noch einmal versuchen: Höre Israel . . . und wieder erhob sich ein Gemurmel, und der hartnäckige Arzt gab nicht auf und setzte zum dritten Mal an, und endlich sprachen alle seine Worte nach, einschließlich Leonid, der in seinem Bett saß, melancholisch und schön mit all seiner Kraft und Stärke, und der nichts von all dem begriff, was um ihn herum geschah.

Als ich ihn dort sitzen sah, fiel mir der Simson aus Jabotinskys »Philister über dir, Simson« ein, den Großvater mir in Fortsetzungen mindestens zehnmal vorgelesen hatte, wobei er jedesmal, wenn er zum letzten Kapitel kam, »Ich will sterben mit den Philistern!«, aus dem Häuschen geriet. Gewiß fühlte Leonid sich in dem Erholungsraum wie Simson im Tempel von Dagon, als die Philister um ihn herum mit seltsamen, undurchsichtigen Ritualen ihr Erntedankfest zelebrierten, was ihm schlagartig in Erinnerung rief, wer er war und wo seine Wurzeln lagen und was er vorhatte, so daß er einen Schrei von sich gab, der mit einer menschlichen Stimme nichts gemein hatte, und mit ausgestreckten Armen ein paar Schritte machte, bis er an einer der Säulen, die das Dach stützten, an die Dagonstatue stieß und an den Altar und sich der großen Menge zuwandte, die den Saal füllte, und ihr sein letztes Rätsel aufgab: Es waren mehr Tote, die er durch seinen Tod tötete, als die er zu seinen Lebzeiten getötet hatte. Und als die Philister sich in Gedanken vertieften und untereinander berieten, was die Lösung des außergewöhnlichen Rätsels sei, lief Simsons Gesicht langsam rot an, eine schwarze Ader trat ihm auf der Stirn hervor, sein wuchtiger Hals wurde doppelt so dick, und die Hügel seiner Muskeln schwollen allmählich in seinen Schultern und breiteten sich in die Arme aus, von denen sich einer an den Pfeiler und der zweite an das Gitter des Altars lehnte, und plötzlich hörte man einen Schrei, dessen Lautstärke man sich nicht in den kühnsten Träumen vorstellen konnte, ›ich will sterben mit den Philistern!« Weil Leonid jedoch nicht Simson war und wir, trotz alledem, keine Philister sind, blieb er zusammengesunken auf dem Bett sitzen, ohne seine langen Arme zu bewegen, während der Ventilator, der in der Ecke des Zimmers kreiste, seinen Luftschwall in regelmäßigen Abständen in seine Richtung blies, durch die dichten grauen Locken fuhr – um die Vater ihn gehörig beneidete, denn als sie sich das erste Mal trafen, war Vater schon drauf und dran, die seinen einzubüßen –, und mit den Leidensgenossen brummte er im Chor den seltsamen Satz, der nur etappenweise von der Stelle kam, wenn Dr. Fein zwei Worte sagte, die sie nachsprachen, und man zu den nächsten beiden Worten überging, die wiederum nachgesprochen wurden, bis sie zum »der Herr wird König sein, immer und ewig« kamen, und nachdem alle auch das wiederholt hatten, fragte der

Arzt, haben Sie verstanden, was Sie da gebetet haben? Es waren welche darunter, die nicht mal die Frage, ob sie verstanden hätten, was sie da gebetet hätten, verstanden, doch mehr oder weniger alle sagten ja, oder da, was ja auf russisch heißt, oder sie warteten ab, um zu hören, was die anderen sagten, und nickten erst dann mit dem Kopf, ja, und dann ruhten sie sich noch ein wenig aus, und als sie sich ausreichend erholt hatten und die Krankenschwester ihnen sagte, daß sie gehen könnten, verließen Mutter und ich den Raum, damit sie sich anziehen konnten, und kurz nach uns kamen auch sie aus dem Zimmer, was ein merkwürdiger Anblick war, denn alle watschelten wie die Enten, und die meisten fummelten zerstreut an ihrem Hosenlatz, um ihn in Ordnung zu bringen, damit er ihnen keine Schmerzen bereitete oder um sich zu vergewissern, daß auch nichts fehlte, und als Leonid erschien, ging Mutter auf ihn zu und gab ihm einen Kuß auf die Wange, und ich schüttelte ihm die Hand, denn er tat mir ein wenig leid, und er lächelte sein gutmütiges, unschuldiges Lächeln, und viel später, nach Vaters großer Katastrophe, als Leonid ein richtiger Freund von Mutter wurde, meinte Amalia, nachdem ihr die ganze Geschichte zu Ohren kam, wenn Mutter sowohl Licht als auch Potenz im Haus habe, brauche sie sich um nichts mehr zu sorgen, und sie grinste auf eine Weise, die an den Rabbi erinnerte.

Aber das war später, und in der Zwischenzeit arbeitete Vater weiter mit Noah, mit dem er sich angefreundet hatte, an dessen Buch, und außer am Schabbat, an dem wir alle zu Noah fuhren und eine Menge interessanter Typen kennenlernten, sprachen Vater und Noah über die Vergangenheit, und Vater besuchte Noah auch in dessen Büro im Schekern-Gebäude von Ewen Gawirol und verbrachte seine Zeit mit ihm in Tel Haschomer, in der Nephrologie, wenn Noah an seinen Filter angeschlossen wurde, und sie reisten zusammen nach Polen, um sich in der Gegend von Treblinka umzusehen, und dieser Ausflug mußte genau geplant werden, denn alle zwei Tage mußten sie sich zur Dialyse im Krankenhaus von Warschau einfinden. In dieser Zeit lernte Vater in aller Stille Michal kennen und verband seine Treffen mit Noah mit Treffen mit ihr, ohne daß wir davon eine Ahnung hatten, bis zu dem Tag, an dem Mutter mit Osnat und Kobi Barak zusammensaß – die ihre Auftraggeber waren und die sie stundenlang mit Nebenräumen, die von einem Hauptraum abzweigten und die Arbeitsecke, Familienecke, Leseecke, Fernsehecke und Eßecke sein sollten, belästigten und denen alles, was Mutter ihnen vorschlug, entweder zuwenig oder zuviel war, und der Tisch war übersät mit Journalen, die sie mitgebracht hatten, und mit Fotos, die sie in Sausalito und Carmel aufgenommen hatten, und mit Zeichnungen von Kobi, der ein wenig Ahnung von Architektur hatte, denn er war Geograph und verantwortlich für das Katasteramt des Bauministeriums, und, wie allgemein bekannt, ist die Geographie der Bauplan, den die Natur für die Welt angelegt hat; bei diesen Worten kicherte er, und seine Frau blickte ihn voller Stolz an, wie Großmutter Sauli ansieht, wenn sie die ausgezeichneten Zeugnisse, die er von der Schule heimbringt, zwischen ihren Freundinnen herumreicht; Mutter verzog das Gesicht – und genau da klingelte das Telefon, und am anderen Ende der Leitung war Noah, der Vater zu Hause suchte; Mutter fragte ihn, ist er denn nicht bei dir? Mir hat er gesagt, daß er zu dir fährt. Und Noah, der fast nie aus dem Konzept geriet, stotterte etwas, von dem Mutter sagte, daß es mit Sicherheit nicht seine beste Lüge war, und ich lief, um den zweiten Hörer abzuheben, und schaffte es gerade noch, zu hören, wie Noah Mutter sagte, du mußt es ihm nachsehen, er ist ein Künstler, und er macht mit der Geschichte über Treblinka eine sehr schwere Zeit durch, die ihn allmählich auf ähnliche Weise belastet, wie sie einen Teil der Überlebenden belastet, und du darfst nicht vergessen, daß er dich sehr, sehr liebt, auch wenn er manchmal Eier in fremde Nester legt, und Mutter sagte, daß das für sie nichts Neues sei, daß das Problem dabei jedoch wäre, daß er vor lauter Eiern, die er in die Nester anderer lege, keine Eier mehr für sein eigenes Nest übrig hätte, und hierbei denke ich nicht an Sex. Er ist einfach nicht mehr hier, entweder ist er auf Reisen oder er treibt sich herum oder er war in dem kleinen Studio in Jona Hanawi, das Noah ihm gemietet hatte, damit er in Ruhe arbeiten konnte, und manchmal verbrachte er Tag und Nacht dort – und Treblinka ist überhaupt nicht die Sache, um die es geht, Noah, denn wenn es nicht Treblinka wäre, dann hätte etwas anderes Besitz von ihm ergriffen und ihn runtergezogen; um die Wahrheit zu sagen, es reicht mir, und Noah fragte, ob sie wolle, daß er mit ihm spreche, und Mutter sagte, daß sie keinen Vermittler brauche. Was sie ihm zu sagen habe, würde sie ihm selber ins Gesicht sagen. Und sie beendete das Gespräch und war kreidebleich, denn erst ein paar Tage zuvor, nachdem Vater und Mutter einen Aidstest gemacht hatten und ein negatives Ergebnis bekamen, worauf sie miteinander anstießen, versprach ihr Vater, daß nun Schluß sei. Schluß mit den Affären, er wolle sich nur um sie, die Kinder und seine Arbeit kümmern; und er verstehe besser denn je, daß es in der Liebe eine Dimension der Wahl gebe, und er wisse genau, wofür er sich zu entscheiden habe, und er fühle, daß er zu einer neuen Ära des Sichabfindens und der Versöhnung mit dem Leben aufbreche, und er habe mit drei Theatern Verträge für Stücke abgeschlossen und sich verpflichtet, sie innerhalb eines halben Jahres abzugeben, und er habe von allen Vorschuß kassiert; und er war sofort losgegangen, um Mutter die neue Version von Auto-CAD zu kaufen, und als Mutter ihn besorgt fragte, wie willst du das schaffen – denn sie dachte an all die Male, in denen die Theaterdirektoren ihnen Mahnbriefe ins Haus geschickt und Vorschüsse zurückverlangt hatten für Stücke, die Vater nicht termingerecht abgeliefert hatte –, setzte er sein selbstsicheres Lächeln auf, wies auf seinen Kopf und sagte, die Stücke seien schon fertig, man müsse sie nur noch in den Computer eingeben, und dann gab er Sauli Geld, damit er mit mir und Nama ins Kino ging, denn er hatte das dringende Bedürfnis, Mutter nach allen Regeln der Kunst zu lieben, und wir drei verdrückten uns, damit die beiden eine neue Seite in ihrem beschissenen Leben aufschlagen konnten.

Mutter legte den Hörer auf, und aus dem Flur sah sie Osnat und Kobi an, die auf ihren Plan kritzelten, Linien strichen und Linien hinzufügten, und schon an ihrem Gesicht erkannte ich, daß sie dabei war, etwas zu tun, das sie später bereuen würde; und wirklich machte sie den Wandschrank auf und holte eine große Mülltüte, und sie ging wortlos zum Tisch, und Kobi, der sie bemerkte, setzte sein idiotisches Grinsen auf und sagte, daß er überzeugt sei, ein Stück weitergekommen zu sein, nachdem sie Mutters Plan ein wenig korrigiert hätten, und Mutter lächelte zurück und öffnete den Sack und schmiß die Folie hinein, die er ihr überreichte, und dann warf sie auch die Hefte der beiden in die Tüte und Kobis Pläne und Zeichnungen und die Bilder von Sausalito, und bei der Gelegenheit leerte sie auch den Aschenbecher, den Osnat mit einer Tonne Kippen gefüllt hatte, nachdem sie gefragt hatte, ob es nicht störte, wenn sie rauche, und nicht mal eine Antwort abgewartet hatte – und immerzu fragten Kobi und seine Frau Mutter, was sie da mache, sie solle doch vorsichtig sein, es könne zerknittern und noch mal, was machen Sie denn da, und nicht das, es wird zerreißen, und Mutter antwortete nicht, sondern fuhr fort, gemächlich und sorgsam den Tisch abzugrasen, und als nichts mehr darauf lag, warf sie Kobis Schlüssel und Osnats Brieftasche in den Sack, den sie Kobi mit den Worten in die Hand drückte, daß sie ihn nie mehr sehen wolle, und wenn es jemanden im Architektenverband gäbe, den sie wahrhaftig schwer bestrafen wollte, würde sie ihn zu den beiden schicken, und sie ging in den Flur und öffnete die Tür, und Osnat schlüpfte schnell in ihre Schuhe, denn bevor sie um die Raucherlaubnis gebeten hatte, hatte sie auch gefragt, ob es nicht störe, wenn sie die Schuhe ausziehe, denn sie drückten sie furchtbar, und wie bei den Zigaretten schaffte es keiner, ihr eine Antwort zu geben, und schon hatte sie sie abgestreift, und im ganzen Wohnzimmer breitete sich ein säuerlicher Geruch aus, den Vater das Cheese-Aroma nannte; die beiden verließen die Wohnung, und Mutter schloß leise die Tür und bemerkte mich und bat mich, ihr zwei Aspirin und ein Glas Wasser zu bringen und das Raumspray aus dem Klo, und sie ging zu der Stereoanlage, und mir war klar, daß sie unter ihren Kassetten Nacha Guevara suchen würde, die Lieder gegen die korrupten Generäle sang, als Mutter in Argentinien studierte, und die sie gerne hörte, wenn sie in trauriger Stimmung war, vor allem »De que se rié Señior Ministro«, was worüber lachen Sie, Herr Minister, heißt und was die Frage ist, die Nacha im Refrain wiederholt, und im Lauf der Lieder wird sie genauer und fragt, lachen Sie wegen eines hungernden Kindes oder wegen einer Mutter, deren Sohn verschwunden ist, oder über die Arbeiter ohne Arbeit, und es gibt keine Antworten auf all diese Fragen, wie es keine Antworten auf viele andere Fragen im Leben gibt, die mit dem Problem zu tun haben, daß ein paar Menschen viel besitzen und die meisten so wenig, manchmal sogar gar nichts und einfach vor Hunger sterben, und was macht man, um diese furchtbare Situation zu ändern? Mutter stellt nicht nur Fragen. Als sie in Argentinien war, versuchte sie, auch die Antworten zu geben, und zusammen mit Raoul, ihrem Geliebten, und noch ein paar anderen Freunden von der E. I. T. entführten sie große Kühlwagen von Lavas Congada, was eine große Molkerei wie Tnuwa ist, und sie fuhren sie nach Via Miseria, furchtbaren Elendsvierteln, die es in Israel nicht gibt, und dort verteilten sie die Milch und die Joghurts und die Eiscreme, und Mutter hat ein Bild gerahmt, in dem sie und Raoul hinter dem Lastwagen stehen, und man sieht eine meterlange Schlange von Armen, die auf eine Milchdelikatesse warten, und Mutters Gesicht sieht man nicht, denn es steckt hinter einer Wollmütze mit Löchern für die Augen und für den Mund, aber das Gesicht von Raoul sieht man, der ein großer Aufschneider war und sich vor niemandem fürchtete und der sein Gesicht bei jeder Gelegenheit zeigte, und auf dem Bild stemmt er mit der einen Hand eine Kalaschnikow, mit der anderen Hand eine Flasche Milch, die er so kippt, daß die Milch herausläuft, und er hat ein breites Lächeln, das man sogar durch den Che-Guevara-Bart sieht, den er da noch hatte, denn es war, bevor die »Doble A« ihn zum ersten Mal schnappten und ihm den Bart rupften, wie die Ukrainer es viele Jahre zuvor mit Großvaters Großvater gemacht hatten und die Nazis mit Großvaters Onkel, denn die Einstellung der Faschisten zum Thema Frisur, Kleidung, Alter,

Homosexualität, Kunst und Architektur hat sich zwischen damals und heute nicht verändert, und nachdem sie ihn mit gerupften Wangen, deren Haut in Fetzen hing, freiließen, kamen die Boten der C. D., die flaschengrüne Autos fuhren, zu Mutter, und es war besser, nicht in der Nähe zu sein, wenn sie kamen, und sie nahmen sie mit zu einem Verhör bei der Policia Central, über deren Keller und was darin geschah furchtbare Geschichten kursierten, und sie fragten sie eine Menge über Raoul und warnten sie, sich von ihm fernzuhalten, und nachdem sie sie freiließen, flehte Mutter ihn an, daß er aus Argentinien fliehen solle, und er lachte nur und kaufte weiterhin an verschiedenen Orten Kaliumchlorat, um Molotowcocktails zu basteln, und er zog in das Arbeiterviertel, um die Revolutionsbotschaft unter das Volk zu bringen, und er war einer der wenigen, die lebend aus dem Sturm des Untergrundes auf die Militärbasis in Monte Chingolo rauskamen, denn es gab einen Verräter unter ihnen, der den Militärs die Angriffspläne verriet, und sie wurden dort von Granadieros mit Maschinengewehren und Kanonen erwartet, die sie abknallten wie die Fliegen, aber er hatte noch immer nicht genug, und nach einer Woche kehrte er schon nach Buenos Aires zurück, um neue Genossen für den Untergrund zu rekrutieren, die die Gefallenen ersetzen sollten, und am Morgen saß er friedlich da, trank Cafesito und aß Hörnchen im Café Forro, das der Treffpunkt aller Linken war, und mittags ging er zu Pippo, wo die Linken hinpilgerten, um für wenig Geld große Portionen Tallarines zu essen, was gerade richtig war für Melischen, die in der Revolution arbeiten und kein Geld verdienen, und am Abend wartete er auf Mutter am Ausgang der Cindad Universitaria, die ein erschreckender und einsamer Ort am Ende der Welt war, wohin die Generäle die Architekturfakultät umgesiedelt hatten, in der es von Anarchisten und Trotzkisten wimmelte, denn so fiel es ihnen leichter, ein Auge auf sie zu werfen, und als Mutter ihn sah, blieb ihr fast das Herz stehen, und sie bat ihn, wieder zu fliehen, aber er umarmte sie nur und lachte und sagte, daß man mittendrin nicht aufhören könne, und es gäbe noch eine Menge zu tun, und darin stimmt Mutter bis heute mit ihm überein. Es gäbe noch eine Menge zu tun, und man solle ihr nicht erzählen, die Realität beweise, daß der Kapitalismus den Kommunismus besiegt habe und daß wir am Ende der Geschichte angelangt seien, wie das Genie vom Dienst aus Amerika, das in einer synthetischen Deodorantwolke lebt, festgestellt habe. Man müsse nur die Augen aufhalten und sich umblicken, den Hunger und die Armut und die Obdachlosen sehen und die Industrie, die die Euter der Natur melke, aber einen Strick um den Hals der gemolkenen Kuh wickle und ihr kurzerhand den Garaus mache, denn man muß rentabel sein, auch wenn der Preis, den man zahlen muß, der Tod ist; und Mutter fragte Großvater, der immerzu von Privatisierung sprach und von den Kräften der freien Marktwirtschaft, die den kranken Markt heilen würden, den die Gewerkschaft in Dutzenden von Jahren der Mapai-Herrschaft gnadenlos zerstört hätte: Wovon sprichst du? Ist der Zionismus etwa ein rentables Unternehmen? Die Einwanderer aus Äthiopien, denen ihr nachgerannt seid, waren die rentabel? Der Reservedienst, den Assi am Patriarchengrab ableistete, damit deine Götzenanbeter aus Kiryat Arba dort die Debkas tanzen können, ist der rentabel? Und wenn Mutter solche Fragen stellte, hatte Großvater nicht sofort eine Antwort parat, sondern er kam ins Stottern und erklärte, daß man das alles nicht vergleichen könne, und dann fragte ihn Mutter, wo er die Trennlinie ziehe? Wo liege die Grenze zwischen seiner mysteriösen Kraft der freien Marktwirtschaft, die die Proportionen in Ordnung bringen soll, und den Idealen, nach denen man streben und nach denen man auch die Verteilung der Mittel organisieren soll, und darauf sagte Großvater, daß das wirklich eine große, wichtige und komplexe Frage sei und man leider keine Zeit habe, um sie näher zu erläutern, denn entweder mußte man gleich zu Tisch gehen oder im Fernseher fingen die Nachrichten an, auf die Großvater für kein Geld der Welt verzichtet hätte. Mutter sagte, in der Tat bestünde eines der größten Probleme unserer Zeit darin, daß keine Zeit sei, um die Probleme unserer Zeit zu diskutieren, und alles sähe aus wie die Wohncontainer, die Arik Scharon über das ganze Land verstreut habe, oder wie die Talkshows von Dan Margalit und Elieser Sturm, deren Moderatoren ihre einzige Aufgabe darin sähen, den Interviewten zu sagen, daß sie sich kurz fassen sollten, denn die Zeit sei knapp, und man müsse sich beeilen, um auch dem nächsten Studiogast zu sagen, daß keine Zeit sei, denn wie sollen wir sonst zum dritten Gesprächspartner kommen und ihm erklären, daß es bedauerlich sei, aber die Zeit sei um, und als Großvater fragte, was schlägst du vor, entgegnete Mutter, daß sie dafür plädiere, nicht auf Träume zu verzichten, und Großvater meinte, daß er einer Generation angehöre, die unter den Trümmern allzu großer Träume begraben liege, und Mutter warf ein, daß man sich für den Anfang mit kleinen Träumen begnügen könne, und sie lieh Großvater das Buch aus, daß Gustav Landauer dem Bruder ihres Großvaters mit persönlicher Widmung geschenkt hatte, in der Zeit, als in München die Räteregierung die Macht hatte, die an die völlige Gleichheit unter den Menschen glaubte, und als der Bruder ihres Großvaters, der in jener Zeit aus Jassy in Rumänien kam, um in Berlin in Physik und Philosophie zu promovieren, beschloß, daß er dieses politische Experiment mit eigenen Augen sehen müsse, reiste er hin und war beeindruckt und verfaßte einen langen Artikel, der »Persönlicher Rechenschaftsbericht über die Revolutionsereignisse in München« hieß und in dem er unter anderem bemerkte, daß die Führer, die dieses interessante Experiment leiteten, Juden waren, wie Ernst Toller und Kurt Eisner und Gustav Landauer, und eine Fotokopie des Artikels ist im Deckel des Buches, das Landauer dem Großonkel gab und das später in Mutters Hände gelangte, mit einer Büroklammer befestigt, und dort hinein schrieb Landauer auch eine Widmung: »Wem die Kraft zum Träumen fehlt, der wird auch nicht die Kraft zum Leben haben«, und damit meinte er den Traum von einer gerechteren Gesellschaft, und das war es, was er in München zu verwirklichen versuchte, und nachdem Großvater Artikel und Buch gelesen hatte, fragte er Mutter mit einem traurigen Lächeln: Wo sind sie, all diese freundlichen kosmopolitischen Juden, die versucht haben, in Deutschland eine perfekte Gesellschaft zu verwirklichen? Wo sind sie, Alma, mit ihren grandiosen Träumen? Wie gewöhnlich erwartete er auch diesmal keine Antwort, sondern gab sie selbst, nämlich daß sie von den trüben Wellen des deutschen Nationalismus hinweggespült wurden, und die Ironie dabei ist – paradoxerweise –, daß ausgerechnet der Teil ihrer Persönlichkeit, dem sie die kleinste Bedeutung beimaßen, den sie verspotteten, den sie aus ihrem Bewußtsein und aus dem Bewußtsein der anderen zu streichen versuchten, daß gerade dieser Teil der Grund dafür war, daß man sie ermordet hat: ihr Judentum, Alma! Ihr Judentum! Wir sind nicht auf ein unbeschriebenes Blatt geboren worden, das wir nach Lust und Laune füllen können, denn wenn wir versuchen, all die Seiten zu ignorieren, die vor der unseren geschrieben wurden, wird es immer wieder Menschen geben, die uns auf die Fußnoten oder auf den Index verweisen, so wie man deine Rosa Luxemburg, von der du so begeistert bist, darauf verwiesen hat, Alma! Dieses dicke Buch, das die Geschichte geschrieben hat, verpflichtet uns dazu, unser Kapitel irgendwie in Einklang mit den Kapiteln zu gestalten, die von früheren Generationen verfaßt wurden. Und darauf sagte Mutter, es käme nicht darauf an, was wir in dieses Buch, von dem Großvater spreche, zu schreiben hätten, sondern was es wert sei, hineingeschrieben zu werden. Und wenn zwischen den beiden Weltkriegen mehr Menschen an die Sache geglaubt hätten, wären diese Idealisten nicht ermordet worden, als Hitler noch klein war, und vielleicht, vielleicht hätte es eine Chance gegeben, die Zukunft zu ändern, die damals noch nicht geboren war und die schließlich die Nazis und den Holocaust brachte. Aber dazu sei es nicht gekommen, denn das System der Rechten sei es seit eh und je, den Linken den Traum und die Träumer umzubringen, und darauf sagte Großvater, daß es auch das System der Linken sei, und Mutter stritt nicht mit ihm, denn in diesem Punkt hatte er gute Beispiele, und sie hatte zudem keine Lust, Großvater weiter zuzuhören mit seinen Beispielen aus der Jagdsaison und dem Skandal der Atalena und wie die Knochen von Jabotinsky vierundzwanzig Jahre auf ein Zertifikat warten mußten, bis zum 9. Juli 1964, dem Jahr, in dem Ben Gurion seinen Abschied nahm und Eschkol die Regierung übernahm, der kein großes Genie war, aber wenigstens ein Mensch.

Als die Kassette von Nacha zu Ende war, schlug Mutter die Augen auf und sah, daß ich mit dem Wasser, dem Aspirin und dem Raumspray neben ihr stand, und sie nahm die Tabletten ein und sprühte ein wenig gegen die Geruchsschwaden der Baraks an, streichelte meinen Kopf und setzte sich wieder. Und als ich sie fragte, ob ich das Licht anknipsen solle, sagte sie, daß es so gut sei, und ich solle ihr nur das Telefon bringen, denn sie wolle ein paar Gespräche führen. Ich wußte, daß sie vorhatte, den Schaschlikrat einzuberufen, was der Name ist, den Vater den Treffen von Mutter, Amalia, Orit und Maja verlieh, denn was sie bei diesen Zusammenkünften machten, war, ihren letzten Hodenfang auf ihre spitzen Zungen zu spießen oder mit ihrem glühenden Atem Eier zum Kochen zu bringen. Ich hatte richtig getippt. Sie rief an und lud SOS ein, denn sie sei in einer Notlage, und sie versprachen ihr, sich unverzüglich einzufinden, und wirklich tanzten sie in Kürze an, Maja mit einer Flasche Tequila, Amalia mit Windbeuteln und Käsekuchen aus der Konditorei Lewana, nach denen Mutter verrückt war, und Orit mit Herschey's Chocolate, die ihr Mann ihr regelmäßig aus New York mitbrachte, denn er ist Pilot bei El Al, und die Gruppe ist verrückt nach dieser Schokolade, und kohlehydratreiche Kost ist Amalias Geheimrezept für Notlagen, denn es ist bekannt, daß die beste Medizin gegen eine Depression, die ein Mann verursacht, eine Depression ist, die durch eine Gewichtszunahme ausgelöst wird, und Depressionen auf Grund von Übergewicht heben Depressionen wegen Männern auf, wie Lebensgefahr die Schabbat-Gesetze aufhebt, weil man anfängt, sich mit der eigenen Person zu beschäftigen anstatt mit ihm, und anstatt zu fragen, warum er gegangen ist und mit wem er gerade ins Nest steigt und wann er zurückkommt und wie er mir das antun konnte, beschäftigt man sich mit dem eigenen Gewicht und dem Fett an den Schenkeln und den Ringen, in die die Taille sich legt, und mit Diäten und Gymnastik und Schlankheitskuren und schwachsinnigen Videos von Jane Fonda, und am Ende bringt das Fett, das Männer von den Frauen fernhält, Frauen sich selber näher, bis sie reif sind für einen Neuen, und dann verschwindet das Fett wieder; Amalia weiß davon ein Liedchen zu singen, denn sie bringt es fertig, in einem Jahr drei, vier Kreisläufe des Abnehmens und Zunehmens zu durchlaufen, und die bewegen sich zwischen achtundfünfzig Kilo, was ihr Idealgewicht ist, das sie zehn Jahre jünger aussehen läßt, und einundsiebzig Kilo, die ihr mehr oder weniger ihr wahres Alter verleihen, die auf keinen Fall überschritten werden dürfen und die sie ihrer extravaganten Waage eingegeben hat, die mit der Stimme eines Papageis verkündet: You are too heavy for me, was du bist zu schwer für mich heißt, oder die Oh no verlauten ließ oder das Geräusch eines Reifens machte, aus dem die Luft entweicht, und röchelte und am Ende kreischte: You have crashed me to death, was du hast mich totgequetscht heißt, oder sie schrie, don't stand on me, I can't stand your weight, was stell dich nicht auf mich, ich halte dein Gewicht nicht aus heißt, und dann kam sie auf ihre erste Ansage zurück; aber nun funktioniert sie nicht mehr, denn bei ihrer letzten Scheidung schleuderte Amalia sie auf Micha, den sie verfehlte, und die Waage segelte durchs Fenster und zerbarst nach einem freien Fall über fünf Stockwerke auf dem Bürgersteig; vorher jedoch, nachdem Amalia sie in New York gekauft hatte, brachte sie sie mit zu einer Tagung des Schaschlikrates, um sie reihum gehen zu lassen, und Orit, die schon seit zweiundzwanzig Jahren mit Joram verheiratet ist und bis zu ihrem Lebensende nicht wissen wird, was sie eigentlich bei ihm sucht, und wenn sie es herausfindet, wie Maja sagt, es ganz und gar nicht erwiesen ist, daß sie es ausgerechnet bei ihm findet, Orit also stieg ein paarmal auf die Waage und strahlte vor Glück, und am Ende sagte sie, daß die Waage besser sei als ihr Mann, denn die Waage gebe wenigstens einen Kommentar ab, wenn man sie besteige.

Amalia wechselte nicht nur drei-, viermal pro Jahr die Figur. Es war ihr auch gelungen, ein paarmal zu heiraten und geschieden zu werden; ihre Haarfarbe pflegte sich mit den Jahreszeiten zu verändern, auf rabenschwarz folgten Strähnen, sie wurde blond, wurde rot, mal organisierte sich ihr Haar in dünnen afrikanischen Zöpfen, mal wellte es sich, mal wurde es kraus, kringelte sich zu Korkenziehern und dann, aus heiterem Himmel, wurde es kurz, denn woher sollte man wissen, welche Frisur die ihr verwandte Seele vorzog, die mit Sicherheit irgendwo existierte und die sie bis zum heutigen Tag einfach noch nicht gefunden hatte, worüber man nicht verzweifeln durfte, sondern die man suchen, suchen und nochmals suchen mußte, denn es war keine Frage, daß es unter den zwei Milliarden Männern, oder wie viele es waren, die über die Erde krochen und in die Kriege zogen und Geld machten und Kunst und Erfindungen, daß es unter all diesen einen gab, der zu ihr paßte. Sie mußte sich lediglich zum richtigen Zeitpunkt mit dem richtigen Outfit am richtigen Ort aufhalten – an einem der belebten Angelpunkte ausharren, wo sie, wie Vater sagte, ihre Netze ausbreitete und ihre Fallen legte; eines schönen Tages würde er vorbeikommen, wenn es nicht im Club Med in Marokko wäre, dann vielleicht in einem Skikurs in der Schweiz oder bei einer Safari in Kenia, oder er würde in den Bumskolumnen im Journal »Die Stadt« oder in der »Tel Aviv« in Erscheinung treten, womöglich auch in ihrem Reiki-Kurs, einer eigentümlichen japanischen Methode zur Mobilisierung kosmischer Energien zum

Zweck der Heilung von Krankheiten und dem Abbau von Spannungen, in dem sie Professor Harold kennengelernt hatte, von dem Maja gleich zu Beginn behauptet hatte, er sei ein Scharlatan, und man müsse Amalia vor ihm retten, worauf Amalia Maja zur Antwort gegeben hatte, sie verstünde nichts von Männern, und ihr siebter Sinn sage ihr, daß sie diesmal auf einen Schatz gestoßen sei; wie ihre übrigen Männer war er zunächst makellos, klug und schön, und im Gegensatz zu seinen Vorgängern darüber hinaus außerordentlich biegsam, was eine fundamentale Eigenschaft für jemanden darstellte, der beispielsweise Seite sechsunddreißig des Kamasutra anpeilte, und sie hatte das Buch aus ihrer Tasche gezogen, die entsprechende Seite aufgeschlagen und es zur Ansicht weitergereicht; als es in Orits Hände gelangt war, hatte diese es ein paarmal gedreht und gewendet, da sie nicht dahinterkam, von welcher Seite man es zu betrachten hatte und welches Bein nun zu wem gehörte, und dabei bemerkt, daß hierfür Gelenkigkeit nicht ausreiche, daß man vielmehr zur Gattung der Wirbellosen gehören oder zumindest rachitisch sein müsse, um Beine und Arme derart verrenken zu können, und Maja hatte hinzugefügt, daß ferner ein Pimmel von wenigstens fünfundzwanzig Zentimetern erforderlich sei, da man in dieser Position nicht lückenlos gegeneinanderstieße, und sieben, acht vergeudete Zentimeter in der freien Luft verlorengingen, und Amalia lachte und sagte, Maja habe recht, Harold sei mit allen passenden Maßen und Gewichten gewappnet, sie habe ihn sogar vermessen und sei auf vierundzwanzig Zentimeter gekommen, und Orit verschluckte fast ihre Tasse und fragte, was bedeutet das, du hast ihn vermessen? Amalia berichtete, Harold selbst habe vorgeschlagen, Nachmann, wie er seinen Pimmel nannte, zu messen, und sie habe ihn dazu gebracht, sich aufzurichten, dann aus ihrem Nähzeug ein Maßband genommen und gemessen; Orit fiel fast in Ohnmacht – allein bei dem Gedanken, daß einer seinem Ding einen Namen gab, es zum Stehen brachte, um Messungen an ihm vorzunehmen, und plötzlich fiel ihr ein, daß sie einen Cousin namens Nachmann hatte, und sie kicherte, denn aus irgendeinem Grund erinnerte der eine sie an den anderen; Amalia fragte, wie kommst du darauf? Du hast meinen Nachmann doch nie gesehen, und Orit fragte, was gibt es da schon groß zu sehen? Sie sind doch alle gleich, worauf Amalia antwortete, das bildest du dir nur ein, da du in deinem ganzen Leben nur einen einzigen zu Gesicht bekommen hast, was zutraf, denn Orit hatte ihren Mann nicht ein einziges Mal betrogen, nicht mal im Jom-Kippur-Krieg, als er mit seiner Mirage in Syrien abgestürzt war und dort acht Monate im Gefängnis zugebracht hatte, was Maja gerne dem Komitee für die Vergabe des Israel-Preises mitgeteilt hätte, um Orit als Preisträgerin vorzuschlagen für ein einzigartiges Lebenswerk in den Disziplinen Eheleben und Familienmoral, aber das lag schon eine Weile zurück, und nun fragte Orit, welche Abweichungen es schon geben könne, wenn man es nicht bis auf das i-Tüpfelchen genau nehme, und Maja erklärte ihr, daß es wie mit den Fingerabdrücken sei, es gäbe auf der Welt keine zwei, die gleich seien, nicht einmal bei eineiigen Zwillingen, und in diesen Dingen wußte Maja, wovon sie sprach, denn sie hatte auch diese Frage untersucht, und sie lachten noch heftiger, und Mutter schlug vor, Amalia solle Nachmann beim nächsten Treffen in einem Einweckglas mitbringen, damit Orit etwas über die Vielschichtigkeit des Lebens erführe, und Maja erstickte nahezu vor Lachen und gab zum besten, Einweckgläser von dieser Größe seien noch nicht auf dem Markt, und dann erkundigte sie sich, wo, Amalia, hast du das Maßband genau angesetzt? Daraufhin brach ein Streit aus, denn alle waren sie sich sicher, bis zu welchem Punkt man zu messen hatte, aber sie konnten sich nicht darauf einigen, wo genau man ansetzte, bei einer solchen Messung käme es schließlich auf jeden Zentimeter an, denn es gab ein paar Unglücksraben, bei denen ein einziger Zentimeter bereits ein Zehntel der Gesamtlänge ausmachte; schließlich sagte Amalia, es spiele keine Rolle, wo man genau anlege, was zähle, sei allein, was sie spüre, und sie spüre, daß er bei ihr in Regionen vordringe, in die keiner vor ihm vorgedrungen sei, und Maja lachte und fragte, wen sie meine, Nachmann oder Harold? Amalia lächelte und erwiderte, beide, und dann wurde sie ernst und sagte, daß sie eine wichtige Mitteilung zu machen habe, alle wurden still, und Amalia ließ die Bombe platzen, daß sie Harold heiraten müsse, denn sie fühle tief in ihrem Innern – dabei wies sie knapp unter ihren Bauch –, daß er ein würdiger Vater des Kindes sei, welches in ihr zu keimen beginne, und alle wollten aufgeregt wissen, ob sie schwanger sei, was sie bestätigte, und auf der Stelle entkorkten sie noch eine Flasche Wein, denn die erste hatten sie bereits niedergemacht, und sie stießen mit ihren Gläsern an, und Mutter umarmte Amalia, küßte sie und sagte, sie hoffe, diesmal brächte sie es zu einem Ende, aber wie bei all ihren früheren Schwangerschaften grauste es Amalia nach ein paar Wochen vor dem, was ihrer Meinung nach mit einer Schwangerschaft einherging und was mit morgendlichen Übelkeiten begann sowie einem furiosen Appetit und im weiteren Verlauf zu Sodbrennen, Karies und Blutvergiftungen, einer zu Überstunden verdonnerten Blase und Hämorrhoiden, Schlafstörungen und Krampfadern in den Beinen führte, um mit dem gräßlichen Bauch zu enden, der das ganze Aussehen beherrschte und mit dem man nie wußte wohin, und all dies, um einen Säugling zu gebären, der plötzlich in ihrem Leben auftauchen und das Ruder übernehmen würde mit all den Windeln und der Enge und der Verantwortung und dem Schreien in der Nacht und dem Durcheinander in ihrer aufgeräumten Wohnung, die wie die Zweigstelle einer Apotheke wirkte und auch ebenso roch und in der man nichts verrücken durfte, und sie gab Harold den Laufpaß, nachdem sie Guy, ihren Rechtsanwalt, der seinen jungen, verschwendungssüchtigen Partner allein mit den Scheidungsangelegenheiten Amalias bequem aushalten konnte, auf ihn angesetzt hatte; in der Klage, die sie einreichten, warf sie Harold vor, er habe sie getäuscht und falsche akademische Titel benutzt, um sie zu beeindrucken und zu erobern, und erst nachdem sie schwanger geworden war, habe sich herausgestellt, daß er gar kein Professor sei, und darum müsse er sie für die Zeit, die sie mit ihm vertan habe, und für die potentiellen Optionen, die sich ihr eröffnet hätten, wenn sie sich in der zur Debatte stehenden Zeit nicht nur ihm hingegeben hätte, entschädigen, und im übrigen – was war mit den seelischen Grausamkeiten und den körperlichen und psychischen Qualen der Abtreibung? Als Vater erfuhr, daß Harold ihr in der Ausgleichsverhandlung dreißigtausend Schekel zugesagt hatte, bemerkte er, Amalias Uterus sei nicht nur ein Schlachthof für Embryonen und nicht nur eine raffinierte Sparbüchse und auch nicht einfach eine Vagina Dentata, was eine bezahnte Gebärmutter ist, sondern ein Fleischwolf auf dem neuesten Stand der Technik, gewissermaßen ein Super Magimix, und Mutter erwiderte, daß Amalia wenigstens saubere Schnitte mache und ihre Beziehungen nicht jahrelang schleifen ließe und daß sie bei ihren Männern keine Fragezeichen offenließe, und Vater sagte, es treffe zwar zu, daß sie ihnen keine Fragezeichen hinterließe, aber sie ließe ihnen auch sonst nichts, bis auf ein paar Risse vielleicht.

Und so kam es, daß es Amalias Gebärmutter wieder einmal nicht gelang, Bekanntschaft mit einem Embryo zu machen, dessen Alter zwei Monate überschritt, denn das war in etwa die Zeitspanne, die sie benötigte, um vor dem Kind, das in ihrem Bauch wuchs, zu erschaudern und den Entschluß zu fassen, Schaul Kaminer aufzusuchen, der der Gynäkologe aller anwesenden Frauen war und ein guter Freund von Mutter, und ihrer Gebärmutter erneute Kontakte mit Spekulum, Sonde, Kanüle und Kürette zu verschaffen, den Gerätschaften, mit deren Hilfe Schaul Kaminer in sie hineinsah, den Embryo aus ihr heraussaugte und die Reste des Mutterkuchens von den Wänden ihres Uterus schabte. Wenn sie das Asuta-Krankenhaus verließ, in dem sie ihre Abtreibungen vornehmen ließ, verfiel sie in Depressionen und bereute fürchterlich, daß sie schon wieder eine Chance vertan hatte, warum hatte sie sich nur vor so einer kleinen, hilflosen Kreatur erschreckt, die im Alter von acht Wochen alles in allem sechzehn Millimeter lang war, und was denke Mutter, was man mit diesem Wesen mache, nachdem man es herausgeholt habe, wohin wirft man sie eigentlich? Weshalb hatte sie denn nicht noch ein wenig warten können? Was waren schon neun Monate? Dann wäre es zur Welt gekommen, und aus ihr wäre etwas geworden, eine Mutter, und sie hätte das Baby zur Schenkin-Straße geschoben, in dem wunderschönen Kinderwagen, den sie bei ihrer letzten Schwangerschaft in Paris erstanden hatte und der in dem dritten Schlafzimmer ihrer Wohnung stand, dem Zimmer, dessen Bestimmung es war – und es konnte immer noch sein, daß es sich erfüllen würde, wenn sie noch schnell auf den fahrenden Zug aufsprang –, ein Kinderzimmer zu sein. Wie dachte Mutter darüber? Zählte ein sechs, sieben Wochen alter Embryo schon als lebendiges Wesen? Wenn dem so wäre, dann hätte sie schon sechsmal kaltblütig gemordet, und an dieser Stelle ging sie dazu über, sich bei Mutter über ihr großes Versäumnis zu beklagen und darüber, daß sie seelisch kastriert sei, und wie recht ihre Mutter doch gehabt habe, als sie sie als eine totale Null bezeichnet habe, die nicht mal in der Lage sei, einen kleinen Enkel in die Welt zu setzen, ganz zu schweigen von ihrem Magister in Theaterwissenschaften, der nun schon elf Jahre ausstehe, und sie müsse sich zusammenreißen und im kommenden Jahr endgültig die Arbeit über die Figur des Narren in den Schauspielen der Renaissance zwischen 1520 und 1610 abschließen, das würde ihr den Einstieg in eine akademische Laufbahn ermöglichen, denn sie habe die Nase voll, im Theater für die Öffentlichkeitsarbeit zuständig zu sein und sich bei mittelmäßigen Regisseuren anzubiedern, Interviews zu organisieren, Fotografen einzuladen und Werbetexte für Stücke zu schreiben, die sie zum Kotzen fand – denn unter uns gesagt, Assaf möge mir verzeihen, in Israel gibt es kein Theater, außer Chanoch Levin natürlich und Nissim Aloni, der ins Koma abgetaucht ist, und vielleicht zwei Stücken von Sobol, aber zweieinhalb Dramaturgen bildeten noch keine umfassende Theaterkultur; und was würde die Zukunft bringen, der achtundvierzigste Geburtstag rücke näher, und sie habe immer noch nichts aus sich gemacht, jetzt sei Schluß, von morgen an würde sie mit all den Kursen und Diäten aufhören, und ihre grauen Haare grau lassen, wie Mutter, ohne sich davor zu fürchten, und sie würde den Termin annullieren, den sie in Herzelia für ein Gesichtslifting vereinbart habe; wie Mutter es bloß schaffe, so stark zu sein und durchzuhalten ohne den ganzen Zirkus und die ganzen Täuschungsmanöver, mit der Krankheit ihrer Eltern und all dem Kummer, den Assi ihr fortwährend bereite. Warum verläßt du ihn nicht? Bei ihr würden die Männer Schlange stehen, sobald sie erführen, daß sie zu haben sei. Noch mehr als bei Maja. Sie streckte eine Hand aus, streichelte Mutters Wange und flüsterte, wie schön du bist, wie glatt deine Haut noch ist, und fügte sofort hinzu, daß Mutter sich besser beeile, denn sie sei auch kein Kind mehr und wisse gar nicht, wie schnell die Zeit zwischen vierzig, Mutters Alter bei diesem Treffen, und den vierundvierzig, die Amalia schon seit ein paar Jahren war, vergehe. Mutter lächelte darüber und erklärte Amalia, daß Amalia wohl noch immer nach der verwandten Seele suche, sie selbst sie jedoch bereits gefunden habe, und Amalia lächelte unter Tränen und bemerkte, das Problem sei, daß Assi nicht wisse, daß er ihr Seelenverwandter sei, und Mutter sagte, daß er wegliefe, gerade weil er es wisse, daß sie jedoch geduldig sei. Es wurde Abend, und sie machten kein Licht in der Küche, saßen still am Tisch vor den leeren Kaffeetassen, und plötzlich schnappte Amalia nach Luft, ihr Gesicht färbte sich rot und sie bekam einen Schweißausbruch, es sah schlimm aus, und Mutter stellte sich vor sie und fragte, ob alles in Ordnung sei, und Amalia sagte, daß nichts, rein gar nichts in Ordnung sei, und sie kramte in der Tasche und zog ein Taschentuch heraus, stellte aber fest, daß es bereits durchnäßt war, und während sie nach einem frischen suchte, erzählte sie Mutter, daß diese Attacken sie mehrmals am Tag überkämen. Es beginne mit einer Hitzewelle in Bauch und Rücken, die wie Hochwasser ansteige, den Nacken erreiche, den Kopf, und gestern nacht habe sich ihr Bett in eine Badewanne voll Schweiß verwandelt. Alles habe sich mit dem verdammten Schweiß vollgesaugt. Sogar die Matratze. Und Mutter ging Papiertücher holen, kam zurück und tupfte Amalia die Perlen von der Stirn und fragte, ob sie ein Glas Wasser wolle, und Amalia sagte, sie wolle sterben. Das sei es, was sie wolle. Darauf gab Mutter zur Antwort, diese Anfälle seien kein gottgewolltes Schicksal. Man könne Östrogene nehmen und diese Krise vollends umgehen. Amalia sah Mutter an und fragte, ich soll mich einer Hormonbehandlung unterziehen? Ich? Bin ich etwa nicht weiblich genug? Sie dachte einen Augenblick über ihre Worte nach und fügte hinzu, daß Östrogen überdies krebserregend sei, worauf Mutter ihr sagte, ihr Benehmen sei bisweilen primitiv, und sie solle aufhören, sich selbst zu bemitleiden, man werde umgehend Schaul Kaminer anrufen, um einen Termin für sie zu vereinbaren. O. k.? Amalia nickte mit dem Kopf, und Mutter begab sich zum Telefon, wählte, sprach mit Schaul und lachte auf, denn er machte hin und wieder schrecklich komische Witze, sie beendete das Gespräch und kam zurück, um Amalia mitzuteilen, daß er sie morgen um zehn in der Kirya-Klinik erwarte, in der Abteilung für Retortenbabys, wo er ein Zimmer hatte, in dem er sich in Ruhe Mutters Freundinnen widmen konnte, und wenn Amalia es wünsche, würde Mutter den Termin, den sie am nächsten Morgen habe, absagen und sie begleiten, und Amalia fing an zu weinen, ihre Schminke tropfte über ihre Wangen, und sie sagte, daß Mutter die Kinder habe, aber sie! Sie würde bald abgenutzt und abgelutscht sein, ein fester Bestandteil der Kneipenlandschaft des Café Sigel, in das sich die verlebten Typen begäben, um dort die Reste der Nacht totzuschlagen; und ihr Ende sehe so aus, daß sie sich an einen x-beliebigen Juwelier oder einen verwitweten Bauingenieur hängen würde und auf ihren Traum verzichten müsse, den schönen Traum, der eigentlich schon in Vergessenheit geraten sei, und es komme ihr vor, als sei sie erst gestern vom Militärdienst entlassen worden, eine junge Offizierin mit langem, glattem, honigfarbenem Haar und einem Feuerwerk in den Augen, was für einen Busen ich hatte, und während sie das sagte, fuhr sie sich geistesabwesend an die Brust und zuckte zusammen und sagte, daß das, was jetzt dort bei ihr hinge, in keinerlei Beziehung stünde zu dem, was sie einst vorzuweisen hatte – als ob es sich um zwei grundverschiedene Dinge handelte, die nicht einmal aus der gleichen Materie bestanden. Und dann zwickte sie fest in den Wulst an ihrem Bauch und in ihrer Taille und sagte wütend zu Mutter: Sieh nur, sieh dir dieses widerliche Etwas an, was ist das? Wieso ist es an mir dran? Was hat es dort zu suchen? Und Mutter meinte, daß selbst eine Zwanzigjährige, wenn sie gebückt auf einem Stuhl sitze, Speckrollen habe, und nun sei es genug, es reicht mit deinem Selbstmitleid, und Amalia sagte, daß es nicht fair sei, einfach nicht fair. Sie wurde still, versuchte, sich zu erinnern, worüber sie gesprochen hatte, bevor sie sich an den Busen gefaßt hatte, und als es ihr wieder einfiel, erzählte sie, wie sie das Büro geleitet und den Kommandanten der Division um den Finger gewickelt hatte, der in die Knie zu gehen pflegte, um ihr die Füße zu küssen, und sich von dort unten langsam vorarbeitete, um noch ein paar andere Stellen zu liebkosen, und wie sie den Weg zur Ausmusterung mit den Trümmern gebrochener Herzen von Offizieren und Kommandeuren gepflastert hätte, und was für eine brillante Studentin sie in den ersten Semestern gewesen sei, die die Dozenten, denen sie ihre Gunst gewährte, dazu brachte, ihre Familien zu zerschlagen und wie Schoßhündchen mit dem Schwanz zu wedeln, wenn sie den Campus überquerte, und sie habe nur zu wählen brauchen, und seitdem seien schon siebenundzwanzig Jahre vergangen. Siebenundzwanzig Jahre, Alma. Und halb lächelnd, halb weinerlich fragte sie, wie es so vielen Jahren gelungen sei, sich in ihr Leben einzuschleichen. Und es wurde still, bis auf das Geräusch einer hochgezogenen Nase, und dann flüsterte Amalia, du machst dir keine Vorstellung, wie ich in Panik bin. Bald wird meine Periode ausbleiben. Schon jetzt ist sie unregelmäßig, und eine Sache ist bereits gelaufen, ein Kind werde ich nicht haben. Und wieder rannen die Tränen, und Mutter streckte ihre Hand aus, die sich auf Amalias Hand legte und diese streichelte, und Amalia sagte noch einmal, daß es nicht fair sei. Das ist ausgesprochen unfair. Sie ging nicht näher darauf ein, was nun unfair war, und fragte nach einer Weile, wie konnte das alles geschehen? Sie erklärte nicht genau, was geschehen war, machte nur eine ausladende Geste mit der Hand, als versuche sie zu demonstrieren, was sie meinte, und Mutter nutzte diesen Augenblick und drückte ein Kleenex in die vorbeistreifende Hand, und Amalia putzte sich ein wenig die Nase, wischte vorsichtig die Schminke weg, die unter ihren Augen verschmiert war, und fragte Mutter, ob sie sich denn nicht fürchte vor dem, was sie erwarte, und Mutter sagte, daß sie sich bemühe, sich nicht vor Dingen zu fürchten, die nicht in ihrer Macht lägen – und daß sie versuche, in Einklang mit diesen Dingen zu leben. Über diese Fähigkeit von Mutter, nämlich die Fähigkeit zu wissen, wofür man kämpft und womit man sich abfinden muß und wo man aufzugeben hat, sagte Vater, daß sie ihre enorme Stärke sei, die enorme stille Stärke, angesichts derer er, Vater, der sich vor so vielem fürchte, sich so elend und schwach fühle.

Abgesehen von vier Föten im Alter von maximal zwei Monaten, der Hand von Schaul Kaminer, Spekulum,

Sonde, Kanüle und Kürette lernte Amalias Gebärmutter die Samen von siebenundvierzig Männern kennen, was aus der Berechnung hervorging, die Amalia seinerzeit anstellte, als die Frauen ein wenig angetrunken waren und eine Liste der Männer anfertigten, die jede von ihnen gehabt hatte, und Mutter Blätter und Stifte verteilte, und alle in Gedanken vertieft waren und sich redlich bemühten, keinen von all ihren Typen zu vergessen; als erste war Orit fertig, ungefähr zwei Sekunden, nachdem sie begonnen hatte, und Maja sagte ihr, wenn sie Stadt-Land-Fluß gespielt hätten, wäre sie als Siegerin hervorgegangen, und Amalia fragte sie, wie es sein könne, daß sie so schnell fertig werden konnte, worauf Orit ihr zur Antwort gab, daß sie nur den einen hatte, und alle anderen sie fassungslos anstarrten, und Amalia sagte, daß das einfach nicht sein könne, es sei das erste Mal, daß sie mit solch einem Phänomen konfrontiert würde, und Orit wurde rot und schämte sich ein wenig und sagte, daß vor ihrem Mann da noch einer war, aber sie seien beide noch jung gewesen, und sie wisse nicht recht, ob sie ihn bei der Zählung berücksichtigen könne oder nicht, und Maja fragte, kam es zu einer Penetration oder nicht? Orit sagte ja und nein, denn sie waren beide noch Jungfrauen und kannten sich mit dem Prozedere nicht genau aus, und sie sei sich nicht sicher, ob sie ihn mitrechnen solle oder nicht, worauf Amalia sie fragte, ob sie auch nach jenem gewissen Akt Jungfrau geblieben war, und Orit sagte, daß sie sich nicht sicher sei, und Mutter fragte, ob sie sich beide ausgezogen hätten, und Orit erwiderte, fast, und Mutter schlug vor, daß die Mitglieder der Jury im Falle Orit Milde walten lassen und den fragwürdigen Akt als vollzogen betrachten sollten, und die anderen erklärten sich einverstanden, denn Orit stellte eh keine Gefahr für die ersten Plätze dar, und sie widmeten sich erneut ihren Listen. Als zweite war Mutter fertig, die zwölf Männer aufzuweisen hatte, was alle ein wenig überraschte, denn sie hatten gedacht, Mutter sei wesentlich rühriger gewesen, und Mutter und Orit standen vom Tisch auf und gingen zur Küche, um Tallarines mit Pesto vorzubereiten und um Maja und Amalia nicht bei ihren Listen zu stören, und die beiden vertieften sich wieder in ihre Listen, und Amalia bat, ihr noch einen Bogen zu bringen, und sie geriet ein wenig ins Schwitzen, denn sie befürchtete, daß Maja im Begriff war, sie zu überholen, und als sie die Zahl siebenundvierzig nannte, fügte sie deshalb sofort hinzu, daß sie sicherlich jemanden vergessen habe, denn in der Militärzeit und an der Universität hätte sie eine Heerschar von Verehrern gehabt, die zu einem amorphen Erinnerungsstrudel geworden seien, gesichts- und körperlos, und tatsächlich fielen ihr im Lauf des Abends noch ein paar ein, denen es gelang, aus der undefinierbaren Suppe an die Oberflache aufzutauchen, und zum guten Schluß überrundete sie Maja, die ebenfalls eine Menge vorzuweisen hatte, aber der Unterschied zwischen den beiden – wie Vater, der Amalia verabscheute und Maja sehr mochte, sagte – ist, daß Amalia die Männer haßt und sie deshalb gegeneinander austauscht, und in der Kette ihres Lebens gäbe es immer eine Perle, die wegen einer neuen Perle auf den Müll geworfen würde, Maja dagegen, die die Männer liebe, würde diese einfach aneinanderreihen, wodurch ihre Kette immer reicher an Perlen würde, und die Sederabende bei Maja, die mit zwei Männern auf einmal zusammenlebt und Beziehungen zu all ihren Exmännern unterhält, Vater eingeschlossen, der für ein paar Monate ihr erster Ehemann war, seien eine Geschichte, die noch geschrieben werden müsse, und vielleicht würde Vater mal einen Film daraus machen, obwohl Fellini für diese Aufgabe besser geeignet wäre, denn dort saßen Maja und ihre Tochter von Chris, ihrem zweiten Ehemann, den sie auf dem M. 1. T. kennengelernt hatte, als sie dort promovierte, und der bei einem Verkehrsunfall auf der Arawa-Straße ums Leben gekommen war, und Schaj und Nechemja, die mit ihr zusammenleben, sie gemeinsam ins Kino, zu Konzerten und ins Restaurant begleiten und die mit ihr in dem überdimensionalen Bett schlafen, das im Schlafzimmer steht, und auf dem wir mit Vorliebe herumspringen – wie ist es eigentlich, zu dritt Liebe zu machen, fragten Orit und Amalia immer wieder mit glänzenden Augen, weil sie Einzelheiten hören wollten, wie zum Beispiel, ob Schaj und Nechemja sie gleichzeitig von vorne und von hinten nähmen, oder ob sie von Schaj gevögelt wird, während Nechemja Schaj bumst, und Amalia hat noch ausgefallenere Ideen über die Dreierkonstellation, wobei es sich herausstellt, daß es im Grunde unendlich viele Kombinationsmöglichkeiten gibt, aber Maja macht keine detaillierten Angaben, sie setzt nur ein Lächeln auf, hinter dem sich große Rätselhaftigkeit verbirgt, die alle immer wieder zu ergründen versuchen, und wenn sie zu Mathematikkonferenzen ins Ausland reist, gehen Schaj und Nechemja ausgiebig miteinander aus, und man sieht sie zusammen am Sheraton-Strand beim Beachball, wenn es Sommer ist, oder im Café Kassit Schach spielen, wenn es Winter ist, oder sie besteigen schnell ihren Lieferwagen, wenn jemandem die Haustür zugefallen ist und sie alarmiert werden, denn sie haben ein Unternehmen für Schlösser und Panzerschränke sowie einen Schlüsseldienst, das am Anfang nur Schaj gehörte, aber als Schaj zu Nechemja und Maja stieß, beschloß Nechemja dem Technion den Rücken zu kehren und in Schajs Unternehmen einzusteigen, und gemeinsam entwickeln sie

Alarmanlagen auf dem neuesten Stand der Technik für bizarre Millionäre aus der ganzen Welt, und zum Sederabend bringt Schaj seine beiden Töchter und seine Geschiedene mit, die wiederum ihre Mutter anschleppt, und Nechemja bringt seinen Vater und die neue Frau des Vaters, und dann kommt gewöhnlich auch noch Jair, der Chiropraktiker und seit vielen Jahren ein guter Freund von Maja ist und sich um die gebrochenen Wirbelsäulen der Menschen kümmert sowie um Majas Infusion, wenn sie dienstags und mittwochs in Jerusalem ist, wo sie an der Universität auf dem Skopusberg doziert, bei ihr erweitert er jedoch seinen beruflichen Wirkungskreis und beschränkt ihn nicht auf die Gegend ihres Steißes, und was für Hände er hat, meine Lieben, man könnte sich die Finger danach lecken; und Liora kommt, die vor Maja mit Chris verheiratet war, zusammen mit ihrem zweiten Ehemann und ihrem Kind von Chris, und Majas Mutter, die schon seit vielen Jahren Witwe ist und deretwegen Maja am Sederabend zwei, drei Kandidaten von den Senioren vom Gordon-Strand einlädt, die bei dem blinden Simson um sechs Uhr früh Gymnastik machen, welcher trotz seiner Blindheit aus den Jahren, in denen er noch sehen konnte, weiß, daß diese Faulenzer sicherlich Rücken und Knie nicht durchdrücken, und der sie anschreit, gerade stehen, gerade stehen, was steht ihr wie die Fragezeichen rum! Und soviel er auch brüllt, und sosehr sie sich auch abrackern – es hilft nichts, denn bei alten Menschen, wie Großmutter mir einmal erklärte, als auch sie bei ihm Gymnastik machte, sammeln sich die Jahre hauptsächlich in den Verbindungen der Gelenke und zwischen den Wirbeln und in den Knien und Ellbogen; von diesen Senioren besorgt Maja also zwei, drei für ihre Mutter, damit sie sich endlich einen aussucht und aufhört zu jammern, wie allein sie ist, aber ihre Mutter befürchtet, wenn sie eine Wahl trifft, wird sie keinen Grund mehr zum Nörgeln haben, weshalb sie darauf verzichtet; und Amalia kommt mit ihrem Jetzigen, der im Begriff ist, sie zu heiraten oder von ihr geschieden zu werden; und der Rabbi Schneor kommt, der einmal bei Maja einen Kurs in Numerik besuchte, und Maja bittet darum, den Rabbi nicht in Verlegenheit zu bringen, denn es handelte sich tatsächlich nur um einen Kurs im Rahmen des Mathematikstudiums des Rabbi und nicht um das, was ihr alle mit eurer schmutzigen Phantasie denkt, und seither leitet Rabbi Schneor auch den Seder und erklärt jede Sache und erzählt Geschichten und Legenden und hält sich bei jedem Wort der Haggada auf, über das man bei uns einfach gedankenlos drüberliest, und er hat zu allem etwas zu sagen, zum Beispiel über das Eintauchen des Eies in Salzwasser erzählte er nicht den Witz, der allen schon zu den Ohren raushängt – weil es immer irgendein Großmaul gibt, das darauf beharrt, ihn zum x-ten Mal zum besten zu geben –, sondern er brachte die Deutung des Rabbi Moses Sofer, der gesagt hat, daß alle Speisen weicher werden, je länger sie kochen; nur das Ei wird um so härter, je länger man es kocht, und so sei es auch mit dem Volk Israel: Je mehr die Nationen der Welt es versklaven und quälen, desto härter wird es und gibt nicht nach und mischt sich niemals unter sie. Wie der Satz: »Aber je mehr sie das Volk drückten, je mehr es sich mehrte und ausbreitete.« Und als er sah, daß alle die hartgekochten Eier nahmen und Anstalten machten, sie in die Schüsseln mit dem Salzwasser, die Maja auf die Tische stellte, zu tauchen, fügte er hinzu, daß man das Ei mit der Gabel und nicht mit der Hand eintauchen solle, denn sonst würde man die Zeile »Warum ist diese Nacht verschieden von allen anderen Nächten: An allen anderen Nächten brauchen wir nicht einzutauchen, auch nicht ein einziges Mal, in dieser Nacht zweimal« nicht respektieren und ein drittes Mal die Hände eintauchen, obwohl dort geschrieben steht, daß man sie in dieser Nacht nur zweimal eintauchen soll. Aber die, die nur einmal getaucht hatten oder die Hände vor dem Essen überhaupt nicht in Wasser tauchten – und das Ei zusammen mit den Fingern eintauchten, würden das eine Gebot gleichzeitig mit einem anderen ergänzen, das Gebot des Händewaschens in einem Atemzug mit dem Gebot des Eintauchens des Eies in das Salzwasser, und würden somit von neuem unter Beweis stellen, daß eine gute Tat eine zweite gute Tat nach sich zieht beziehungsweise daß der Lohn für eine gute Tat eine weitere gute Tat ist. Und warum taucht man überhaupt in Salzwasser? fragte uns Rabbi Schneor zwischen seinen hastigen Sätzen, an deren Ende er die Stimme hob, ohne daß wir Zeit zum Atemholen hatten; und natürlich gab niemand eine Antwort, denn entweder wußte man es nicht oder man war verhindert, weil man das Ei im Mund hatte; und auch dazu hatte er ein paar Geschichten, von denen eine mit der Umkehr Sodoms zu tun hatte, die sich in der Nacht vor Pessach ereignete, zu einer Zeit, in der das ganze Sodomtal blühte und Ernte brachte und voller Quellen war und dann von Salzwasser überflutet und so zum Toten Meer wurde; und noch ein Grund für das Salzwasserritual ist die Geschichte mit Lots Frau, die, als die Engel kamen, um ihren Mann zu besuchen, zu ihren Nachbarinnen lief und diese gegen die Engel aufhetzen wollte, und am Ende erwies sie sich in der Tat als unwürdig, den Untergang der Leute der Stadt zu sehen, und als sie ihren Kopf umwandte, um hinzusehen, traf auch sie das Unglück in Form von Schwefel und Salz – aber wir und unsere Frauen und unsere Kinder, die wir im Gegensatz zu Frau

Lot gastfreundlich sind und uns über unsere Gäste freuen und zu Beginn des Seders sagen: »Jeder, der hungrig, komme und esse!« – wir fürchten nicht das Unglück des Salzes und seines Wassers, und der Beweis ist, daß wir ganz selbstverständlich das Ei in dieses Wasser tauchen und mit Genuß verspeisen, denn was den schlechten Menschen zum Unglück gereicht, gereicht den Guten zum Glück, und als Rabbi Schneor einmal halb im Scherz, halb im Ernst behauptete, daß er für Maja bereit wäre, der Religion den Rücken zu kehren, baten ihn alle, davon Abstand zu nehmen, denn wer würde dann im kommenden Jahr den Seder abhalten, und wenn Nama beispielsweise fragen würde, wie die Israeliten es schafften, bei der Plage der Dunkelheit zu sehen, wer könnte ihr dann antworten, daß in den drei Tagen der Dunkelheit die Wolke, die Ägypten verdunkelte, den Israeliten Licht brachte, und wenn ein Hebräer das Haus eines Ägypters, das im Dunkeln lag, betrat, sah er, was in dem Haus los war, und wenn er den Ägypter bat, ihm irgendein Gefäß zu leihen, und der Ägypter ihm antwortete, daß er kein solches Gefäß besäße, antwortete ihm der Hebräer, ich weiß, daß du eins hast, es befindet sich da und da; auch über die anderen Plagen hatte er eine Menge Geschichten und Auslegungen, und manchmal fanden ernsthafte Diskussionen zwischen ihm und Guy statt, dem Rechtsanwalt, der früher selber ultraorthodox gewesen war und der zum Seder von seinem Lover begleitet wurde – Diskussionen über Gebote, deren Sinn man nachvollziehen, und über solche, deren Sinn man nicht nachvollziehen kann, bei denen Guy dazu überging, von der Klage von Majas Mutter gegen ihre Nachbarn zu erzählen, die ihr vor der Nase den Balkon zumauerten und somit die Aussicht verdarben, und wie fast immer gewann Guy den Prozeß, und die Nachbarn mußten den Balkon wieder freilegen, aber zur Strafe stellten sie ein chemisches Klo aus der Zeit des Golfkrieges darauf, auf das sich der Herr des Hauses kurzerhand setzte und schiß, und wenn sie zufällig an ihrem Fenster vorbeikam, lächelte er ihr zu und machte unanständige Gesten und streckte ihr sein Hinterteil hin, wenn er sich abputzte, bis sie ihn schließlich anrief und ihm sagte, daß er dort bauen könne, was er wolle, Hauptsache, mit dieser Schande hätte es ein Ende; zweimal kam Jürgen Bergmann zum Seder, ein Wünschelrutenexperte von internationalem Ruf, den Maja in Prag kennengelernt hatte, als sie an einer Konferenz von Mathematikern und er an einer internationalen Konferenz von Wünschelrutengängern teilnahmen, und der Maja in der Lobby des Hotels den Hof machte, worauf sie ihn zum Theresienstadt-Museum schleppte, wo er in Tränen ausbrach und während der ganzen Führung nicht mehr zu weinen aufhören konnte, und er fragte Maja, ob er mit seinem Beruf den Juden in Israel zu irgend etwas nütze sein könne, und Maja brachte ihn mit einem ihrer Freunde zusammen, der bei den Wasserwerken arbeitete, und gemeinsam gingen sie zum Flußlauf des Zin, wo Jürgen seine spezielle Rute auspackte und bat, ihm nicht mit einem Kompaß oder Metallinstrumenten zu nahe zu kommen, und mit ausgestrecktem Arm zeigte er mit der Rute nach vorne, lief los und erklärte, wenn die Rute ein wenig nach oben ausschlage, sei das ein Zeichen, daß sie sich über einem Gewässer befänden, das gegen die Richtung der Rute flösse, und wenn sie nach unten ausschlage, gingen sie mit der Strömung des Wassers, und wenn die Rute sich drehe, könne man wissen, in welcher Tiefe das Wasser fließe. Und wirklich, mitten in der Ödnis des Zin-Flußbettes hielt er nach zehn Minuten inne und befahl den Leuten von den Wasserwerken zu graben, und in anderthalb Metern Tiefe, genau wie er es angekündigt hatte, stießen sie auf eine große Quelle, und wir alle waren sprachlos über diese Geschichte, und Jürgen fragte uns, was so seltsam daran sei, schließlich hätte Moses höchstpersönlich sich des gleichen Systems bedient, um Wasser in der Wüste zu finden, und ein Stock in der Form einer Gabel erscheine auf antiken ägyptischen Zeichnungen und auf antiken chinesischen Zeichnungen, und an dieser Sache sei nichts Mysteriöses, denn um das Wasser herum bilde sich ein elektrisches Feld, ähnlich dem Energiefeld, das im menschlichen Körper existiere, der ebenfalls überwiegend aus Wasser bestehe, und das untere Wasser sende an das obere Wasser, wie ein Sender einem Empfänger durch ein Signal eine Botschaft sende, das dieselbe Frequenz habe, und das Senden verursache, daß der Nerv, der in der ausgestreckten Hand sei, sich zusammenziehe oder sich ausdehne, und zu unserer Kenntnisnahme, die US-Armee und das kanadische Landwirtschaftsministerium sowie die geologische Abteilung der Moskauer Universität und die UNESCO, die Jürgen zu dem ausgetrockneten Aralsee und in die Wüste Gobi schickten – sie alle griffen auf die Dienste der Wünschelrutengänger zurück, und er sei glücklich, daß es zur Pessachhaggada einen Bezug gäbe, und er habe noch etwas, das einen Zusammenhang zur Haggada herstelle, und das ist die Geschichte des Franzosen Boubisse, der in der großen Pyramide von Gise herumlief und Schutz vor der Sonnenhitze suchte und der in das Schlafgemach des Pharao Cheops gelangte, im Zentrum der großen Pyramide, und ungeheuer schwitzte, denn der Ort war feucht und total verdreckt wegen der vielen Touristen, die dort ihren Müll wegschmissen, und voller kleiner Wüstentiere, die in dem Labyrinth der Pyramide umherirrten und dort verendeten, und was ihn überraschte, war, daß diese Tiere trotz der großen Feuchtigkeit nicht verwesten, sondern wie die Körper der Mumien einfach vertrockneten und schrumpften. Und Boubisse fragte sich, ob die Pharaonen wirklich von ihren Untertanen mumifiziert wurden oder ob es irgend etwas an der Konstruktion der Pyramide gab, das die Mumifizierung bewirkte, und er baute selbst eine kleine maßstabsgetreue Pyramide und stellte sie auf wie die Pyramide des Pharaos, nämlich die Seitenlinien der Grundfläche in Nord-Süd beziehungsweise in Ost-West-Richtung, und in einem Abstand von einem Drittel der Gesamthöhe vom Boden legte er eine tote Katze und siehe da, ein Wunder: Die Katze machte einen natürlichen Mumifizierungsprozeß durch, denn zwischen der Raumform der Pyramide und den physikalischen, chemischen und biologischen Prozessen, die darin ablaufen, gibt es einen engen Zusammenhang, und als alle ringsum Jürgen zweifelnd ansahen, erzählte er uns, daß man in der Tschechoslowakei ein Patent mit der Nummer 91304 angemeldet habe, über das Schleifen stumpfer Rasierklingen, die scharf würden, wenn man sie in eine kleine Pyramide legte, und wenn Maja nichts dagegen habe, ein Stück dicken Pappkarton zu bringen, würde er uns erklären, wie man eine Pyramide baue und wie man das Experiment nachvollziehen könne, und wir alle ließen den Auszug aus Ägypten bleiben und stürzten uns auf die Pappkartons, die Maja brachte, und in Windeseile verwandelte sich das Wohnzimmer in eine Werkstatt, in der alle, inklusive Rabbi Schneor, mit Messungen, Schneiden und Kleben nach Jürgens Anweisungen beschäftigt waren, der erklärte, daß das Verhältnis des Inhalts der Grundfläche zu der Summe der Flächeninhalte der vier Seitendreiecke genau 14,94 zu 15,7 sein müsse, und wir setzten die Einzelteile zusammen, um eine perfekte Pyramide zu bekommen, und nach dem Seder stellten wir eine Kiste hinein, die ein Drittel so hoch wie die Pyramide war, auf die wir eine Rasierklinge legten, die Vater wegschmeißen wollte, mit der Klinge in Ost-West-Richtung, und erstaunlicherweise wurde die Klinge scharf, und Vater benutzte sie vier ganze Monate lang, und wir waren so begeistert von diesem Wunder, daß wir uns entschlossen, auch Jürgens erste Geschichte zu überprüfen, und eine ganze Weile rannten wir mit Astgabeln herum und suchten im Meir-Park, im Jarkon-Park und in Großmutters Hof nach Wasser und Öl und Schätzen, aber wir wurden nicht fündig, und Jürgen konnten wir auch nicht fragen, wo unser Irrtum lag, denn er war in Somalia in eine tiefe Grube gefallen, die nach seiner Empfehlung an einer Stelle gegraben worden war, von der kein Experte glaubte, daß man dort Wasser finden würde, und bevor es jemandem gelang, ihn zu befreien, versank er im Morast und ertrank in seinem besseren Wissen.

Abgesehen von all den vielen Gästen, die zu Majas Seder kamen, war da natürlich Staw, die Tochter von Maja, Schaj und Nechemja, bei der man mit Sicherheit wußte, daß sie aus Majas Bauch stammte, aber bei der es völlig offen war – und darüber gab es immer wieder Diskussionen –, ob ihr Vater nun Schaj oder Nechemja hieß. Zu diesen Diskussionen wäre es nicht gekommen, wäre der sture Beamte vom Innenministerium nicht gewesen, der seine Arbeit vorschriftsmäßig erledigen wollte, denn dafür wurde er bezahlt, und der auf seine Frage, wer der Vater sei, von Maja zur Antwort bekam, Schaj und Nechemja, und er fragte nach, ob UndNechemja ein Nachname sei, was Maja mit Nein beantwortete, Schaj sei Schaj Tannenbojm, und Nechemja sei Nechemja El-Nekawe, und es handle sich um zwei verschiedene Personen, und er sagte, daß er seit einundzwanzig Jahren Beamter des Einwohnermeldeamtes sei, aber daß er sie nicht genau verstehe, und er bitte darum, ihm die Sache langsam darzustellen und Rücksicht auf ihn zu nehmen, denn er sei durch eine verminderte Hörfähigkeit am linken Ohr etwas beeinträchtigt, hier, sehen Sie selbst, das Hörgerät, und er drehte ihr ein wenig den Kopf zu, und die zweite Beeinträchtigung stelle das Formular dar, bei dem nur der Name eines Vaters in die Vater-des-Neugeborenen-Kästchen passe, was ein Umstand sei, der ihm überdies vollkommen logisch erscheine, und dies nicht nur aus bürokratischer Sicht, sondern auch aus rein medizinischer, denn es sei bekannt – und er möchte auf Einzelheiten, die in den Intimbereich gehören, verzichten –, daß ein Frauenei durch nur einen einzigen Samen befruchtet werde, und aus diesem Zusammentreffen entwickle sich ein Embryo, der im Laufe der Zeit zu einem Knaben heranreife, oder im Fall der Anwesenden zu einem Mädchen, und zu dem Problem der Geburtsurkunde komme das Problem, in welchen Personalausweis man sie eintragen solle, bei Herrn Tannenbojm oder Herrn El-Nekawe, und darauf sagte Maja, tragen Sie sie bei beiden ein, und der Beamte lächelte ihr mit Engelsgeduld zu, denn er spürte, daß er hier auf etwas ganz und gar Ungewöhnliches gestoßen war, und er klärte sie auf, daß eine zweifache Eintragung der Neugeborenen in zwei Ausweise verschiedener Männer, die als ihre Väter angegeben wurden, praktisch der Verdoppelung der Neugeborenen gleichkäme, die im Grunde nur eine Person sei, und ein solcher Tatbestand sei unannehmbar wegen der Verwirrung, die dadurch einerseits bei der Meldebehörde entstünde und andererseits bei der Neugeborenen selbst, und in diesem Punkt hoffe er, daß Frau Tannenbojm oder El-Nekawe mit ihm übereinstimme – und hier fiel Maja ihm ins Wort und sagte, daß sie weder Tannenbojm noch El-Nekawe heiße; sie heiße Resnik. Maja Resnik. Und der Beamte fragte vorsichtig, welcher Art die Beziehung zu den beiden Herren wäre, die sie vordem erwähnt habe, worauf Maja antwortete, daß sie die Väter ihrer Tochter seien, und der Beamte versank in tiefes Grübeln, und dann sagte er zu Maja, er gehe davon aus, daß Maja kein Interesse daran habe, daß ihre Tochter doppelt existiert, und er schlage ihr vor, eine Wahl zu treffen, wen von den beiden Herren sie in die Geburtsurkunde eintragen lassen wolle, und Maja dachte einen Moment lang nach und erklärte ihm, daß sie mit den beiden Männern zusammenlebe und sie eine Familieneinheit seien, und sie hätten einen Vertrag, der rechtswirksam sei und der die Beziehungen definiere und festlege, die zwischen ihnen bestünden, und da sie mit beiden ins Bett gehe und mit beiden lebe und beide sie liebten und mit ihr lebten und sie alle drei sich als Staws Eltern begriffen – ergäbe das alles, daß das Innenministerium gehalten sei, sich ein wenig anzupassen und eine Urkunde auszustellen, in die man zwei Väter eintragen könne, und darauf erwiderte ihr der Beamte, daß er sie an seinen Vorgesetzten verweise, denn er selbst könne eine solche Entscheidung nicht treffen, und er stand auf und führte sie zu einem etwas größeren Büro, und dort ging dieselbe Geschichte von vorne los, nur daß der Vorgesetzte ihr diesmal vorschlug, Gewebeproben von beiden Männern untersuchen zu lassen und das Rätsel auf diese Weise zu lösen, und Maja sagte, daß keiner den Wunsch verspüre, das Rätsel zu lösen, und darauf meinte der Vorgesetzte, daß für diese Fälle der Eintrag vorgesehen sei, der Vater sei unbekannt, und Maja sagte, aber der Vater ist durchaus bekannt, es ist einer der beiden, und der Vorgesetzte fragte, welcher der beiden, gnädige Frau? Und als Maja eine Antwort schuldig blieb, sagte er, na, sehen Sie? Sie können es selber nicht sagen, was wollen Sie eigentlich von uns?

Als die Affäre Einwohnermeldeamt ins Rollen kam, vor etwa vier Jahren, kurz nachdem Staw auf die Welt gekommen war, kam Maja zu uns, um bei Vater und Mutter Rat einzuholen, und Vater fragte sie, zu wem wird die Kleine denn Vater sagen, und Maja sagte, zu beiden, und darauf fragte Vater, was passiert, wenn beide in der Küche sind und sie Vater ruft, und Maja antwortete, dann kommt der, der gerade verfügbar ist, und Vater meinte, daß auch er, ansonsten ein durchaus aufgeschlossener Mensch, finde, daß diese Situation nicht ganz unproblematisch sei, und darauf bemerkte Mutter, daß ihm mit Sicherheit die umgekehrte Situation, ein Mann mit zwei Frauen, weniger Schwierigkeiten bereite, und gewiß hatte sie vor, damit auf das Gerücht anzuspielen, welches die Petze Amalia aus dem Theater angebracht hatte, daß er es wieder mit seinem Flittchen treibe, zwischen dem zweiten und dritten Akt in der Garderobe, wo diese Schlampe sich von den Peinlichkeiten erhole, die sie auf der Bühne fabriziere – wenn die Schauspielerin ist, ist Amalia Astro-Physikerin –, und damit Mutter in eine peinliche Lage brächte; und Vater tat, als ob er den Hinweis nicht verstanden hätte, aber er verstand sehr wohl, und er war auch zutiefst beleidigt und stocksauer, und er beschloß, es Mutter heimzuzahlen, und darum entwickelte er seine Theorie weiter und sagte, daß die Lage eines Mannes, der mit zwei Frauen verheiratet sei, zweifelsohne weniger problematisch sei, weil man in dem Moment, in dem ein Kind geboren würde, wüßte, wer Vater und wer Mutter sei, und das sei der Grund, warum sich in der Menschheitsgeschichte im allgemeinen das Familienmodell von einem

Mann mit einer größeren Anzahl Frauen herauskristallisiert habe, und es gäbe praktisch keine umgekehrte Familienform, und der Grund dafür sei nicht nur die Tatsache, daß ein Mann zahlreiche Frauen befruchten könne, eine Frau jedoch nur von einem einzigen Mann befruchtet werden könne – und die Feministinnen könnten sich auf den Kopf stellen, an dieser Tatsache rüttle auch keine Demonstration –, sondern auch das Problem der Erbteilung, das die Menschen in der Geschichte beschäftigte, so wie es auch heute die Gerichte beschäftige, wo Geschwister und Cousins und Frauen und Männer bereit seien, einander den Hals umzudrehen, um den größeren Teil einer Erbschaft einzustecken, und nicht umsonst habe Machiavelli im »Fürsten« festgestellt, daß der Fürst seinen Gegenspieler töten müsse und nicht sein Vermögen beschlagnahmen sollte, denn den Mord würde ihm die Familie am Ende verzeihen, aber den Verlust des Vermögens, das mit dessen Tod an sie übergegangen wäre, würden sie dem Fürsten niemals vergeben, und so würden sie ebenfalls zu seinen Feinden werden; und die gesamte Genealogie, was die Wissenschaft ist, die die Stammbäume zeichnet, habe sich nicht aus irgendeinem Trieb der intellektuellen Neugier entwickelt; man mußte ganz einfach wissen, welcher Verwandtschaftsgrad jedes Verwandten zum Vermögenshalter bestand, und das war der Schlüssel für die Verteilung der Erbschaft des Verstorbenen, und es wurden auch Titel und diverse Privilegien vererbt, und die einzigen Fälle, soweit Vater bekannt sei, in denen Familien von einer Frau und mehreren Männer existierten, seien Stämme, die kein Bewußtsein für Besitz und keine Erbtradition entwickelt hätten; und nehmen wir einmal an, fuhr Vater fort, daß das Problem des Vermögens in eurer Familie nicht zur Debatte steht, eine Annahme, von der kaum auszugehen ist, denn wir wissen alle, was mit den offensten, nettesten, rücksichtsvollsten, liberalsten Menschen passiert und sogar, und hier sah er Mutter an, mit den größten Anarchos, wenn sie in die Verlegenheit kommen, beispielsweise ein Erbe zu teilen oder sich scheiden zu lassen – aber nehmen wir an, daß ihr von der kleinlichen Tyrannei des Geldscheffelns frei seid; es existiert auch immer das medizinische Bedürfnis zu wissen, wer die eigenen Eltern sind, und das hängt mit Spenden von Blut und Organen und natürlich mit der Behandlung von Erbkrankheiten zusammen, wenn sie bei einem der Väter auftreten, und dazu kommt auch die Tantenfrage, wem ähnelt das Kind mehr, dem Vater oder der Mutter? Wie soll man diese Fragen stellen? Wem ähnelt Staw mehr, diesem oder jenem Vater? Und darum empfehle es sich vielleicht doch, herauszufinden, wer der eigentliche Vater sei, und Maja sagte, daß die Theorie sich interessant anhöre, aber was habe das mit ihr zu tun? Und Mutter, die von dem Moment an, als Vater auf Erbschaft und Gerichte zu sprechen kam, die Farbe wechselte, was bei ihr ein Zeichen für rasende Wut ist, sagte Maja, daß diese ganze Rede nicht an sie gerichtet gewesen sei, sondern an sie selber, und sie hinge zusammen mit dem Streit, den Mutter mit Monica und Beatriz über die Erbschaft ihrer Eltern habe, und Vater korrigierte und sagte, daß es kein Streit sei, es seien schon Klagen und Rechtsanwälte im Spiel, und es herrsche Krieg, der anfange, sich von seiner häßlichsten Seite zu zeigen, denn was geschehen war, nachdem Mutters Mutter starb, war, daß sie das Testament von Mutters Vater eröffneten und feststellten, daß seine Wohnung in Esther Hamalka an Mutter ging und sein Anteil an dem Briefmarkengeschäft in Buenos Aires an Monica und seine Briefmarkensammlung in Israel an Beatriz, und das erste, was Beatriz sagte, nachdem Rechtsanwalt Lamdan das Testament verlesen hatte, war pelotudo, was ein schlimmes spanisches Schimpfwort ist, und die zweite Sache war, daß dieser bastardo sie noch aus dem Grabe weiter in den Arsch ficke. Und dann sah sie Mutter an und fragte, wie es ihr gelungen sei, Vater schon wieder gegen sie aufzuhetzen, und Mutter schwieg, denn sie befürchtete, Beatriz könne wieder einen ihrer Anfälle bekommen, und Rechtsanwalt Lamdan sagte zu Beatriz, benehmen Sie sich in meinem Büro wie ein Mensch, Sefiorita caprichosa. Ich werde hier keine Beschimpfungen dulden. Und Beatriz fragte, nein, wirklich nicht? Und Lamdan sagte, nein! Und Beatriz sagte zu ihm, Sie sind ein Stück Scheiße, wer sind Sie überhaupt, daß Sie mir sagen, wie ich mich zu benehmen habe, Sie Miststück, was haben Sie gemacht, haben Sie meinen Vater unter Drogen gesetzt, damit er solch einen Mist unterschreibt, oder haben Sie Alma gebumst? Und Rechtsanwalt Lamdan, der achtundsiebzig und ein Jugendfreund von Mutters Vater war und ein korrekter Mann, der auch im heißesten Wüstenwind im August in dreiteiligem Anzug herumlief – denn wer etwas auf sich hält, bei dem kann man sich darauf verlassen, daß er auch seinen Nächsten achtet –, lief rot an, aber er versuchte, sich zu beherrschen und sagte zu Beatriz, daß sie überhaupt nicht benachteiligt sei, denn die Briefmarkensammlung von Isaak, was der Name von Mutters und Monicas und Beatriz' Vater war, die ihm bestens bekannt sei, sei mindestens so wertvoll wie die Wohnung in Esther Hamalka, wenn nicht noch mehr, und in diesem Moment, vor der Schätzung durch einen Experten, sei er bereit, ihr hundertfünfzigtausend Dollar für die Sammlung anzubieten. Und Beatriz, die dastand und gerade eine Vase zerschmettern wollte, setzte sich und flüsterte, wovon sprechen Sie? Und Lamdan sagte, von der Briefmarkensammlung Ihres Vaters. Sehen Sie? So sehr benachteiligt hat er Sie nicht. Und Beatriz flüsterte noch einmal, el bastardo, denn ihr ging ein Licht auf, auf welche Weise er sie für das bestraft hatte, was zwei Monate vor seinem Tod passiert war, an einem der Male, als sie zu ihm kam und von ihm verlangte, er solle ihr Geld für ein neues Auto geben, worauf er entgegnete, daß er es nicht habe, und sie ihn angeschrien hatte, daß er ein mentiroso, mentiroso sei, was ein doppelter Lügner ist, und er sagte ihr, daß er vielleicht ein mentiroso sei, vielleicht aber auch nicht, Geld für ein Auto würde er ihr jedenfalls nicht geben, denn er habe die Nase voll von ihrer Verschwendung, und es schien ihm auch nicht gut, daß sie in ihrer Lage Auto fuhr, und warum nimmt sie sich nicht einmal ein Beispiel an ihrer Schwester Alma, die mit Geld umgehen kann und eine wundervolle Familie hat, und sie schenkte ihm putzige Enkel, und sie hat einen angesehenen Beruf, und sie hilft ihm und Mutter, und sie führt ihm die gesamte Korrespondenz mit Sammlern und Briefmarkendiensten in der ganzen Welt und mit Freunden in der F.I.P., was die Abkürzung für Föderation Internationale de Philatelie ist, die Briefmarkenfreunde, und sie rennt, um für ihn all die Transaktionen in den Banken zu erledigen und um ihm Kataloge zu bestellen und ihn zur Behandlung zu fahren, und Beatriz schrie auf, daß sie die Nase voll habe, das ganze Leben immer wieder Alma vorgehalten zu bekommen, warum tue er ihr das an? Warum haßte er sie so? Was habe ich dir Böses getan? Und er sagte ruhig, daß er sie nicht hasse. Er liebe sie nur einfach nicht. Er verstehe nicht, wie aus ihm und ihrer Mutter eine tal porqueria herauskommen konnte, und als er diese Worte aussprach, deren Bedeutung Dreck ist, spritzte ihm vor lauter Zorn der Speichel aus dem Mund, und

Beatriz fing an zu weinen, und dann sagte er, por favor, dejame ahora tranquilo, porque quiero ordenar los raros con el niño, was bitte laß mich jetzt in Ruhe, ich will mit dem Jungen die Seltenen sortieren heißt, und dieser Junge war ich, denn ich war gerade dort und half ihm mit dem Wasserzeichensucher die Wasserzeichen zu suchen, und die Seltenen meinten das Album der teuren, raren Briefmarken, die Mutter ihm an diesem Tag aus seinem Safe in der Bank gebracht hatte, und sie mußte es in die Bank zurückbringen, bevor sie schlossen, denn ihr Vater behielt das Album mit den Raritäten ungern über Nacht im Haus, und er wollte mir schon erklären, wo die Briefmarken hingehörten, mit deren Überprüfung wir fertig waren, und setzte wieder seine Brille auf und merkte nicht, daß Beatriz näher kam, und als er es bemerkte, war es schon zu spät, denn Beatriz entriß ihm das Album und begann darin zu blättern, und er sagte ihr, daß sie ihm das Album zurückgeben solle, und sie blätterte weiter und murmelte immerzu, los raros. Los pequeños raros. Los hermosos raros. Los dulces raros – alles Kosenamen für die Seltenen: die hübschen, die winzigen, die süßen. Und Mutters Vater sagte ihr nochmals, daß sie ihm das Album zurückgeben solle und daß sie es bereuen würde, und sie solle aufpassen, es handle sich um außerordentlich kostbare Briefmarken, und dann holte Beatriz von der ersten Seite den Penny Blacks aus der zweiten Auflage, die 1840 in England gedruckt wurde und eine der ersten Briefmarken der Welt ist, die die Geschichte der Post vollkommen auf den Kopf gestellt haben, denn bis Rowland Hill die Briefmarke erfand, war es üblich, daß der Briefempfänger für die Lieferung bezahlte, und das Ergebnis war, daß viele Leute das, was man ihnen schickte, nicht annehmen wollten, denn wieso sollten sie bezahlen für etwas, das sie nicht bestellt hatten. Vielleicht enthielt der Brief eine schlechte Nachricht? Oder eine Rechnung, die man an den König zahlen mußte? Und dann mußte die Post den Brief an den Absender zurückschicken, und man hatte doppelten Verlust, einmal durch das Rennen zum Empfänger und einmal durch das Rennen zurück zum Absender, der ebenfalls sauer war; und dann kam Rowland und sagte, daß innerhalb Englands der Absender einen Penny für jede Postsache bezahlen solle, und die Briefmarke würde man als Beweis dafür auf den Umschlag kleben, und der Empfänger würde die Sachen annehmen, denn es würde ihn nichts kosten, und sie brachten den Penny Blacks und den Twopenny Blues für größere Pakete heraus; auf der Briefmarke war ein Porträt der Königin Viktoria, und das löste einen großen Skandal in den Zeitungen aus, die schrieben, daß der Gedanke, jede Rotznase könne für einen Penny eine Marke mit dem Bild der Königin Viktoria kaufen und für denselben Preis auch noch das Recht, ihr den Hintern zu lecken, unerträglich sei, und im britischen Parlament beschloß man beinahe, die ganze Sache mit den Briefmarken zu vergessen, aber am Ende ließen sie sich überzeugen, daß der Staat auf diese Art vielleicht mehr Geld verdienen könne, und sie genehmigten die Briefmarken, und weil England das erste Land der Welt war, das Briefmarken herausbrachte, schrieben sie den Namen des Landes nicht auf die Marken, und wie so oft in England, wenn man dort einmal mit etwas begonnen hat, wird es nicht mehr geändert, und sie halten bis heute daran fest, ihre Briefmarken ohne Landesnamen herauszubringen, und wenn einem eine Marke ohne Länderbezeichnung in die Hände fällt, weiß man sofort, daß es sich um eine englische Marke handelt, und das war die Briefmarke, die Beatriz herausholte und mit der Bemerkung anschaute, daß sie sicherlich keinen Grusch wert sei, denn sie habe keine Zähne, was genau der Grund ist, der sie so wertvoll macht, denn in den Tagen, als man sie rausbrachte, gab es noch keine Perforiermaschinen, die Löcher in die Blätter der Briefmarken stanzten, und darum trennte man sie nicht durch Abreißen, sondern mit der Schere, und das führte dazu, daß die Briefmarken an den Rändern gerade waren; Beatriz riß die Ecke der Briefmarke ab, was eine furchtbare Sache ist und den Wert der Marke enorm verringert, und Mutters Vater schrie, als ob man ihm einen Zahn ziehen würde, und er sprang aus dem Sessel auf und brüllte mit dem Rest seiner Stimme – denn das Sprechen fiel ihm schon schwer, weswegen er sich mit mir flüsternd unterhielt –, was tust du da! Und sie sagte, daß sie dabei sei, seiner Sammlung von Raritäten eine Wurzelbehandlung zu verpassen, und ihm mit seinen dämlichen Briefmarken weh tue, wie er ihr das ganze Leben weh getan habe, und er ging auf sie zu und versuchte, ihr die Alben zu entreißen, aber sie stieß ihn weg, und er fiel zurück in den Sessel, denn er war zu der Zeit schon leicht wie eine Feder, und sie riß die Briefmarke entzwei, und er stöhnte, als würde man ihm das Herz aus dem Leibe reißen, und dann holte Beatriz das Bull's Eye, was das brasilianische Stierauge ist, das an eine Zielscheibe erinnert und aus der Zeit stammt, in der die Briefmarke rauskam, was im Jahre 1843 war, und das Mutters Vater für einen Apfel und ein Ei einem Idioten abluchsen konnte, der ihm die Sammlung seines Vaters verkaufte, ohne zu wissen, daß man allein mit dieser Briefmarke problemlos zwanzigtausend Dollar verdienen könnte, und Beatriz machte sich daran, auch dieser Marke eine Wurzelbehandlung zu verpassen, obwohl sie wieder enttäuscht war, denn auch die hatte keine Zähne, und Mutters Vater versuchte abermals aufzustehen, und sie schob ihn zurück auf den Sitz und riß die Briefmarke in zwei Hälften, und die Schnipsel ließ sie los, die wie tote Schmetterlinge auf den Teppich fielen, und dann holte sie das spiegelverkehrte Pärchen der Briefmarke aus Mauritius, die 1856 herauskam, und sie lächelte durch ihre Tränen, denn diese hatte bereits Zähne, weil Henry Archer zwei Jahre zuvor die Perforiermaschine erfunden hatte, und sie begann der Marke Zahn für Zahn auszureißen, und Mutters Vater versuchte noch mal aufzustehen, und sie schob ihn weg, und er fiel, und weiter hatte er keine Kraft mehr, und dann bat er mich, schnell loszulaufen und den Nachbarn um Hilfe zu rufen oder Mutter und Mutters Mutter im Supermarkt auf dem Platz zu rufen, und ich rannte los und lief zu den Nachbarn, die nicht da waren, und von dort rannte ich weiter zum Supermarkt neben Raw Chen und fand dort Mutter und bat sie dringend zu kommen, aber als wir eintrafen, war Beatriz schon nicht mehr da, und Mutters Vater kroch auf allen vieren über den Teppich und suchte die Briefmarkenschnipsel, die zueinander paßten, und flüsterte, alles ist hin, alles ist hin, mein Lebenswerk, sieh nur, Alma, das Dreieck aus der Sammlung meines Vaters, und er hob zwei Dreiecke auf, die man bekommt, wenn man ein großes Dreieck in der Mitte auseinanderreißt, und mit zitternden Händen legte er sie aneinander, um die erste Dreiecksmarke der Welt wiederherzustellen, die im Jahre 1853 am Kap der Guten Hoffnung entstand, denn bis dahin hatten Briefmarken nur die Form von Quadraten und Rechtecken, und er legte diese beiden Hälften hin und hob zwei andere Schnipsel auf, die nicht zueinander paßten, und legte einen von ihnen hin und suchte unter den anderen nach dem passenden Anschluß, und über jede halbe Marke, zu der er die andere Hälfte finden konnte, seufzte er tief und murmelte ein paar Worte, und Mutter und ich knieten uns neben ihn und halfen ihm, und am Ende war der Teppich übersät mit halben Briefmarken, die ihre verlorenen Brüder gefunden hatten, und wir drei sahen auf die kranke Sammlung, die vor uns lag, und Mutter fragte, was man machen könne, und er sagte, nichts, und sie fragte, ob die Marken versichert seien, und er sagte, daß er die Versicherung gekündigt habe, als er sie im Banksafe deponiert hatte, denn der Beitrag sei schrecklich hoch gewesen, und Mutter fragte, ob man sie nicht kleben könne, und Vater sagte, daß man es für die Schönheit machen könne, aber den Wert hätten sie völlig eingebüßt, und dann sammelte Mutter die Briefmarken ein und sagte, daß sie sie in die Allenby-Straße bringen würde, zu Ben-Towim, der Briefmarken-Restaurator war, damit die Schönheit ihrem Vater wenigstens erhalten bliebe, und sie half ihm aufzustehen und setzte ihn zurück in den Sessel, und als ihm die Tränen in die Augen schossen, wischte sie sie ab, und sie brachte ihm eine Beruhigungstablette, und bevor er einschlief, schwieg er lange, bis auf zwei Sätze, die er rausbrachte, von denen der erste lautete, dafür wird sie bezahlen, und der zweite, der sofort danach kam, dafür wird sie teuer bezahlen.

Zwei Wochen später brachte Mutter ihn in das Krankenhaus für Leute im Endstadium, denn seine Lage hatte sich gehörig verschlechtert, und dorthin lud er eines Tages Lamdan ein, mit dem er sich in das Büro des diensthabenden Arztes einschloß und sein Testament änderte, weshalb Beatriz sich bei Rechtsanwalt Lamdan setzen mußte und ein paarmal el bastardo flüsterte und Lamdan nochmals ansah und raunte, hundertfünfzigtausend Dollar, und Lamdan nickte, und das sei das Minimum, denn wenn es ihr mit dem Geld nicht eile, könne sie die Briefmarken nacheinander veräußern, vielleicht einen

Teil durch Sotheby, und könne sogar fünfundzwanzig Prozent mehr herausschlagen, und Beatriz sah Mutter an und sagte, daß das sicher ihre Idee war, und Mutter antwortete, sie hätte nicht einmal gewußt, daß ihr Vater ein Testament gemacht hatte, und Beatriz sagte, wenn sie die Briefmarken nicht zerrissen hätte, hätte er das Album sicher Alma vererbt, worauf sie aufstand und sagte, daß sie das Testament nicht akzeptieren könne, und schweigend aus dem Zimmer ging; Lamdan verstand gar nicht, warum sie so enttäuscht war, und als Mutter es ihm erklärte, lächelte er und murmelte auch el bastardo, aber voller Zuneigung, denn er hatte Isaak sehr gemocht und er verabscheute Beatriz, und er sagte Mutter, daß Beatriz nichts in der Hand habe, das Testament sei rechtmäßig, und kein Gericht der Welt würde es anfechten, und Monica, die still dabeigesessen hatte, stand auf und ging, und Alma fragte sie, ob alles in Ordnung sei, worauf Monica mit Ja antwortete, aber am Abend rief sie Mutter an und sagte ihr, daß sie das Gefühl habe, über den Tisch gezogen worden zu sein, weil der Anteil ihres Vaters an dem Geschäft in Buenos Aires viel weniger wert sei als die Wohnung in Esther Hamalka und Mutter überdies schon eine Wohnung habe, bei deren Kauf ihr ihr Vater geholfen habe, und Mutter erwiderte, daß ihr Vater zwar den Kredit aufgenommen habe, aber daß Mutter und Vater ihn tilgten, und Monica sagte, dennoch; und danach meinte sie, daß sie darüber sprechen müßten, denn Beatriz fühle dasselbe, und Mutter sagte, auf einmal machst du mit Beatriz gemeinsame Sache? Und Monica sagte, daß es nicht darum ginge, mit jemandem gemeinsame Sache zu machen, sondern darum, daß sie zu dritt seien und die Erbschaft gerechter aufgeteilt werden müsse, und Mutter fragte, was wäre gerechter? Und Monica sagte, die Wohnung zu verkaufen sowie den Geschäftsanteil in Argentinien und das, was dabei herauskommt, zu teilen, ein Viertel für Mutter und die restlichen drei Viertel halb und halb an Monica und Beatriz, und Mutter fragte, warum nicht jeder ein Drittel, und Monica antwortete, du hast schon eine Wohnung, wir beide nicht, und Mutter erklärte wieder, daß sie den Kredit tilge, den ihr Vater aufgenommen habe, und Monica sagte, daß das keine Rolle spiele. Was eine Rolle spiele, sei, daß sie ein Heim habe. Und Mutter sagte zu Monica, daß sie nachdenken müsse, und am nächsten Tag gab sie ihr Bescheid, daß es nicht in Frage käme, die Wohnung in Esther Hamalka zu verkaufen, denn man verkaufe so etwas nicht, und wenn man die Wohnung verkaufe, würde das Geld, das an Monica und Beatriz ginge, nach ein paar Monaten für Kleider, Reisen und anderen Blödsinn draufgehen, und die Belastung mit Beatriz würde am Ende ihr zufallen, und wozu sie bereit sei, wäre für eine symbolische Summe von sagen wir dreihundert Dollar pro Monat die Wohnung an die beiden zu vermieten, was eine lächerliche Summe für eine Dreizimmerwohnung sei, und dieses Geld würde in eine gemeinsame Sparanlage für Monica und Beatriz fließen, die die Grundlage für eine Rente oder etwas Ähnliches für die beiden wäre; aber die Wohnung würde weiter auf Mutters Namen lauten, denn sie müsse an die Zukunft denken, von der Monica scheinbar denke, daß sie nie eintreten würde, aber am Ende würde sie sie doch überraschen und wäre da, ob es Monica so vorkomme oder nicht, und noch viel schneller, als Monica es sich vorstellen könne. Und Monica sagte, daß sie schon erwachsen genug sei und nicht bereit, sich von Mutter ihr Leben vorschreiben und sich in einer Wohnung mit Beatriz unterbringen zu lassen, und daß Mutter kleinlich und überheblich sei, und sie würden sich vor Gericht wiedersehen. Und dann begannen verrückte Tage mit Briefen von Rechtsanwälten, Treffen und Schreien in das Telefon – und Vater, der angesichts all der Streitereien, eidesstattlichen Erklärungen und Mutters ausschließlicher Beschäftigung mit dieser Sache langsam durchdrehte, sagte ihr, sie solle endlich auf diese verdammte Wohnung verzichten, und daß ihre Schwestern sich damit zum Teufel scheren sollten, und Mutter meinte, daß es leicht sei, auf Dinge anderer zu verzichten, mal sehen, wie er auf etwas verzichten würde, das ihm gehört, und Vater sagte, daß die Wohnung, auf die er verzichte, indirekt auch ihm gehöre, es sei denn, Mutter habe vor, ihn seiner Rechte als ihr Lebensgefährte zu berauben, und Mutter gab ihm zur Antwort, daß auch die Wohnung, in der wir wohnen, ihm gehöre, na, und, bezahlst du vielleicht für sie? Kümmerst du dich um die Raten? Machst du sie sauber? Interessiert es dich, daß die Bürgen, die ich für den Kredit zu zeichnen bat, Mahnbriefe von der Bank erhalten haben? Du krümmst keinen Finger für sie, und alles bleibt an mir hängen. Und Vater sagte, sieh mal einer an, unser großer Anarcho, der auf Proudhons Schoß aufgewachsen ist, entdeckt, daß Eigentum kein Diebstahl ist, ja, hält ihn sogar mit aller Gewalt fest. Und Mutter schrie plötzlich – was bei ihr nicht häufig vorkommt –, laß Proudhon aus dem Spiel, hier geht es um dich! Wozu kommst du mit Proudhon! Was spottest du, du Mistkerl! Holt sich jahrelang mit seinen Stücken einen runter, beklagt sich unentwegt darüber, wie schwer er es hat – du hast es schwer, wenn du nicht schreibst, schwer, wenn du schreibst, du hast es schwer, wenn du fremdgehst, und wenn du es nicht schwer hast, dann hast du Depressionen, und über Geldangelegenheiten darf man nicht mit dir sprechen, denn Vorträge über das Kino zu halten bedeutet, sich zu prostituieren, denn, wie sagst du so schön – und hier verstellte Mutter spöttisch die Stimme –, meine Filme müssen für sich sprechen, und wenn ich nachher aufstehen und sie erklären muß, ist das ein Armutszeugnis für die Filme und für mich. Du Heuchler! Und Mutter ging zur Schublade des Telefontischchens, kramte mit zitternden Händen darin herum, zog die Auszüge von Visa-Kredit-ist-Gold-wert heraus, wedelte damit vor Vaters Nase herum und schrie, aber tausendvierhunderteinundfünfzig Schekel für Geschenke für die Kinder auszugeben und mit diesem Haufen wie Santa Claus nach Hause zu kommen, einen Tag, nachdem du zur Wochenfestfeier nicht in der Schule erschienen bist, das bringst du fertig. Was war los? Ist dir beim Bumsen mit Gabriella oder Dana oder Nicole auf einmal eingefallen, daß du den Kindern versprochen hast, zu dieser Feierstunde zu kommen, und du hast Schuldgefühle bekommen? War es so? Und Vater sagte, daß sie Unsinn rede, und er erklärte ihr wieder, daß man ihn dringend zu einer Reserveübung gerufen habe, und Mutter meinte, diese Geschichten, die von beeindruckenden Auftritten in der Majorsuniform begleitet seien, solle er den Kindern verkaufen, aber nicht ihr; und bevor er etwas sagen konnte, kam sie auf die Wochenfestfeier in der Schule zurück, als sie aufstehen und sich die Erntedankprozession ansehen mußte und die idiotische Zeremonie der Übergabe der Bundeslade und die ganze Welt anlächeln mußte, als wäre alles in bester Ordnung, und Vaters Kindern zusehen mußte, womit sie uns meinte, die wie die Verrückten für die Theateraufführung geprobt hatten – denn Saul war Moses und ich die rechte Gesetzestafel –, weil sie dir keine Schande bereiten wollten, und die auf der Bühne standen und mit den Augen nach dir suchten. Ihre Blicke hättest du sehen sollen, sagte Mutter, und ihre Augen füllten sich mit Tränen.

Plötzlich wurde deine Abwesenheit zur wichtigsten Sache der ganzen Feier. Sie hätten sich so gewünscht, daß du dort bist, und du hattest es versprochen. Du hast es ihnen fest versprochen, und am Ende mußte ich dir ein Alibi geben und ihnen erzählen, daß du so furchtbar viel zu tun hast. Wie kannst du ihnen so etwas antun? Wie kannst du mir so was antun? Und wenn du dir einbildest, daß dein Auftritt am nächsten Tag, in Uniform, mit dem Blumenstrauß auf dem Kopf und dem Geschenkekorb für tausendfünfhundert Schekel auf den Schultern ihre Enttäuschung mildern konnte, dann irrst du gewaltig, er hat nur das Loch auf dem Konto vergrößert!

Während Mutter Vater anschrie, schwieg dieser nicht, sondern versuchte, seine Worte zwischen ihre Worte zu schieben, das heißt, etwas zu sagen, wenn sie Luft holte oder über ihren nächsten Satz nachdachte oder über das Gesagte, und das hieß, stärker zu schreien als sie, damit man ihn hörte und nicht sie. Und was er am lautesten brüllte, war: Wieso wechselst du das Thema? Wieso wechselst du das Thema? Wir sprechen über deine Habgier, was kommst du mir da wieder mit dem Wochenfest? Oder er sagte: Wir sprachen über deine Geldgier, was kommst du mir jetzt mit dem Minus auf der Bank? Wir sind uns längst darüber einig, daß diese Geschichte nicht in Ordnung war. Jetzt sprechen wir darüber, daß sich hinter deinen ganzen Parolen und deinem Radikalismus nichts weiter verbirgt als eine kleine Spießerin, die für den Erhalt von Hab und Gut ihr Leben lassen würde. Und Mutter erwiderte, daß es ihr nicht gelingen würde, für ihre Habe zu sterben, weil Vater sie vorher ins Grab brächte, und wenn er ihr schon nicht helfen wolle, solle er sie wenigstens gewähren lassen, und auf wen wird denn die Last von Beatriz fallen, wenn sie das Geld zum Fenster rausgeworfen hat? Vielleicht auf ihn?

Schließlich sei er nicht bereit, auch nur einen Finger für sie zu krümmen, außer, wenn er sie flachlegen wolle. Und Vater schrie vor Schmerz furchtbar auf, wie kommst du auf so etwas? Wie nur? Und wenn ich nicht selbst gesehen hätte, wie er es mit Beatriz trieb – einmal, als Mutter nicht da war, im Sitzen auf der Kloschüssel, und einmal, als Mutter dabei war und wir alle zusammen zum Picknick an den Palmachim-Strand gefahren waren und er und Beatriz losgingen, um Holz für das Lagerfeuer zu suchen, in den Dünen, von hinten, wie ein Straßenköter –, hätte ich ihm geglaubt, denn er sah wirklich überzeugend aus, aber er wartete nicht auf eine Antwort und schrie Mutter weiter an, daß sie eine Grundsatzdiskussion über Erbschaft führten, und da komme Mutter und verteile Schläge unter die Gürtellinie, und Mutter sagte, das Problem mit ihm sei, daß er seinen Gürtel um den Hals trage und jeder Schlag, den man ihm verpasse, unweigerlich darunter treffe, und das brachte sie zu ihrem Standardsatz beim Streiten, den sie auch später benutzte – bei dem, was Vater Gipfelkonferenz nannte und wo Mutter bei uns zu Hause mit Michal zusammentraf und Vater mit Leonid, denn Michal hatte Vater in der ganzen Stadt nicht finden können und befürchtet, daß Nama ihr jeden Augenblick in den Armen wegstürbe.

Das war viel später, kurz vor Vaters schrecklichem Ende – zu der Zeit, als wir schon ziemlich gut mit Michal auskamen, und weil Vater mit Noah und Treblinka beschäftigt war und eine Deadline für die Ablieferung von drei Stücken hatte, mußte er auch bei Nacht arbeiten wie ein Verrückter, und wir alle, das heißt Michal und wir Kinder, die wir zum ersten Mal bereit waren, allein bei ihr zu übernachten, wurden gebeten, ihn nur im Notfall anzurufen, denn es mußte ihm gelingen, seine Termine einzuhalten, und er war stolz, daß er so große Kinder hatte, die Rücksicht auf ihn nahmen, obwohl Nama sagte, sie wolle keine Rücksicht auf ihn nehmen, denn sie sei noch klein und gar nicht groß, und sie bitte ihn, nicht zu gehen, bitte, bitte, bitte, Papa, geh nicht weg; und er bückte sich zu ihr und umarmte sie ganz fest und erklärte, er müsse, müsse, müsse gehen, und wenn er wiederkomme, würde er ihr ein tolles Geschenk mitbringen, und bevor sie ihm eine Antwort geben konnte, war er verschwunden und ließ sie blaß und aufgewühlt zurück, und später, als wir uns zum Abendessen hinsetzten, wollte sie nichts essen, und auf einmal hustete sie, und der Husten verwandelte sich in hastiges Atmen, und Saul, der sofort verstand, daß es sich um einen ihrer Asthmaanfälle handelte, zog Nama auf seine Knie und beruhigte Michal, die ein wenig erschrocken war, und bat sie, aus dem Nebenzimmer die Tasche zu holen, die Vater uns gepackt hatte, mit all den Sachen, die wir für ein Wochenende brauchten, und als Michal mit der Tasche zurückkehrte, bat mich Saul, ich solle Namas Notpaket holen, mit dem Inhaliergerät und dem Vantolin, und ich sah sofort, daß Vater anscheinend vergessen hatte, die Sachen einzupacken, und Saul sagte mir, daß das nicht sein könne und warum immer alles an ihm hängen bleibe, und er gab Nama Michal, die kreidebleich war, denn Namas Atemzüge wurden lauter und enthielten nun auch ein beunruhigendes Pfeifen, das Menschen von sich geben, die kurz vor dem Ersticken sind, und er ging zur Tasche und kippte ihren Inhalt auf den Boden, bis nichts mehr darin war, und dann flüsterte er, so eine Sauerei, und er sah mich wütend an und zischte, du und dein Vater, als ob ich, weil ich Vater liebte, auch für seine Fehler verantwortlich sei, und dann ging er zurück zu Nama und bat Michal, die Nummer anzurufen, die Vater hinterlassen hatte, und ihn dringend zu alarmieren, denn vielleicht lag die Ausrüstung noch in Noahs Wagen, mit dem er uns hergebracht hatte. Er mußte sie zweimal darum bitten, denn Michal stand unter Schock, und beim ersten Mal kapierte sie nicht, was er sagte, und stierte Nama lediglich wie gelähmt an, und als sie endlich verstand, schlug sie vor, vielleicht einen Krankenwagen zu rufen, aber Saul befahl, du machst genau das, was ich dir sage, und dann versuchte sie die drei Nummern, die Vater ihr aufgeschrieben hatte, anzurufen, und bei allen dreien antwortete der Anrufbeantworter, zuerst der von Vater in dem Studio, das Noah für ihn gemietet hatte, der den Anrufer zornig fragte, warum er gerade dann anläute, wenn Vater nicht da sei. Der zweite war der von Noah, der auf jiddisch, englisch und hebräisch mitteilte, daß Noah in Tel Haschomer sei, und in dringenden Fällen solle man das Handy Nummer so-und-so anrufen. Der dritte war der von Noahs Handy, der sagte, daß diese Nummer zur Zeit nicht erreichbar sei. Daraufhin kehrte Michal zu den beiden ersten zurück und hinterließ panische Nachrichten für Assi, daß er Michal dringendst zurückrufen solle.

Während Michal telefonierte, prüfte Saul, wie schnell Nama atmete, und das ergab, daß sie schon dreiunddreißig Atemzüge pro Minute machte, und ihre Lippen wurden langsam blau, und ihre Nasenflügel – ein Wort, das Kobi, der Arzt, benutzte, wenn er die Deckel der Nasenlöcher meinte – weiteten sich gewaltig, was ein Zeichen dafür ist, daß ihr Körper nach Luft lechzte. Michal schlug ein zweites Mal vor, einen Krankenwagen zu rufen oder Nama eventuell gleich in ein Krankenhaus zu fahren, und Saul sagte, daß es eine schlechte Idee sei, obwohl es eine ziemlich gute Idee war, aber er hatte sie von vornherein verworfen, denn er sah uns schon vor sich – in der Notaufnahme, eine fremde Frau, die in Panik geraten war, und ein Mädchen mit einem schweren Asthmaanfall und einen beinahe Schwachsinnigen, der wie an einer Infusion an seinem Rekorder hing und alles aufnahm, und wie die Ärzte und die Schwestern wissen wollten, wie es zu solch einer Lage kommen konnte, schließlich handle es sich um ein Kind mit einer bekannten Krankengeschichte, und man hätte die Sache rasch und einfach in den Griff bekommen können, wenn man sie rechtzeitig behandelt hätte; und ein strenger Arzt würde Michal fragen: Wenn Sie nicht die Mutter sind, wo ist dann die Mutter, oder wo ist der Vater dieses Kindes? Und dann erkläre ihm mal, daß Mutter mit irgendeinem dahergelaufenen Russen, der konvertiert war, weil dies seine einzige Möglichkeit war, um sich von einer Jüdin scheiden zu lassen, die in Petersburg einen x-beliebigen Amerikaner geheiratet hatte, ausgegangen ist, und daß der Vater die verbesserte israelische Version des Tarnkappen-Bombers ist und sich nach Lust und Laune einfach in Luft auflöst, ohne die geringste Spur zu hinterlassen; da war es schon besser, wenn Nama bei einem Asthmaanfall ihr Leben ließ, als daß wir alle wegen dieser Schande zum Teufel gingen und Vater und Mutter in einem schlechten Licht erscheinen ließen, wenn sie schließlich zur Ambulanz kamen und der diensthabende Arzt ihnen die Leviten las und ihnen sagte, daß ihr Verhalten an Fahrlässigkeit grenze; und was Saul beschloß, war, schnell nach Hause zu fahren, um Nama an das Ersatzgerät zu hängen, und im Taxi schaute der besorgte Fahrer dauernd in den Spiegel anstatt nach vorne, denn es fiel ihm schwer, das beängstigende Knirschen, das jetzt schon im Takt von vierzig pro Minute aus Namas

Mund kam, zu ignorieren, und auch er schlug vor, uns ins Krankenhaus zu bringen, denn das Mädchen schien ihm in einer ernsten Lage zu sein, und Michal meinte, daß sie auch der Meinung sei, aber der große Bruder des Mädchens, der diese Anfälle kenne, versichere, daß es nicht notwendig sei, und der Fahrer sagte ihr, er ist nur ein Kind, was hören Sie auf ihn? Und noch ehe Michal ihm antworten konnte, gab Saul ihm zu verstehen, daß es besser sei, wenn er sich auf den Verkehr konzentriere und auch ein wenig auf die Straße schaue, bevor wir alle in der Notaufnahme landeten, und Sauls Ton entnahm der Fahrer gleich, warum Michal auf ihn hörte, und er schlug nichts mehr vor, sondern brachte uns schleunigst nach Hause, und sofort stürmte Saul auf das Gerät zu, bereitete es hastig vor, und als er ging, um destilliertes Wasser zu holen, bat er Michal, ihm mit der Spritze genau 0,4 Kubikzentimeter aus dem Fläschchen Vantolin zu ziehen, aber Michal war wegen Namas Lage so nervös – sie zappelte schweißüberströmt auf dem Sofa und knirschte wie eine defekte Pumpe –, daß ihr die Hände zitterten, und sie schaffte es nicht, präzise zu sein, und sie übergab die Spritze Saul, der ins Wohnzimmer zurückkehrte und selbst die Flüssigkeit raussaugte, die Lösung bereitete, das genaue Quantum an gereinigtem Wasser hinzufügte, das Inhaliergerät auf der einen Seite an den Strom anschloß und auf der anderen Seite an Namas Mund und Nase; Nama fiel gierig über ihre Maske her und beruhigte sich ganz allmählich, und dann hatte er Zeit, ihr die Kissen zurechtzurücken, damit sie im günstigsten Winkel lag, und er befeuchtete ein sauberes Handtuch, wischte ihr den Schweiß von Stirn und Hals und fuhr ihr übers Haar und fragte, ob es jetzt besser sei, und sie nickte mit dem Kopf und versuchte, durch die Plastikmaske zu lächeln, und sie streckte die Hand aus, um ihn im Gesicht zu berühren, und als er sah, daß Nama sich beruhigt hatte, wandte er sich an Michal, die sich so sehr an Namas pfeifenden Atem gewöhnt hatte, daß die Stille, die auf einmal herrschte, sie noch mehr entsetzte, und die Saul ein paarmal fragte, ob er denke, daß das, was passiere, normal sei, und ob ihre Reaktion die erwartete war, und warum man sie nicht mehr höre, und sieh doch, ihre Brust bewegt sich kaum, vielleicht hat sie aufgehört zu atmen, und wieder schlug sie vor, den Krankenwagen zu rufen, und wohin ist Assaf bloß verschwunden, was sie daran erinnerte, wieder die drei Nummern, die sie auch mit hierhergebracht hatte, anzurufen, und sie hinterließ Vater noch eine Reihe von Nachrichten, und als sie fertig war, fragte sie uns, ob wir eine Idee hätten, wo er sein könnte, und genau in diesem Augenblick war Saul mit Namas Behandlung fertig, und er verfiel in eine seiner gemeinen Launen, um allen zu beweisen, wie Mutter sagte, daß selbst die Sonne Flekken habe, das heißt, daß nicht einmal er perfekt war und daß er seine kleinen Gehässigkeiten hatte – und er sagte Michal, daß Vater anscheinend noch eine andere habe, und Michal meinte, das könne nicht sein, und Saul antwortete, daß sie es ja wissen müsse, und er ging, um im Fernsehen MTV anzuschalten, aber er sah nicht auf den Clip, sondern weiter auf Michal, denn ihm war klar, daß dieses Gespräch gleich weitergehen würde, und er hatte tatsächlich recht. Denn nach kurzem Zögern fragte ihn Michal, ob er sicher sei mit dem, was er da sage, und Saul antwortete gnadenlos, genau wie sie eine Affäre gewesen sei, als Vater mit Mutter zusammenlebte, so hätte er jetzt halt eine andere Affäre, wo er mit ihr zusammen war. Und es dauerte bei ihr das gesamte Lied von Whitney Houston aus »Bodyguard«, um sich klarzumachen, was Saul gesagt hatte, und erst als die letzten Töne verklungen waren, fragte sie ihn vorsichtig, ob er es vermute oder ob er wisse, was er da behaupte, und Saul meinte, er würde seinen Vater gut genug kennen, um zu wissen, daß er recht habe, und es gäbe keinen Grund auf der Welt, weswegen der Charakter eines Mannes ein anderer würde, bloß weil die Frau eine andere sei, was ein genaues Zitat dessen war, was Amalia Mutter sagte, als sie sie tröstete und ihr vorschlug, sich wenigstens durch die Tatsache aufrichten zu lassen, daß das alles schon hinter ihr läge, was Michal noch vor sich hätte. Und Michal ging zum Telefon, startete eine dritte Runde nervösen Suchens, nur daß sie diesmal auch ihre eigene Wohnung anrief, um ihren Anrufbeantworter abzuhören und sich in Erinnerung zu rufen, daß es auch die Wohnung von Vater war, zumindest nach der Ansage auf dem Gerät, die verkündete, daß dies der Anschluß von Assaf und Michal sei; sie hinterließ eine konfuse Nachricht, in der sie sagte, daß wir alle bei dir zu Hause sind, die sie sofort korrigierte in wir sind in eurem Haus, das heißt in dem Haus deiner Frau und der Kinder, worauf sie den Hörer aufgebracht auflegte, denn ihr wurde klar, in welch idiotischer Lage sie sich befand, und sie sah sich prüfend um, ob wir das, was ihr passiert war, wohl bemerkt hatten, und sie fragte Saul, ob wir zu Hause bleiben wollten oder ob es vielleicht besser wäre, wieder in ihre Wohnung zu fahren, worauf Saul sagte, daß es besser sei, wenn wir hier blieben, sie müsse jedoch nicht bleiben, wenn sie sich unwohl fühle, und sie antwortete, daß sie uns nicht allein lassen könne, warf sich auf den Sessel und sah so steif und erbärmlich aus, und Saul bereute schon, was er zu ihr gesagt hatte, denn was konnte sie denn schon dafür, und er verschwand in der Küche und kehrte mit einem Glas Wasser und zwei Beruhigungspillen zurück, die bei uns zu Hause begehrter Stoff sind, und sagte ihr, sie solle trinken, und sie solle sich keine Sorgen machen, es würde sie beruhigen, und sie schluckte die Tabletten, sogar ohne nachzufragen, was er ihr da verabreichte, und als sie ihm das Glas zurückgab, meinte sie, daß sie nicht denke, daß er in bezug auf Vater und eine andere recht habe. Nach ein paar Minuten, unmittelbar bevor ihr die Augen zufielen, wiederholte sie es, und das bewies, daß sie bereits angefangen hatte zu glauben, daß an Sauls Worten etwas dran war.

Mutter kam gegen drei mit Leonid nach Hause und fand vier in Decken gehüllte Pakete vor, denn Saul hatte uns alle zugedeckt, bevor er einschlief, und sie hörte auf der Stelle auf zu lachen, nicht nur, daß sie überrascht und erschrocken war, sie verstand auch, daß sie ihre Pläne mit Leonid, der sich in der letzten Zeit sehr eng mit ihr angefreundet hatte, abschreiben konnte. Und nachdem sie die Pakete kontrolliert und gesehen hatte, daß ihr zumindest drei davon vertraut vorkamen und alle vier atmeten und friedlich und ruhig aussahen, ging sie mit Leonid in die Küche, und erst als das Wasser kochte, wachten Saul und ich vom Pfeifen des Kessels auf, und Saul ging in die Küche, um nachzusehen, was los war, und von dem Gespräch zwischen ihnen wachte Michal auf, die im ersten Moment sicherlich erschrak, da sie nicht sofort wußte, wo sie sich überhaupt befand, und im zweiten Moment, als sie begriff, zuckte sie erneut zusammen, denn dies war so ungefähr der letzte Ort, an dem sie sein wollte, und da wäre es schon besser gewesen, an einem Ort zu erwachen, an dem man nicht wußte, wo man war, insbesondere wenn Mutters Stimme aus der Küche drang, die Michal bis dahin nicht gekannt hatte. Und am Anfang wußte sie nicht recht, ob sie aufstehen oder sich schlafend stellen sollte, aber bevor sie zu einer Entscheidung kam, betrat Mutter das

Wohnzimmer, um noch mal nach Nama zu sehen, nachdem Saul seine Erklärungen beendet hatte, und sie bemerkte die erwachte Michal, lächelte ihr zu und sagte, sehr angenehm, ich bin Alma, und Michal stand verwirrt von ihrem Sessel auf und sagte, daß sie Michal sei, und es tue ihr schrecklich leid, daß sie hier um drei Uhr morgens hereinplatze, aber sie wollte die Kinder nicht allein lassen und sie wisse nicht, wo Assaf stecke, und sie hoffe, daß Nama wieder in Ordnung sei, und als Mutter beteuerte, daß Nama ganz und gar in Ordnung sei, sagte Michal, daß Saul wunderbar war, und auf einmal gingen ihr die Worte aus, und sie schwieg verlegen, und nach einem Moment bemerkte sie, daß es besser sei, wenn sie jetzt gehe, und Mutter meinte, sieh mal aus dem Fenster, und wir alle sahen hinaus und stellten fest, daß es sintflutartig regnete, und Michal sagte, es macht nichts, ich werde halt ein wenig naß werden, und Mutter schlug ihr vor, ehe sie sich in die Fluten wage, vielleicht noch eine Tasse Kaffee zu trinken, und währenddessen würden wir ein Taxi bestellen, es müsse ihr nicht unangenehm sein, denn wir sind eine Familie, für die abartige Situationen nichts Neues sind, was einer der Vorteile ist, die Assis Gegenwart jedem bringt, der mit ihm zusammenlebt, und Michal lächelte ein wenig und sagte, ich möchte wissen, wo er steckt, er ist wie vom Erdboden verschluckt. Ich hoffe, daß ihm nichts zugestoßen ist. Und Mutter beruhigte sie, daß Vater sicherlich den Anrufbeantworter abgeschaltet habe, weil er in Arbeit vertieft sei, und sie brauche sich keine Sorgen zu machen, kommt jetzt, wir gehen aus dem Wohnzimmer, um Nama nicht zu wecken, und wir alle gingen in die Küche, um Kaffee und Kakao zu trinken und Blinis zu essen, die Leonid zubereitete, und es war so gemütlich und friedlich, daß Michal das Taxi vergaß, und sie hörte

Mutter zu, die uns von dem Club der Depressiven erzählte, in dem sie mit Leonid gesessen hatte, wo dieser Wodkagläser auf dem Fußboden zerstampfte, und Leonid stammelte auf hebräisch, daß es sonst nicht seine Art sei, er habe einfach ein wenig getrunken, und auch alle anderen hätten die Gläser zerschlagen, und bevor die UdSSR auseinanderbrach, habe er dort gründlich gelernt, daß man nicht aus der Rolle fallen dürfe, und darum habe auch er sich ans Zertrümmern gemacht, und Mutter platzte fast vor Lachen, weil ihr einfiel, wie er nach den Gläsern dazu überging, die Teller kurz und klein zu schlagen und die Salatschüssel, und es hätte nicht viel gefehlt, und er hätte dem Inhaber des Lokals, der versuchte, ihn zur Räson zu bringen, den Schädel eingeschlagen. Und mitten in diesem Gelächter, dem wir uns anschlossen, hörten wir, wie jemand erfolglos versuchte, die Eingangstür aufzusperren, und Mutter stand auf, verschwand im Flur und öffnete die Tür, und wir hörten Vaters Stimme sagen, daß mit dem Schlüssel etwas nicht stimme, und Mutter sagte ihm, daß der Schlüssel in Ordnung sei, er passe einfach nicht zum Schloß, und Vater fragte überrascht, ob sie es gewechselt habe, und Mutter fragte ihn zurück, was wundert dich daran? Worauf er antwortete, daß er sich, um die Wahrheit zu sagen, sehr wundere, und er fragte halb im Scherz, ob sie sich vor ihm hinter die Verteidigungslinie zurückziehe, und Mutter sagte, daß es besser sei, diese interessante Diskussion auf ein anderes Datum zu verschieben, denn es liege ein dringender Tagesordnungspunkt an, dessen Hauptakteurin in der Küche auf Vater warte, und Vater fragte erleichtert, sind sie hier? Noch bevor Mutter eine Antwort geben konnte, tauchte er in der Küche auf, hielt ein nasses Geschenk in der Hand, für Nama, die sich bereiterklärt hatte, allein bei Michal zu bleiben, und bemerkte

Leonid in seiner Küchenschürze, der gerade noch einen Eierkuchen zum Wenden in die Höhe schleuderte, sah Michal vorsichtig abschätzend an, die gegenüber der Tür saß, und kam zögernd herein, und sofort hinter ihm kam Mutter und stellte ihm Leonid vor, der ihm eine Hand reichte; Vater schüttelte sie und sagte, ich habe schon von dir gehört. Du bist der Leonid vom Rabbinat. Und Leonid lächelte verlegen und antwortete mit Ja, und dann wandte sich Vater an Mutter und bemerkte spöttisch, die Schürze sei ein wenig zu klein für Leonid, und Leonid fragte, was eine Schürze sei, und Vater, der sah, wie Mutter ihn anschaute, beschloß, von Leonid abzulassen und ein anderes Opfer zu suchen, und er erkundete für einen langen Moment das Terrain, um über mögliche Vorgehensweisen zu entscheiden, und am Ende stellte er fest, eine regelrechte Gipfelkonferenz, und bevor jemand reagierte, wandte er sich an Michal und fragte sie, ob sie ihm erklären könne, was sie hier verloren habe, und Michal entgegnete ihm, daß er nicht in einer Position sei, in der er Erklärungen verlangen könne. An ihm sei es, solche abzugeben. Wo hast du gesteckt? Wir haben dich unter all den Nummern, die du uns hinterlassen hast, wie wahnsinnig gesucht. Weißt du, was mit Nama passiert ist? Und Vater antwortete, daß es ihm gelungen sei, der konfusen Nachricht zu Hause zu entnehmen, daß sie einen Anfall bekommen habe, und es tue ihm wirklich leid, er habe mit dem Inhaliergerät großen Mist gebaut, und jetzt laß uns schleunigst von Alma und Leonid verabschieden, die gewiß unter sich sein wollen, wir fahren. Wir klären das Ganze bei dir. Und sie fragte, bei mir? Und Vater wurde verlegen, denn anscheinend war es ihm unangenehm, bei uns zu Hause über Michals Wohnung »bei uns« zu sagen, und was er herausbrachte, war: Wo denn sonst, vielleicht hier? Und Michal meinte, daß sie sich hier wohl genug fühle, um die Angelegenheit vor Ort zu klären, wenn es Alma nichts ausmache, natürlich, und als Mutter sagte, im Gegenteil, fuhr Michal fort: Ich bin anscheinend die einzige, die von der Klärung dieser Sache überrascht sein könnte. Und Vater sah wieder mißtrauisch in die Runde, um herauszufinden, was man in dieser Küche, bevor er kam, außer Eierkuchen wohl noch angerichtet hatte; und er hielt sich bei Leonid und Mutter auf, die mit großer Neugier die Ereignisse verfolgten, und dann schaute er zu Saul, der Vaters Hauptverdächtiger war in allem, was mit Verleumdungen gegen seine Person zusammenhing, und beide leisteten sich ein langes Blickduell, an dessen Ende Vater sich geschlagen gab, denn Saul senkte nicht mal für einen kurzen Moment den Blick; mir lächelte er zu und hielt sich nicht mal für eine Sekunde auf, denn, wie Saul sagte, fresse ich ihm aus der Hand, und ich komme bei ihm nie auf die Liste der Verdächtigen, und am Ende der Kontrolle kam er auf Michal zurück und fragte, wovon sie spreche? Sie erinnerte ihn daran, daß er ihr eine einfache Antwort schulde, und er solle aufhören, ihr dauernd immer mehr Fragen zu stellen. Und dann versuchte Vater, sein Charisma einzusetzen, das scheinbar mehr auf Soldaten als auf Frauen wirkte, wie Maja erklärte, als die Damen das Ereignis ein paar Tage später im Schaschlikrat durchkauten, der einberufen wurde, um Schlüsse daraus zu ziehen, und als Amalia fragte, wie kommt es dann, daß er dennoch immer wieder bei uns landen kann, antwortete Maja, daß er A, Erfolg nur bei einer bestimmten Sorte Frauen habe; und B, bei dieser bestimmten Sorte nur ankomme, wenn seine äußere Hülle falle und seine Verzweiflung und Einsamkeit zum Vorschein kämen. Wenn man sieht, wie gehetzt dieser Mann ist. Und der

Moment, in dem Maja diese Worte sagte, war fast der einzige der ganzen Sitzung, während der Mutter ihnen in allen Einzelheiten das Ereignis schilderte, in dem die Frauen nicht platzten vor lauter Lachen; wie Michal sich von Vater nicht beeindrucken ließ, als er ihr sagte, daß er ihr keine Rechenschaft schulde und daß er nichts halte von diesem öffentlichen Untersuchungsausschuß, und er gehe runter und warte im Auto auf sie. Sie bat Mutter einfach um Erlaubnis, das Telefon benutzen zu dürfen, und bestellte sich ein Taxi, und Vater ging hinter ihr in den Flur und sagte, daß sie einen großen Fehler mache, und sie erwiderte ihm, im Gegenteil, sie korrigiere einen großen Fehler, und sie bitte ihn, sie für ein paar Tage allein zu lassen, denn sie müsse nachdenken über das, was geschehen sei, und noch bevor er eine Antwort gab, hörten wir das Hupen des Taxis und wie die Tür leise auf- und zugemacht wurde, und dann tauchte er wieder in der Küche auf und fragte, ob er eine Tasse Kaffee haben könne, und Mutter stand auf, um ihm eine aufzubrühen, und als er schweigend trank, sagte Mutter den Satz, den sie auch bei dem großen Streit von sich gegeben hatte – als er sie beschuldigte, sie sei eine kleine Spießerin, und sie ihm an den Kopf warf, daß er mit Beatriz ins Bett gehe; aber damals schrie sie den Satz voller Zorn und Schmerz, und nun sagte sie ihn leise; und Mutters Satz lautete in beiden Fällen: Wie brachte Vater es nur fertig, jedesmal noch größere Niedertracht zu beweisen. Und in beiden Fällen fügte sie, bevor er antwortete, hinzu, eins stehe fest – er schaffe es immer wieder, einen zu überraschen, und wenn sie bis heute nicht verstehen konnte, wie ein Mensch auf seinen eigenen Kopf klettern könne, um von dort einen riesigen Sprung zu machen, quasi mit sich und von sich, und sie sich Vaters akrobatische Talente ansehe, verstehe sie, daß alles möglich sei; und Vater hörte wortlos zu, und nach ein paar Schluck Kaffee meinte er, daß sie ihm das schon so oft gesagt habe, daß die Zeit gekommen sei, endlich damit aufzuhören, überrascht zu sein, und vielleicht sei sie diesmal zur Abwechslung mal bereit, konkreter zu werden und ihm zu erklären, was sie genau meine, und Mutter sagte, daß es eigentlich nicht mehr ihr Problem sei, und darum sei es besser, wenn sie aufhöre, bevor sie anderen Menschen Schaden zufüge, und Vater meinte, daß das Mysterium, das ihre Worte umhülle, ihn neugierig zu machen beginne, dann, bitte schön, solle sie fortfahren, und Mutter meinte, du bist schließlich nicht in der Nacht losgezogen, um zu arbeiten, oder genauer, du bist nicht losgegangen, um am Schreibtisch zu arbeiten. Und Vater fragte, ist es das, was du Michal gesagt hast? Und Mutter fragte nach, ob er denke, daß sie das getan habe, und er verneinte, und dann fragte Mutter ihn, ob er wolle, daß sie weitermache, und Vater lächelte Leonid an, als ob er ihm einen Hinweis geben wolle, sieh, was dich erwartet, und sagte selbstsicher – bitte. Und Mutter fuhr fort, du willst es also nicht anders. Und sie dachte einen Moment lang darüber nach, wie sie weitermachen solle, und am Ende fragte sie ihn, ob er denke, daß Noah Sieben-Seelen blind sei und nicht sehe, was vor sich gehe. Und Vater fiel beinahe die Tasse aus den Händen, als er das hörte. Und Mutter fragte wieder, ob er wolle, daß sie weitermache, und Vater antwortete, er denke nicht, daß es passend sei, das Gespräch in Anwesenheit der Kinder fortzuführen, worauf Mutter ihm entgegenhielt, daß die eine Hälfte ihres Zusammenlebens bei einem der Kinder dokumentarisch festgehalten sei und die andere Hälfte von dem zweiten Kind verleugnet werde, weil es am besten von allen verstehe, was hier vorgehe, und Vater wurde still, und auf einmal fiel die Schale von ihm ab, von der Maja gesprochen hatte, und er hatte den Blick eines Kindes, das im Supermarkt verlorengegangen ist, bevor es per Lautsprecher gesucht wird, und Mutter wurde weich und liebevoll, denn dieser Blick von ihm, wie sie im Anschluß an Majas Diagnose den Frauen berichtete, schaffte es jedesmal aufs neue, sie in seinen Händen zu Wachs werden zu lassen, und sie sagte zärtlich, warum tust du dir das an? Warum tust du es den anderen an? Warum mußt du alles kaputtmachen? Weißt du, wie viele Menschen, die du liebst, du heute mal wieder verletzt hast? Du verläßt mich, weil du die große Liebe gefunden hast, du lädst ihr die Kinder auf für die kurze Zeit, in der du für sie verantwortlich bist, und du hast nichts Besseres zu tun, als die Ehefrau des Mannes zu vögeln, der dir in den letzten Monaten am meisten ans Herz gewachsen ist, während dieser im Krankenhaus an der Dialyse hängt, und all das, während deine Tochter fast an einem Asthmaanfall krepiert. Wieso gibt es kein Gesetz, keine Bremse und keine Hemmung, die für dich gelten!

In meinen Worten – wollte sie damit sagen, daß er einfach auf niemanden Rücksicht nahm, und damit hatte sie nicht ganz recht, denn sie wußte selber, daß es davon abhing, in welcher Phase Vater sich befand, und wenn er in einer guten Phase war, konnte er wunderbar, rücksichtsvoll und anständig sein, wie in dem Fall von Chesi, dem Zurückgebliebenen, der aus einem Heim ausgebrochen war und der mitten über die Straße von Ra'anana nach Tel Aviv rannte, und alle Autos hupten und überholten ihn von rechts und von links, und es gab Leute, die das Fenster herunterkurbelten und ihn anbrüllten, du Idiot, wo willst du hin, aber er ging weiter, ohne sie zu beachten, eine bleierne Insel inmitten des Fahrzeugstroms, der zu seinen beiden Seiten vorbeifloß, dick, groß und schwitzend setzte er Fuß vor Fuß, Fuß vor Fuß, sah nach unten, auf den Asphalt, und keiner hielt ihn auf, obwohl er schon acht Kilometer in der Mitte der Fahrbahn zurückgelegt hatte, als sein gewaltiger Rücken plötzlich in der Scheibe unseres Wagens auftauchte, und Vater fuhr dicht an ihn ran, sah sein beängstigendes Gesicht, an dem wir alle erkennen konnten, daß seine Lippen etwas murmelten, aber wegen des Verkehrslärms ringsum hörten wir nicht, was es war, und Vater hielt den Wagen am Seitenstreifen an, und Mutter, die zutiefst erschrocken war, sagte, Assi, laß ihn, er könnte gefährlich sein, und Nama fing an zu wimmern, Vater, paß auf, er wird dich totmachen, und Saul sagte nichts, aber man sah, daß er angespannt war, und Vater lächelte nur sein strahlendes Lächeln, so mußte er seine Soldaten angelächelt haben, bevor er mit ihnen zu waghalsigen Aktionen hinter die Linie des Feindes aufbrach, und er sagte, daß wir uns nicht lächerlich machen sollen, und er stieg aus und wurde beinahe von einem riesigen Laster umgefahren, der acht Daihatsus geladen hatte und dessen Fahrer wie meschugge auf die Hupe drückte, und als er vorbei war, waren wir sicher, daß einer der beiden unter die Räder gekommen war, aber zum Glück waren beide wohlauf, und Vater lief auf dieses Naturphänomen zu, wie Saul Chesi Ido beschrieb, trottete langsam neben ihm her und redete auf ihn ein, und Mutter rollte langsam mit dem Auto über den Seitenstreifen, um in seiner Nähe zu bleiben und ihm Deckung zu geben, falls, Gott behüte, dieses furchterregende Etwas sich plötzlich entschließen sollte, über Vater herzufallen; wir hörten nicht, was Vater ihm sagte, und am Anfang schenkte er Vater keine Aufmerksamkeit, senkte nur sein Haupt noch weiter nach unten, so weit es eben geht, wenn man keinen Hals hat und nur ein dickes Kinn, das auf der

Brust ruht, und er versuchte, seine Schritte ein wenig zu beschleunigen, und dann sagte Vater noch etwas zu ihm, und der Zurückgebliebene hielt mitten auf der Straße an und drehte Vater langsam den Kopf zu, und als er lächelte, wußte ich plötzlich, was es heißt, »ein Lachen erhellte sein Gesicht«, denn in seinem dunklen Gesicht war es, als ob ein Licht angeknipst würde, obwohl die Zähne gelb und faul waren, und an seinen Augen sahen wir alle sofort, daß er nicht gefährlich war, und dann reichte ihm Vater eine Hand und befreite ihn vorsichtig aus dem hektischen Verkehrschaos, das inzwischen entstanden war, und er führte ihn zu unserem Wagen, sagte, das ist Chesi, macht ihm ein wenig Platz, und Nama, Saul und ich kletterten übereinander, denn Chesi belegte den Rest der Bank, und als wir losfuhren, fing Chesi an zu singen, »Das ist eine tüchtige Uhr«, und Nama sang mit, und alle paar Zeilen hörte er auf und fragte, wie spät ist es, wie spät ist es, als ob er es eilig hätte zu irgendeinem Termin, und Vater antwortete ihm, 11.25, 11.26, 11.27 Uhr, und als Chesi Vaters Antwort hörte, sagte er wieder und wieder, oh oh oh, wie die Zeit läuft, und Vater sagte, sie läuft wie ein Verrückter, und er zog die Uhr von seinem Arm und gab sie Chesi, der sehen sollte, wie schnell sich der Sekundenzeiger drehte, wie er die Zeit niedermähte wie ein Mäher ein Kornfeld, und Chesi sah auf die Uhr, nickte mit dem Kopf und wiederholte voller Ernst ein paarmal das, was Vater sagte, sang dann weiter und wurde wieder still, und plötzlich wandte er sich an Saul und fragte ihn, wie spät es ist, und Saul sagte ihm, daß seine Uhr nicht richtig ticke, und Chesi faßte an Sauls Uhr und versuchte, sie von seinem Arm zu ziehen, und der erschrockene Saul fuhr zurück und murmelte, laß meine Hand in Ruhe, worauf Chesi meinte, hab keine Angst, ich werde dich nicht hauen, ich werde nur deine Uhr in ein Heim schicken, weil sie nicht richtig tickt, und er fing an zu lachen, denn er verstand selbst, daß das ein guter Witz war, und er erklärte uns, daß das schrecklich lustig sei, und als er sah, daß wir grinsten, fuhr er wieder mit seinem Lied fort, und zwischen zwei Strophen beantwortete er ein wenig unsere Fragen, und so erfuhren wir, daß er auf die Straße gelaufen war, weil der Wagen seiner Eltern dort weggefahren war, als sie ihn noch im Heim besuchten, vor langer Zeit, und sie hatten ihn einmal alle zwei Wochen mitgenommen, und beim Abendessen, als er traurig wurde und nichts essen wollte, brachte Vater die Förmchen, die Nama mit an den Strand nimmt, und machte mit ihnen Formen in sein Omelett, und so gelang es ihm, ihn dazu zu überreden, etwas zu sich zu nehmen, und während Chesi Goofy und Micky und Donald Duck und Bugs Bunny auf dem Teller dekorierte und sie dann in seinen Mund stopfte, suchte Vater nach dem Heim, aus dem Chesi weggelaufen war, und nachdem wir diesen dorthin zurückgebracht hatten, besuchte Vater ihn immer wieder bis zur letzten Phase seines Lebens. Das ist natürlich nicht die einzige Geschichte, die Vaters positive Seiten zeigt – da war der Fall des großen Lehrerstreiks, als die Eltern sich aufteilten, um die Kinder in der Schule zu beschäftigen, und obwohl Mutter gegen das Streikbrechen war, unterrichtete Vater meine Klasse darin, wie man Komödien spielt, und er brachte es fertig, daß alle Kinder sich vor Lachen die Bäuche hielten, und vier Tage lang nahmen mich alle ernst und versuchten, sich mit mir anzufreunden und nachmittags zu mir nach Hause zu kommen, was es bis dahin noch nie gegeben hatte, und sogar die hübsche Schani – die mich sonst nie beachtete und die sofort die Augen senkte oder den Kopf wegdrehte, wenn sich unsere Blicke zufällig kreuzten – kam in der Pause zu mir und meinte, was für einen super Vater du hast, sicher ist bei euch zu Hause ganz schön was los.

Es gibt noch eine Menge Beispiele für die guten Seiten in Vaters Charakter, aber beim Streiten vergessen alle natürlich die schönen Dinge und erinnern sich nur an die häßlichen Sachen, und keiner behält es für sich, wenn ihm etwas Häßliches einfällt, sondern teilt es sofort auch den anderen mit, und wie bei allen schlimmen Streiten, auch bei dem großen, in dem Mutter ihm vorwarf, daß er uns teure Geschenke gekauft hatte, um für seine Abwesenheit am Wochenfest die Absolution, was das Verzeihen des Papstes ist, zu erhalten, kam Vater schließlich auf seinen Schmerz, den furchtbaren Schmerz, der ihm glühende Eisen in die Brust trieb, und worum bittet er sie schon? Daß sie ihn versteht. Sie weiß doch, daß er sie liebt. Warum reicht ihr das nicht? Und darauf sagte Mutter, daß es keine Frage von genügen oder nicht genügen sei. Das ist gar nicht die Frage. Und Vater fragte sie, was ist dann die Frage, und sie antwortete, daß es nicht genug sei, daß er sie liebe – es müsse auch irgendwelche Ergebnisse zeitigen, damit sie es auch fühle, und dabei zeigte sie auf ihren Bauch, in dem sie für gewöhnlich fühlt, und Vater breitete die Arme auseinander und sagte, hier, ich zeige dir, wie sehr ich dich liebe. Versuche mich doch ein für allemal zu verstehen und mich nicht ständig zu beschuldigen; und Mutter antwortete ihm, daß sie die Nase voll von seiner Wunde habe, und wenn es ihm nichts ausmacht – es tut uns allen weh, uns allen tut es schrecklich weh, denn wir alle versäumen etwas, genau wie er, und auch wir sind dabei zu sterben, genau wie er, und nur er setzt das Ganze in ein existentielles Lebensprogramm und in eine Lebensweise um, und sie habe es satt, vor lauter Versuchen, seinen Schmerz zu verstehen, ihre eigenen Wunden zu vergessen, und warum, verdammt noch mal, weiß sie jetzt schon, wenn er von Schmerz spricht, daß ein Seitensprung folgen wird, warum nur? Warum gehe bei ihm der Weltschmerz, der ihn zerreiße, immer mit dem Verlassen der Familie und mit Affären einher? Gib mir eine Antwort! Und es half nichts, daß Nama wach wurde und weinte und Saul aufwachte und zu ihnen ging und sie bat, mit dem Streiten aufzuhören, denn die ganze Welt höre mit; und Saul kam zurück ins Zimmer und beruhigte Nama und machte sich daran, die Geschenke einzupacken, die Vater ihm mitgebracht hatte, und am nächsten Tag, nach der Schule, rief er ein paar Freunde an und bot ihnen die Geschenke zum Kauf an; ich fand das sehr brutal gegenüber Vater, denn auch wenn Vater Mist baute, so war das Schenken doch seine Art, uns um Verzeihung zu bitten; und als Sauls Freunde sich nach und nach einfanden und mit ihm über die Preise, die er verlangte, verhandelten – kam Vater gerade aus dem Theater, und er kam ins Zimmer und schlug vor, sollen wir vielleicht zum Strand des Country Clubs fahren und das Flugzeug mit der Fernbedienung fliegen lassen, das er Saul mitgebracht hat; und Saul meinte, ohne ihn anzusehen, daß das Flugzeug verkauft sei, und Vater sagte nichts dazu, schaute ihn nur mit traurigen Augen an, machte kehrt und ging in sein Zimmer, und ich spürte, daß ihm das Herz brach, denn auch wenn er sich Mühe gab, etwas wiedergutzumachen, ging es in die Hose, und Saul hatte niemals Mitleid mit ihm, und unserer Familie würde weder das Adler-Institut noch eine andere Behandlungsmethode helfen, nur Gott allein, und wenn Gott nur im Detail existiert, wie Mutter Mies van der Rohe wiedergibt, der einer ihrer Lieblingsarchitekten ist, dann mußte mindestens ein Wunder geschehen, aber sowohl bei dem großen Streit als auch bei dem Vorfall mit Michal geschah kein Wunder, worin sich die beiden Fälle glichen – und das, worin sie sich unterschieden, war, daß er in der Sache mit Michal nicht damit angefangen hatte, über seinen Schmerz zu reden, als Mutter von seinem akrobatischen Können sprach. Er hörte nur zu, nippte an seinem Kaffee und stocherte mit der Gabel in dem Blini, den Leonid ihm gebacken hatte, ohne jedoch davon zu kosten, und bis er ging, eine halbe Stunde später, als es schon dämmerte, brachte er kein Wort heraus, und nach ein paar Tagen erfuhr Mutter von Noah, daß er Noah – weiß der Teufel, woher er es nahm – alles Geld zurückschickte, das der ihm seinerzeit gegeben hatte, und Alma, bitte hilf mir, ihn zu finden, denn er hat die Wohnung aufgegeben, die ich für ihn gemietet habe, und bei Michal ist er auch nicht mehr, glaub mir, er ist in keiner guten Verfassung. Ich bin ein Menschenkenner, und wenn ich dir sage, daß er in keiner guten Verfassung ist, dann weiß ich, was ich sage, und ich hoffe, du hast ihm nicht erzählt, daß ich von seinem Abenteuer mit meiner Frau weiß. Ich kann lernen, damit zu leben, und auch du hättest lernen müssen, mit seinen Problemen zu leben, Alma, denn du liebst ihn, und er liebt dich, und das ist es, was wirklich zählt, und mehr kann man im Leben nicht erwarten, glaub mir. Wenn es zwei Menschen, die sich lieben, vergönnt ist, sich überhaupt zu treffen, dann ist das ein Wunder, das man wie seinen Augapfel hüten muß, denn wie häufig passiert das schon? Und noch eine Sekunde, Almuschka, laß mich ausreden. Du hättest noch ein wenig Geduld mit ihm haben müssen. Ein, zwei Jahre, bis er es geschafft hätte, seine Dämonen in die Flasche zu stecken. Abissel Geduld. Wie wenn ein stiller See auf ein Wildwasser wartet und sich am Ende friedlich mit ihm vereint. Mutter hörte Noah zu, ein wenig bekümmert und mit einem Lächeln in den Mundwinkeln, und sie sagte ihm, daß sich das alles schön und gut anhöre, nur dürfe man nicht vergessen, wenn man schon diese Bilder unbedingt benutzen müsse, daß Assi kein Wildbach ist, und ich bin kein stiller See. Wir sind zwei Menschen, was etwas völlig anderes ist, Noah, denn Flüsse suchen es sich nicht aus, wohin sie fließen, und Seen entscheiden nicht darüber, mit wem sie sich vereinen, aber wir können eine Wahl treffen, und Noah lächelte Mutter niedergeschlagen an und fragte sie, ob sie wirklich glaube, was sie da sage, was Mutter bejahte, und dann fragte Noah, wo lebst du, Almale? Was wird gewählt, wer hat Entscheidungsfreiheit? Wählt jemand seine Eltern oder das Gesicht, mit dem er geboren wird, oder wann er aus dem Leib seiner Mutter kriecht und wem er im Leben begegnet? Wovon sprichst du? Und Mutter sagte, daß sie glaubt, daß die Dinge anders ablaufen, als er sie beschreibt, und Noah lächelte und meinte, du redest von glauben? Da mache ich nicht mit, das ist schon Theologie; und er streichelte ihr voller Zuneigung die Wange und sagte, daß sie sowohl eine harte als auch eine naive Frau sei, und das sci cine Kombination von zwei Eigenschaften, die nicht gut zueinander paßten, und es sei schade, denn die meisten Menschen, die im Sumpf versackten, kämen dreckig wieder nach oben, und es sei ein Kunststuck, von dort mit Narzissen zurückzukehren. Und Mutter schwieg, denn ihr Entschluß, sich von Vater scheiden zu lassen, stand fest, und sie wollte nicht, daß jemand ihr plötzlich einredet, daß Vater in dem Sumpf, den er aus ihrem Leben gemacht hatte, zu guter Letzt eine Narzisse ist. Und Noah stand auf und verabschiedete sich von ihr mit einem Kuß und bat, wenn sie etwas von Assi höre, solle sie ihm sofort Nachricht geben, denn er wittere eine Katastrophe, und nach allem, was er im Leben gesehen und gehört habe, sei der Geruchssinn der einzige Sinn, auf den er sich noch verlasse.

Damals, als Maja wegen Staw Rat einholen wollte, war zwischen Vater und Mutter eine unerträgliche Spannung entstanden, und anstatt Maja dabei zu helfen, ihre Probleme zu lösen, wu[illegible] diese mit den Problemen der beiden konfrontiert, a[illegible] zu sagen gab es nichts, und die drei saßen beieinander und schwiegen, und ich dachte nach über Vaters Erklärung, was die Gründe dafür sind, daß sich in der Geschichte die Familie auf diese und nicht auf jene Art entwickelt hat, und ich war beeindruckt von dem, was er alles wußte und was ihm von all dem, was er las und sah, im Gedächtnis blieb; und wie Saul sein musikalisches Talent von Abram geerbt hat, und Abram es von Katja hatte, Großvaters zweiter Schwester, und Katja von ihrer und Großvaters Mutter, und deren Mutter von einem entfernten Verwandten, Noah Zlotokowski, der ein Komponist war und zu Ehren des ersten Kongresses der Freunde Zions, den Pinsker 1884 in Pinsk organisierte, die Musik zu dem Lied »Tragt eure Banner nach Zion« komponierte – so erbte Vater das Erinnerungsvermögen von Großvater, der es von seinem Vater hatte, welcher ein Hobbyarchäologe war, der eine Broschüre über die Geschichte des jüdischen Kürschnervereins Luzk im 16. Jahrhundert veröffentlicht hatte und antike Münzen und Geschirr der berühmten Bierbrauereien sammelte, die in Luzk schon vor vierhundert Jahren ansässig waren, und der Großvater Zwi das gute Gedächtnis und die Neugier für die Geschichte des jüdischen Volkes vererbt hatte, und Großvater vererbte diese Eigenschaft an Vater, und Vater vererbte sie an mich, und das bedeutet, daß in unserer

Familie zwar kein Vermögen und keine Adelstitel von einem zum anderen übergingen, dafür aber Begabungen, und das Schöne an Begabungen ist, daß sie automatisch weitergegeben werden ohne Testamente und Gerichte.

Und dann sagte Maja plötzlich, eine Untersuchung mit dem Zweck, herauszufinden, wer der richtige Vater sei, würde ein überflüssiges Spannungsmoment in ihre Beziehung bringen und diese womöglich gar zerstören, und Mutter sagte, daß man sich nicht festlegen solle, sondern einfach abwarten und sehen, wie die Dinge sich entwickelten, und auf keinen Fall dürfe man zulassen, daß die Meldebehörde Maja in die Knie zwinge. Und Staw wuchs heran und nannte Schaj Schaj und Nechemja Nachi, und wenn man sie fragte, wer ihr Vater sei, sagte sie, daß sie zwei habe, was normalerweise die Antwort von Kindern Geschiedener ist, die bei der Mutter geblieben sind, die ein zweites Mal geheiratet hat, aber Staw hatte tatsächlich zwei Väter, denn Maja beugte sich nicht der Verwaltung, und die Verwaltung beugte sich Maja nicht, und bis heute existieren zwei Klagen, die erste – Maja Resnik, Schaj Tannenbojm und Nechemja El-Nekawe gegen Einwohnermeldeamt, und die zweite – Einwohnermeldeamt gegen Resnik, und an den wenigen Sederabenden, die wir bei Maja verbrachten, sangen Staw und Nama, die die Jüngsten am Tisch waren, das »Ma nischtana«, und Staw schien völlig in Ordnung und normal zu sein, obwohl sie bis jetzt in keinem Ausweis eines Vaters steht, und Schaj und Nechemja sahen aus, wie normalerweise Väter aussehen, wenn ihr Kind zum ersten Mal das »Warum ist diese Nacht verschieden von allen anderen Nächten . . . « singt, das heißt, ihre Gesichter waren rot vor Aufregung und ihre Augen ein wenig feucht, und ihre Lippen flüsterten die Worte zusammen mit dem Kind, damit, wenn es sich, Gott behüte, vertat, der Vater in der Nähe sein würde, um ihm zu Hilfe zu kommen.

Normalerweise feierten wir die Sederabende bei Großvater und Großmutter, für die Pessach im allgemeinen und der Sederabend im besonderen höchst wichtige Ereignisse waren. Der erste Grund dafür war, daß am Sederabend 1946, als Großvater und Großmutter in dem Übergangslager auf Zypern waren, Adam geboren wurde, und als er vierundvierzig Jahre alt wurde, beschloß er, der ganzen Familie eine Überraschung zu bereiten, das heißt Großvater und Großmutter und seiner Frau Nurit und ihren drei Kindern, Uri, Itamar und dem kleinen Nimrod, der drei Jahre, nachdem der große Nimrod, der Bruder von Vater und Adam, seinen Namen in Abram änderte, geboren wurde; Adam beschloß, daß er Großvater eine kleine Freude machen und seinem Nesthäkchen den Namen geben würde, den Großvater seinem Nesthäkchen gegeben hatte, denn als ich geboren wurde, zwei Jahre vor Nimrod, kam Adam zwei Stunden vor der Beschneidung, die in Großvaters und Großmutters Haus stattfand, ging mit Vater, der noch in Uniform war, denn er kam von einer Reserveübung im Libanon, in das kleine Nebenzimmer, wo er sich mit ihm einschloß, um über etwas Persönliches zu sprechen, bevor der Mohel kam, und Vater fragte ihn, ob es unbedingt eine Stunde vor der Beschneidung sein müsse, und Adam sagte, ja, denn die ganze Woche hatte er versucht, ihn bei der Armee zu erreichen, aber es war ihm nicht gelungen, ihn ausfindig zu machen, und er würde nicht viel Zeit von ihm beanspruchen, und sie gingen in das kleine Zimmer für ein persönliches Gespräch, das freilich alle Gäste, die gekommen waren, mitbekamen, denn sofort nachdem sie die Tür verschlossen hatten, fingen sie an, einander anzuschreien, weil Adam Vater zusetzte, daß er mir den Namen Nimrod geben solle, den Großvater bei Abram einbüßen mußte, und weil Vater ihm zu verstehen gab, daß er sich nicht auf diese Grundsatzdiskussion einlassen wolle, und der Name seines Sohnes würde weder Symbol noch Denkmal werden oder ein rotes Tuch, mit dem man vor Abrams Nase rumfuchteln würde, der jeden Moment zur Beschneidungsfeier erscheinen würde und mit dem Vater gute Beziehungen zu bewahren versuche, denn er liebe ihn sehr, und das Letzte, was er wolle, sei, Abram durch die Wahl seines früheren Namens für seinen Sohn zu verletzen, und darüber gab es einen Streit, der schlimmer war als ein Jahr später der Streit über den Kredit, von dem ich bereits berichtet habe, und Adam sagte Vater, daß es eine Schande sei, nach allem, was ihre Eltern für ihn getan hätten, sei er nicht bereit, ihnen entgegenzukommen und sie mit solch einer Kleinigkeit zu erfreuen, und Vater sagte zu Adam, daß dieser, dem Himmel sei Dank, Großvater genug Freude mache für ihn und Abram, denn er säe in die Furche, die Vater (ihr Vater) gepflügt habe, darum solle er Vater (meinen Vater) in Ruhe lassen und damit aufhören, ihm das ganze Leben Moral zu predigen, wie auch Vater (mein Vater) ihm keine Moralpredigten halte, obwohl er wisse, daß auf diesem Feld, das ihr Vater gepflügt habe und das Adam jetzt einsäe, nichts als ein Haufen Zores wachse. Darauf schrie Adam ihn an, sieh dich an, was aus dir geworden ist, du Arschloch; solch eine Zukunft hattest du, und jetzt bist du nicht mal bereit, Vaters Enkel einen verdammten Namen zu geben, und Vater schrie zurück, wie hänge die Zukunft, die er in der Vergangenheit hatte, mit dem Namen zusammen, den er seinem Sohn jetzt nicht geben wolle – und nur darauf solle ihm Adam eine Antwort geben! Was haben diese beiden Dinge überhaupt miteinander zu tun? Und

Adam gab ihm seine Standardantwort, die er stets gab, wenn er verwirrt und aufgeregt war und nichts zu sagen hatte – daß alles etwas miteinander zu tun habe. Alles! Und darauf antwortete ihm Vater, daß es an der Zeit sei, für diese seine Theorie an der Universität eine Fakultät für Kosmologie mit dem Namen Adam zu gründen, da dieser doch den Physikern der Chaos-Theorie folge, die ebenfalls behaupteten, daß alles zusammenhinge und daß ein Schmetterling, der in die Wüste Gobi pisse, eine Überflutung in der Kanalisation von New York auslöse; und ungefähr an dieser Stelle, so wie Großmutter es mir wiedergegeben hat, denn ich war erst geboren worden und hatte noch keinen Rekorder, hörte man kein deutliches Wort mehr, nur seltsame Silben, und Großmutter bat die Gäste, die schon gekommen waren und sich für die Stimmen, die aus dem kleinen Zimmer drangen, höchst interessiert zeigten, in den Hof zu gehen, und sie wollte gerade in das Zimmer, um zu versuchen, ihre Söhne zu beruhigen, als die Tür aufging und Adam herauskam mit einer Nase, aus der Blutstropfen fielen, und Großmutter zog schnell einen Lappen aus ihrer Schürzentasche und putzte Adam die Nase und sagte ihm, daß es eine wichtige Lektion sei für den, der seine Nase in Dinge stecke, die ihn nichts angingen, und wie er dazu komme, Assi bei ihr zu Hause eine Szene zu machen, der noch nicht einmal dazu gekommen sei, das Baby und Alma zu sehen, und Adam sagte ihr, bin wieder mal ich schuld? Und Großmutter sagte ihm, du bist nicht schuld, und wir lieben dich, aber, Herrgott, noch mal, hör auf, uns immerfort zu beschützen. Sehe ich nicht wie eine Frau aus, die allein zurechtkommt? Und Adam sagte, daß es ihm leid tue. Er hatte nicht die Absicht, das Fest zu verderben, und wenn Assi es wünscht, wird er sich verdrücken. Und es ist möglich, daß Vater es tatsächlich wünschte, aber Großmutter sagte, daß es egal sei, was Assi wünsche, die Beschneidung finde bei ihr statt, und beide seien ihre Kinder, und einer sei des anderen Bruder und Adam der Onkel des Babys, und jetzt wascht euch das Gesicht und kämmt euch, denn ihr seht zum Fürchten aus, und seid nett zu den Gästen und vertragt euch, und Moment, bleibt hier, ich bin noch nicht fertig. Das ist das letzte Mal, daß ihr eure Probleme mit Schlägen austragt. Und so vertrugen sie sich, wie sie es immer getan hatten, nachdem sie einander fast umgebracht hatten, und das Ergebnis war, daß man mich Jotam nannte, und den kleinen Sohn von Adam – von dem Vater behauptete, daß Adam ihn extra gemacht habe, weil in unserer Familie ein leerer Name umherirrte, den man mit einem Kind erfüllen mußte – nannte man Nimrod, und als ich fast acht Jahre alt war und der kleine Nimrod, mein Cousin, fast sechs, feierte Adam seinen vierundvierzigsten Geburtstag, und für dieses Ereignis beschloß er, eine große Jacht zu mieten und eine Fahrt zu den Wurzeln zu unternehmen, und er lud die ganze Familie zu einer Fahrt nach Zypern und Italien ein, und wer sich nicht anschloß, waren natürlich Abram und seine Familie, und seine Ausrede war, daß eine Reise auf einer Jacht mit fünf Kabinen, einer Kochnische und einer Dusche ihm nicht ermögliche, seine Lebensweise beizubehalten, weil es mit Sicherheit Probleme mit der Koscher- und der Schabbatentweihung geben würde – und auch ein Problem mit der Keuschheit, und wie sehr Adam auch bat und bettelte und erklärte, daß es eine wichtige Fahrt für Großvater und Großmutter sei, denn sie würden in Famagusta Station machen und in die Gegend der Internierungslager kommen und würden auch die Küste Italiens entlangfahren und an der Bucht, in der das Lager der Bejtar lag, das Großvater und Großmutter führten und wo sie Menschen auf die Einwanderung nach Israel vorbereiteten, und daß er bereit sei, einen extra Koscheraufpasser mitzunehmen und nur koschere Sachen einzukaufen und morgens den Minjan, der für das Gebet benötigt würden, zu besorgen – es half nichts, denn was Abram über seine Lebensweise gesagt hatte, war nur eine Ausrede, und der wahre Grund hing mit seiner großen Auseinandersetzung mit Mutter zusammen, zu der es gekommen war, weil sie seiner Frau Sima mit ihrem Gynäkologen ausgeholfen hatte. Die Reise traten wir schließlich ohne Abram und seine Familie an.

Großvater war wegen der Reise ganz aus dem Häuschen und packte einen Koffer voller Bücher und Zeitungsausschnitte; er plante einen Sederabend mit nationalen Inhalten, bei dem wir zusammensitzen und über den Auszug aus Europa und aus Zypern sprechen würden. Und an den ersten beiden Tagen auf See, als wir alle an Deck waren, in der Sonne lagen, ins Wasser sprangen, Kebab und Schaschlik und Asado und Chorizo aßen, zwei Kajaks zu Wasser ließen und Wettbewerbe veranstalteten, denn das Meer war still und glatt wie ein Spiegel – saß Großvater in seiner Kabine und plante den Sederabend, machte sich Notizen und schrieb Ausschnitte aus verschiedenen Büchern zusammen, und obwohl man ihn rief, er solle rauskommen und ein wenig die Sonne und die Seeluft genießen, war er nicht dazu zu bewegen und gab vor, eine Überraschung für uns vorzubereiten, und es half auch nicht, daß Solomon, der der Kapitän der Jacht war, zu ihm ging und ihm sagte, daß er die guten Tage nutzen solle, denn es nähere sich ein Sturm. Dann kam die dritte Nacht, auf die der Sederabend fiel, und schon vier Stunden vorher bildete sich eine Schlange vor der Dusche, denn Großvater hatte sich ausgebeten, daß wir feierlich zum Essen erschienen, und tatsächlich kamen alle frisch gewaschen und in blauweißem Aufzug, worauf Großvater Mutter und Nurit noch vor der Abreise hingewiesen hatte, und jedem wurde eine improvisierte Haggada in die Hand gedrückt, die Großvater vorbereitet hatte und die er die Pessachhaggada der Familie Lasar nannte und die mit einem Ausschnitt aus Jabotinskys Artikel »Awanturisem« begann, und nachdem Großvater alle begrüßt und gebeten hatte, die Gläser mit Wein zu füllen, stellte er als erstes die Frage, warum er sich unserer Meinung nach entschieden habe, die Lasarhaggada ausgerechnet mit diesem Artikel seines Lehrers und Meisters zu eröffnen, und wir alle, außer Großvater, waren verbrannt von der Sonne und müde und hungrig wie die Wölfe, denn das Meer macht Appetit, und keiner hatte einen Nerv für ein Gespräch über die Artikel Jabotinskys; da fragte er noch mal, ob jemand raten möchte, worauf keiner antwortete, und Großvater lächelte mit Genugtuung darüber, daß somit er Gelegenheit zur Beantwortung der Frage bekam, und er erklärte, daß der Zionismus wie auch der Auszug aus Ägypten wohl die beiden größten Abenteuer in der Geschichte des jüdischen Volkes waren, und was ist ein Abenteuer in diesem Sinne, fragte Großvater und gab auf der Stelle selbst die Antwort – ein Abenteuer ist eine Handlung, die eine gegebene Realität von Grund auf verändert, im Gegensatz zu einer abgewogenen staatlichen Handlung, die sich gerade in ein und denselben Rahmen einfügt, aus dem die »Awantura« ausbrechen will. Hier sagte Mutter, daß sie hundert Prozent mit jedem Wort Großvaters einverstanden sei, und aus ihrer Sicht sei die Rückgabe der Golanhöhen ein ausgezeichnetes Beispiel für ein Abenteuer im Jabotinskyschen Sinn, und Großvater sagte, hier ist noch eine, die meint zu wissen, was Jabotinsky wollte, und Mutter fragte ihn, warum ihre Idee eigentlich nicht zu Jabotinskys Definition passe, und Großvater antwortete ihr mit der Frage, wie sie dazu käme, Jabotinsky zu erklären. Schließlich kenne sie ihn überhaupt nicht. Und rundherum sagten alle, daß das keine Antwort sei, und Großvater fügte hinzu, daß es unvorstellbar sei, daß Menschen, die keine Ahnung von Jabotinskys politischer Lehre hätten, sich über sie ausließen, und darauf sagte ihm Großmutter, daß er der Frage immer noch ausweiche und nicht zur Sache spreche, und er dachte einen Moment lang nach, um eine Antwort zu finden, mit deren Hilfe er seinen Kopf mit Würde aus der Schlinge, die Mutter ihm gelegt hatte, ziehen würde, und am Ende sagte er, daß man im voraus wissen könne, was eine positive Awantura und was eine negative Awantura sei, und er wollte schon fortfahren, aber Mutter ließ nicht locker und fragte, wie kann man das wissen? Und er lächelte sein berühmtes Lächeln, durch das er anderen das Gefühl gab, daß er etwas wüßte, was sie nicht wüßten, und sagte ihr, verlaß dich drauf. Es gibt Wege. Und vielleicht seid ihr so nett, mich etwas weniger zu unterbrechen, denn sonst werden wir diesen Seder nie beenden. Aber diese Drohung machte keinen Eindruck auf Vater, der sagte, eine positive Awantura sei jede Handlung, die zu Großvaters Einstellung passe und dieser nütze, und eine negative sei die, die seiner Auffassung widerspreche, und Großvater sagte zornig, ich dachte, daß du hungrig bist und zum Essen kommen willst, auf einmal hast du Zeit, mich aufzuhalten? Und bevor Vater ihm antwortete, hatte Großvater schon eingesehen, daß es ihm schwerfallen würde, nach dem Originalplan vorzugehen, denn von der anderen Seite des Tisches ließ Mutter nicht locker und fragte, wie man im voraus wissen könne, was das Resultat einer Handlung sein würde, die eine Realität von Grund auf verändere, und Großvater gab ihr zur Antwort, daß es im Fall der Zurückgabe der Territorien absolut möglich sei, das Resultat zu wissen, aber dies zu beweisen würde kostbare Zeit in Anspruch nehmen, und er bitte, mit der Diskussion nicht weiterzumachen und die Freude des Feiertags nicht zu verderben, für dessen Vorbereitung er sich abgerackert habe, während ihr alle dort oben gefeiert habt, und Mutter antwortete nicht, denn es ertönte ein gewaltiger Donnerschlag, der über das Meer rollte, und ein Blitz zuckte, und Solomon kam mit einem Haufen Schwimmwesten in die große Kabine, in der der Seder abgehalten wurde, und bat uns alle, die Schwimmwesten anzuziehen, denn wir würden in einen Sturm geraten, und bitte nicht an Deck kommen, denn jeden Moment würden gefährliche Wellen einsetzen, die das Deck überspülen würden, aber kein Grund zur Panik, es wird nichts passieren, und er ging hinaus, und wir alle zogen schnell die Westen an, und Großvater sagte, daß Stürme seine Pläne nicht zerstören würden, und er bat Adam, den ersten Teil der Haggada zu lesen, und Adam wollte loslegen, aber das Schiff schaukelte plötzlich wie verrückt, und was Adam rausbrachte, als er den Mund öffnete, war ein Schwall Kotze, die ihm den Teller füllte, und ein großer Tumult brach aus, die Frauen sprangen auf, um sauberzumachen, und die Kinder versuchten, mit dem Essen anzufangen, und Großvater versuchte fortzufahren und weiterzusprechen, und Großmutter schlug vor, den Sederabend vielleicht um einen Tag zu verschieben und ihn erst in Famagusta abzuhalten, und Großvater sagte zu Großmutter, sie wisse doch, daß er nicht zu denen gehöre, die so leicht aufgeben, und wem schlecht würde, der solle aufs Klo gehen und kotzen, das Gesicht waschen und zurückkommen, denn man unterbricht einen Seder nicht mittendrin, und tatsächlich unterbrachen wir ihn nicht, und alle saßen um den Tisch und versuchten, Großvaters Geschichten zuzuhören, und jeder las einen Abschnitt, wenn die Reihe an ihm war, auch wenn er fühlte, daß es jeden Moment bei ihm losgehen würde, und aus der großen Schüssel, die in der Mitte des Tisches stand, schwappte die Suppe mal in die eine, mal in die andere Richtung, und ab und zu rannte einer aufs Klo, um zu reihern, falls es ihm nicht gelang, das zuvor bei Tisch zu erledigen, und die Erwachsenen schielten auf die Uhr, die Kinder schliefen auf den Stühlen und unterm Tisch, und Nama auf Mutters Arm, und alle, bis auf Großvater, liefen gelbgrün an, und nur er saß und sprach und sang und erinnerte sich an den Seder in seinem Elternhaus und an den Seder, den sie in der Wüste feierten, und an den wichtigsten Seder 1946 in Zypern, als Ben Zwi und der Rabbiner Bermann aus Erez Israel kamen, um mit den Entwurzelten im Übergangslager Pessach zu feiern, und sie saßen im Kibbuz La'or der Leute von »Thora und Arbeit«, wo man fünf, sechs große Zelte zusammengestellt hatte, und sie gruben Kanäle um einen Tisch aus Sand, und es wurden auch die Leute aus anderen Bewegungen eingeladen; sie kamen zusammen, und Margalit aus der Theatertruppe Ha'ohei und Schmuel Rodenski vom Habima-Theater lasen Abschnitte der Haggada, und Rabbi Bermann saß am Kopfende mit einem schneeweißen Kittel, einem Gürtel, und eine große, weiße, samtene Kipa glänzte auf seinem Kopf – und weißt du noch, Miriam, wandte er sich an Großmutter, weißt du noch, was er uns vorlas? Und Großmutter erinnerte ihn daran, daß sie in jener Nacht ein Kind zur Welt brachte, wie konnte er da von ihr erwarten, daß sie sich erinnerte, was Rabbi Bermann vorlas, und Großvater sagte, daß dieser Teil noch vor der Niederkunft stattfand, und Großmutter sagte, daß auch die Wehen vor der Niederkunft stattfanden, und es entbrannte zwischen ihnen eine Diskussion, wann genau die Wehen einsetzten und wann genau die Fruchtblase platzte, wobei Großvater darauf beharrte, daß das Wasser an der Stelle »Wie vielfach sind die Stufen der göttlichen Güte gegen uns« kam, und Großmutter ihn bat, wenigstens in Angelegenheiten, von denen er nichts verstehe, nicht bestimmen zu wollen, denn sie erinnere sich haargenau, daß es geschah, als die Kinder des Jugenddorfes aufstanden und im Chor das »Warum ist diese Nacht verschieden von allen anderen Nächten . . . « zu singen begannen – und gleich nachdem die Kinder fertig waren, kam ihr das Wasser, und sie bat Großvater, sie in die Krankenstation zu bringen, und Großvater sagte, daß sie sich irre, aber über diesen Punkt diskutiere er nicht. Wichtig daran ist aber, daß er den Abschnitt fand, den Rabbi Bermann aus dem Sefer Ha'aggada von Bialik und Rawnitzki vortrug, nämlich die Legende über die enge Beziehung, die zwischen Erez Israel und Zypern existiert, und bitte, Sauli, laß hören, er steht auf Seite sieben in unserer Haggada, und Saul wachte auf und begann die Geschichte über die Frau Trajans vorzulesen, die am neunten Av, als ganz Israel trauerte, niederkam und deren Sohn am Chanukkafest, als die Kinder Israels fröhlich waren und Kerzen anzündeten, verstarb. Hetzer kamen und sagten der Kaiserin: Als dir ein Sohn geboren wurde, trauerten die Juden, und als er starb, entzündeten sie Kerzen. Die Frau sandte nach ihrem Mann, Kaiser Trajan: Bevor du die Barbaren eroberst, komm und bezwinge die Juden, die gegen dich rebellieren. Er hatte vor, nach zehn Tagen zu kommen, aber er kam nach fünf. Er kam und fand sie mit der Bibel beschäftigt mit dem Vers »Der Herr wird ein Volk über dich schicken von ferne, usw., wie ein Adler fliegt . . .«. Er sagte ihnen:

Ich bin der Adler, denn ich wollte in zehn Tagen kommen und kam in fünf. Seine Legionen umzingelten sie und brachten sie um. Und er sagte zu den Frauen: Hört auf meine Legionen, und ich werde euch nicht töten. Worauf sie ihm erwiderten: Wie du die Männer umgebracht hast, bring auch die Frauen um. Und er mischte ihr Blut mit dem Blut der Männer, und das Blut floß ins Meer bis nach Kypros, was Zypern ist. Und daraus, sagte Großvater, erfahren wir etwas über die Blutbrücke, die die Insel Zypern mit Erez Israel verbindet, eine Brücke, die in den Tagen des bösen Trajans errichtet wurde und in den Tagen des niederträchtigen britischen Mandats wieder zum Tragen kam, das Erez Israel den Überlebenden verschlossen hielt und armselige Einwandererschiffe mit großen Zerstörern abfing und die Elenden in Übergangslager nach Zypern schickte, genau wie es vorher die Nazis mit den Juden gemacht hatten, und darauf sagte Großmutter zu Großvater, daß er das bitte nicht vergleichen solle. Sie kenne das eine und das andere, und es gebe da nichts zu vergleichen, und Großvater gab zu, daß er in diesem Punkt vielleicht ein wenig übertrieben habe.

Am nächsten Tag beruhigte sich das Meer, und am Mittag sahen wir aus der Ferne Famagusta, und wir alle standen an Deck, um einen wichtigen Meilenstein im Leben von Großvater und Großmutter zu sehen, der durch das Fernrohr so aussah, als ob man die Stadt Ramla genommen und an die Küste verlagert hätte, und Großvater erzählte von seinem zweiten Einwanderungsversuch nach Erez Israel auf dem Schiff »Vier Freiheiten« – mit Großmutter, dafür aber ohne Zertifikat –, seine erste Einwanderung war 1938, allerdings ohne Großmutter.

Als britischer Offizier, der aus Erez Israel kam, hätte er zwar eine Einwanderungsgenehmigung für sich und für Großmutter erhalten können, die ihn in der Zwischenzeit geheiratet hatte, aber weil sie bei der illegalen Einwanderung aktiv waren und weil sie die zweite Nimrod-Gruppe, die Großvater in Italien aufgebaut hatte, begleiten wollten, schlossen sie sich ihrer Einwanderergruppe an, mit der sie sich in der Nacht auf das Schiff schmuggelten, aus Angst, die Briten würden versuchen, die Italiener zu beeinflussen, so daß diese sie an der Abfahrt hinderten. Sechs Stunden hätten sie gebraucht, um auf das Schiff zu kommen, denn es ankerte nicht im Hafen, sondern wartete außerhalb des Hafens im offenen Meer, in einer ungemein stürmischen See, die es den kleinen Booten schwermachte, an das Schiff heranzukommen und, wenn sie es endlich erreichten, eng anzulegen, und einem von Großvaters Schützlingen wurde sogar die Hand zwischen den Planken des Bootes und den Planken des Schiffes zerquetscht, das wie verrückt hin und her schaukelte, und als sie endlich an Deck gelangten, holte man sie direkt nach unten, denn der Kapitän befürchtete, wenn ihm die Menschen oben herumliefen, könnte sein Schiff das Gleichgewicht verlieren und kentern, und darum verbrachten sie die ganze Fahrt im Bauch des Schiffes, wo sie sich mit Nikolai Petrowitz anfreundeten, einem russischen Offizier der Roten Armee, der sich in ein jüdisches Mädchen verliebt hatte, das er aus dem Lager befreit hatte und das ihm zwei Jahre, nachdem sie geheiratet hatte, und einen Tag, bevor sie sich das Leben nahm, einen Abschiedsbrief schrieb, in dem sie ihn bat, bitte, bitte, ihren Sohn wie einen Juden großzuziehen, und Nikolai ging mit dem Brief und dem Jungen in die Kirche in Kiew und schwor bei der Madonna, das Testament zu erfüllen, und er gesellte sich zu einer Gruppe von Partisanen, die im Menschenschmuggel arbeiteten, und sie halfen ihm, nach Italien zu gelangen, und im Schiff suchte er nach einem Mohel, der ihn und seinen Sohn beschneiden würde, damit man ihm keine Probleme machte, wenn er ins Land käme, und Großvater beruhigte ihn und sagte ihm, daß ihm schon keiner die Hosen runterziehen würde, was das System der Nazis war, Menschen zu überprüfen, die behauptet hatten, keine Juden zu sein, obwohl das Rabbinat heute noch ganz andere Sachen macht, und die Erfahrung machten wir, wie ich bereits erzählte, ein Jahr nach der Fahrt nach Zypern, als Mutter Leonid beim Konvertieren unter die Arme griff.

Bevor man einen Mohel mit passendem Instrument fand, entdeckten die Briten das Boot und standen mit ihren beiden Zerstörern zu beiden Seiten des kleinen Einwandererschiffs, und sie riefen dem Kapitän durch Lautsprecher zu, daß er ihre Anweisungen befolgen und hinter ihnen nach Haifa navigieren solle, und als sie in den Hafen einliefen, kam es zu Tumulten und Streiks und Zusammenstößen mit der britischen Armee, und alle Einwanderer warfen sich zu Boden, und es gab Leute, die sich aneinanderketteten, und Mütter preßten sich an ihre Kinder, und immer zwei oder drei Soldaten hoben einen Einwanderer hoch und schleppten ihn weg, und als sie sahen, daß das zu lange dauern würde, spritzten sie Wasser in den Bauch des Schiffes, und Großvater lief zu dem britischen Offizier, der mit dem Schlauch dastand, hielt ihm seinen Offiziersausweis mit der Auszeichnung unter die Nase und schrie ihn an, ob er sich nicht schäme, und der Offizier sagte ihm, daß es ihm äußerst unangenehm sei, aber so laute der Befehl, den er erhalten habe, und er habe keine Wahl, denn es fiel ihm leichter, sich zu schämen, als einen Befehl zu verweigern, und er bat Großvater, seiner Ehre und seines Dienstgrades wegen von allein das Feld zu räumen, und Großvater sagte, daß er das Schiff nicht verlassen würde, selbst wenn die Titanen versuchen sollten, ihn von dort wegzuzerren, und dann rief der Offizier zwei Soldaten, die hinter ihm standen, und in zwei Sekunden überwanden sie Großvater und brachten ihn zur »Empire Royal«, wo er Großmutter wiedertraf und Nikolai mit seinem kleinen Sohn, die inzwischen einen Mohel aufgetan hatten, und genau an der Stelle, die wir mit der Jacht passierten, als Großvater zu diesem Punkt der Geschichte kam, hielten die Zerstörer an, die die Einwanderer von Haifa nach Zypern brachten, und man brachte sie auf Flößen zum Hafen und von dort geradewegs zu einer Desinfektion mit DDT und zu den Lagern, die heute nicht mehr dort standen, aber dennoch fuhren wir hin, damit Großvater und Großmutter darüber streiten konnten, wo Lager Nummer fünfundfünfzig lag und wo Lager zweiundsechzig, und wo war das Jugenddorf, und wo war die Brücke, die einundsechzig mit zweiundsechzig verband – dieselbe Brücke, die Großvater bestieg, nachdem er Großmutter für Adams Geburt ins Krankenhaus gebracht hatte, und er war so aufgeregt, daß er keine Lust hatte, zum zentralen Seder zurückzukehren; da man ihn im Krankenhaus nicht duldete, denn damals war es noch nicht üblich, Männer dazu zu nötigen, im Kreißsaal bei ihren Frauen zu sitzen, damit der Mann auch etwas von den Schmerzen hat, und da er auch keine Lust mehr hatte, zum Seder der Bejtar zu gehen – und der Seder im Lager der Entwurzelten, die keiner Partei angehörten, was das traurigste Lager der Welt war, denn es liefen dort Menschen herum, für die alles, was sie noch von der Zukunft erwarteten, darin bestand, eine Gelegenheit zu finden, um in der Zukunft von ihrer Vergangenheit zu erzählen, paßte ganz und gar nicht zu seiner Laune, obwohl sie ihn eingeladen hätten, weil sie seine Vorträge über Geschichte und Politik überaus schätzten –, blieb ihm nichts anderes übrig, als zu der Brücke zu gehen, die der höchste Platz in der Gegend war, und dort stand er und blickte auf die erbärmlichen Lager, im Vergleich zu denen die Baracken der Einwanderer in Israel, über die sich die Marokkaner bis heute beklagen, die reinsten Villen waren.

Es war eine sternenklare Nacht, und weil nicht alle Sederfeiern nach dem gleichen Tempo verliefen, hörte er aus Richtung Gordonia das »Gieße aus deinen Grimm« und aus dem Lager der Parteilosen das Meereslied, und an dem dritten Ort waren sie bereits mit dem Seder fertig und kamen heraus, um zu tanzen und zu singen, und Großvater stand auf der Brücke, die schmal und links und rechts von Stacheldraht umgeben war, der sich über die Brücke wölbte, und er schaute auf den riesigen Lagerplatz, auf dem der Sederabend auf hunderterlei Art und in tausend Sprachen gefeiert wurde, und er dachte an das Bild der Israeliten, die in der Wüste rasteten, aus einem Geschichtsbuch von Libuszycki, aus dem sein Vater ihm vorgelesen hatte, und das Bild, das sich vor ihm auftat, war genau wie das Bild im Buch, Zelte und Lagerfeuer, Zelte und Lagerfeuer bis zum Horizont, nur ohne die Brücke, auf der Großvater stand, aber die Brücke war sowieso nicht in seinem Blickfeld, denn er stand ja darauf, und es gingen ihm ein paar Gedanken durch den Kopf: Erstens, daß er Vater geworden war und daß sein Kind am Sederabend geboren wurde, was für ihn von großer Bedeutung war, denn Pessach ist der erste Monat der Bibel und symbolisiert den Anfang, und es ist der Feiertag der Freiheit und der der Erlösung und der des Frühlings; und das zweite, an das er dachte, war, daß er Großmutter hatte, die eine schöne, kluge, wunderbare Frau war und nun die Mutter seines Sohnes.

Und diese beiden Gedanken erfüllten ihn mit solch großer Freude, daß seine Brust fast platzte, denn sie war zu eng, um die Freude zu fassen, und eine Minute, bevor ihm der Brustkorb zerbarst, kam ihm ein dritter Gedanke, der die Brust vielleicht vor dem Volumen der Freude gerettet hat, Großvater jedoch schrecklich traurig machte, und das war die Erinnerung an seine eigenen Eltern, an die er seit seinem Besuch in Luzk bis zu jenem Augenblick fast nicht gedacht hatte, aber dort, auf der Brücke, in der Nacht, in der Adam geboren wurde, als in seiner unmittelbaren Nähe die Leute von »Thora und Arbeit« plötzlich mit den Leuten der Haschomer Haza'ir zu streiten begannen, die ein Lagerfeuer entzündet hatten, worauf die Leute von »Thora und Arbeit« fragten, ob sie sich nicht schämten, an einem Feiertag in aller Öffentlichkeit ein Feuer zu entfachen – dort verstand er plötzlich, daß es aus und vorbei war. Nicht mal ein Grab hinterließen sie, und sie würden Adam oder Assi oder Nimrod oder euch, das heißt uns, die Enkel, niemals zu Gesicht bekommen, und was von ihnen übrigblieb, ist nur das, was er oder wir durch ihn von ihnen im Gedächtnis behalten würden, und als er uns das sagte, wurde er von Trauer und Sehnsucht nach seinem Vater und seiner Mutter erfüllt, und von jenem Augenblick, als er sie zum letzten Mal sah, wie sie ihm vom Bahnsteig, der immer kleiner wurde, zum Abschied winkten, bis zu dem Moment, an dem er uns die Geschichte erzählte, waren schon zweiundfünfzig Jahre vergangen, und ich sah meinen Vater an, der seinen Arm um Mutter legte und sie an sich zog und sie ganz fest drückte, und ich sah in seinen Augen seine große Liebe zu ihr. Wenn sie den Blick nur gesehen hätte, hätte sie gewußt, daß es eine ewige Liebe war, und sie hätte ihm alles, was er ihr bis dahin angetan hatte, verziehen, und auch alles, was er ihr noch antun würde, von dem wir damals noch nichts wissen konnten, denn es ging um Dinge, die noch nicht passiert waren, die erst im Begriff waren zu geschehen. Aber Mutter sah ihn nicht, denn sie legte ihren Kopf auf seine Brust, und das führte dazu, daß ihr Kopf unter Vaters Kinn geriet, und sie hatte keinen Blickkontakt zu ihm, und wir alle waren still, und wir lauschten nur dem Wind, der leicht durch die Zweige der Akazie strich, und um Großvater zu helfen, wieder aus der schwarzen Wolke aufzutauchen, die sich über ihn legte, und weil sie eine Jeke war, die in allen Lebenslagen auf Korrektheit achtete, sagte Großmutter, daß alles gut und schön sei, nur die Brücke, von der er so viel rede, sei nicht dort gewesen, wo er den Wagen anhielt, um uns von ihr zu erzählen, sondern viel weiter vorne, und mit dieser Bemerkung brachte sie ihn auf der Stelle zu uns zurück, denn er setzte sein allwissendes Lächeln auf und sagte, daß er vielleicht nicht wisse, wann genau ihr die Fruchtblase platzte, aber an die Brücke erinnere er sich sehr gut, denn er gehörte zu denjenigen, die die Demonstrationen anführten, in denen sie von den Briten verlangten, eine Brücke zu bauen, die beide Lager verband, damit wir nicht wie Hunde dastehen und einander über die Straße anschreien mußten. Erinnerst du dich nicht mehr an die Demonstrationen? Großmutter erinnerte sich, und sofort fielen ihnen noch ein paar Demonstrationen ein, von denen die meisten mit den Zertifikaten zusammenhingen, welche die Lagerinsassen in Zypern forderten, und in der Tat teilte man ihnen siebenhundertfünfzig pro Monat zu, aber wie üblich wurden sie nicht gerecht verteilt, denn es gab Protektion und Simulanten, die Krankheiten vortäuschten, und die Zertifikate, natürlich auf Kosten der Bejtar-Anhänger, erhielten, die es sich jedoch nicht stillschweigend gefallen ließen und lauthals protestierten, denn sie wollten verhindern, daß sich die häßliche Geschichte im Zusammenhang mit Order Nummer sechzig, welche die jüdische Agency vor dem Krieg herausbrachte, wiederholte, bei der man die Bejtar offiziell benachteiligt hatte, und der tragische Fall des jungen Simcha Floschenitzki aus der Sosnowiec-Gruppe aus Polen darf in alle Ewigkeit nie vergessen werden, denn man hatte ihm das Zertifikat am Abend vor seiner Einwanderung nach Israel weggenommen, und er war so verzweifelt, daß er Hand an sich legte, worauf Jabotinsky, der mehr als alle anderen über diesen Vorfall erschüttert war, sein schauriges Gedicht schrieb, und Großvater schloß die Augen und sagte erregt aus dem Gedächtnis auf: Von dem Tage, an dem ich für das Wunder erwählt wurde/ von Bejtar und Zion und Sinai/wurde ich von der Hand meines Bruders ans Messer geliefert/und mir das Haus meines Vaters vor den Augen verschlossen ... und für einen Moment hielt er inne, denn anscheinend ließ ihn plötzlich sein Gedächtnis im Stich, und er sah uns alle an, als ob er uns um Hilfe bitte, aber wir, die Kinder, kannten das Gedicht nicht, und Adam war schwach in diesen Dingen, und dann sah Großvater Vater an, und Vater lächelte ihm zu und fuhr für ihn fort: Bejtar! Die Heimat ist uns verschlossen/für uns eine ewige Fremde/Gott hat uns für den Schmerz erwählt/und meinen Bruder zum Henker ... und Großvater seufzte und wiederholte die beiden letzten Zeilen und sagte, daß es über die Frage der Zertifikate schwere Auseinandersetzungen in den Lagern gab, die einmal sogar zu einem häßlichen Pogrom führten, das die Kosaken von der Haschomer Haza'ir an den Leuten von der Bejtar verübten; sie schickten ein Gordonia-Mitglied zu der Zev-Baracke, um auszurichten, daß man die Kinder der Bejtar am Jugendplatz schlägt, und alle, die in der Baracke waren, rannten hinaus, um den Jugendlichen zu Hilfe zu eilen, aber das Ganze war ein Täuschungsmanöver, und unterwegs lockte man sie in einen Hinterhalt, und sie überfielen sie mit Stöcken und Messern und einer Schere, die aus der Krankenstation stammte, und die Parole dieser Gewalttäter aus der Arbeiterbewegung, die die Provokation ausgelöst hatten, lautete Tod den Faschisten. Versteht ihr, wie deren verdrehte Hirne arbeiteten? Wir starben mit ihnen zusammen in den Ghettos, verhungerten in den Wäldern, wurden durch dieselben Öfen gejagt, und sie schrien uns Tod den Faschisten zu; und das genügte ihnen nicht, denn zwei Tage später überfielen sie den Club der Zev-Festung, zertrümmerten Möbel, zerrissen die Bilder von Herzl und Trumpoldor, stahlen Laken und Öllampen, und das ist nicht alles – in der einfallenden Dunkelheit brachten diese Hooligans es fertig, eine Frau zu erstechen, und ein Mitglied der Haschomer Haza'ir erstach irrtümlich einen Genossen, und da kann man mal sehen, wer anderen eine Grube gräbt . . .

Zu diesen Überfällen kam es, weil die Leute von der Bejtar auf ihrem Anteil an den Zertifikaten bestanden, sagte Großvater, und Großmutter sagte ihm, daß er sich irre, zu dem Überfall auf die Festung kam es wegen der Sache, die auf dem Radio-Platz passierte, und Großvater schwieg für einen Moment und versuchte, sich mit geschlossenen Augen zu erinnern, und plötzlich lächelte er und sagte zu Großmutter, daß sie diesmal recht habe, und er erzählte, wie die Bejtar allen anderen Bewegungen die Show stahl, denn jeden Abend marschierten sie in ihrem Lager auf und nahmen Paraden ab, und aus allen Lagern strömten sie herbei, um das Schauspiel zu sehen, und um Punkt neunzehn Uhr nahmen sie den einzigen Lautsprecher des gesamten Lagers, über den sie allein verfügten, und verkündeten: »Achtung, hier sind die neuesten Nachrichten aus Erez Israel und aus aller Welt«, und dann lasen sie wichtige Nachrichten oder die letzte Rede Boyens vor dem Parlament, der ein feiner Sozialist war, auf hebräisch und jiddisch vor, und im Anschluß daran brachten sie die Sendung »Am Tor«, in der sie die Nachrichten kommentierten und diskutierten, und an den Vorabenden der Feiertage lasen sie auch Bibelsprüche und Sprüche der Weisen, und sie schlossen diese lebendige Zeitung mit der Hymne der Bejtar ab oder mit »Wenn der Herr die Gefangenen Zions erlösen wird, so werden wir sein wie die Träumenden«, und die Leute der Arbeiterpartei wurden von Neid zerfressen, weil sich die Bejtar mit ihrem Lautsprecher jeden Abend in eine Attraktion und einen Magneten und einen Pilgerort für Hunderte oder gar Tausende von Einwanderern verwandelte, und sie rannten zu Mister Laub von der Joint mit der Forderung, er solle die Sendungen per Lautsprecher und die Appelle unterbinden und die Kinder der Bejtar aus dem Jugenddorf ausschließen, aber Mister Laub war nicht einverstanden, und zusammen mit Rabbi Stein versuchte er, zwischen den Parteien zu vermitteln, versammelte alle um einen runden Tisch auf paritätischer Basis, was ein Tisch ist, an dem alle gleich sind und an dessen Kopfende niemand sitzt, und nach viel Geschrei wurde vereinbart, Großvater weiß es noch genau, daß Appelle erlaubt seien, aber Aufmärsche entlang dem Zaun der achtundsechziger Lager verboten, und eine lebendige Zeitung war ebenfalls erlaubt, jedoch ohne Lautsprecher; und wir, sagte Großvater, hatten die Absicht, uns an die Vereinbarung zu halten, aber für diese Götzenanbeter von Haschomer Haza'ir, die das Morgen-, Mittags- und Abendgebet gegen ein Gebet zur Sonne der Völker eintauschten, reichte es nicht, und sie überfielen den Lagerraum des Jugenddorfs, und mit ihrem berüchtigten Vandalismus nahmen sie die Betten auseinander und verwandelten die Pfosten in Waffen, und wieder richteten sie Pogrome an in der »Herzelia-Sektion« und der »Stiefelkompanie« und im »Soldatenbund«, und die Verwundeten der Bejtar, die nach diesen Überfällen in die Krankenstation kamen, erhielten keine Behandlung nach dem hippokratischen Eid, und zur ewigen Schmach sei Schwester Hannah in Erinnerung gerufen, die jeden Verwundeten fragte, von welchem Schiff er stamme, und wenn er sagte, daß er von der Ben Hecht käme, ignorierte sie ihn, und der Gipfel der Gemeinheit war, als sie der Genossin Stefa, einem Bejtar-Mitglied und einer heldenhaften Partisanin, keine Penicillinspritze geben wollte, mit der Begründung, daß es genug Rowdys in Erez Israel gebe, und man müsse denen, die sich diesen anschließen wollten, nicht auch noch helfen.

Einen ganzen Tag lang liefen wir in der Gegend der Lager herum, und man hätte meinen können, daß Großvater und Großmutter nicht in ein und demselben Lager gewesen waren. Als Großvater uns beispielsweise von der Großdemonstration gegen die Briten erzählte und über die Masse, die sich den Toren näherte, in denen die Nazibriten Wache standen, fiel ihm ein, daß plötzlich von allen Seiten ein brutales Feuer gegen sie eröffnet wurde, und die Soldateska metzelte sie einfach nieder, worauf Großmutter sagte, daß die Soldateska aus zwei erschrockenen uniformierten Kindern bestand, die am Anfang ein paarmal Anhalten! schrien und danach in die Luft schossen, und erst dann – und sie wolle es nicht beschönigen – hätten sie in die Menge geschossen. Im großen und ganzen haben die britischen Soldaten uns menschlich behandelt, sagte Großmutter, und Großvater ereiferte sich und fragte sie, menschlich? Und Großmutter sagte, daß sie so gut waren, wie Kinder eben sind, und daß sie wie Kinder losballerten. Sie schossen, wenn sie den Befehl dazu erhielten, und es tat ihnen leid, wenn sie die Resultate ihrer Schießerei sahen, und sie halfen, und wenn sie halfen, machten sie es mit Leib und Seele, und sie erinnerte ihn an die beiden Soldaten, die ihnen mitten in der Nacht zu Hilfe kamen, als ihr Zelt bei dem großen Sturm einstürzte und vor lauter Regen, der vom Himmel fiel, Adam beinahe in der Wanne, die sein Bett war, ertrunken wäre, bis einer von ihnen ihn bemerkte und im letzten Moment rettete.

Wir sahen alle auf Adam, der ein Hüne war, und wir versuchten, ihn uns in einer kleinen Waschbütte vorzustellen, und Großmutter fuhr fort, sie denke, daß sie nicht viel anders waren als unsere Soldaten in Nablus und Hebron, und Großvater brauste auf und sagte, es sei infam, solche Vergleiche zu ziehen, und nicht nur in dieser Sache gingen ihre Erinnerungen auseinander; Großvater erinnerte sich zum Beispiel nicht an den Ruß und an das Wasserproblem, von dem Großmutter nicht aufhörte zu sprechen, und es ärgerte sie richtig, daß er nichts mehr von der schwarzen Wolke wußte, die über den Lagern lag, weil alle Feuer machten und in den Küchen mit den verschiedensten dubiosen Brennmaterialien kochten. Sogar Herzfeld hatte sie bei seinem Besuch bemerkt und vorgeschlagen, diese Küchen zu verbrennen, denn der schwarze Ruß, der ihm sein weißes Hemd beschmutzte, hatte ihn zutiefst erschüttert, und Großvater sagte ein wenig verächtlich, daß er von diesem Besuch wichtigere Details im Kopf behalten habe als Herzfelds Hemdkragen, und Großmutter erwiderte, daß ein Ruß, wie sie ihn in den Lagern hatten, wichtigere Einzelheiten unter sich begraben hätte, und Großvater meinte, wer unbedingt darauf bestehe, den Ruß zu sehen und nichts darüber hinaus, der solle es halt tun, und Großmutter meinte, daß man den Ruß wegwischen müsse, um zu sehen, was sich hinter ihm verbirgt, aber dein System ist es, einfach zu ignorieren, und Großvater sagte, daß es ihm leid tue, aber daß er in seinem Gedächtnis keinen Platz für Blödsinn habe, und wenn es ein Gesetz dagegen gebe, dann bitte schön, solle ihn Großmutter verklagen, und Großmutter sagte wütend, daß er sich sicherlich auch nicht an das Wasserproblem erinnere, und wie alle mit den Wannen, in die sie nachts die Kinder legten, und mit Flaschen und Töpfen überallhin rannten, wo man angeblich gerade Wasser verteilte, und manchmal standen sie zwei Stunden in der Schlange, um einen Topf zu füllen, und wenn man an die Wasserleitung kam, war kein Wasser mehr da.

Großvater hörte zu und lächelte verächtlich, während er seinen Kopf hin und her wiegte wie ein Orthodoxer, der die Worte seines Nächsten für nichtig hält, und Großmutter wurde zornig und fragte ihn, was er da so mit den Lippen schnalze, und er antwortete, daß das schwierigste Problem doch darin bestanden hätte, daß es nur zwei Schreibmaschinen in den Lagern gab und nicht mal einen Griffel, um die Matrizen für die Flugblätter, die sie herausgaben, zu vokalisieren, was aber den enormen Schwung des kulturellen Lebens und die intensiven Aktivitäten nicht bremsen konnte, die immer wieder unter Beweis stellten, wie stark das vitale Element des jüdischen Volkes ist, denn es wurden politische Versammlungen organisiert und Literaturclubs und Konzerte veranstaltet und Universitäten gegründet und Geschichts- und Philosophieseminare abgehalten, und die Zeitschrift »Hama'apil« wurde herausgegeben und Schachmeisterschaften und Kabaretts auf die Beine gestellt, und während er sprach, schüttelte Großmutter ihren Kopf, als ob sie darauf hinweisen wollte, daß Großvater unrecht hatte, und am Anfang versuchte er, ihre Kopfbewegungen zu ignorieren, aber am Ende, als diese immer stärker wurden und sich auch Seufzer dazugesellten, konnte er sie nicht mehr übersehen, und er fragte Großmutter, warum sie die ganze Zeit mit dem Kopf wackle, was stimme nicht an dem, was er sage? Und sie gab zur Antwort, daß das, was Großvater beschreibe, eine dünne Schicht gewesen sei, die das, was sich darunter abspielte, verdeckte, daß sie nämlich durchweg unglückliche Menschen waren, die versuchten, alles gierig zu verschlingen, und sie verliebten sich auf die Schnelle und ließen sich genauso schnell scheiden, und sie setzten Kinder in die Welt und ließen sie im Stich, und die Luft war getränkt mit dem Geruch viehischer Unzucht, und jeden Tag gab es einen neuen romantischen Skandal, und diese Clubs, von denen Großvater sprach, platzten wie Seifenblasen ein, zwei Tage, nachdem sie gegründet wurden, und es gab eine Menge Zores über die kleinsten Kleinigkeiten, und die meisten Stücke waren schlecht, und die Satiren in den Zeitungen waren primitiv und geschmacklos, und alles war provisorisch und dreckig, und die Hälfte der Leute bekam Krätze, und sie kratzten sich wie verrückt, und in dieser Öde, in der es keine Bäume und keine Sträucher gab, war das einzig Blühende der Schwarzmarkt für Zigaretten und Lebensmittel und das Wechseln verschiedener Münzen und der Handel mit Schmuck und das Kartenspiel, und der populärste Ort war das Zelt der Wahrsagerin, die von morgens bis in die Nacht hinein zu tun hatte, und Großvater fragte, was willst du damit sagen? Und Großmutter sagte, daß sie es nicht genau wisse, aber sicherlich habe es eine Bedeutung, daß ausgerechnet eine Wahrsagerin solchen Erfolg hatte, und erfolgreich waren auch die beiden Fotografen; die Leute waren regelrecht davon besessen, sich fotografieren zu lassen, mich selbst eingeschlossen, ich gebe es zu, sagte Großmutter, und über diese Angelegenheit führte sie bittere Diskussionen mit Großvater, der sagte, daß diese Fotos die reinste Götzenanbeterei seien und degenerierter Narzißmus und Geldverschwendung und daß man ebensogut einen Spiegel in den Eingang zum Speiseraum stellen könne, und wer solch eine Sehnsucht nach sich selbst verspüre, könne sich dann ja vor den Spiegel stellen und sich darin an sich satt sehen, aber es gab keinen großen Spiegel, und die Fotomanie nahm ihren Lauf, und eigentlich begann Großmutter dort das erste Album von »Aus unserem Leben«, ohne zu wissen, daß fünfundzwanzig Jahre zuvor die Leute des Arbeitsbataillons, das Großvater so haßte, ihr internes Pamphlet »Aus unserem Leben« genannt hatten, und das erzählte ihr Vater, als er eine große Recherche über das Arbeitsbataillon durchführte, weil er die Absicht hatte, ein Stück darüber zu schreiben, obwohl Großvater der Meinung war, daß Vater nicht bei der Verewigung der Erinnerung daran behilflich sein sollte, denn dieses Bataillon schleppte das Problem der doppelten Loyalität von der Diaspora nach Erez Israel ein, denn was war eines der Hauptprobleme der Juden in der Diaspora, stellte Großvater eine der Fragen, die bei ihm von vornherein in fertige Antworten mündeten, welche er höchstpersönlich beantwortete, bevor es jemandem gelang, eine unpassende Entgegnung zu finden. Sie waren loyal zu ihrem Judentum und auch zu den Ländern, in denen sie lebten, und häufig prallten diese Loyalitäten aufeinander; und der Zionismus kam und löste das Problem dadurch, daß er sagte, Loyalität zum Judentum und Loyalität zum Land seien eins in Erez Israel, und dann kamen die Leute des Arbeitsbataillons daher und fuhren fort, diese doppelte Loyalität in einer neuen Art zu praktizieren – auf der einen Seite Loyalität zu Land und Zionismus und auf der anderen Seite Loyalität zur internationalen Arbeiterklasse, und an allen Feiertagen schwingen sie zwei Flaggen, die inhaltlich im Widerspruch zueinander stehen, und die Gruppe von Elkind, die zum guten Schluß Erez Israel den Rücken kehrte und in das Land der aufgehenden Sonne, und ich meine nicht Japan, zurückkehrte, hat nur die aus der Lehre der destruktiven Zweideutigkeit resultierenden Konsequenzen gezogen, an der die Gewerkschaft bis zum heutigen Tag festhält, und bei dieser Gelegenheit bat Großvater Mutter, sie möge aufhören, am Arbeiteraufmarsch des Ersten Mai teilzunehmen, und Großmutter solle den Namen der Bilderalben, die die Geschichte der Familie verewigten, ändern und den Titel »Aus unserem Leben« ausradieren, der an den Namen der Zeitung des Arbeitsbataillons erinnere, und Großmutter sagte ihm, daß er ihr den Buckel runterrutschen könne, und sie würde am Namen der Alben festhalten bis zu ihrem Tod.

Das erste Foto in Album Nummer eins, »Aus unserem Leben«, ist eine Fotomontage von Großmutters Familie, die sich aus vier Bildern zusammensetzt, die zu verschiedenen Zeiten aufgenommen wurden. Das Foto ihres kleinen Bruders Imanuel fand sie in einer Ausgabe der Zeitung »Berliner Tageblatt« vom März 1935, wo ihr Bruder aufgenommen wurde, wie er vom Schuldirektor und dem Berliner Bürgermeister eine Auszeichnung für seinen Aufsatz »Mein Vater, mein Vaterland« erhielt, den ersten Preis in einem Wettbewerb. In dem Artikel erschien auch ein Bild von ihrem Vater und ihrer Mutter, als ein Beispiel für Eltern, die ihren Sohn zur Vaterlandsliebe erziehen. Und diesen beiden Bildern fügte Großmutter ein Foto von sich aus dem Jahre 1950 und eines ihrer Schwester Sarah zu, aus der Zeit, als sie einander wiederfanden, nachdem es Sarah endlich gelungen war, aus Taschkent zu fliehen und nach Israel einzuwandern, und in den langen Nächten, in denen sie zusammen in der Küche saßen und herauszufinden versuchten, was genau ihren Eltern widerfahren war, erzählte Sarah Großmutter, wie sie ihren Mann zwischen Ciechanow auf deutschem Gebiet und Lomza auf russischem Territorium verlor, als der Pole, der sie in jener Nacht führte, ihnen mitten auf dem Weg sagte, bis hierher begleite ich euch, geht von hier weiter geradeaus, um dann zu verschwinden und sie in der Dunkelheit zurückzulassen, und wie sollte man zwischen einer schiefen und einer geraden Linie unterscheiden, denn wenn man nichts sieht, sieht alles gleich aus; und zu allem Elend wurde ihr Mann urplötzlich von Kurza slepota, was eine vorübergehende Nachtblindheit ist, heimgesucht und hatte Schwierigkeiten, sich vorwärts zu bewegen, und immer wieder hielt er an, weil es ihm schien, daß er vor einer Wand oder einem Baum stand, und am Ende fiel er in einen Wassergraben und ertrank einfach vor ihren Augen, und sie fuhr ohne ihn weiter nach Orsk und von dort mit einer Barka, was eine Fähre ist, auf der Dwina zu den Wäldern von Archangelsk und von dort in die Ziegelfabrik in Brjansk, und am Ende nach Taschkent und von dort nach Tel Aviv, um sich in Großmutters Garten fotografieren zu lassen und somit Teil der Fotomontage zu werden, die der Fotograf Rappaport anfertigte, und das Seltsame an dem Bild ist, daß Sarah und Großmutter ungefähr dasselbe Alter wie ihre Eltern zu haben scheinen, und wenn ich das Foto betrachtete, dachte ich, wie wunderschön es auf der Welt sein könnte, wenn die Eltern im Alter von dreißig oder vierzig Jahren stehenbleiben und auf uns warten könnten, bis wir, ihre Kinder, ihr Alter erreichten, und man könnte gemeinsam eine Menge Dinge unternehmen, die Kinder gewöhnlich nicht mit ihren Eltern machen, weil sie dafür zu jung sind, und wenn sie herangewachsen sind, sind die Eltern längst zu alt; und das Wesentliche daran wäre, daß man ungefähr zusammen sterben könnte, damit keiner um den anderen trauern muß, und auf dem Bild von Großmutter und ihren Eltern haben alle das gleiche Alter. Unter dem Bild sind die Namen aufgelistet und die Geburtsdaten von allen, und das Jahr 1942, das Jahr, in dem ihre Eltern und Imanuel vermutlich vernichtet wurden, steht dort als Todesjahr für alle drei.

Auf derselben Seite gibt es auch zwei Fotos von Großvaters Familie, die eigens aufgenommen wurden, bevor Großvater zum ersten Mal nach Israel einwanderte und sein Vater die ganze Familie zu einer Abschiedsfeier versammelte. Im Zentrum des ersten Bildes steht Großvater in der Bejtar-Uniform, mit langer, dichter Tolle, und ihm zur Seite stehen sein Vater und seine Mutter, und neben seiner Mutter sitzen auf Stühlen die Schwester seiner Mutter und deren Ehemann sowie deren beide Söhne und ihr Vater, und von Großvaters väterlicher Seite sitzt Großvaters Großvater dort, der damals schon einundachtzig war, und hinter ihm die große Schwester von Großvaters Vater, die eine streng religiöse Frau war und seit dem Ersten Weltkrieg Witwe, weil ihr Mann in den Gefechten in Ostgalizien gefallen war, und die ihrem Vater hilft, den Kopf aufrecht zu halten, und vor Großvater, auf zwei Schemeln, sitzen seine beiden wunderschönen Schwestern Tema und Katja; und das zweite Foto ähnelt voll und ganz dem ersten, nur daß das erste vor der Festungssynagoge aufgenommen wurde, die in Luzk im Jahre 1628 mit der freundlichen Unterstützung König Sigismund des Dritten gebaut worden war, der die Juden verpflichtete, sie aus Steinen und Ziegeln zu errichten, unter der Bedingung, daß man auf dem Dach des zweiten Stockwerks Gewehre in die vier Himmelsrichtungen aufstellen konnte sowie eine nennenswerte Kanone, die die Juden auf eigene Kosten anzuschaffen hatten; und nachdem sie dieses Foto aufgenommen hatten, das die Geschichte des jüdischen Luzk symbolisierte, sagte Großvaters Vater, daß sie sich nicht rühren sollten, und er holte ein Notizbuch und schrieb die Reihenfolge ihrer Aufstellung auf, und dann luden sie die Kamera auf die Droschke von Elisa dem Heuler, mitsamt den Schemeln, auf die sie den Großvater und die Großmutter von Großvater setzten, und sie eilten zum Fluß, bevor die Sonne unterging, um das gleiche Foto noch einmal aufzunehmen, diesmal jedoch vor dem Hintergrund von Schloß Ljubart, das dreihundert Jahre vor der Synagoge erbaut worden war, damit Großvater auch ein Bild mit polnischer Atmosphäre hatte, denn schließlich lagen seine Wurzeln in den beiden Kulturen, deren Unterschiede unter einen Hut zu bringen sein Vater sein ganzes Leben lang versucht hatte, und den ganzen Weg von der Synagoge zur Festung stritten Großvaters Vater und der Fotograf darüber, ob ihnen das Licht für das zweite Foto ausreichen würde oder ob sie die Festung erst nach Sonnenuntergang erreichen würden, und der Fotograf behauptete, daß man solch ein großes Projekt hätte früher in Angriff nehmen müssen, und Großvaters Vater sagte, daß das Problem nicht die Größe des Projektes sei, sondern das Können des Fotografen, und wenn er gewußt hätte, in welchem Tempo dieser arbeitete, hätte er lieber einen Porträtmaler bestellt, der vermutlich schneller mit einem Bild fertiggeworden wäre, und dann auch noch in Farbe und ohne die Defekte, denen man mit der Kamera nicht nachhelfen könne, vor der die Alten sich eh fürchteten und die nur einen zufälligen Bruchteil einer Sekunde einfriere, in der vielleicht gerade jemand zur Seite schaute oder blinzelte oder gähnte, und wenn der Vorteil der Geschwindigkeit der Kamera wegfällt, was bleibt dann übrig? Inzwischen hatten sie den Fluß erreicht, und Großvaters Vater versuchte, alle nach der Liste zu postieren, obwohl ihn der Fotograf schon mehrmals darauf aufmerksam gemacht hatte, bis er damit fertig wäre, alle genau wie vor der Synagoge aufzustellen, würde die Sonne untergegangen sein, und wen juckt es, wenn sie ein bißchen anders stehen, und Großvaters Vater antwortete ihm, er sage ihm nicht, wie er die Kamera aufstellen solle, dann solle er ihm auch bitte schön keine Vorschriften machen, wie er seine Familie zu arrangieren habe, und in der Tat stehen sie auf die gleiche Weise dort, nur ist das Bild ein wenig dunkler, denn die Sonne stand nicht still, und hinter ihnen sieht man den Styr und die riesige dunkle Festung, die auch das Motiv von Temas Bild ist, das Großvater vor dem Polen in Sicherheit brachte, und ein wenig rechts im Hintergrund sieht man ein Stück eines großen Zwiebelturmes, der durch Geheimgänge mit der Festung verbunden war, die Großvater die ganze Kindheit über zu entdecken versucht hatte.

Auch unter diesem Bild stehen die Geburts- und Todesdaten von allen, und wie in Großmutters Fotomontage sieht man auch hier, daß jeder von ihnen an verschiedenen Tagen in verschiedenen Jahren geboren wurde. Zum Beispiel kam Großvater am 11. Juli 1916 auf die Welt, was mehr oder weniger die Mitte des Ersten Weltkrieges war, und Großvaters Vater am 26. Dezember 1889, ein Ereignis, das nicht gefeiert werden konnte, denn genau zu dieser Zeit, nur wenige Tage später, beschloß der Kronprinz von Österreich, Erzherzog Rudolf, sich zusammen mit seiner jungen Geliebten, der Baronesse Mary Vetsera, das Leben zu nehmen, und man fand die beiden tot, einer in den Armen des anderen, in der Jagdhütte des Prinzen in Mayerling, und über das ganze Kaiserreich war Staatstrauer verhängt worden, obwohl es Leute gab, die behaupteten, der Kaiser Franz Joseph sei ziemlich froh gewesen, den Prinzen los zu sein, der ihm große Schwierigkeiten machte und der sehr gegen die Kirche eingestellt war, und wer wie üblich dafür bezahlte, waren die Juden, die die Beschneidung von Großvaters Vater um einige Wochen verschieben mußten, was ihn allerdings nicht daran hinderte, bestens zu gedeihen, und im Ersten Weltkrieg war er schon erwachsen genug und konnte bei der Gründung der jüdischen Verteidigungsmiliz von Luzk dabeisein und die Bekanntschaft von Lobuziak Bender machen, der ein gefährlicher jüdischer Bandit war, der sich in den Kriegszeiten zur Miliz gesellte, die einmal mit den Österreichern gegen die Russen kämpfte und einmal mit den Russen gegen die Österreicher, denn Luzk fiel in diesem Krieg einem nach dem anderen in die Hände, wie El-Alamein im Zweiten Weltkrieg; und Großvaters Großvater wurde im November 1863 geboren, als der große polnische Aufstand gegen die Russen ausbrach, was weder die einen noch die anderen daran hinderte, die Gelegenheit zu nutzen und sowohl Pogrome an ihren eigenen Juden als auch an den Juden ihrer Feinde zu verüben; und alle, mit Großvater als einziger Ausnahme, starben ungeachtet ihres Alters auf einen Schlag am 21. August 1942, und das ist das Ende der ersten Seite in Album Nummer eins von Großmutters Sammlung »Aus unserem Leben«, und wenn man sie umschlägt, kommt man zur zweiten Seite, auf der eine halbkreisförmige Aufschrift prangt, welche in Form und Farbe an einen Sonnenaufgang erinnert: »Neubeginn«, und darunter das Foto von Großvater und Großmutter unter dem Baldachin aus einer blauweißen Flagge, deren Stäbe vier von Großvaters Freunden aus dem Pionierkorps halten, in britischen Uniformen, und neben ihnen der Militärrabbiner, der sie segnet, und im Hintergrund die schöne Landschaft von Cervia, einer wunderschönen Kurstadt an der Adria in Norditalien, wo sie sich in der prächtigen Villa Mussolinis vermählten und wohin wir im Laufe unserer Reise ebenfalls gelangten; danach folgte eine Reihe von Fotos aus Zypern, auf denen man sieht, wie Großmutters Bauch dick und dicker wird, einmal im Speisesaal und einmal neben dem Tor des Lagers der Zev-Festung, das mit flachgehämmerten Konservendosen gedeckt ist, und einmal am Eingang zu ihrem Zelt, und plötzlich tritt auch der Säugling Adam in Erscheinung, auf Großvaters Arm, auf Großmutters Arm, auf dem Beschneidungskissen, in der Wanne und auf Timmys Arm, dem britischen Soldaten, der ihn vor dem Ertrinken gerettet hatte, und auf diesen Bildern beginnt Großmutters Bauch zu schrumpfen und zu schrumpfen, aber nicht für lange, denn drei Monate nach Adams Geburt wurde sie mit Vater schwanger, und dann beginnt der Bauch sich erneut zu blähen, und in der Mitte der Schwangerschaft mit Vater gelang es Großvater und Großmutter, sich bei der Gruppe von Israelis von »Schabtai Lusinsky« einzuschmuggeln, die Zypern unabhängig von der Zertifikatenquote verlassen durfte, und was mit diesem Schiff passierte, war, daß es das Land erreichte und die Einwanderer heimlich von Bord ließ, als plötzlich die britische Armee auftauchte und die

Einwanderer gefangennahm mitsamt den Erez Israelis, die sie empfingen, und alle wurden sie zusammen nach Zypern abgeschoben, und ein großer Schrei durchfuhr den Jeschuw, wieso schob man Bürger nach Zypern ab, ohne Verhandlung, worauf die Briten zwei Polizisten in die Lager entsandten, um diejenigen zu verhören, die behaupteten, Erez Israelis zu sein, und sie ins Land zurückzubringen, und die Untersuchungen bestanden aus verschiedenen landeskundlichen Fragen wie: Zähle zwei große Cafés in der Allenby-Straße auf, oder treffen sich die Schenkin und die Ben-Jehuda-Straße, oder wer ist der Bürgermeister von Tel Aviv, und Großvater saß neben Großmutter, die, seit sie zusammen waren, fleißig Hebräisch von ihm lernte, und bereitete sie mit den Namen von Straßen und von Persönlichkeiten und Kinos und Zeitungen und wichtigen Ereignissen vor, und er machte sie mit der Wohngegend vertraut, für die sie sich als angeblichen Wohnsitz entschieden hatten, und das war der Rothschild-Boulevard, nicht weit vom Habima-Theater, und sie gingen in diese Prüfung und bestanden sie, und als Großmutter im vierten Monat ihrer Schwangerschaft war, kamen sie endlich nach Erez Israel, wo Großmutter das Album freilich eifrig fortführte, damit die Erinnerungen aus ihrem zweiten Leben, das mit der Nacht begann, als sie Großvater im Wald traf, nicht zerfielen und verschwanden wie die Erinnerungen aus ihrem ersten Leben, das in jener selbigen Nacht zu Ende ging, und darin war sie ein wenig wie Mutter, die nach der schweren Zeit in Argentinien, als sie ständig dafür sorgte, daß Briefe und Tagebücher und Zettel und Bilder vernichtet wurden, damit die Generäle durch sie nicht auf weitere Menschen stießen, ebenfalls versuchte, Überreste aus der Vergangenheit zu finden, nachdem sie ins Land gekommen war, und sie kümmerte sich darum, daß wir viel fotografiert wurden, und wichtige Dokumente kopierte sie und bewahrte sie an verschiedenen Orten auf, wie Vater es mit seinen Disketten machte, wenn es ihm gelang, etwas fertigzustellen, das er zu schreiben begonnen hatte, und aus Argentinien stammte auch diese Angewohnheit, die uns alle ärgerte und Vater um den Verstand brachte – zu fragen, wann wir zurückkommen, damit uns, Gott behüte, nicht passiert, was Raoul passiert war, den sie einmal nicht gefragt hatte, wann er zurückkommt, und der bis zum heutigen Tag auf sich warten läßt.

Und einmal im Jahr, am Sederabend, zelebrierte Großmutter die traditionelle Fotozeremonie, und die ganze Familie rückte zusammen, am Anfang auf dem Sofa im Wohnzimmer, und als das Sofa nicht mehr reichte, auch zu seinen Seiten, und Schritt für Schritt auch dahinter und davor, und dieses Foto war es, mit dem sie das jährliche Album eröffnete, in dessen Fortsetzung es noch verschiedene andere Bilder gab, und diese Sitte führte Großmutter schon an Pessach 1948 ein, als nur sie, Großvater, Adam und Vater zusammen waren, der kurz zuvor geboren worden war, und das Sofa gab es auch noch nicht, und alle paar Jahre gesellten sich weitere Menschen zu diesem Bild, und so kann man sehen, wie Adam und Vater aufwachsen und sich der Bejtar anschließen, zuerst der Samson-Gruppe, dann den Makkabäern und dann den Zeloten, und da ist Vater mit einem Verband um den Kopf und Adam mit einem Verband um die Hand, denn es gab eine Schlägerei im Chadasch-Gymnasium, wo sie fast die einzigen Bejtars waren, als es zu der Affäre um den Truppenübungsplatz in der Nähe von Areba kam und sie die einzigen im Gymnasium waren, die die Demonstrationen gegen die Landenteignung nicht befürworteten, denn wo sollte die Armee nach Meinung der Linken trainieren? Etwa in den Feldern ihrer Kibbuzim? Wenn diese Idealisten sich ein wenig mit ihren Grundstücken beschäftigen würden, würden sie feststellen, daß auch sie auf arabischem Boden saßen, und darum sollten sie sich, bevor sie darangingen, die Welt zu verbessern, erst einmal an die eigene Nase fassen, und darüber brach ein Streit aus, bei dem auch ein paar Linke ordentlich etwas abgekriegt haben, und Vater und Adam wurden beinahe von der Schule geworfen, weil man ihnen vorwarf, sie würden provozieren, indem sie in den Uniformen der Bejtar zur Schule kamen, und dazu meinte Vater, daß er aufhören würde, in der Uniform seiner Bewegung zu kommen, wenn auch die anderen aufhören würden, in blauen Blusen, mit weißen und roten Schnüren geschmückt, zu erscheinen, und weil Adam und Vater ausgezeichnete Schüler waren – was, wie Vater sagte, der große Vorteil von Minderheiten ist, die sich immerfort bemühen müssen, gut zu sein, ein Vorteil, der sich stets in Luft auflöst, wenn die Minderheit ihren Wunsch erfüllt bekommt und sich in eine Mehrheit verwandelt –, verzichtete man schließlich darauf.

Auf späteren Bildern nehmen die Verbände ab, und die beiden wachsen weiter, und neben Vater und Adam, die sich langsam von Kindern in Erwachsene verwandeln, sieht man, wie Großvater und Großmutter von Erwachsenen zu alten Leuten werden, und es ist interessant, die Seder-Bilder verschiedener Jahre zu vergleichen und zu versuchen, »Such die Unterschiede« zu spielen, denn wenn man zum Beispiel das Bild von »Aus unserem Leben« aus dem Jahre 1946 nimmt und es mit dem Bild von 1948 vergleicht, sieht man keinen Unterschied, außer dem Gips um Großvaters Arm, denn bekanntlich brach in diesem Jahr der Unabhängigkeitskrieg aus, und

Großvater war im Treppenhaus ausgerutscht und hatte sich den Arm gebrochen, und auch wenn man dieses Bild mit dem von 1950 vergleicht, entdeckt man kaum Unterschiede, höchstens, daß die Menschen nicht dieselben Kleider tragen. Aber wenn man 1949 und 1966 nimmt, sind die Kontraste groß, denn Adam und Vater verwandelten sich von Kindern in Soldaten, und bei Großvater hat die Glatze den Krieg mit den Haaren beendet und beherrscht nun das gesamte Terrain bis auf einen schmalen Rand, und Großmutter ist zwar immer noch schön, mit glänzendem schwarzem Haar, aber in ihren Augenwinkeln tut sich ein Faltenfächer auf, der an den von Vater erinnert, und an Namas fünftem Geburtstag stellte auch Großmutter fest, seht nur, wie dieses Kind schon gewachsen ist, seht nur, wie die Zeit vergeht.

Nicht nur einmal sagte sie es, sondern ein paarmal, und zu jedem, der zu ihr kam, um ein wenig mit ihr zu plaudern, und sie fügte hinzu, daß die Zeit unbemerkt vorbeigehe, und damit hat sie absolut recht. Die Zeit vergeht wahrhaftig, ohne daß wir es merken, was das Gemeine an ihr ist, denn wie soll man gegen etwas ankämpfen, das nicht greifbar ist und von dem es sich erst, nachdem es weg ist, herausstellt, daß es immer in rauhen Mengen vorhanden war, aber gegen das man auch dann nichts mehr unternehmen kann, denn es ist schon nicht mehr da, und vielleicht war es das, was Vater meinte, als er einmal zu Mutter sagte, hast du gewußt, daß die durchschnittliche Lebensdauer eines Menschen in der westlichen Welt tausend Millionen Sekunden beträgt? Und Mutter schaute für einen Moment auf ihre Uhr und fragte ihn, na und? Und Vater sah auf seine Uhr, verfolgte besorgt den großen Zeiger, und am Ende sagte er, er rast, der Hurensohn. Mäht das Leben wie eine Mähmaschine. Tausend Millionen Sekunden. Das ist es, was man uns zuteilt. Und wieviel Zeit geht drauf fürs Schlafen? Und fürs Essen? Und wieviel verbringt man auf dem Scheißhaus? Und ich persönlich vergeude die meine haufenweise mit Klagen über die Zeit, die mir vergeht, und er grinste, denn er hatte etwas zitiert, das Mutter ihm mal in einer ihrer Auseinandersetzungen an den Kopf geworfen hatte, und dann erzählte er ihr, daß Kronos, der Vater der griechischen Götter, auch der Herr der Zeit war und somit auch der Gott der Vernichtung, ein furchtbarer Kerl, der seine Kinder fraß, und dem ist man hilflos ausgesetzt, die Zeit rennt unentwegt voran, und wir werden niemals gleichzeitig hier und an anderen Orten sein können, im Jetzt und in anderen Zeiten, und was vorüber ist, ist schon Vergangenheit, und wer das begreift, der versteht, daß es eigentlich keine Hoffnung gibt, und Mutter ging auf ihn zu und streichelte ihm das Gesicht und sagte ihm, aber du schreibst, und Vater sagte, daß das Schreiben nur eine Tätigkeit im Rahmen der Existenz sei. Sie hilft dem Schreiber nicht aus dem Rahmen heraus, in dem er sich beim Schreiben befindet. Und Mutter küßte ihn auf die Lider und dann auf den Mund und sagte zu ihm, niñito mio, was mein Kleiner heißt, und danach wieder, niñito mio, und scherzhaft fügte sie hinzu, qué vamos a hacer contigo? Was was sollen wir mit dir machen heißt. Und Vater lächelte sie an, denn er liebte es, spanisch mit ihr zu sprechen, und antwortete ihr, nichts, nada, und genau diese Dinge meinte auch Großmutter, als sie von der Zeit sprach, bei Namas Geburtstagsfeier, die trostlos war und an der man sah, daß alles zerfällt, denn Isaak und Marta, Mutters Eltern, und Großvater Zwi waren bereits tot, und Vater kam auch nicht, obwohl er versprochen hatte, daß er kommen würde, weil er am Ende Angst hatte, alle zu treffen, insbesondere Großmutter und Sauli, und Adam und Nurit hatten aufgehört, zu unseren Geburtstagen zu kommen, seit Mutter vor sechs Jahren nicht zu Uris Bar Mizwa erschienen war, ihrem Erstgeborenen, und Monica und Beatriz lagen noch mit uns in Erbschaftsstreitigkeiten, und Abram sprach nicht mehr mit uns, denn kurz zuvor war er hinter das furchtbare Geheimnis gekommen, das seine Frau Sima und meine Mutter vor ihm verborgen hatten, denn Sima, die einmal eine fruchtbare Person war, wurde aus heiterem Himmel nicht mehr schwanger, und Abram hegte die Befürchtung, auf das Gebot der Vermehrung verzichten zu müssen, und fragte seinen Rabbi um Rat, und als der Rabbi ihm eine Liste von Heilern gab, protestierte Sima und fragte ihn, was daran so schlimm sei, er habe doch Gott sei Dank schon fünf Kinder – einen Erstgeborenen und einen jüngsten Sohn und dazwischen drei Töchter-, und schließlich hatte man nach der Halacha das Gebot der Vermehrung mit einem Sohn und einer Tochter eingehalten, und Abram bat sie, ihm keine Weisheiten beibringen zu wollen, und es sei besser, wenn sie sich das Prinzip der Bescheidenheit in Erinnerung rufe, nach dem sie ihr Leben führten und nach dem der Mensch sich Gott zu fügen hatte, ein Schüler seinem Rabbiner, ein Sohn seinen Eltern und eine Frau ihrem Mann, und er schickte sie zu Kabbala-Experten und Ärzten und eigenartigen Apothekern, die ihr seltsame Medikamente mischten und den Bauch mit Ölen und diversem übelriechendem Zeug einschmierten, und nach jeder dieser Behandlungen rief sie Mutter besorgt an und fragte, ob ihrer Meinung nach diese Medizin die Operation, die Saul, Mutters Gynäkologe, an ihr vorgenommen hatte, rückgängig machen könne, und Mutter beruhigte sie jedesmal aufs neue, daß diese Operation nicht rückgängig zu machen sei, das heißt, sie zähmt oder zerstört Simas Fortpflanzungsorgan für alle Zeiten – kommt darauf an, aus welcher Sicht man es betrachtet –, und nachdem Sima sich beruhigt hatte, sprachen sie ein wenig über Anna Karenina, die Mutter ihr ein Jahr zuvor gegeben hatte und mit der Sima nur langsam vorankam, denn sie ist beschäftigt mit dem Großziehen von fünf Kindern und mit der Hausarbeit und mit der Ernährung ihres Ehemannes, der ein Thoragelehrter und Weiser ist, mittels einer Schneiderei, die sie auf dem Balkon der Küche aufmachte, den sie dafür zumachte, und dort hat sie teure Stoffe aus glänzenden Fäden und mit Pailletten besetzt, aus denen sie komplizierte Modelle näht, mit Falten und Gummizügen und Abnähern und Spitzenkragen, und es kommen meist kräftige Frauen zu ihr, denn sie schafft es, ihnen die Kleider so zu nähen, daß man meinen könnte, sie seien wohlgeformt, und den größten Teil der wenigen Freizeit, die ihr bleibt, kann sie nicht lesen, weil Abram in der Nähe ist, und er darf das Buch nicht sehen, so daß sie kaum Zeit zum Lesen findet, und über das bißchen, was sie lesen kann, spricht sie aufgeregt mit Mutter, und sie will und will wieder nicht, daß Mutter ihr erzählt, wie die Geschichte weitergeht, und es fehlen ihr nur noch vierundsiebzig Seiten, um den ersten Band zu beenden, und wie dieser Tolstoi die Frauen versteht. Wie es ihm gelingt, zu beschreiben, was Anna fühlt. Und wie geht diese Geschichte zu Ende, Alma? Und wenn Mutter drauf und dran war, es ihr zu erzählen, bat sie sofort, nein, nein, erzähl mir nichts, sag mir nur, daß es gut ausgeht, nein, es ist besser, wenn du mir nichts sagst, damit die Spannung erhalten bleibt, und sie seufzte und klagte, daß sie diese Woche nur drei Seiten lesen konnte, aber es macht nichts, ruckzuck wird sie mehr Zeit haben, denn der kleine Schuki wird ein wenig wachsen, und Motel wird bald zu einer Talmudschule gehen, und Schlomit wird erwachsen genug sein, um ihr zu helfen, und Schluß mit den Schwangerschaften, die bei ihr sehr schwierig verliefen, und sie wird sich auf ihre Anna Karenina stürzen können und zum nächsten Buch übergehen, von dem Mutter ihr bei den Vorbereitungen zu dem großen Seder erzählte – als sie zusammen äußerst gründlich die Salatblätter wuschen, damit, Gott behüte, kein Gewürm darin verbleibt – und das man gerade ins Hebräische übersetzt hat – die Geschichte des Paters Bartolomeu, der eine Flugmaschine bauen wollte mit Hilfe von Blimunda, die eine besondere Frau war, welche das Verborgene der Dinge sehen konnte und entweichende Willenskräfte der Menschen sammelte, die, wenn man sie in Bernsteinkugeln steckte und diese an die Flugmaschine befestigte, die Maschine in die Lüfte steigen ließen, und das ist wirklich wahr, Alma, nur unser Wille kann sich in die Lüfte erheben und über den Orten schweben, in denen wir in unserem Alltag feststecken, und nach der Operation glaubte sie, endlich Ruhe zu haben, bis eines Tages einer der Heiler, zu denen Abram sie schickte, die kleine Narbe entdeckte, die von dem Laparoskop geblieben war, das Saul Kammer ihr neben dem Nabel reinsteckte, und der Heiler verpfiff sie bei Abram, der sie über die Bedeutung dieses Zeichens verhörte und verhörte und der drei Tage und drei Nächte nicht lockerließ, in denen diese winzige Narbe wuchs und wuchs und sich in einen Berg verwandelte, der sie trennte, und wohin sie auch auf ihrem Körper schaute, sah sie das Zeichen, und sogar wenn sie ein Kleid anzog, schien es ihr, daß es im Stoff eine Wölbung in der Gegend des Nabels gab, und Abram fuhr fort, auf einer Antwort auf seine Frage zu beharren, und als sie weiter rebellierte und sich weigerte, ihm Auskunft zu erteilen, verurteilte er sich selbst zu einer vernichtenden Kombination aus Schweigegelübde, bei dem kein Wort über seine Lippen kam, und Fastengelübde, bei dem keinerlei Nahrung über seine Lippen kam, und Schlafgelübde, bei dem er einfach nicht zu Bett ging und nichts als Psalmen murmelte und Flehgebete flüsterte, ohne Worte, damit er dem Schweigegelübde nicht in die Quere kam, und dieses System, daß ein Mann seine Frau dadurch bestraft, daß er sich selbst bestraft, kennt man bei Männern von einer bestimmten Sorte, sagen wir bei zwanghaft Infantilen, erklärte Mutter Sima, als Sima sie aus einer Telefonzelle anrief, um sich mit ihr darüber zu beraten, was zu tun wäre, und Mutter ihr vorschlug, es nicht zu beachten, denn Abram brauche sie mehr als sie ihn, und am Ende würde er in die Knie gehen und lernen, mit der neuen Realität zu leben, und es kann sein, daß Mutter recht hatte und daß er schließlich aufgegeben hätte, aber kurz vor Schluß wurde Sima schwach und beichtete und verriet ihm, daß sie nicht mehr schwanger werden könne, weil man ihr die Tuba verkocht habe, und daher stamme das Närbchen neben dem Nabel, und er schrie sie an, wovon sprichst du, was für eine Tuba, denn obwohl er ein großer Kenner in Sachen Musik war, bevor er ultraorthodox wurde – in Frauenangelegenheiten war er nur ein kleiner, und sie begann zu weinen und sagte ihm, frag Alma, sie kann es dir besser erklären als ich, und er rief Mutter an und fragte sie, Alma, was hast du mir angetan? Und Mutter sagte ihm, daß sie ihm gar nichts angetan habe, es geht um Sima, die ein freier Mensch ist, und sie hat das Recht, mit ihrem Körper das zu tun, was sie will, und er fragte anders, nämlich, was hast du Simas Gebärmutter angetan, von welcher Tuba spricht Sima? Und Mutter sagte ihm, nicht sie habe etwas getan, sondern Sima habe sich entschieden, etwas zu tun, nachdem der Gynäkologe ihr genau erklärt hatte, worum es ging, und Vater sagte, ich wußte, daß bei diesem Seder nichts Gutes herauskommen würde, und er meinte den großen Seder, den wir vor einigen Jahren feierten und der in der Geschichte unserer Familie wie eine Wasserscheide war – ein Höhepunkt, von dem man nur runtersteigen oder herunterpurzeln konnte – und bei dem Mutter und Sima sich anfreundeten, und danach folgten Telefongespräche und gegenseitige Besuche, und nachdem Schuki geboren wurde, kurz nach dem großen Seder, kam Sima, um sich mit Mutter zu beraten, wie sie ihren Schwangerschaften ein Ende setzen könne, denn sie hätte keine Kraft mehr für noch mehr Kinder, und sie wolle anfangen, ein wenig Zeit für sich zu haben, und Mutter schlug ihr vor, die Pille zu nehmen, was nicht so eine gute Idee in ihren Augen war, denn wie sollte sie die vor Abram verstecken, und was wird sein, wenn sie sie einmal vergessen wird, und jeden Tag eine Pille zu nehmen ist wie jeden Tag ihren Mann erneut zu betrügen, und dann schlug Mutter ihr vor, sie zu Saul Kaminer zu bringen, dem Gynäkologen der Clique, und sich bei ihm Rat zu holen, und wirklich gingen beide hin, zusammen mit Amalia, die mit Geld zu helfen versprach – denn dadurch, daß sie Simas Sterilisation finanzierte, rechtfertigte sie ihre eigene seelische Sterilisation, wie Vater sagte –, und Saul Kaminer erklärte ihr geduldig alle Möglichkeiten, und Sima stellte viele Fragen und sah auf den Fußboden und nicht auf Saul, denn die ganze Sache machte ihr Angst und war ihr überdies peinlich, und nachdem sie den Vorschlag der Spirale verworfen hatte, der in ihren Ohren bedrohlich klang – denn in ihrer Phantasie sah eine Spirale wie ein Damm aus, den man einer Frau in die Gebärmutter pflanzt und der den Samen staut, damit er nicht zu den Eiern gelangt –, erklärte ihr Saul die Verkochung der Eileiter, die eine glatte und elegante Lösung war, bis auf zwei Probleme, von denen das erste und kleinste darin bestand, daß eine kleine Narbe am Nabel zurückbleibt, durch den man das Laparoskop in den Körper der Frau steckt, um den Eileiter zu verätzen, etwas, das Sima nicht schlimm fand, denn mein Mann schaut mir dort sowieso nie hin; und das ernstere Problem ist, daß es eine Operation ist, deren Resultat unwiderruflich ist, das heißt, man kann nichts rückgängig machen, wenn es vorbei ist, und Sima dachte einen Moment lang nach und fragte, ob es weh tue, und Saul sagte, nein, man macht eine Vollnarkose, und es ist eine leichte und einfache Operation, und im schlimmsten Fall bleibt man zwei Tage im Krankenhaus, und Sima fragte, was passiert, wenn bei mir der schlimme Fall eintrifft, wohin mit den Kindern? Und Mutter bot sich sofort an, Simas Kinder zu nehmen, und Sima sagte, das ist nicht so einfach, Alma. Du weißt, daß bei uns alles ein wenig anders ist. Und Mutter sagte, wir werden alles tun, damit es klappt und Simas Lage ein wenig leichter wird und sie eine neue Seite in ihrem Leben aufschlagen kann, und Sima sagte, daß sie nachdenken müsse, und als Vater beim Abendessen von der Idee hörte, von der Mutter mit Begeisterung erzählte, sagte er, daß es seiner Meinung nach ein Fehler sei. Mag sein, daß die Operation an den Eileitern ein Klacks sei, sanft und subtil, aber die Operation, die Mutter dadurch an dem Beziehungsgeflecht von Sima und Abram durchführe, sei schwierig und womöglich sogar gefährlich, denn die Beziehung zwischen einem Mann und seiner Frau, wie du sicher aus anderen Fällen weißt, ist verwikkelter und komplizierter als die Beziehung zwischen Eileiter und Vagina oder womit auch immer sie verbunden sind, und du hackst mit einem Metzgerbeil ein Geflecht durch, das auch schon bei einem optischen Skalpell zerfallen würde, und Mutter fragte, ob er erwarte, daß sie tatenlos zusehe, wenn eine Frau in Not sich an sie wende, und Vater sagte, daß Sima nach den Kriterien der Gesellschaft, in der sie lebe, keine Frau in Not sei, und Mutter wurde sauer und fragte Vater, warum er niemals eindeutig Position beziehen könne, immer ist er scheißneutral und hat Verständnis für alle Seiten, und alles ist bei ihm relativ, und eigentlich haben alle recht, und Vater sagte, daß er einfach nicht wisse, was das Beste von allem sei, das ist alles. Warum ärgert es dich so, daß es Menschen gibt, die nicht das Gefühl haben, ihre Aufgabe im Leben bestünde darin, alle anderen davon zu überzeugen, daß sie im Recht sind, und die auch die Motive ihrer Rivalen verstehen, und Mutter sagte, daß Vaters gemäßigter Liberalismus das Tor sei, durch das alles Übel in die Welt käme, und Vater sagte, daß er sich auf keine Diskussion mit ihr einlassen werde, die am Ende – nachdem sie Argentinien, Panama, Spanien und Deutschland gestreift habe – in der Frage münde, wie es sein könne, wo die gesamte politische Geschichte lehre, daß Schwäche diktatorische Kräfte zur Machtübernahme animiere, daß er diesen klebrigen, schleimigen Teig mit Namen Raz wähle, und um diese wohlbekannte Reise über Kontinente und Zeiten zu ersparen, kam er auf Sima zurück und sagte, daß sie ihre Entscheidungen allein treffen müsse und nicht zu einem Versuchskaninchen für Mutters feministische Theorien werden dürfe, denn am Ende, falls diese Affäre auffliege, würde Sima diejenige sein, die den Preis bezahlen müsse, und, obwohl Mutter ihm widersprechen wird, auch Abram, nach dessen Meinung zu fragen man sich nicht die Mühe mache, aber Mutter ließ sich nicht überzeugen, und in der Zwischenzeit gelangte Sima zu der Einsicht, daß das es war, was sie wollte, und ein paar Wochen später kam sie zu uns zu ersten strategischen Überlegungen, wie Vater es nannte, und sie brachte einen Kalender mit und eine gekürzte Fassung des Schulchan Aruch und sechs Mesusot, was die Zahl der Türpfosten ist, die es bei uns zu Hause gibt, und als erstes hämmerten sie und Mutter Mesusot in die Zargen, damit Motele, ihr ältester Sohn, der elf war und anfing die Gebote so streng zu achten wie sein Vater, das Haus betreten durfte und sich in der Wohnung frei bewegen konnte, und immerzu bat Sima Mutter um Vergebung, daß sie wegen ihr die Mesusot anbringen mußte, aber auf der anderen Seite, sagte sie, es würde auch nichts schaden, und eine Mesusa könne Katastrophen abwenden, eine Sache, die sich nicht als wahr herausgestellt hat, denn über unser Haus kamen die Katastrophen weiterhin, vor allem die entsetzliche Katastrophe mit Vater, und nachdem sie damit fertig waren, die Mesusot anzubringen, setzten Mutter und sie sich ins Wohnzimmer und stellten Berechnungen an, für wann sie einen Termin mit Saul vereinbaren sollten, und Sima sagte, daß es am besten in der Zeit von fünf plus sieben sei, und Mutter verstand nicht und fragte, wieso fünf plus sieben, und Sima erklärte, daß die fünf Tage der Periode und noch sieben reine Tage die Tage seien, in denen sie verboten sei für ihren Mann, und sie könne diese Tage für eine Operation und für die Erholung nutzen, und die erstaunte Mutter vergaß einen Moment, daß sie sich inmitten einer Unterweisung in Sachen Reinheitsgebot befand, und fragte Sima, ob sie etwa zwölf Tage im Monat nicht mit ihrem Mann ins Bett gehen dürfe, und Sima sagte, daß es das Minimum sei, denn es gäbe Frauen, deren Periode sich auch auf sechs oder sogar sieben Tage verlängere, und erst an dem Tag, an dem sie richtig zu Ende geht, beginnt man die sieben reinen

Tage zu zählen, und auf keinen Fall dürften es weniger als fünf sein, auch nicht bei Frauen, deren Periode schon nach drei Tagen vorbei ist, und Mutter dachte ein wenig über die Worte nach, die sie da hörte, denn es fiel ihr schwer, den Berechnungen zu folgen, und sie fragte vorsichtig, wann Simas Periode losginge, damit sie Kaminer anrufen und für diesen Tag die Operation festlegen könne, und Sima senkte den Kopf und flüsterte, daß sie dann beginne, wenn sie einen Blutfleck in der Größe einer Erbse im Schlüpfer entdecke, was eines der Maße ist, mit dessen Hilfe die Ultraorthodoxen die verschiedensten Dinge messen, danach kommt die Größe der Olive und dann die eines Hühnereies, und Mutter erklärte, daß man nicht auf diesen Tag warten könne, denn man könne die Operation nicht von heute auf morgen ansetzen, man müsse im voraus einen Termin planen, und Sima müsse schätzen, wann es passieren würde, und Sima, die sich äußerst unwohl fühlte, wie ein gehetztes Tier nach allen Seiten schaute und die meiste Zeit flüsternd und gesenkten Hauptes sprach, dachte eine ganze Weile nach, nahm zum Rechnen die Finger zu Hilfe, und am Ende sagte sie mit einem tiefen Seufzer, so in etwa am Jud-Tet im Av, und Mutter klappte ihren Kalender auf, um nachzusehen, welchem Tag dieses Datum bei uns entsprach, und sie lächelte Sima an und schlug vor, den Gynäkologen anzurufen und das Datum durchzugeben, und in dem Gespräch mit ihm erwähnte sie, daß Sima nicht unter ihrem eigenen Namen ins Krankenhaus eingeliefert würde, sondern unter dem Namen Maja Jarkoni, und daß sie spät kommen würde und nicht durch den Haupteingang, und er solle nicht vergessen, ihr ein Einzelzimmer zu organisieren, damit, Gott behüte, keiner sie dort sieht, denn für die ganze Welt fährt sie zur Müttergenesung nach Nir Ezion, und sie beendete das

Gespräch und lächelte Sima wiederum zu und sagte ihr, daß alles bereit sei, komm, laß uns weitermachen, und Sima war bleich und meinte, daß man es vielleicht doch rückgängig machen könne, denn wenn Abram es mitkriege, könne er sie aus dem Haus jagen, und Mutter sagte ihr, Sima, es ist deine Entscheidung, und Sima sah einsam und mitleiderregend aus angesichts der Entscheidung, die sie ganz allein fällen mußte, und nach langem Schweigen lächelte sie schwach und sagte, komm, machen wir weiter, und sie zog die Karte des Lebensmittelgeschäftes in Bnej Brak raus und reichte sie Mutter, für den Fall, daß sie, Gott behüte, länger im Krankenhaus bleiben und Mutter Essen für die Kinder einkaufen müsse, und danach sagte sie, daß die Kinder brav und gehorsam sind und keine Probleme machen werden und daß es nur ein paar wichtige Regeln zu beachten gibt: Das Essen, das sie mitbringen wird, müssen sie aus Plastikgeschirr essen, und in der Nacht dürfen die Mädchen und die Jungen nicht in einem Zimmer schlafen, und Assaf darf weder Schlomit noch Warda anfassen, weil sie älter als drei sind, und Mutter darf Moti nicht berühren, so wie sie ihm den Kopf am Seder gestreichelt hatte, denn er ist schon über das Alter von neun hinaus, und Mutter sagte, Moment, so schnell kann ich nicht mitschreiben, und Sima machte eine Pause, nahm einen Keks und murmelte hastig, der du die Arten der Speisen erschaffen hast, und dann sagte Mutter, daß sie fertig sei, und Sima fügte hinzu, daß Mutter nicht mit Moti allein sein dürfe und Vater nicht mit Schlomit oder Warda – wegen des Keuschheitsgebots, und Mutter fragte, und mit beiden zusammen ist es erlaubt? Und Sima dachte einen Moment nach und sagte, daß wir nach Bet Hillel handeln könnten, und danach sei es erlaubt, und es gibt da noch ein paar Kleinigkeiten mit dem Nägelwasser, und Mutter fragte, womit? Und Sima sagte, na, mit dem Natla, und Mutter sagte, daß sie nicht versteht, wovon Sima spricht, und Sima erklärte, daß die erste Sache, die man morgens verrichtet, nachdem man die Augen aufgeschlagen hat, das Aufsagen des »Mode ani« sei, und danach achtet man darauf, nichts zu berühren, insbesondere nicht die Nasenlöcher oder den Mund oder die Ohren oder die Augen und keine anderen Löcher, denn durch diese Stellen könne Unreines in den Körper gelangen, das sich während der Nacht in den Fingern gesammelt hat, denn die Hände der Menschen sind geschäftig, und auch wenn wir schlafen, ruhen sie nicht und fassen an diverse Stellen, auch an Körperteile, über die man besser schweigt, und deshalb ist es so wichtig, nach dem »Mode ani« und vor jeder anderen Sache die Hände zu waschen und sie gründlich zu reinigen, wie die Blimunda aus »Das Memorial«, von der Mutter Sima erzählte, die ihre Augen nicht aufmachte, bis sie sich etwas Eßbares in den Mund geschoben hatte, und Sima stand auf und fragte Mutter, ob sie ein Metermaß habe, und Mutter brachte ihr ein langes Maßband, und sie schritten die Entfernung vom Badezimmer zum Schlafzimmer ab, wobei sich herausstellte, daß es mehr als vier Ellen waren, und dann sagte Sima, daß das Waschbecken zu weit weg sei und man darum eine Schüssel mit einem großen Becher und Wasser ins Schlafzimmer stellen musse, was die Natla sei – und damit werden sich die Kinder die Hände waschen, aber Chaja braucht Hilfe, denn sie ist erst zweieinhalb, und wenn Mutter bereit ist, ihr zu helfen, muß sie selbst die Hände vorher waschen, und es wäre günstig, wenn sie lernen könnte, wie man es macht, und Mutter sagte, bitte, und brachte eine Schüssel mit einer Tasse, und Sima erklärte Mutter, daß sie zuerst den Ehering abziehen müsse, damit der Ring das

Wasser nicht von der Stelle, die er bedeckt, abhält, und dann nimmt man die Tasse mit der rechten Hand und füllt sie mit Wasser, reicht sie der linken Hand, die als erste das Wasser auf die rechte Hand gießt, nimmt sie in die rechte, damit sie die linke Hand begießt, und so geht es abwechselnd dreimal, und man achtet darauf, die Finger der begossenen Hand zu spreizen, aus demselben Grund, aus dem man den Ring abzieht, und die Tasse hält man gerade und nicht schräg, denn so pflegt auch Abram es zu tun, obwohl es Leute gibt, die sie schräg halten, und wenn der erste fertig ist, geht er mit der Schüssel zur Kloschüssel und schüttet das dreckige Wasser aus, füllt die Schüssel mit sauberem Wasser und kommt zurück, um es dem anderen zu reichen, und hier hörte sie plötzlich auf und sagte, daß sie übertreibe, und sie wolle Mutter nicht den ganzen Schulchan Aruch beibringen, für die anderthalb Tage, die die Kinder bei uns verbringen würden – und nur noch ein paar Kleinigkeiten, die vorzubringen ihr ein wenig unangenehm sei, bitte den Fernseher abdecken, während die Kinder bei euch sind, denn sie sind es nicht gewöhnt, und es ist verboten, daß sie, Gott behüte, hinsehen und davon Schaden nehmen und wenn es Mutter nichts ausmache – und sie möge ihr die Dreistigkeit verzeihen, denn sie weiß schon, daß Mutter eine anständige Frau ist, und auch wenn sie die Gebote nicht einhält, ist sie auf ihre Art eine Gerechte –, ob sie wohl in der Nähe der Kinder mit langen Ärmeln herumlaufen könnte, denn Schlomit hat Sima schon mal gefragt, ob Alma eine Hure sei, und Mutter lächelte und sagte auch dazu, kein Problem, und so, als Abram für ein paar Tage wegfuhr, um sich auf die Gräber der Heiligen in Safed zu legen, kam Sima mit den fünf Kindern an und mit zwei großen Koffern und drei Körben voll mit Leckerem, und in unser Schlafzimmer kamen Motel und Schuki, und Nama wanderte aus, um mit Schlomit, Wardale und Chaja in das Zimmer von Vater und Mutter zu ziehen, die ins Wohnzimmer mußten, und nachdem wir uns eingerichtet hatten und Sima sich von den Kindern aufgeregt verabschiedet hatte, fuhr Mutter sie ins Krankenhaus, und Vater verzog sich mit einem dicken Schmöker aufs Klo, und wir Kinder saßen alle im Wohnzimmer und sahen einander an und wußten nicht, was wir anfangen sollten, und es war für eine lange Weile still, bis Saul fragte, was sie in den riesigen Koffern hätten, und wir sie zusammen aufmachten, und als Mutter zurückkam, stand das Wohnzimmer auf dem Kopf und es herrschte Tohuwabohu, und wir alle, bis auf Schuki, der zu klein war, spielten Tempelmonopoly und Quartett, nur daß wir anstelle von Dinosauriern oder Ringern Quartette aus Kultgeräten sammelten: das Synagogen-Quartett bestand beispielsweise aus Thoraschrein und Sidur, Gebetspodest und Betpult, und die Vierer der Feiertage enthielten ein Schofar, die vier Pflanzengattungen zum Laubhüttenfest, einen Chanukka-Leuchter und eine Sederschüssel, und Vater sagte zu Mutter, er hoffe, daß Saul nicht zu den Religiösen über trete, denn Saul interessierte sich weidlich für alles und bat Motel, ihm beispielsweise zu erklären, was eine Hawdala-Garnitur sei, die im Quartett des Heiligen Schabbats abgebildet sei, und was ein Tablett für das Auslösen des Erstgeborenen, das Teil des Vierers der Feiertage war, und Motel beantwortete geduldig alle Fragen, und am Abend, als er auf dem Bett saß und das »Schma Israel auf dem Bett« betete – das genau dasselbe war wie das »Höre Israel«, das Dr. Fein mit den Beschnittenen im Krankenhaus las, nur, daß man dies hier im Bett las –, hörte Saul ihm neugierig zu und schrieb sich den genauen Wortlaut auf, und dann ging Motel zu dem Gebet über, bei dem man Gott preist, »der Du die Bande des Schlafes auf meine Augen legst und den Schlummer auf meine Wimpern«, und als er fertig war, wollte Saul ihn fragen, was »und erleuchte meine Augen, daß ich nicht in den Todesschlaf versinke« bedeute, das Motel in dem Segen erwähnte, aber Motel machte ihm mit den Händen Zeichen, knurrte und sagte nichts, und erst am nächsten Tag, nachdem er das »Mode ani« gebetet und die Hände gewaschen hatte, erklärte er Saul, daß man nach dem »Höre Israel auf dem Bett«, in dem man die tägliche Rechenschaft ablegen muß – denn der Lohn der Sünde ist ihre Strafe, und die Strafe des Gebotes ist sein Lohn –, nicht mehr sprechen dürfe, und ich verstand, verdammt noch mal, nicht, was das heißen sollte, auf der anderen Seite war es nicht sicher, ob es Motel selbst überhaupt wußte, denn als er versuchte, es zu erklären, verhaspelte er sich, und plötzlich sagte er wütend, daß wir in der kurzen Zeit, die er mit uns verbringe, so eine komplizierte Sache nicht verstehen könnten, aber schließlich hatten wir Glück, denn Sima blieb länger im Krankenhaus, weil es ihr während der Operation hochkam und sie sich ein wenig Mageninhalt in die Lungen pumpte, wie Saul Kaminer Mutter erklärte, als er Mutter anrief, um herauszufinden, ob Sima vor der Operation anweisungsgemäß gefastet hatte, und es sich herausstellte, daß nicht. Vor lauter Aufregung hatte sie sich Unmengen von Süßigkeiten einverleibt und sich dann nicht getraut, es den Chirurgen zu gestehen, als sie sie vor der Narkose fragten, ob sie etwas gegessen hätte, aber zu guter Letzt, Gott sei's gepriesen, ging alles glatt, und sie kam unversehrt aus der Sache heraus, und auf diese Weise hatten wir zwei komplette Tage mit Motel gewonnen, der uns die komplizierte Sache nicht mehr erklärte, uns dafür aber eine Menge anderer Dinge beibrachte, zum Beispiel, daß das Tischgebet nicht so einfach war, wie wir es uns vorstellten, weil jede Art von Essen ihren eigenen Segen hat, das Brot »der Du Brot aus der Erde hervorbringst« und Kekse »der Du die Arten der Speisen erschaffen hast«, Gemüse »der Du die Frucht der Erde erschaffen hast« und Obst »der Du die Frucht des Baumes erschaffen hast«, und als Saul ihn fragte, was zu tun sei, wenn man einen Eintopf vorgesetzt bekomme, grinste er und sagte, daß die Gelehrten der Thora an alles gedacht hätten und für den Fall, den Saul anführe, gäbe es den Segen »durch Dein Wort ist alles entstanden«, und im Gegenzug zu all den interessanten Infos, die er uns gab, brachten wir ihm bei, wie man den Fernseher bedient und wie man, wenn er läuft, die Heldinnen von Beverly Hills 90210, die eingebildete Brenda und die arrogante Kelly, die clevere Andrea und die bescheuerte Donna, auseinanderhält, die für ihn alle gleich aussahen, und damit er die Serie besser verstand, übernahm es Ido, ihm Unterrichtsstunden über die Natur der Frau zu erteilen, aber er konnte den Kurs nicht bis zum Ende absolvieren, denn Sima kam mit Gottes Hilfe aus dem Krankenhaus und nahm Motel mit nach Hause, und zwei Jahre lang konnte sie leben wie ein Mensch, aber als Abram Mutter anrief und begriff, daß die verkochten Tuben nicht mehr zu reparieren waren und man das Geschehene nicht ungeschehen machen konnte, war es mit den guten Jahren aus und vorbei, und Abram teilte Mutter mit, daß er all die Bücher zurückschicke, die sie seiner Frau gegeben habe, und er bitte sie, sie nicht mehr anzurufen und für alle Ewigkeit ihren Fuß nicht mehr auf ihre Schwelle zu setzen.

Und so kam es, daß auch sie nicht zu Namas Geburtstag erschienen, und eigentlich gab es nach dem großen Seder in unserer Familie keine Treffen mehr, an denen alle teilnahmen, denn ein Teil starb und andere hatten Rechnungen miteinander offen, und wer sich an die guten Tage erinnern wollte, als alle lebten und die Familie vereint war, blätterte in Großmutters Fotoalben und sah Menschen, einer neben dem anderen, einen Teil auf dem Fußboden sitzen, ein paar auf dem Sofa, einen Teil dahinter und einen Teil an den Seiten, und alle grinsten von einem Ohr zum anderen, denn Großmutter erlaubte nicht, auf den Auslöser zu drücken, bevor nicht alle lächelten, und wenn jemand nicht lächelte, wandte sich Großmutter ihm zu und sagte, Adam oder Alma oder Zwi – je nachdem, wen sie erwischte –, wir werden mit dem Foto nicht fertig, wenn du nicht lächelst, und wenn der- oder diejenige darauf bestand, weiterhin nicht zu lächeln, sagte sie, du mußt wissen, oft genug beginnt die Freude mit dem Entschluß zu lächeln, und wenn das Lächeln überzeugend genug ist, wird es auch nach innen sickern und die Laune verbessern, und dann lächelte der, der keine Miene verzog, doch – der, der keinen Anteil an dem Kult der Verewigung haben wollte, wie Vater es nannte, auf den man aber schon allseits sauer wurde, weil er die Sache in die Länge zog –, denn nur so konnte er sich der Pflicht des Lächelns entledigen, und wenn jemand, der unsere Familie nicht kennt, das Bild betrachtet, könnte er fast meinen, daß alle glücklich sind und einander lieben und keinerlei Probleme mit sich selbst und mit den anderen haben.

Von 1954 an ist Großmutters Schwester, die im Krieg nach und nach dem Krieg aus Sibirien geflohen war, mit von der Partie, und zwei Jahre später, in Buenos Aires, beginnt das erste Album in Farbe. Dort sieht man auch die Missionarin Julia, die Vater fast zum Christentum gebracht hätte, und Bilder von den Sommerferien in

Piña mar und Vater und Adam mit den weißen, komischen Kitteln auf dem Schulhof und Großvater neben seinem De Soto am Eingang zum Parkplatz des Hauses, wie er den Portero des Hauses, was Portier auf spanisch ist, der wie ein General herausgeputzt ist, umarmt, und einen Besuch im Zoológico und eine Fahrt in einem Ruderboot, und 1959 wurde Nimrod-Abram geboren und gesellte sich zu den Bildern, und 1972 heiratet Adam Nurit, die in die Familie aufgenommen wurde, obwohl man sie aus Vaters Sicht gut und gerne zusammen mit Judäa, Samaria und Gaza den Palästinensern geben könnte, damit sie auch ein bißchen in den Genuß kämen, und nachdem Adam 1973 und 1977 die ersten beiden Kinder, Uri und Itamar, bekam, kommt Mutter in das Album, mit kurzgeschorenem Haar und traurigen Augen, wegen all der Dinge, die ihr in Argentinien widerfahren sind, und sie steht zwischen Vater und Nimrod, der eine Uniform trägt, denn er war gerade zu der Zeit, als Vater Mutter kennenlernte, in eine Militärband eingezogen worden, wo er Akkordeon spielte, aber für Pessach hatte er sich frei machen können, und wie immer begleitete er alle Sederabendlieder auf dem Klavier, und wenn man die Haggada beendet hatte und zum Kompott überging, gab er auch ein kleines Solokonzert. Aber an diesen musikalischen Sederabenden habe ich noch nicht teilnehmen konnen, denn ich bin erst ein Jahr, nachdem Nimrod durchdrehte, die Tradition der Sederabende in Großvaters und Großmutters Haus brach und einmal sogar dafür sorgte daß der Seder platzte, geboren worden.

In jenem Jahr, vor Beendigung seiner Militärdienstzeit, bestand Nimrod die Aufnahmeprüfung für die Musikhochschule mit Bravour, und alle waren überzeugt, daß er nach dem Militärdienst dort ein Studium aufnehmen würde, kurz vor der Ausmusterung kam er jedoch plötzlich mit einer kleinen Kipa auf dem Kopf nach Hause, und das hat Großvater umgehauen, der sich und alle anderen fragte, wie konnte das passieren, was haben wir bloß falsch gemacht und wie ist dieses Übel über uns gekommen. Am Anfang war die Kipa so klein, daß man sie kaum bemerkte, und auch wenn sie bemerkt wurde, tat jeder so, als ob er sie nicht sehe, denn was der Mensch sich auf den eigenen Kopf setzt und nicht auf die Köpfe anderer, ist seine Sache, und alle hofften insgeheim, oder hinter Nimrods Rücken, daß diese Kipa verschwinden möge, wie auch andere Manien von ihm vorübergingen, aber anstatt zu verschwinden, wurde sie größer und größer, und es kamen von unten vier Schaufäden hinzu, zu denen Motel uns erklärte, daß sie die sechshundertdreizehn Gesetze der Thora symbolisieren, und die unter Nimrods Hemd hervorlugten, denn er hielt die Regeln der Streng-Orthodoxen ein, die den Satz »Rede mit den Kindern Israel und sprich zu ihnen, daß sie und ihre Nachkommen sich Quasten machen an den Zipfeln ihrer Kleider und blaue Schnüre an die Quasten der Zipfel tun. Und dazu sollen die Quasten euch dienen: Sooft ihr sie anseht, sollt ihr an alle Gebote des Herrn denken und sie tun« befolgen und die Schaufäden nicht in die Hosen stecken, und zusammen mit den Schaufäden kam auch die Bitte nach Wegwerfgeschirr auf und nach koscheren Speisen und danach nicht einfach koscher, sondern glattkoscher, und schließlich bat er Großmutter, ihm einen Extratopf und eine Pfanne in einer Mikwe koscher zu machen, und einzig und allein in diesen Gerätschaften dürfe man ihm das Essen zubereiten, und Großmutter fragte, wo die nächste Mikwe sei, und er erklärte es ihr genau, und sie fuhr mit dem Bus dorthin – denn Großvater war auf keinen Fall bereit, sie mit dem Wagen hinzufahren und somit ein Komplize dieser reaktionären Richtung zu werden – mitsamt Topf und Pfanne, die sie ins Wasser tauchte, und sie richtete in der Küche ein eigenes Bord für Nimrods Geschirr ein und beruhigte Großvater, der beinahe geplatzt wäre, als er eines Tages nach Hause kam und sah, daß der Installateur ein zweites Spülbecken in der Küche anbrachte, und sie verbot Adam, den Jungen zu rütteln und ihm mit zwei Ohrfeigen seine Flausen aus dem Kopf zu vertreiben, was das beste Mittel gegen Hysterie ist, das Adam kennt und welches er im Sechs-Tage-Krieg an einem seiner Soldaten erprobt hatte, der einen Kampfschock erlitten hatte, und wir könnten ruhig staunen, aber es half, und nach seiner Meinung war das, was mit Nimrod geschah, weitaus schlimmer als das, was mit Vater passierte, der zu den Linken überlief, denn Vater leistete wenigstens weiter Reservedienst und blieb Zionist, aber Nimrod sei dabei, sich zu diesen schwarzen, stinkenden Parasiten zu gesellen, die er aus der Siedlung Imanuel kenne, und Großmutter sagte zu Adam, daß er nicht so reden solle, denn genau diese Worte hätten die Antisemiten vor dem Krieg benutzt, und Adam erwiderte, wenn er diese Drückeberger sehe, könne er die Antisemiten verstehen, und auf diese Worte warf ihm Großmutter einen solchen Blick zu, daß er sich sofort entschuldigte, aber er beharrte weiter auf seiner Meinung, daß man den Jungen retten müsse, und Assi solle seinen Arsch in Bewegung setzen, denn er habe einen größeren Einfluß auf Nimrod, und vielleicht wird das kleine Kalb auf das große Kalb hören, und Vater fuhr zu Nimrod zur Armee und saß mit ihm ein paar Stunden in der Kantine, versuchte zu verstehen, wie es zu der Entgleisung gekommen war, und Nimrod erklärte Vater aufgeregt, daß er bessere Antworten auf Fragen suche wie die, was ihn zu einem Juden mache und was die Beziehung zwischen der Religion Israels und dem Land Israel sei, denn wie könne man, um Gottes willen, die Religion abschütteln und im gleichen Atemzug den Bund des jüdischen Volkes ausgerechnet mit diesem Land erneuern, das dem Volk durch Gott heilig ist, und bevor Vater zu einer Antwort ansetzte, fragte Nimrod, warum, zum Beispiel, Vater Saul beschneiden ließ, und Vater wollte ihm antworten, aber Nimrod sagte ihm sofort, daß er auch das zweite Kind, das sich in Almas Bauch befinde, und damit meinte er mich, mit Sicherheit beschneiden lassen würde, und Vater machte abermals den Mund auf, um zu antworten, doch wieder war Nimrod schneller und sagte ihm, siehst du, es ist stärker als du, und Vater steckte einen der Schokoladenriegel, die er in der Kantine gekauft hatte, in den Mund und begann langsam zu kauen, und dann fragte Nimrod, wer nach seiner Meinung den Riegel gemacht habe, und Vater antwortete »Elit«, und Nimrod machte weiter, und wer hat »Elit« gemacht? Und Vater sagte, Moschowitz habe »Elit« gemacht, und Nimrod fragte weiter, und wer hat Moschowitz gemacht? Und Vater antwortete, ich schätze, seine Eltern, und wer hat seine Eltern gemacht? fragte Nimrod, und Vater, der es langsam leid wurde, fragte ihn, worauf er hinauswolle, und Nimrod sagte, daß er beweisen würde, daß Vater am Ende zu einer Frage kommen würde, die er nicht beantworten könne, und Vater meinte, daß er den ganzen Weg nach Zrifin nicht zurückgelegt habe, um zu hören, daß es letztendlich Fragen gibt, auf die er keine Antworten hat. Zu diesen Fragen komme er direkt, und er müsse nicht den Umweg über Mark Moschowitz und die »Vereinigten Elit-Werke« machen, um zu ihnen zu gelangen, er sei jedoch nicht bereit, Gott als Ausrufezeichen hinter all die

Fragezeichen zu setzen, die sein Leben in Inseln der Unsicherheit zersplitterten, und es gibt Fragen, mit denen man zu leben lernen muß, auch wenn wir niemals eine Antwort auf sie erhalten werden, und Nimrod solle wissen, daß diese Weltanschauung allein am Ende zu Bescheidenheit und Toleranz führen könne, und ausgerechnet der säkulare Zionismus, der so viele Identitätsprobleme aufwerfe und die Kluft zwischen Religion und jüdischer Nationalität, die der Zionismus verursachte, mit groben Nähten zusammenflicke und eine Menge Fragen ohne Lösung mit sich bringe, die uns bis heute quälen – gerade dieser Zionismus wußte eine große und wichtige Antwort zu geben, die zumindest einen Teil des jüdischen Volkes in der Periode des Holocaust gerettet hat, worauf Nimrod sagte, wovon sprichst du? Wegen des säkularen Zionismus ist es überhaupt zum Holocaust gekommen, und Vater sah ein, daß Nimrod nicht zu retten war, und er bat ihn, diese Antwort niemals in Gegenwart der Eltern zu geben, und in der Tat, das einzige Mal, daß Nimrod auch Großmutter in seine abenteuerliche Theorie einzuweihen versuchte, hat er eine Ohrfeige eingesteckt, die die einzige Ohrfeige war, die Großmutter jemals einem ihrer Söhne gab, und als er die brennende Wange mit der Hand untersuchte, sagte ihm Großmutter, daß er niemals, niemals versuchen solle, religiöse oder moralische Erklärungen für das, was dort passiert ist, zu geben, und daß es keinen Zusammenhang zwischen Gott und den Dingen gibt, die die Menschen in seinem Namen einander antun.

Als Nimrod-Abram seinen Militärdienst beendete, war er bereits ultraorthodox, und anstelle einer musikalischen Karriere nahm er ein Studium in der Talmudschule Or-Same'ach auf, und als er Großvater und Großmutter einlud, ihn dort zu besuchen, baten sie Vater, daß er sie begleiten solle, denn der Gedanke, Nimrod allein in seiner neuen Gestalt gegenüberzutreten, war ihnen nicht geheuer, und den ganzen Weg nach Jerusalem schwiegen sie, und als sie zu der Talmudschule kamen, erwartete Nimrod sie mit zwei Freunden auf der Treppe, von denen der eine fortwährend sagte, du bist gesegnet, Abram, daß es dir vergönnt ist, segne, daß es dir vergönnt ist, und als sie in sein trostloses Zimmer kamen, in dem zwei Betten und ein Tisch standen und die Wände nackt und ohne Bilder oder Bücherregale waren, wiederholte dieser noch einmal, du bist gesegnet und du sollst segnen, weil es dir vergönnt ist, Abram, du bist gesegnet, segne, und dann begaben sie sich zum Büro des Rabbi Frank, der ihnen Himbeersirup und Schokoriegel anbot und erzählte, wie talentiert, gescheit und fleißig Großvaters und Großmutters Sohn sei, der eine glänzende Zukunft vor sich habe, und wie froh er darüber sei, daß die Eltern die Wahl des Sohnes verstünden und ihn nicht verleugneten, wie es bisweilen vorkomme, und dann herrschte eine Weile Stille, und der Rabbi erklärte, daß das Studium und der Unterhalt kostenlos seien, daß es aber dennoch äußerst schwierig sei, solch eine Institution zu unterhalten, und wieder wurde es still, und nach einiger Zeit, als er sah, daß Großvater und Großmutter auf ihrem Schweigen beharrten, fuhr der Rabbi Frank fort, Sie können sich nicht vorstellen, mit welchen Ausgaben der Unterhalt eines solchen Instituts verbunden ist, das seinen Schülern sowohl Geist als auch Materie liefert, und wenn Sie Abram, sagen wir, an eine Universität geschickt hätten, hätte Sie dies mindestens eintausendfünfhundert Dollar pro Jahr gekostet, den Unterhalt nicht eingerechnet, und darauf antwortete Großmutter, daß Nimrod die Aufnahmeprüfung zur Musikhochschule bestanden und ein Stipendium von der

Scharet-Stiftung für Studium und Unterhalt in Aussicht gestellt bekommen habe, worauf der Rabbi Frank sagte, daß er von Abrams Musik gehört habe, und Großmutter fragte, ob er von ihr oder ob er sie gehört habe, und der Rabbi Frank erklärte, daß er leider keine Zeit habe, um Abram spielen zu hören, aber er hege keinen Zweifel daran, daß Abram ein talentierter Musiker sei, und er beneide ihn sehr, denn der Geist Gottes ruht auf dem, der spielt, und wieder herrschte Ruhe, bis der Rabbi beschloß, daß er nun genug gesagt hatte, um Großvater und Großmutter zu gefallen, und sich wieder daranmachte, über die großen Ausgaben des Instituts zu sprechen, und Großvater, der bis dahin still dabeigesessen hatte, zog ein Scheckheft heraus, stellte einen Scheck aus, legte ihn auf den Tisch, stand auf und sagte zu Großmutter, ohne jemanden anzusehen, daß er im Auto warten würde, und ging, aber bevor Rabbi Frank seine Hand nach dem Scheck ausstrecken konnte, streckte Großmutter flink die ihre aus und nahm ihn an sich, und sie sagte, obwohl sie bereit seien, den Entschluß ihres Sohnes zu akzeptieren, seien sie damit nicht einverstanden, und auf ihre alten Tage würden sie nicht damit anfangen, Spenden für Institute der Umkehrung zur Religion zu erteilen, und man solle von ihnen bitte nicht erwarten, daß sie die Mission des Rabbi finanzierten, welche sie entschieden ablehnten, und sie riß den Scheck in winzig kleine Schnipsel, die sie in den Aschenbecher legte, stand auf, worauf alle anderen sich ebenfalls erhoben, und ohne ein weiteres Wort hinzuzufügen, ging sie hinaus, und Vater hinter ihr her und nach ihm Nimrod, der kreidebleich war und nichts sagte, und als sie an seinem Zimmer vorbeikamen, blieb Großmutter stehen und drehte sich zu Nimrod um, der sich schämte, ihr in die Augen zu schauen, und streichelte seine Wange, und sie sagte ihm, sie hoffe, daß er sie versteht, und er senkte den Kopf und sagte, ja, und ehe er noch etwas sagen konnte, erschien wieder die Nervensäge von der Treppe, stellte sich neben sie, lächelte sie mit glänzenden Augen an und sagte, du bist gesegnet und du sollst segnen, und Vater sagte zu ihm, wir haben die Nachricht kapiert und möchten einen Moment mit Nimrod allein sein, worauf der andere sich verdrückte, und Großmutter fragte Nimrod, was seine Pläne für Pessach seien, denn der Sederabend stand vor der Tür, und wie immer machte Großmutter sich an die Vorbereitungen, und Nimrod sagte, daß er sich mit dem Rabbi beraten müsse, und Vater fragte, was gibt es da zu beraten? Das ist eine Familientradition seit 1948, und es ist noch nicht vorgekommen, daß jemand aus der Familie diese Tradition gebrochen hätte, und Nimrod sagte, es bestünde die große Gefahr, gesäuertes Brot verzehren zu müssen, was eine besonders schwere Sünde sei, denn auch wenn man unbeabsichtigt sündigte, sei die Strafe Gottes die Ausrottung, wie man es im zweiten Buch Moses 12,19 nachlesen könne, »so daß man sieben Tage lang keinen Sauerteig finde in euren Häusern. Denn wer gesäuertes Brot ißt, der soll ausgerottet werden aus der Gemeinde Israel«, und er wolle nicht sündigen, aber er sei überzeugt, daß der Rabbi Rat wisse, denn Vater und Mutter zu ehren ist ebenfalls ein wichtiges Gebot, und es kann nicht sein, daß ein Gebot mit dem nächsten kollidiert und dieses annulliert, und Großmutter bat, daß er ihr bald Bescheid geben möchte, damit sie die Vorbereitungen treffen könne, und sie verabschiedete sich von ihm und stieg in den Wagen, in dem Großvater schon wartete, und sie machten sich schweigend auf den Weg, und neben den Panzerruinen von Schaar Hagai bat Großvater Vater, anzuhalten, und er stieg aus, entfernte sich ein Stück und stand neben einem der ausgebombten Panzer der Palmach, was etwas überaus Ungewöhnliches bei ihm war, und als Vater rausging, um ihn zu rufen, denn es begann leicht zu regnen, sagte er zu Vater, stell dir vor, wir haben diesen langen Weg gemacht, um zu demselben Punkt zurückzukehren, und diese Sache mit den kreisförmigen Wegen, die uns zu dem Punkt zurückbrachten, von dem wir fliehen wollten, wiederholt sich in der Geschichte unserer Familie immer wieder, aber keiner wußte so recht, welche Lektion daraus zu lernen war.

Am nächsten Tag rief Nimrod-Abram Großmutter an und sagte ihr, daß er an dem Seder teilnehmen könne, aber nichts essen dürfe mit Ausnahme einer Maze aus einem besonders gelagerten Mehl, die er selbst mitbringen und in seinem Geschirr aufbewahren würde, und Großmutter fragte ihn, ob er den ganzen Abend dasitzen wolle, ohne etwas zu sich zu nehmen, und vielleicht gäbe es eine andere Lösung, denn sie wolle nicht, daß Nimrod bei dem Seder wie ein Mahnmal für das Unkoschere der anderen dabeisitzen würde, da sei es besser, den ganzen Seder abzusagen, und in der Tat ist es dann so gekommen, und in jenem Jahr fand der Sederabend bei Großmutter nicht statt, und Vater und Mutter und Saul gingen zu Majas Seder.

Erst ein paar Jahre später kam die Familie wieder an einem Sederabend zusammen, und das war kurz nachdem Mutter und Monica den Entschluß gefaßt hatten, ihre Eltern nach Israel zu holen, weil es in Israel leichter sein würde, sich um ihren Vater zu kümmern, der an Krebs erkrankt war, und als Isaak und Marta, so hießen ihre Eltern, mit Beatriz eintrafen, die bedauerlicherweise nicht allein in Argentinien bleiben wollte, bestand Großmutter darauf, sie in ihrem großen Haus in Afeka aufzunehmen, in dem es eine Menge leerer Zimmer gebe, in denen einmal drei Kinder heranwuchsen, die flügge geworden seien und von denen nun jedes seine eigenen Wege ginge, bis sie eine passende Wohnung gefunden hätten, denn es sei schade, Geld für ein Hotel zum Fenster hinauszuschmeißen, und das wäre eine wundervolle Gelegenheit, endlich die Eltern von Alma kennenzulernen, die Großmutter ins Herz geschlossen hat, und so fand sich Mutters Vater – ein gebildeter, eitler Mann, der acht Sprachen fließend beherrschte und lang und dürr war – auf Abrams – der bis heute klein und mickrig ist – Jugendsofa ein, das aus einem Bücherregal geklappt wird, auf dem die Universallexika »Tarbut« und »Michlal« stehen und die Romane von Hermann Hesse – Abrams geistige Nahrung, bevor man anfing, ihn in der Talmudschule zu vergiften, und Mutters Vater, der überdies ein verbitterter Mensch war, hörte nicht auf, sich bei Marta und Mutter über das zu kurze Bett zu beklagen, andererseits war er jedoch nicht bereit, in Adams Bett zu schlafen, das sie ins Zimmer schoben und das zwar größer, aber längst nicht so bequem und darum passend für seine Frau war, deren Aufgabe im Leben sich darauf beschränkte, wie Mutter Vater erklärte – denn man darf es ihrem Vater, der krank ist und bald sterben wird, nicht ins Gesicht sagen –, Rücksicht auf ihn zu nehmen und ihn zufriedenzustellen, auch dann, wenn er ihr das Leben schwermachte und sie nach allen Regeln der Kunst hinterging, und auch wenn er einen seiner Anfälle bekam, in denen er ihr vorwarf, daß sie eine vaca tonta sei, was eine dumme Kuh ist, und wie ein porteño wie er, der sich um ein Haar in Chemie promoviert hätte und eine wissenschaftliche Zeitung herausgab, einen bescheidenen renommierten Verlag aufbaute und Vorsitzender der Argentinischen Briefmarken-Organisation war, wie er so viele Jahre con una campesina aus dem Dorf Moisés Ville vergeuden könne, und wenn sie ihn geduldig, ohne sich aufzuregen, und mit einem Lächeln korrigierte, daß sie aus Virginia und nicht aus Moisés Ville stamme, sagte er ihr spöttisch, no me digas, was was du nicht sagst heißt, und erklärte ihr, daß es für ihn keinen Unterschied gebe zwischen diesen beiden degenerierten, rückständischen jüdischen Dörfern und den paar Indios, die in ihrer Nähe in der Pampa von Patagonien nach dem Vernichtungskrieg, den General Roqua gegen sie führte, überlebt hätten, und jedesmal erinnere es ihn erneut daran, daß er sie nicht hätte heiraten sollen oder daß er sich im schlimmsten Fall von ihr hätte schleunigst scheiden lassen müssen, gleich nachdem sie Alma auf die Welt brachte, was mehr oder weniger das einzig Gute war, das sie in ihrem Leben fertigbrachte, y como fui tan ciego para caer en tu trampa de belleza, was soviel heißt wie wie konnte ich nur so blind sein, in ihre Fänge zu geraten – als sie nach Buenos Aires kam, um in dem Lehrerinnenseminar zu studieren, und sie sich im Hebraica-Club kennenlernten, wo er dienstags einen Bridge-Kurs gab. Und die schlimmsten Dinge sagte er ihr, als er herausfand, daß Mutters Mutter den Fehler gemacht hatte, das Album der Seltenen nicht in sein Handgepäck zu packen, sondern zum Rest der Sammlung, die per Schiff in einem der Container nachgeschickt wurde, und Mutters Mutter erzählte, daß er, als er im Flugzeug den Irrtum entdeckte, dieses, wenn es nur irgendwie möglich gewesen wäre, auf dem Schiff, das die Container transportierte, hätte notlanden lassen, wo seine Briefmarken in modrigen Lagerräumen schädliche Feuchtigkeit atmeten und sich möglicherweise en este mismo segundo, in der gleichen Sekunde, was jeweils die Sekunde war, in der er Marta diese Szene machte, auf dem Weg zum Meeresgrund befanden, und vor seinem geistigen Auge sah er schon seinen privaten Schatz, wie er auf dem Grunde des Meeres lag, zusammen mit den verlorenen Schätzen, die die Conquistadores den Indianern geraubt hatten, um sie nach Spanien und Portugal zu bringen, die jedoch, wer weiß, eines schönen Tages jemand finden würde, denn Goldbarren kann die Nässe nichts anhaben, während seine Briefmarken keiner Feuchtigkeit über elf Prozent ausgesetzt sein dürften, und nach solch einem langwierigen Eintauchen in Wasser würden sie sich auflösen, und nichts-nichts-aber-auch-gar-nichts würde von ihnen übrigbleiben; an dieser Stelle beruhigte er sich gewöhnlich und fragte leise und zärtlich, y cómo hicistes tal error, Marta? Wie konntest du dich so irren, Marta? Und noch leiser und sehr sehr zärtlich, cómo? Worauf er plötzlich auf den Tisch hämmerte und wie verrückt brüllte, cómo, cómo, cómo! Imbécila! Und Mutter, die aus dem Zimmer der beiden nach unten kam, fragte Vater, der unten saß und auf dem Klavier spielte, das aus der Pfandkammer in Großmutters Wohnzimmer zurückgekehrt war, da keiner es wagen würde, es von hier wegzunehmen, woher ihre Mutter wohl die Kraft nahm, das ganze Leben bei ihm zu bleiben, und wieso sie bereit war, sich diesen Mist die ganze Zeit gefallen zu lassen und ihn weiter zu lieben, und da brach sie plötzlich ab, und es schien mir, daß sie für einen Moment über ihre eigenen Worte erschrak, aber sie sagte nichts weiter und ging in Richtung Küche, um den besonderen Mate ihres Vaters vorzubereiten, den er um Punkt vier zu trinken geruhte, wenn er von der Siesta erwachte und damit fertig war, seine Frau auszuschelten.

Nachdem Isaak und Marta angekommen waren, traf Großmutter Abram einige Male und erklärte ihm, daß

Isaak, der über Jahre hinweg von seinem Judentum abgeschnitten war, ernsthaft krank sei, und niemand wisse, ob er noch das Pessachfest des kommenden Jahres erleben würde, und das wäre vielleicht seine letzte Gelegenheit, an einem richtigen Seder teilzunehmen, und sie und Großvater seien schon im Winter ihres Lebens angelangt, und man müsse kein großer Prophet sein, um zu wissen, daß auch auf sie nicht mehr viele Frühlinge warteten, und Adam und Nurit wollten sich mit Abram versöhnen, und die wunderbare Alma sei die Frau von Abrams Lieblingsbruder, und er kenne sie kaum, und ich bin bereit, alles zu tun, was du mir aufträgst für diesen Seder – Hauptsache, daß wir ihn alle zusammen feiern, und Abram dachte ein wenig allein nach und ein wenig mit dem Rabbi, und nach ein paar Tagen ließ er Großmutter wissen, daß es ihm eine Ehre sei, aber zunächst bittet er, daß Großvater ihn in Anwesenheit seiner Kinder nicht Nimrod nennt und auch nicht Benjamin oder mein junger Sohn, was die Ausdrücke sind, die Großvater benutzte, um den Namen Abram nicht über die Lippen bringen zu müssen; und zweitens ist diese Aktion mit einer Menge Arbeit verbunden, und es wird die Unterstützung aller erfordern, wenn man einen koscheren Sederabend halten möchte. Und Großmutter versetzte uns alle, inklusive Franzis aus Ghana und seine Frau, die einmal die Woche kamen, um bei ihr sauberzumachen, in Pessachalarm, was die zweite Alarmbereitschaft in jener Zeit war, denn die erste war das Warten auf Isaaks Container, was Großvater die letzten Nerven kostete, denn nachdem er keine befriedigenden Antworten von den Vertretern der Schiffahrtgesellschaft erhielt, die trotz seiner Bitten darauf beharrten, ihm immer wieder zu sagen, zuerst die Sekretärin und dann der stellvertretende Direktor der

Transportabteilung und schließlich der Direktor der Filiale in Israel, daß sein Gepäck fristgerecht ankomme und daß sie die Ankunft des Schiffes in Haifa nicht beschleunigen könnten, gewöhnte es sich Isaak an, jeden Morgen das Schiff anzurufen, um einen Bericht vom Kapitän einzuholen, wie es stünde und welche Entfernung man zurückgelegt habe und ob auch ja kein Feuer ausgebrochen oder keine schädliche Feuchtigkeit in die Lagerräume gedrungen sei; und wenn er diese Gespräche beendete, die Großvater ein Vermögen kosteten, bat er mich, den Atlas zu holen, auf dem er mit schwarzem Kugelschreiber einen kleinen Punkt auf dem blauen Atlantischen Ozean markierte, der mehr oder weniger vage die Stelle angab, die das Schiff während des Telefongesprächs erreicht hatte, und diese Punkte verbanden sich zu einer dünnen Linie, die die Route des Schiffes auf seiner Reise von Argentinien nach Haifa beschrieb, eine Linie, die in Buenos Aires ihren Anfang nahm, durch Rio de Janeiro verlief und gen Norden nach Trinidad ging, um zusammen mit dem Schiff den Äquator zu überqueren, den Vater vor Jahren mit Großmutters Opernglas gesucht hatte, und dort verließ das Schiff die sechs Sterne des südlichen Kreuzes, die hinter dem entschwindenden Horizont versanken, und bevor es deshalb vom Kurs abkam, trat der Polarstern an ihre Stelle, der über dem Horizont zu leuchten begann, welcher vor ihnen ausgebreitet war, und das erinnerte Mutters Vater an die Geschichte Heinrichs des Seefahrers, der ein strenggläubiger Christ war und darauf achtete, ein aus seinem Haar gewebtes Hemd zu tragen, und der seine Matrosen von Sagres aus, was die südöstlichste Ecke Europas ist, entlang der Küste Afrikas gen Süden schickte, damit sie die geheimnisumwitterte Route nach dem Fernen Osten entdeckten, siebzig Jahre bevor Kolumbus von Amerika träumte, und sie erschraken, als sie sahen, wie der Polarstern, auf den sich Generationen von Seemännern verlassen hatten, sie plötzlich betrog und hinter dem Horizont verschwand und wie die Sonne verrückt spielte und zur rechten Seite des Schiffes wanderte, wenn man gen Westen segelte, anstatt auf der linken Seite zu bleiben, wo sie sonst immer war, und der Winter, in dem sie losgefahren waren, verwandelte sich in Sommer; und so verließ auch unser Schiff den Herbst der südlichen Halbkugel und gelangte in den Frühling unserer Hemisphäre, und in Monrovia verlor es kostbare Zeit, weil das Militär den Hafen besetzte, und es gab dort einen großen Aufstand, und man konnte den Gummi nicht laden, den man von Monrovia nach Neapel hätte bringen müssen, und als sie dort die Regierung wechselten, atmeten wir alle auf, denn die Tore des Hafens wurden geöffnet und sein goldenes Vlies, wie Isaak es nannte, fuhr endlich weiter, und wir machten uns schon weniger Sorgen, denn von Monrovia sollte das Schiff entlang der westlichen Küste Afrikas fahren, von wo es in die Meerenge von Gibraltar gelangte, und es war nicht zu befürchten, daß es verlorenging, weil auf der rechten Seite stets Land in Sicht war, und als es in das Mittelmeer einlief, beruhigten wir uns vollends, obwohl uns die Leute vom Nationalen Verband für Unfallvermeidung im Unterricht für Verkehrssicherheit gesagt hatten, daß sich viele Verkehrsunfälle in den Wohngegenden der Unfallopfer ereignen, und so konnten wir die faszinierende Reise verfolgen und zu dem Schluß kommen, daß das Schiff in der Tat nicht vor dem Termin eintreffen würde, den wir von den Büros genannt bekamen, und wenn Marta nach den Telefonaten mit Kapitän Konstantin nicht in der Nähe war und Isaak sie nicht tadeln und ihr mitteilen konnte, daß er für sie hoffe, daß die Briefmarken heil und unversehrt ankämen, nahm er sich gewöhnlich Zeit für mich und für Saul und für Nama und für die beiden kleineren Kinder von Adam, die schon zu Beginn der Pessachferien in das Haus von Großvater und Großmutter gekommen waren, und er erzählte uns in einem Sprachenmischmasch von seiner Sammlung und der Geschichte der Briefmarken und der Post, die vor dreitausendfünfhundert Jahren mit den Amarna-Briefen begann, was das Briefarchiv des ägyptischen Außenministeriums in der Zeit des Pharao Echnaton war und im Jahre 1887 durch Zufall von einer ägyptischen Bäuerin aus dem Stamm Amarna entdeckt wurde, und unter den Briefen, die eigentlich Tonscherben waren, auf denen Nachrichten in Keilschrift standen, gab es auch Briefe, die an den König von seinem Gouverneur in Israel gesandt worden waren; und es ging weiter mit der fortschrittlichen Post des Königreichs Susa und dem Cursus Publicus, den der geniale Augustus aufgebaut hatte und der der heutigen Post bereits sehr ähnlich war, und plötzlich machte er einen Sprung zu den Läufern der lnkastämme und von dort zu den Indern, die Ketten mit Glocken um die Hälse trugen, um nachts auf ihren Wegen durch die Wälder Raubtiere zu verscheuchen; und bei dieser Gelegenheit brachte er uns Spanisch bei und versuchte, Nama zum Lachen zu bringen, die ein putziges, ein Jahr altes Baby war und die ihn mit Vorliebe an seinem gepflegten Schnurrbart zog und ihn an Alma erinnerte, als diese in ihrem Alter gewesen war, und eines Tages, als er hörte, daß Mutter keine Zeit hatte, mit uns zum Safari-Park zu fahren, erklärte er sich sofort freiwillig bereit, die Fahrt für sie zu übernehmen, obwohl Mutter und Mutters Mutter dachten, daß das keine so gute Idee sei, aber zusammen mit ihm bestanden wir darauf, bis sie keine andere Wahl hatten und wir alle – Nama, Saul, Itamar, Nimrod Junior und ich – in den funkelnagelneuen Pontiac stiegen, den er gemietet hatte und den er Marta nicht fahren ließ, denn das ist eines der letzten Vergnügen, die einem Mann bleiben, der nicht rauchen, nicht trinken und kein rotes Fleisch essen darf und den die eigene Frau nicht mehr ranläßt, und an dieser Stelle unterbrach ihn Marta und sagte, wie redest du vor den Kindern? Und er erwiderte, daß keiner spanisch verstünde und er selbst sich gar nicht mehr erinnere, wovon überhaupt die Rede sei, wenn er darüber spreche, worauf sie meinte, basta! Und er lächelte ihr nur zu und kniff uns ein Auge, und die Wahrheit ist, daß wir damals nicht verstanden, worum es ging, und erst nachdem ich ein wenig mehr Spanisch konnte, konnte ich diese Aufnahme deuten; wir machten uns auf den Weg, der sich ein wenig in die Länge zog, weil Marta die Karte nicht in den Griff bekam, weshalb wir es fertigbrachten, vor der Safari einen Abstecher nach Bat Jam und Rischon Lezion zu machen und von Isaak, der guter Laune war, das einzige Kinderlied zu lernen, das er kannte: En el camino de San Fernando/una vaca encontré/como no tenía nombre/Marta la llamé/oh ho Marta qué fea que eres túquando te llamé y te llamé dijiste solo muh. Wir alle lernten das Lied und grölten es begeistert und tauschten jedesmal den Namen der Kuh aus und kamen sehr langsam voran, denn sein Fahrstil an Kreuzungen ohne Ampel bestand darin, anzuhalten und sich vorsichtig weiterzutasten, wieder anzuhalten und wieder ein Stückchen vorwärts zu rollen, bis man eine komplette Übersicht über die Kreuzung hatte, und dann einmillionmal nach links und rechts zu schauen und mit Marta zu diskutieren, ob man schon fahren könne oder auf ein Auto warten müsse, das in einer Entfernung von mehreren Kilometern näherkam, und öfter konnte es passieren, daß er, wenn er sah, daß ein Auto tatsächlich Zeit brauchte, um uns zu erreichen, plötzlich beschloß, dennoch loszufahren, wobei der Entschluß meistens zu spät gefaßt wurde, und dann stießen wir beinahe zusammen, und er und Marta stritten, wer dafür die Verantwortung trug; nichtsdestotrotz erreichten wir schließlich den Safari-Park, aber dort, in der Gegend der Giraffen, fühlte Isaak sich auf einmal schlecht, und er hatte furchtbaren Druck auf der Blase, und er hielt den Wagen am Rand an, denn die Hände begannen ihm zu zittern, und er sagte zu Marta, daß er mal raus müsse, sonst würde er sich einnässen, und Marta bat, er solle es aushalten. Man darf nicht aus dem Wagen aussteigen, denn draußen treiben sich Raubtiere herum. Und sein Zittern wurde stärker, und er sagte wieder, ich gehe raus. Hier sind nur die Giraffen. Ich muß Wasser lassen. Ich gehe raus. Und sie sagte ihm, er solle es nicht wagen. Sieh auf das Schild. Und wir alle sahen das Schild an, das davor warnte, den Wagen zu verlassen, aber Isaak war nicht zu überzeugen und wollte schon an den Türgriff langen, als Marta ihm zuvorkam und die Zentralverriegelung auslöste, die alle Knöpfe auf einen Schlag nach unten drückt, und sie verdeckte den Knopf, der zwischen ihnen war, auch als er versuchte, ihre Hand mit Gewalt wegzuschieben, und als es ihm nicht gelang, sagte er wieder, ich muß raus. Ich kann nicht in die Hose machen mit all den Kindern um mich herum, verstehst du nicht? Hilf mir auszusteigen, bitte, Marta, por favor. Te ruego, flehte er unter Tränen, und er tat ihr derart leid, daß sie nicht weiter Widerstand leisten konnte, und sie sah in alle Richtungen, um zu prüfen, ob nicht ein Aufseher oder Löwe in der Gegend war, und sie stieg hastig aus, hielt ihm die Tür auf und bat mit ihrem komischen Hebräisch, das sie in der »Judentum-Schule« in Mosés Ville gelernt hatte, Bitte sehen Großvater nicht Kinder, und sie führte ihn an den nächsten Baum, und wir alle schauten besorgt, bis Saul, der der einzige war, der ihrer Bitte Folge leistete und den Kopf zur anderen Seite drehte, uns bemerkte und schrie, schämt ihr euch nicht? Man hat euch gebeten, nicht hinzuschauen, dann schaut nicht hin! Und wir alle gehorchten ihm, inklusive Itamar, der zwei Jahre älter war als er, und nur mir gelang es, zu spitzen und hinzuhören, und ich sah, daß es ihm vor lauter Händezittern schwerfiel, den Reißverschluß zu öffnen, weshalb Marta ihm half, den Latz zu öffnen und ihn rauszuholen, und sie hielt ihn auch für ihn, denn als er es selbst versuchte, wackelte er ihm hin und her und machte die Hose naß, und Isaak fragte immerfort, ob die Kinder zusähen, und sie beruhigte ihn, daß nicht, und er fragte noch mal, estas segura? Was bist du sicher heißt. Und sie antwortete, segurísimo, was sicher hoch zwei heißt, und als er mit Wasserlassen fertig war, holte sie ein Taschentuch aus ihrer Tasche und saugte die letzten Tropfen auf, und sie half ihm vorsichtig, ihn zurückzustecken und den Reißverschluß zuzuziehen, und auf dem Nachhauseweg fuhr sie, und er saß ruhig neben ihr, und ab und zu streckte er seine linke Hand, die ihm noch ein wenig zitterte, aus und drückte ihr die rechte, die auf dem Rand seines Sitzes lag, worauf sie lächelte, denn in solchen Momenten wußte sie, daß sich die Mühe lohnte.

Das war eines der letzten Male, daß er chauffierte. Das allerletzte Mal war ein paar Monate später, als sie schon in ihrer eigenen Wohnung wohnten und er mit uns zum Luna-Park fahren wollte, und als er den Wagen anließ, merkte er nicht, daß Marta noch draußen stand und Nama anschnallte, und er fuhr an und stieg mit dem rechten Hinterreifen auf ihre Füße, und Marta schrie auf. Er hielt erschrocken an und schrie zurück, was schreist du so? Du hast mich erschreckt! Worauf Marta tief Luft holte und ihm in aller Ruhe sagte, daß er auf ihren Füßen stehe, und er solle bitte ein wenig vorfahren, und er fuhr sie an, daß das nicht sein könne. Wovon sprichst du? Ich habe mich kaum von der Stelle bewegt. Er stieg aus, um selbst zu überprüfen, ob sie auch keinen Unsinn redete, und sah, daß der Reifen tatsächlich auf Martas neuen Stiefeln stand, die sie in Italien gekauft hatte, als sie dort auf ihrem Weg nach Israel Station gemacht hatten, und er lief zurück zu seinem Sitz, fuhr ein Stück vor und fing an, sie anzubrüllen, ob sie denn nicht aufpassen könne und warum sie ihre Füße unter seine Räder stecke, zum Glück habe ich es sofort bemerkt, sonst hätte das ein böses Ende nehmen können. Und Marta sagte, macht nichts, und sie fügte hinzu, daß sie nicht mit uns komme. Sie würde hochgehen und sich ein wenig ausruhen, und sie ging Richtung Haus, friedlich hinkend, bis sie im Treppenhaus verschwand, und er sagte uns, daß es anscheinend nichts sei, und in der Geisterbahn hatten wir alle die Sache schon vergessen, aber als wir zu ihrer Wohnung zurückkehrten, lag Marta im Bett, und Mutter saß neben ihr und versuchte, sie zu überreden, mit ihr zur Ambulanz zu kommen, und Marta sagte, daß nichts sei, und es würde in ein paar Tagen vorbeigehen, was sich nicht bewahrheitete, und am Ende sah sie ein, daß sie keine Wahl hatte, nur bitte sag nicht in der Ambulanz, daß es dein Vater war, der mich mit dem Wagen überfahren hat, sie werden ihm den Führerschein wegnehmen, und Mutter sagte, sollen sie doch. Diesen Menschen darf man nicht mehr auf den Verkehr loslassen. Er wird noch jemanden umbringen. In der Ambulanz widersprach sie jedoch nicht der Erklärung ihrer Mutter, die erzählte, daß ihr ein großer

Schrank auf die Füße gefallen sei, und nachdem man sie geröntgt hatte, teilte man ihr mit, daß nichts gebrochen sei, daß sie jedoch ein paar Tage ausruhen müsse und sich nur in einem Rollstuhl oder auf Krücken fortbewegen dürfe, zwei Gerätschaften, mit denen sie nicht zurechtkam, und da sie auch keine Ahnung hatte, wie man sich ausruht, weil sie ihr ganzes Leben lang ihrem Mann zu Diensten gewesen war, legte sie vier Tage lang zwei Sofakissen auf den Fußboden, kniete sich darauf und rutschte auf diese Weise langsam von Zimmer zu Zimmer, und wenn sie müde wurde, sagte sie mit einem Lächeln, es sei schade, daß es nicht in Buenos Aires geschehen sei, wo es in den Häusern Parkettböden gebe, auf denen es sich ausgezeichnet rutschen lasse, und sie ging zu einer Fortbewegungsart auf allen vieren über, Hauptsache, das Leben nahm wie gewohnt seinen Gang und Isaak bekam seine Medikamente und den Mate und alle anderen Erleichterungen, an die er gewöhnt war, denn er ist krank, und man muß Rücksicht auf ihn nehmen, auch wenn Alma denkt, daß auf dem Fußboden zu kriechen como un perro, wie ein Hund, erniedrigend sei. Mich erniedrigt es nicht, Alma mia, sagte sie zu Mutter, die ihr half, wieder hochzukommen und sich auf das Sofa zu setzen. Nichts, was mit deinem Vater zusammenhängt, erniedrigt mich.

Die Container von Isaak und Marta erreichten Haifa ein paar Tage vor dem vierzehnten Nissan, der vielleicht der geschäftigste Tag der ultraorthodoxen Juden ist, wie Sima Mutter erklärte, denn man muß rechtzeitig mit Essenkochen fertig sein und das Saubermachen des Hauses zur rechten Zeit beenden und den Rest Geschirr vorschriftsmäßig reinigen – und Abram ist nervös und angespannt vor lauter Angst, die Vorbereitungen nicht vor Anbruch des Feiertags abschließen zu können; und er leidet an einer furchtbaren Migräne, weil er sich mit dreifachem Fasten peinigt, das erste Fasten, das Fasten des Erstgeborenen – obwohl er kein Erstgeborener ist, ist er dennoch der erste, der in der Familie Lasar zur Religion zurückkehrte; das zweite ist das Estherfasten und das Fasten der Juden von Susa, das auf diesen Tag festgelegt wurde, weil Haman der Böse einen Tag zuvor das Vernichtungsschreiben gegen die Juden veröffentlicht hatte; und das dritte Fasten ist ein Fasten schwächlicher Menschen, die schnell ein Völlegefühl verspüren, und damit sie für das Feiertagsessen genug Hunger haben und das Gebot des Mazeessens ihnen gut bekommt, fasten sie, um ihren Appetit zu verstärken; und Abram ist nicht bereit, den Kopfschmerz mit Aspirin zu lindern, denn das würde ihm das Fasten brechen, obwohl Sima dagegenhielt, wenn er sich um die Migräne nicht kümmere, würde ihm auch das Mazeessen kein Vergnügen machen, für das er faste – denn Migräne verderbe den Appetit noch mehr als die Sättigung, und der Beweis sei, daß es viele Menschen gebe, deren Bauch gefüllt sei und die munter weiteraßen, und daß bei Leuten mit Migräne der Appetit nicht größer wird, auch wenn sie hungern, und Simas kreisförmige Lösung – wie Vater sie nannte –, mit der man das Problem verewigt, das man lösen will, ärgerte Abram, und er eilte zu seinen Brennern, um die Reinigung des Geschirrs abzuschließen, und danach, nach dem Verbrennen des gesäuerten Brotes, mußte er noch zur Bäckerei in Bnej Brak eilen, um sich Mizwa Mazen zu backen, die drei Mazen, über die man am Sederabend das Gebet spricht und die die Ultraorthodoxen erst sechseinhalb Stunden nach Tagesanbruch bakken, damit es, Gott behüte, nicht zu einer Säuerung kommt, und deren Zubereitung äußerst kompliziert ist, denn man backt sie mit Hilfe »unseres Wassers«, das man am Vortag schöpft und siebt und die Nacht über an einem kühlen Ort aufbewahrt, bis die Zeit des Bakkens gekommen ist; und das ist noch nicht alles, denn man muß selbst in der Mikwe untertauchen und das Gesäuerte verbrennen, das zu sammeln wir alle ihm einen Tag zuvor geholfen hatten, mit den Extrafedern, die er uns austeilte, und jedes Kind bekam auch eine kleine Schaufel und ein Licht, eine Taschenlampe für die Kleinen und eine Kerze und keine Fackel für die Großen, weil eine Fackel nicht in Löcher und Ritzen leuchten kann und man auch Angst haben müßte, das Haus in Brand zu setzen, was einen davon abhalten würde, gründlich zu suchen; man sucht nicht mit einer Kerze aus Talg, denn man befürchtet, daß dieser auf koscheres Geschirr tropfen könnte, und nicht mit einer Kerze aus tierischem Fett, das nicht auf Milchgeschirr tropfen darf, und nicht mit einer Ölkerze, weil man befürchtet, daß diese auf die Kleider tropft und sie beschmutzt und man dann vor lauter Aufpassen ebenfalls nicht gründlich sucht – also nur mit einer Kerze aus Wachs oder Paraffin, wovon Großmutter keine im Haus hatte, als Abram uns den detaillierten Einsatzbefehl gab, gegen den sogar die Einsatzbefehle in einer Eliteeinheit nichts waren, wie Vater sagte; nur solch eine Kerze, deren Licht hell ist und aus der kein Dreck tropft, der unkoscher machen würde, ist für die Suche gut, und man darf keine zwei Wachskerzen auf einmal nehmen, wie Itamar vorschlug, um mehr Licht zu haben, denn dann sind sie wie eine Fackel; und Abram teilte das Haus in Einsatzgebiete auf, wie Vater sie nannte, und jedes Kind bekam ein Gebiet, das es gründlich durchkämmen und in dem es mit der Feder in alle Ritzen und Ecken gehen mußte, um das Haus von Sauerteigresten zu befreien, die vielleicht darin verblieben waren, nachdem wir zuvor alle Möbel rausgestellt, die Teppiche geklopft und die Taschen umgedreht hatten, damit, Gott behüte, kein Restchen eines Kekses oder Schokoriegels vom letzten Jahr sich darin versteckte, und wir glätteten die Falten in den Hosen, in denen man bei den meisten von uns auf Sand und nicht auf Sauerteig stieß, und Abram fuhr zusammen mit Franzis, Großmutters Schwarzem, mit Messern durch die Fugen zwischen den Fliesen der Küche und der Eßecke, in die im Laufe des Jahres hin und wieder Lebensmittel fielen und die eine Menge Sauerteig aufgesaugt hatten, und Sima sagte ihm, wozu machst du das, Abram? Wenn ein Messer oder eine Gabel auf den Boden fiele, würdest du sie ohnehin nicht mehr benutzen, denn die Fliesen saugen wie Geschirr aus Steingut und Porzellan Sauerteig auf, und man kann sie für Pessach nicht koscher machen, weder durch kochendes Wasser noch durch Weißglühen oder Einweichen – was die drei Methoden sind, die Abram mit allen Kindern drei Tage lang anwandte, wobei jeder von uns eine eigene Aufgabe hatte. Ich war dafür verantwortlich, das Wasser des Glasgeschirrs zu wechseln, das alle paar Stunden ausgetauscht werden mußte, und Saul hielt den Brenner, den Abram mitbrachte, während Abram Großmutters Töpfe weißglühte und damit das Email zerstörte, und Itamar tauchte mit Motel das Geschirr in den großen Kessel, der auf dem zweiten Kocher stand, und wir befürchteten, daß vor lauter Reinemachen kein Sauerteig im Haus für uns übrigbliebe, wenn wir mit der Zeremonie der Sauerteigsuche anfangen würden, von der Motel unaufhörlich aufgeregt erzählte, und als Saul Motel seine Befürchtungen mitteilte, beruhigte ihn Motel und sagte, mach dir keine Sorgen. Verlaß dich auf meinen Vater. Er wird zehn Krümel Sauerteig verstecken, und jeder wird mindestens einen finden müssen, und tatsächlich nahm Sima aus einem Brotlaib zehn Krümel Teig und weichte sie in Wasser ein, und danach erhärtete sie sie im Toaster, damit sie, Gott behüte, nicht in der Hand dessen zerfielen, der sie fand, und so ein Krümelchen des Krümels unbemerkt zu Boden fiel und der Verlust größer als der Gewinn wäre, und als ich mich beklagte, daß zehn Krümel nicht ausreichten und die ganze Suche, auf die wir uns so lange freuten, im Nu beendet sein würde, erklärte uns Abram, daß nichts, was beim Seder und bei den Vorbereitungen des Seders gemacht wird, zufällig sei, und bei uns, das heißt bei ihnen, den Ultraorthodoxen, hat im Gegensatz zu uns, den Nichtreligiösen, jede Sache eine Bedeutung, und genau wie es zehn Heiligkeiten gibt, wie zum Beispiel Viergetier, Erzengel, Seraphim oder Cherubim, so gibt es auch zehn Stufen der Sünde, eine unter der anderen, und wenn der Mensch kommt, um sich, in der Zeit unserer Befreiung, vom Sauerteig zu reinigen, sagt man ihm: Rühm dich nicht damit, zu sagen, mir ist es schon vergönnt, und ich bin rein von Sünden, sondern suche weiter, und du wirst fündig werden, und der Sauerteig vor dir ist kein einziger Sauerteig, sondern es sind viele Stufen. Mach dich auf und reinige dich von jedem Rest von ihm, damit nicht eine dieser zehn Sünden an dir haften bleibt; und hier machte Abram den Brenner aus, denn er sah, daß alle Kinder sich neugierig um ihn versammelten, um seine schönen, spannenden Erklärungen zu hören, und er sagte, daß die zehn Krümel die zehn Stufen der Sünde symbolisierten, und so könne man verstehen, daß das Verbrennen des Sauerteigs nicht einfach nur das Vernichten von Sauerteig sei, sondern es stünde für – und er sah uns alle mit einem Lächeln an –, na, wofür steht es? Nicht du, Motel. Ich weiß, daß du die Antwort kennst. Mal sehen, ob noch jemand die Sache versteht, und Saul hob den Finger und sagte, daß es vermutlich das Vernichten der verdorbenen, schlechten Dinge symbolisiere, die in uns verborgen seien, und Abram sagte, wunderbar, und Mutter, die gerade aus der Küche kam, um ein paar Backbleche zu holen, deren Reinigung abgeschlossen war, hielt sich abseits und sah Saul ein wenig besorgt an, den all die Erklärungen Abrams faszinierten und der ihm gerade seine Frage beantwortet hatte und ihm sogleich eine Gegenfrage stellte, die lautete, woher kommt der Unterschied zwischen dem Sauerteig, dem Chamez, und Maze – schließlich werden beide aus demselben Mehl hergestellt? Und das Lächeln auf Abrams Gesicht wurde breiter, und er nahm sich einen Klappstuhl, setzte sich und sagte zu Saul, schön hast du gefragt. Viele gute Männer haben deine außerordentlich kluge Frage gestellt, und unsere Weisen haben sie immer wieder besprochen, und es stimmt, daß es so aussieht, als ob der Unterschied zwischen Chamez und Maze gering sei, sogar in ihrer hebräischen Schreibweise, denn beide Worte bestehen aus drei Konsonanten, und ihnen ist ein zadik und ein mem gemeinsam, und der dritte Buchstabe ist ein hej in dem einen und ein chet in dem zweiten Wort, die sich ebenfalls sehr ähnlich sind und deren einziger Unterschied darin besteht, daß der Buchstabe hej oben eine kleine Öffnung hat; schiebe etwas vor dieses Fensterchen und du hast den Eingang verschlossen, und das hej wird zu einem chet. Ist das bis hierher klar? Und als wir alle bejahten, auch die, die kein bißchen verstanden, fuhr er fort, daß das die Größe der heiligen Sprache sei, daß alle Namen der Gegenstände und alle Buchstaben, aus denen sich die Namen zusammensetzten, nicht von Zufall und Überlieferung bestimmt seien, sondern der

Weisheit des Allmächtigen entsprängen, und jeder Begriff, den der Schöpfer schuf, und seine Buchstaben und die Form der Buchstaben und ihre Reihenfolge gäben schließlich Hinweise auf das Wesen der höchsten Wurzel, und was Sauls Frage anbelangt, fuhr Abram fort, so liegt der Unterschied nicht nur in der Form, sondern auch im Wesen, denn der Sauerteig steigt und geht auf, und hier haben wir einen Hinweis auf Stolz und Grobheit, die, wie bekannt, von Gott gehaßt werden, und darum ist es verboten, an Pessach Sauerteig zu verspeisen. Die Maze dagegen geht nicht auf, was für Bescheidenheit und Demut steht, Eigenschaften, die der Herr liebt, und es sei erwähnt, daß nach den Zahlenwerten der hebräischen Buchstaben Chamez hundertachtunddreißig wert ist, und eine Maze hundertfünfunddreißig, das heißt, die Maze ist um wieviel weniger wert als der Chamez? Und wir alle antworteten gleichzeitig, um drei, und Abram sagte, sehr richtig, und dieser Dreier ist ein Hinweis auf die drei Lieben, auf die der Mensch in aller Öffentlichkeit stolz sein darf, und das sind folgende: die Liebe zu Gott, die Liebe zur Thora und die Liebe zu Israel. Und es gibt noch eine Sache, und zwar die, daß der Sauerteig sich nicht lange hält und schon nach kurzer Zeit schimmelig wird und verdirbt; dagegen läßt sich die Maze lange aufbewahren und sogar übers Jahr verdirbt sie nicht, und auch hier haben wir einen Hinweis, und worin besteht der? Und wieder sah er Saul an, dessen Stirn sich vor lauter Grübeln in Falten legte, was ihm allerdings nicht half, und deshalb erteilte Abram Motel die Erlaubnis, zu antworten, der stolz erklärte – denn er war der einzige, der die Antwort kannte –, je mehr der Stolz zunehme, je mehr er aufgehe, um so weniger halte er sich. Früher oder später wird er entlarvt und Schande bringen. Bescheidenheit und Demut aber, die die Maze symbolisiert, sind langlebig, und sie sind für ewig hübsch und schön in den Augen des Herrn.

Als diese Diskussion stattfand, war das Haus schon rein, und wir alle waren ganz wild darauf, endlich mit dem Verbrennen des Sauerteiges des Hauses und der Sauerkeit in uns zu beginnen, und darum machte Abram sich daran, die Krümel zu verstecken, die Sima vorbereitet hatte, und er ließ uns antreten und verteilte Ausrüstung und Aufgaben, und anstelle der letzten Anweisung sprachen wir mit ihm: »Gepriesen seiest Du, Ewiger, unser Gott, Herr der Welt, der uns durch seine Gesetze geheiligt und uns befohlen hat die Vernichtung des Chamez«; und sie zündeten uns allen die Kerzen an, und wir machten uns wortlos an die Arbeit, denn zwischen dem Ende des Gebets und dem Ende der Verbrennung darf man sich nur über die Sauerteigverbrennung selbst unterhalten, und wenn man dennoch spricht, wie ich es getan habe, als wir das erste Mal zu der Suche aufbrachen, bricht man die Sache ab und beginnt von neuem, und darum wußte ich, als der Vorhang in Großvaters und Großmutters Zimmer, das in meinem Verantwortungsbereich lag, Feuer fing, nicht, ob dies ein Grund war, den Mund aufzumachen oder nicht, und zum Glück kam Vater gerade vorbei und sah die Bescherung, und er rannte zum Vorhang hin, riß ihn von der Wand und warf ihn in die Badewanne, andernfalls hätten wir das ganze Haus von Großvater und Großmutter anläßlich der Sauerteigverbrennung in Schutt und Asche gelegt. Aber das war noch der kleinste Zwischenfall bei der Verbrennung, die beiden größeren folgten später, zuerst der weniger schlimme, dann der schlimme.

Als wir damit fertig waren, das Feuer zu löschen, versammelten wir uns alle im Hof, und Abram sprach den

Segen: »Aller Sauerteig und alles Gesäuerte, welches in meinem Besitze ist, das ich nicht gesehen und nicht weggeschafft habe, sei als vernichtet und dem Staube der Erde gleich angesehen«, aber er verließ sich nicht allein auf das Gebet, und zur Sicherheit beschloß er mit den Krümeln, die wir fanden, einen Anwesenheitsappell durchzuführen, und als er zählte und nachdem Sima sagte, daß es nicht sein könne, und sie nochmals zählte, stellte es sich heraus, daß nur neun Krümel anwesend waren, worauf zwischen Abram und Sima eine Diskussion darüber entbrannte, ob sie ihm irrtümlich nur neun Brösel zum Verstecken gegeben habe, was die kleinere Katastrophe wäre, oder ob er, Gott behüte, zehn versteckt hätte und einer jetzt im Hause läge und die ganze Arbeit, für die wir drei Tage und drei Nächte geopfert hatten, zunichte machte, und Sima sagte ihm, was spielt es für eine Rolle, schließlich habe er die Formel gebetet, um auch einen Chamez, der sich nicht fand, nichtig zu machen, und Abram sagte ihr, daß dieses Gebet dazu da sei, einen Sauerteig nichtig zu machen, von dem man nicht wisse, daß es ihn gebe, und nicht für Sauerteig, der mit Absicht versteckt wurde, damit man ihn findet, worauf Sima sagte, aber er ist nicht gefunden worden, und keiner weiß, wo er ist, und deshalb ist es logisch, daß für ihn die gleichen Rechte gelten wie für einen Sauerteig, den man nicht gefunden hat, und darum gelte der Segen auch für ihn, und Abram machte ein saures Gesicht und sagte ihr, was verstehe sie schon davon, und dann fragte sie ihn, ob er sich nicht aufgeschrieben habe, wo er jeden Krümel versteckt hätte, wie er es doch sonst zu tun pflegte, und er antwortete, daß er sich auf sein Gedächtnis verlassen habe, das ihn plötzlich im Stich gelassen habe, und zusammen mit uns allen versuchte er herauszufinden, welches Schicksal den verlorenen Brösel ereilt haben könnte, und jeder stellte Vermutungen an, und der eine oder andere ging zu dem Krümelhäufchen und zählte noch einmal und noch einmal, und am Ende beschloß Abram, das Haus von neuem zu durchkämmen, nicht nur mit uns, den Kindern, sondern auch mit allen Erwachsenen, außer Großvater und Isaak, die zu den Zollbüros geeilt waren, um Großvaters Beziehungen spielen zu lassen, die ihnen ermöglichen würden, die Container schon am nächsten Tag aus dem Hafen von Haifa zu holen, obwohl es eine fast aussichtslose Mission war.

Wir alle rannten durch das Haus und suchten hektisch nach dem zehnten Krümel, bis Mutter die Initiative ergriff und hastig einen zusätzlichen Brösel herstellte, mit dem sie hinausging, um begeistert zu verkünden, daß sie den Verschollenen gefunden habe, und Abram nahm ihn und fühlte, daß er ein wenig heiß vom Toaster war, überprüfte ihn genau, um zu sehen, ob er ihm bekannt vorkäme, und am Ende seiner Untersuchungen, die wir mit Spannung verfolgten, fragte er Mutter mißtrauisch, wo ist er gewesen? Mutter ließ sich nicht beirren und antwortete wie aus der Pistole geschossen, im Flur, und Abram zögerte noch ein wenig und fragte, wie kommt es, daß er so warm ist? Und Mutter kam für eine Sekunde ins Stocken, aber da kam Vater ihr zu Hilfe und sagte, daß ihre Kerze auf ihn gefallen sei, und wir sahen, daß sich in Abrams Seele ein Kampf der Giganten abspielte, der auf der einen Seite Vater glauben und mit der Suche fertig werden wollte, die allmählich allen auf die Nerven ging, und der auf der anderen Seite an Mutters Geschichte Zweifel hegte, aber nach langem Ringen, wie Vater das Ereignis zusammenfaßte, siegte das Gefühl des menschlichen Mitleids, das noch in ihm steckte, über die Logik der Pedanterie, die zwei Jahre später dieses Gefühl des Mitleids vollkommen und endgültig ertränkte, und obwohl er sich nicht erinnern konnte, irgendeinen Sauerteig im Flur versteckt zu haben, gab er auf und legte den verlorenen Krümel zu seinen neun Brüdern, und er band alle zehn in ein kleines Taschentuch, wo er sie aufbewahrte, bis die Zeit gekommen war, sie zu vernichten, zusammen mit den Resten des Brotes, das man am nächsten Morgen noch vertilgen durfte.

Am kommenden Tag, als Abram nahezu alle Arbeiten für Pessach abgeschlossen hatte, kam die größte Plage über uns – in Form eines LKW's mit drei gigantischen Containern, der neben dem Haus anhielt und diese mit seinem Kran in Großvaters und Großmutters Hof hievte, ganz nah bei der Stelle, an der Abram gerade das Verbrennen des Sauerteiges vollzog, und Abram unterbrach seine Vorbereitungen und verfolgte mißtrauisch den seligen Isaak, und als er bemerkte, daß Isaak die Container aufzubrechen versuchte, erbleichte er und schickte Motel, um schleunigst Großmutter zu rufen; ihr und jedem, der hinter ihr aus dem Haus kam, gab er bekannt, daß man auf keinen Fall diese Container zum jetzigen Zeitpunkt öffnen dürfe. Sie sind nicht koscher, und wir werden nicht jetzt, wenige Stunden bevor der Feiertag beginnt, alles koscher machen, was darin ist. Und sie müssen, man möge ihm verzeihen, bis nach dem Feiertag verschlossen bleiben. Es wird schon keine Katastrophe passieren. Die gesamte Familie und der Fahrer, der eine Unterschrift haben und wegfahren wollte, scharten sich um die Container, und es herrschte große Spannung, weil die raren Briefmarken für Isaak mindestens so heilig waren wie Pessach für Abram, und Isaak fragte Mutter, que quiere el fanatico? Und Mutter bat ihren Vater, die Container in Ruhe zu lassen und sich ein, zwei Tage zu gedulden, und nebenan versuchte Großmutter, Abram zu beeinflussen, dem hinfälligen Isaak nachzugeben, und Abram, dem Isaak vom ersten Augenblick an nicht zugesagt hatte, meinte, wenn Isaak die Container aufmacht, nimmt er seine Familie und reist ab, bevor der Feiertag beginnt und er mit einer Pandorabüchse, aus der wer weiß was herauskommt, hierbleiben muß.

In der Zwischenzeit verkündete Isaak auf der anderen Seite Mutter und Marta feierlich, daß er die Seltenen nicht draußen in Gottes Hand im Stich lassen würde. Und was, wenn es Regen gibt? Quién tiendra la responsabilidad, dios? Und er sah zum Himmel, um zu beweisen, daß Gott keine Verantwortung für die Briefmarken übernehmen könne, auch wenn sein seltsamer Repräsentant auf der anderen Seite des Hofes stand und darauf beharrte, seine Interessen auf Erden zu vertreten; und alle begannen zwischen Isaak und Abram hin und her zu laufen und versuchten, einen Kompromiß zu finden und zu vermitteln, und natürlich spalteten wir uns unverzüglich in zwei Lager – eines mit Mutter, Marta, Saul und allen Kindern Abrams, und das zweite mit Isaak, Adam, seiner Frau und deren Kindern zusammen mit Sima und mir, und nur Vater stand abseits, als ob es ihm nichts ausmache, daß das dünne Gespinst der Familienkoalition, das zu weben Großmutter mit solch großem Aufwand gelungen war, im Begriff war, vor seinen Augen zu zerreißen, und er lächelte ein wenig vor sich hin, was Mutter nervös machte, die auf ihn zuging und fragte, warum er abseits stünde und warum er lächle. Vielleicht kannst du versuchen, auf Abram Einfluß zu nehmen, das ist kein Spiel, was hier abgeht, und Vater sagte, daß es wirklich kein Spiel sei, sondern hervorragender Stoff für ein Drama, und Mutter sagte ihm, sein Problem sei, daß das Schreiben bei ihm vor dem Leben komme, und Vater erwiderte, daß für ihn das Leben darin bestünde, über das Leben zu schreiben, und Mutter schaffte es, ihm noch zu antworten, das sei absurd. Denn wenn das Leben zu einem Schreiben über das Leben wird, worüber schreibst du dann? Über das Schreiben über das Leben? Und sie wollte noch etwas sagen, aber da sah sie, wie Isaak Hammer und Meißel nahm und sich zu dem ersten Container aufmachte, den er zuvor zu öffnen begonnen hatte, und auf der anderen Seite versammelte Abram seine Familie für einen Rückzug aus Großmutters Haus, und sie ließ von meinem Vater ab und rannte auf ihren Vater zu, und in all dem Lärm und den Diskussionen brachte Großvater es fertig, Großmutter zu fragen, wozu haben wir diesen Seder gebraucht? Und sie antwortete ihm, daß du so redest, Zwi? Und Großvater sagte ihr, sieh, was hier vor sich geht, und Großmutter sagte ihm, daß es seine Schuld sei, und er wurde zornig und fragte, meine Schuld? Und sie fragte, warum habt ihr die Container überhaupt hergebracht? Ihr habt gesagt, ihr fahrt nur hin, um zu überprüfen, ob die Ladung heil angekommen ist, und Großvater sagte, daß dieser Mann – und er zeigte auf Isaak, der gerade versuchte, Mutter den Hammer zu entreißen, den sie hatte beschlagnahmen können – ein unheilbarer Dickschädel sei, der nicht bereit war, ohne seine vermaledeiten Briefmarken nach Tel Aviv zurückzukehren, und Großvater mußte hohe Beamte bei der Zollabteilung des Finanzamtes anrufen, damit sie ihm halfen, eine Genehmigung zu erhalten, die Ladung schneller abzuholen, und du weißt, wie sehr ich es hasse, um Protektion zu bitten, und dann machst du mir auch noch Vorwürfe? Und bevor Großmutter antwortete, fügte er hinzu, daß es eine schlechte Idee gewesen sei, Almas Eltern bei sich unterzubringen, und er hoffe, daß sie schleunigst eine Wohnung finden, denn wenn sie nicht bis zum Ende der Feiertage das Haus verlassen hätten, würde er gehen! Und Großmutter sagte ihm, Zwi, vielleicht gehst du ins Haus und beruhigst dich ein wenig, und dann fragte er sie, ob sie mal einen Blick auf die Telefonrechnung geworfen habe und ob sie dann immer noch sage, er solle sich beruhigen, und bevor sie antwortete, kamen die Nachbarn raus, um zu sehen, was das für ein Lärm war, und das brachte Großmutter auf die glorreiche Idee, die Container in den Hof von Familie Brosch zu bringen, die sich sofort bereit erklärte, Großmutter zu Hilfe zu kommen, dort würde man sie öffnen und die Briefmarkensammlung suchen, und diese allein würde man ins Haus holen, und alle waren einverstanden und klatschten in die Hände, außer dem Fahrer, der sagte, daß er wegen uns noch zu spät zur Feier käme und die Container nicht nochmals aufladen würde, um sie einen halben Meter weiter zu transportieren, nur weil diese beiden Hornochsen es nicht schafften, einen Kompromiß zu finden, und er stand in der Mitte und rief Isaak und Abram und begann mit ihnen zu diskutieren, worum es bei dem Streit zwischen ihnen überhaupt ginge. Was denn das Problem sei. Ihr seid beide Juden, ne? Und Adam sagte ihm, in der Zeit, in der er herumlabere, hätte er die Container schon zehnmal rüberbringen können, und der Fahrer fragte ihn, sind Sie da sicher? Und Adam sagte, ja, und der Fahrer fragte ihn, ja? Und Adam sagte wieder, ja, und dann sagte ihm der Fahrer, sag mir nicht, was ich zu tun habe, Freundchen, und Adam erwiderte ihm, daß sowohl er von ihm lernen könne als auch sein Vater und der Vater seines Vaters, worauf der Fahrer in die Luft ging, seinen Kopf reckte, denn er war viel kleiner als Adam, und ihn fragte, was ziehst du meinen Vater in die Sache rein, hä? Laß meinen Vater aus dem Spiel, und er sagte wieder, hä? Und er ließ seinen Mund offen und atmete nah an Adams Gesicht aus, der sich zu ihm hinabbeugte und ihm antwortete, daß er in das Spiel, das er gerade eröffne, jeden einbeziehe, den er wolle, aber der Fahrer brauche sich keine Sorgen zu machen, denn nachdem er ihn gesehen habe, würde er seinen Vater ganz gewiß aus dem Spiel lassen, geh ein Stück zurück oder hör auf zu schnaufen, du stinkst aus dem Mund, und der Fahrer machte sich daran, die Knöpfe seines engen Hemdes aufzuknöpfen, und sagte, jetzt hast du verspielt, Gulliver, deine Größe macht nur wenig Eindruck auf mich. Und alle stürzten sich auf Adam und zogen ihn fort, denn sie sahen, wie sein Gesicht rot anzulaufen begann, was ein Zeichen dafür war, daß er sich gleich um den Fahrer kümmern würde – in der einzigen Sprache, die diese Marokkaner verstehen und die nach Adams Meinung auch die einzige Sprache ist, die die Araber verstehen, und hier drängt sich die Schlußfolgerung auf, daß die Araber und die Sepharden eine gemeinsame Sprache sprechen, und sie könnten tatsächlich eine Brücke zum Frieden werden, wie ein paar Freunde von Mutter behaupten, und der Fahrer knöpfte sein Hemd wieder zu und sagte, ein Glück, daß Sie ihn weggenommen haben. Sie haben die elfte Plage verhindert. Und jetzt frohes Fest für Sie alle, und sehen Sie nach, ob sich keines Ihrer Kinder zwischen den Radern versteckt, denn ich mache die Fliege, aber Isaak, der sich an den Unterschied zwischen dem Peso und dem Schekel noch nicht gewöhnt hatte, lief zu ihm hin und drückte ihm drei Hundertschekelscheine in die Hand, die der Fahrer schnell, ehe es sich jemand anders überlegte, in die Tasche steckte, um dann die Container zum Hof der Nachbarn zu transportieren, und mit einem Schlag machten sämtliche Kinder, außer denen Abrams, eine rasche Säkularisierung durch und verließen Abram und die Zeremonie der Sauerteigverbrennung, die gerade begonnen hatte, zugunsten der großen Kisten, die den Geruch von Meer verströmten und in denen die Schätze Südamerikas verborgen lagen.

Wir brauchten ein paar Stunden, um uns durch die riesigen Container zu wühlen, die voller Möbel, Teppiche, Elektrogeräte, Kleider, Bücherkisten und Lappen waren, von denen Isaak nicht verstand, wo sie überhaupt herstammten, denn in Buenos Aires waren sie ihm nie über den Weg gelaufen, und jedesmal, wenn Marta kam, um zu sehen, ob ihr Mann noch lebte und ob es ihm gelang, in der verseuchten Luft Atem zu holen, drehte sich Isaak mit der Lampe zu ihr um und blendete sie und schrie sie an, wozu sie diesen ganzen Mist nach Israel mitgeschleppt habe; und seine Schreie beruhigten sie, denn sie waren ein Zeichen, daß er wohlauf und bester Laune war, und sie konnte getrost in die Küche zurückkehren und den anderen Frauen zur Hand gehen, und weil nicht alle von uns in die engen Tunnels paßten, die Isaak in die Container bohrte, kletterten ein paar von uns auf die Rücken der Kisten, die sich unversehens in die Pinta, Nifia und Santa Maria verwandelten, die Schiffe von Kolumbus bei seiner ersten Reise und bei der Entdeckung Amerikas, und Stück für Stück begannen wir die oberen Decks mit den Gegenständen, die Isaak mit Vaters und Adams Hilfe nach draußen bugsierte, zu möblieren, und als wir Martas Standuhr hochhoben, die der Hauptmast sein sollte, waren aus der Pinta laute Freudenschreie zu hören, die für einen Moment an die Schreie Juan Rodriguez Bermejos erinnerten, der am 12. Oktober 1492 in der Frühe der diensthabende Wachposten der Pinta war und der, als er gen Westen sah, um das Sinken des hellen Sterns Deneb zu beobachten, plötzlich eine lange und dunkle Landzunge entdeckte, die sich in das Wasser erstreckte, welches im Mondschein glitzerte, und hoch oben auf dem Mast schrie er aufgeregt, Terra, terra! Und sofort kletterte er herunter und verlangte von Kolumbus die Belohnung, die dem ersten, der Indien entdeckte, versprochen worden war, aber es war nicht Rodriguez, es war Isaak, der auf die Sammlung gestoßen war, und als er aus der dunklen Öffnung des Schiffsbauches kletterte, voller Staub und strahlend vor Glück, und das Album der Seltenen durch die Luft schwang, kam Großmutter in den Hof und bat uns, schnell zum Wohnzimmer zu kommen, denn es mußte gelingen, vor Beginn des Feiertages ein Foto zu machen, wenn man wollte, daß auch Abram und seine Familie auf dem Foto waren, und das ist das Foto von Pessach 1988, von dem ich bereits erwähnte, daß es eine Art Höhepunkt unserer Familiengeschichte darstellt, denn alle ohne Ausnahme sind darauf zu sehen, außer Franzis, der von Großvater einen Schnellkurs in der Bedienung seiner Minolta erhalten hatte.

In der Mitte des Bildes sieht man Marta und Miriam auf dem Sofa sitzen, und zu ihren beiden Seiten sitzen Isaak und Großvater. Jeder hat jemanden auf dem Schoß: Großmutter die kleine Chaja von Sima und Abram, Marta Nama, Großvater den kleinen Nimrod von Adam und Nurit, und Isaak das Album der Seltenen. Auf dem Fußboden vor dem Sofa, mit Tüchern um den Hals, die aus der Beute aus den Containern stammten, sitzen Adams Itamar, der Motel Hörner macht, Motel, der überrascht nach links in Richtung Saul schaut, Saul, der gerade Itamars Tat bemerkt und ihm anscheinend sagt, er solle aufhören, Schlomit und Warda von Abram und Sima, und schließlich ich in einem seltenen Auftritt mit meinem ersten Sony, der eineinhalb Jahre später in den Umkleidekabinen zu Bruch ging. Auf der rechten

Seite des Sofas stehen Adam und Nurit und zwischen ihnen Uri, ihr ältester Sohn, und neben ihnen Sarah, Großmutters Schwester, und Beatriz und Doron, der ein Kampfpilot war mit drei Erfolgen im Libanon-Krieg und einem Absturz in die Netze der schönen Monica, die sich neben ihm befindet. Links vom Sofa stehen Abram, Vater, der mit einem Arm Abram und mit dem anderen Mutter ganz fest an sich drückt, und Mutter und Sima, die sich in der Küche angefreundet hatten und auch in der Sekunde der Aufnahme weiterflüsterten, denn man sieht, wie Mutter sich zu Simas Ohr beugt und ihr lächelnd etwas sagt und wie Sima ihr Lächeln erwidert. Diesmal mußte Großmutter keinen zur Fröhlichkeit überreden, denn bevor auf den Auflöser gedrückt wurde und wir alle das Wohnzimmer erreichten, war die Stimmung ausgelassen, und Isaak kam zu Abram und bat ihn um Verzeihung, wenn er ihn verletzt haben sollte, Großvater war still, Vater zog nicht mal für einen Moment seine Hand aus Mutters Hand, Beatriz war normal und spielte mit Nama, die Kinder tobten, und Großmutter war glücklich, daß alle da und froh waren, und auf dem Bild kann man die Freude in den Augen aller Anwesenden sehen, und mit solch einem schönen Augenblick hätte die Geschichte enden müssen, aber unsere Familie traf er in der Mitte, vielleicht sogar am Anfang – kommt darauf an, von wo aus man es betrachtet –, und je mehr Zeit sich zwischen uns und diesem Augenblick ansammelte, um so weiter wurde er nach hinten geschoben und entfernte sich, und ohne das Foto im Album hätten wir ihn sicherlich längst vergessen.

Es trifft zwar zu, daß wir auch nach der Verewigungszeremonie von 1988, zwischen der und Vaters Ende etwas mehr als vier Jahre vergingen, noch ein paar wunderschöne Momente erlebten. Als erstes ebenjenen Seder, den Abram so schön zelebrierte und der kurz vor Schluß beinahe verdorben wurde, als wir zu dem Lied »Ein Lämmchen« kamen, und Abram aus heiterem Himmel mit den Erläuterungen und Erklärungen aufhörte, die er bis zu jenem Augenblick jedem Wort der Haggada hinzugefügt hatte. Wie sehr wir ihn auch bedrängten, daß er die Bedeutung der Worte des Liedes erklären sollte und was dieses Lied überhaupt in der Pessachhaggada verloren hatte, denn es schien, als ob es in keinerlei Zusammenhang zu dem Feiertag stünde – Abram blieb dabei, daß er nicht darauf eingehen wolle, und er wollte schon das Hohelied in der Bibel aufschlagen, mit dem die Ultraorthodoxen den Sederabend bis zum Morgen fortsetzen. Aber wir gaben nicht auf, und am Ende sagte Abram, daß er zu einer Erläuterung bereit sei, unter der Bedingung, daß sein Vater sich nicht aufrege, und Großvater fragte, was sollte ich mich über diese oder jene Erklärung aufregen? Und Abram erinnerte ihn daran, daß er sich bei dem Mahl der sieben Segenssprüche empört hatte, welches kurz nach Abrams und Simas Hochzeit stattgefunden hatte, als der ehrwürdige Rabbi Frank die Geschichte über die Baumwurzeln zum besten gab, die neidisch wurden auf die Äste, die in der freien Luft schweben und den Sonnenschein genießen, und sie beteten zum Erschaffer der Welt, daß er die Dinge umkehren möge, er solle die Niedrigen erhöhen und die Hohen erniedrigen, und der Herr beantwortete ihr Flehen und pflanzte die Wurzeln in den Himmel, und Äste und Blätter steckte er in die Erde, und nach geraumer Weile verwelkte der Baum natürlich und starb, weil Wurzeln keine Blätter sind und Blätter keine Wurzeln, und wer die Dinge umkehrt, wird sich am Ende selbst vernichten, mit diesem widerspenstigen Baum jedoch ist ein Wunder geschehen – einer seiner faulen Äpfel fiel nicht weit vom Stamm, und aus ihm wuchs ein prächtiger neuer Baum heran, und da steht er nun vor uns, besinnt sich seines Glaubens, kehrt zu seiner Quelle zurück, strebt nach seinem Ursprung, vereint sich mit seinem Erbe und verbindet sich mit den Wurzeln seiner Wurzeln – Abram Lasar, der Sohn von Zwi und Miriam, ein Gelehrter und Tugendhafter, hatte Rabbi Frank damals gesagt; da meinte Großvater, daß man die Worte des »würdigen Rabbi«, wie du ihn nennst, mit der Erklärung von »Ein Lämmchen« nicht vergleichen könne, denn in seiner kleinen Geschichte war der faule Apfel ich, und natürlich habe ich mich darüber geärgert, was denn sonst? Und Abram unterbrach ihn aufgeregt und sagte, du hast bis zum heutigen Tag das Gleichnis nicht verstanden, der faule Apfel, das bin ich! Und Großvater fragte, und wer hat die Grenzen des Erlaubten überschritten und ist zu weit gegangen und hat in dieser Geschichte den Baum auf den Kopf gestellt? Und Abram sagte, versteht ihr, warum ich keine Erläuterung geben will? Er ärgert sich einfach über alles! Und Großvater erklärte, daß nicht das Gleichnis ihn geärgert habe, es habe nur das Faß zum Überlaufen gebracht, und der Ärger habe begonnen, als sie das Haus des Rabbiner betraten und man Großvater sofort von Großmutter trennte und Vater von Mutter und Adam von Nurit; und Mosche, Simas Vater, nahm man seine Frau Tamar und seine achtzigjährige Mutter Masal weg; und dir nahm man die Braut, und alle Frauen pferchte man in ein kleines Kämmerchen zusammen mit Simas Freundinnen aus dem Seminar der Umkehrer zur Religion; und dort, unter der Regie der Frau des Rabbi, sangen sie ganz leise »In den Städten Judäas und in den Gassen Jerusalems wird man dennoch wieder hören die Stimme des Bräutigams und der Braut«, und jedesmal, wenn jemand die Tür öffnete, die das Wohnzimmer, wo der Prinz und Bräutigam saß, von der Leprastation trennte, brachte die Frau des Rabbi die Frauen mit schttt zum Schweigen, und sie hörten auf zu singen, denn die Stimme der Frau ist unzüchtig, und ihr Gesang darf nicht ertönen im Palast der Männer, und sie warteten, bis die Tür zugemacht wurde, damit sie mit derselben Strophe weitermachen konnten, bei der man sie unterbrochen hatte, als die Tür geöffnet wurde, und dieser abgehackte Gesang erinnerte Mutter daran, wie sie in ihrer Kindheit Musik hörte und versuchte herauszufinden, was mit den Tönen passierte, wenn sie sich die Ohren abwechselnd zuhielt und wieder aufmachte. Und mit den Liedern kamen sie nur sehr zäh voran, denn die Frauen, die sich im Zimmer versammelten, mußten zu unterschiedlichen Zeiten austreten, und ab und zu kam jemand Neues hinzu, und jemand, der schon lange da war, ging nach Hause, und diese gesamte Aktivität war verbunden mit dem Öffnen und Schließen der Tür, und zusätzlich kam es hin und wieder zu Spionageakten der Frau des Rabbi, die die Tür einen kleinen Spalt öffnete, was genügte, um das Singen verstummen zu lassen, und von ihrem Wachposten aus erstattete sie dem Bunker Bericht: Jetzt sagt man das Tischgebet für die Hochzeit, oder nun lobt ihn Rabbi Zalman Suzkover, Abrams Aufpasser, und er sagt, daß Abram sich Tag und Nacht für die Thora aufopfert; oder sie wandte sich an Großmutter und sagte ihr mit glänzenden Augen, daß sie stolz auf ihren Sohn sein könne, den der Rabbi Frank gerade dafür lobe, daß er den Gelehrten diene; und sie entschloß sich zu einer Gefälligkeit, die nicht den Buchstaben des Gesetzes entsprach, und forderte Großmutter, Simas Mutter und Simas Großmutter, die sich kaum mehr auf den Beinen halten konnte, auf, näher an den Spalt zu treten und mit ihr einen Moment lang einen Blick in das Wohnzimmer zu werfen, um sich an dem Bräutigam zu erfreuen, und hinter ihnen drängelten sich alle anderen Frauen, die den Spalt immer größer machten, damit auch sie Zeuge der aufregenden Szene werden konnten, und Simas Großmutter beklagte sich, daß sie nichts sehe, und fragte, ob der Bräutigam derjenige mit dem weißen Hemd sei, und die Frau des Rabbiner meinte, nein, das ist der Vater des Bräutigams, schau ein wenig nach links, und bis die Frau des Rabbi den Blick der Alten fixieren konnte, erreichte die Tür einen neuen Öffnungsgrad, der die Aufmerksamkeit des Rabbi weckte, welcher seiner Frau durch eine hochgezogene Braue seinen Unmut zu verstehen gab und, als sie es nicht bemerkte, auch durch das Heben einer zornigen Hand, worauf seine Frau die Tür mit einem Schlag zuknallte und dabei um ein Haar die Nase von Simas Großmutter eingeklemmt hätte.

Mutter, die die Szene von der Seite beobachtete, war entsetzt, denn damals war sie noch eine Neueinwanderin, und sie schilderte uns nun, am Ausgang des Seders, grinsend ihre Eindrücke, die Vater und Großvater durch eigene Eindrücke von der anderen Seite der trennenden Mauer ergänzten, und allmählich erinnerten sich auch andere an Einzelheiten, und ein jeder hatte etwas beizutragen, und alle, mit Ausnahme von Abram, genossen die Geschichte, und als sie auch noch lachten, erinnerte Abram sie daran, daß sie vorher die Erläuterungen zu »Ein Lämmchen« hören wollten, und Saul, der Mitleid mit Abram hatte, sagte, richtig, und dann sagte Abram nochmals, er werde nur unter der Bedingung sprechen, daß Großvater sich nicht aufrege, und Großvater, der wieder gut gelaunt war, nachdem er vergessen hatte, daß er der Baum war, der auf dem Kopf stand, fragte mit seinem gurgelnden Lachen, was, verflixt und zugenäht, hat »Ein Lämmchen« mit mir und dir zu tun? Was kann mich an dieser Geschichte schon ärgern, Nimrodi? Und Abram überhörte das Nimrodi und antwortete, du wirst dich wundern. Im Midrasch Raba, in dem es eine Geschichte über Abraham gibt, verbindet sich beides; als Abraham die Skulpturen seines Vaters Terach zerbrach, gab ihn sein Vater in die Hände Nimrods, der ihn erziehen und wieder auf den rechten Weg führen sollte; und Nimrod sagte zu Abraham, der damals noch Abram war, laß uns das Feuer anbeten, und Abraham lachte und antwortete, warum das Feuer? Wir werden das Wasser anbeten, das das Feuer löscht; und Nimrod sagte, na schön, beten wir zum Wasser; da lachte Abraham und sagte, warum zum Wasser? Wir werden die Wolken anbeten, die das Wasser tragen; und Nimrod sagte, in Ordnung, wir werden zu den Wolken beten, und Abraham lachte wieder und sagte, warum zu den Wolken? Wir werden den Wind anbeten, der sie auseinandertreibt, und Nimrod meinte, logisch, wir werden den Wind anbeten, und dann lachte Abraham abermals und sagte, warum den Wind? Wir werden den Menschen anbeten, der dem Wind widersteht, und Nimrod wurde allmählich ein wenig nervös, weil Abraham sich über ihn lustig machte, und am Ende verlor er die Beherrschung und schickte Abraham nach Ur in Chaldäa, und Gott hat ihn natürlich von dort gerettet, aber die Götzenanbeter, die Nachkommen Nimrods, fuhren fort, die Bäume und Steine anzubeten, und vor allem die Kräfte, die verschiedene weltliche Begierden symbolisieren, und die Ägypter beteten zum Beispiel das Lamm an, das für sie die Quelle der Wolle war, aus der sie ihre Kleider webten, und dessen Milch sie tranken, und aus diesem Grund hat der Verfasser von »Ein Lämmchen« eine Art Diskussion eröffnet, wie die Diskussion zwischen Nimrod und Abraham, die das Götzenanbeten verspottet und verlacht; nur in der Haggada findet die Diskussion zwischen einem Juden und einem Ägypter statt, und der Jude wirft die Frage auf, wieso betet ihr ein Lamm an, das man für zwei Susen auf dem Markt kaufen kann? Schließlich kann die Katze es überfallen; und der Ägypter sagte, nun gut, wir werden die Katze anbeten, und der Jude kam und sagte, warum die Katze? Schließlich verscheucht der Hund die Katze. Darauf meinte der Ägypter, wir werden den Hund anbeten, und so geht es weiter, bis man zu Gott kommt, gegen den alle Kräfte der Welt, die starken und die mächtigen, die oberen und die unteren, ein Nichts sind, denn er ist der Gott des Himmels und der Erde, der Einzige und der Besondere, und er herrscht über alles, und in seiner Hand ist die Kraft und die Herrlichkeit, und er hat den Himmel geschaffen und das Heer der Sterne und Sonnen befestigt und die Erde gemacht und alles, was darauf ist, und er schuf die Meere und alles, was darin schwimmt, und er läßt uns alle leben, und es gibt keinen neben ihm, und das ist der Grund, warum Abram, als er noch Nimrod war, den Namen Abram von allen Namen wählte – um wiedergutzumachen und die Frevel zu korrigieren. Als er seine Erklärung beendet hatte, wurde es ruhig, und Großvater war aufgewühlt, aber er sagte nichts, denn er hatte versprochen, sich nicht aufzuregen; doch die Laune war allen verdorben, und für eine ganze Weile herrschte betretenes Schweigen im Zimmer, bis Abram schließlich beschloß, etwas zu unternehmen, das ihn noch monatelang quälen sollte, obwohl ihm der Rabbi erklärte, daß es bisweilen gute Taten gibt, die dem Verbot entspringen; und mit seiner Tat habe er zwar die

Heiligkeit des Feiertages entweiht, seinem Vater jedoch eine Ehre erwiesen und die Einheit der Familie bewahrt; und ohne Zweifel würde ihm Vergebung für diese Tat gewährt, und er solle aufhören, sich zu quälen, denn er würde sonst bald vor Hunger sterben; und erst zwei Wochen später, als Sima Mutter erklärte, mit welchem Preis diese Tat verbunden war, begriffen wir Abrams menschliche Größe, der aufstand, zum Klavier ging und damit begann, die Etüden von Chopin und Moskowski zu spielen, die Großvaters Mutter und seine Schwester Katja am Ende der Sederabende in Luzk so gerne gespielt hatten, und Großvater schloß die Augen und hörte voller Sehnsucht und mit Genuß zu, wackelte mit dem Kopf wie ein Chassid – eine Geste, die auch denen vererbt wird, die die Religion verlassen haben –, und als Abram aufhörte, öffnete Großvater seine Augen, die rot und feucht waren, und an jenem Tag, elf Jahre, nachdem Nimrod seinen Namen geändert hatte, begann Großvater, ihn Abram zu nennen.

Nach diesem Seder erwarteten uns noch ein paar wundervolle Ereignisse, und wir standen vor einer Zukunft, die ihren Vorhang noch nicht gelüftet hatte und die sich inzwischen in eine Vergangenheit verwandelt hat, welche sich immer weiter entfernt, und zwischen diesen Ereignissen lagen die Reise nach Zypern und meine Versöhnung mit Vater, nachdem er den ersten Sony zerstört hatte, und all die Male, in denen Vater es schaffte, nach Hause zurückzukehren, nachdem er ausgezogen war, aber als die Sache mit Michal geschah, kam er nicht mehr. Er verschwand für ein paar Wochen, und keiner wußte, wohin, bis wir ihn eines Tages, zu Beginn der Sommerferien, als wir mit Großmutter aus der Nachmittagsvorstellung im Hod-Kino kamen, die Treppen des Kameri-Theaters hinabsteigen sahen, und plötzlich standen wir uns mitten in der Passage einander gegenüber, inmitten der lärmenden Menschen, die fröhlich aus dem Kino kamen, standen wir da und schwiegen und wußten nicht, was wir sagen sollten, und es schien, daß auch er es nicht wußte, bis Großmutter ihn schließlich fragte, wo er sich schon seit fünf Wochen herumtreibe und warum er kein Lebenszeichen gegeben habe, eine Frage, die sich erübrigte, denn er sah halbtot aus, und er antwortete, daß er allein sein müsse, und sie erinnerte ihn daran, daß er Kinder habe und nicht allein auf der Welt sei, und für sich allein zu sein sei ein Luxus, den er sich längst nicht mehr erlauben könne, und darum solle er sich bitte schön zusammenreißen und Alma anrufen und mit ihr absprechen, wann er die Kinder nimmt, um ihr zu helfen und damit diese Kinder sich nicht wie Waisen fühlen, und darauf sagte Vater, tu mir einen Gefallen und misch dich nicht mehr in mein Leben ein, und Großmutter, die ein solches Benehmen von ihren Kindern nicht gewohnt war, sagte ihm, daß er es sich zweimal überlegen solle, bevor er so mit ihr rede, und er bat, Mutter, bitte, laß uns die Sache nicht hier klären, und sie fragte ihn, wo dann? Schließlich weiß keiner, wo du dich herumtreibst, und sie hob langsam ihre Stimme, als wäre er ein Kind, wieso sagst du mir, ich soll mich nicht einmischen, ich stecke schon bis über beide Ohren in der Sache. Ich bin hier mit deinen Kindern, stellvertretend für dich. Ist das keine Einmischung? Ich soll mich wohl nur dann einmischen, wenn es dir gelegen ist, was soviel bedeutet, wie dir jedesmal unter die Arme zu greifen, wenn du nicht schreiben kannst, oder wenn du es kannst, aber keiner sich ansehen will, was du verfaßt hast, und das schrie sie schon, und die Leute blieben stehen und scharten sich um uns, und Nama begann zu weinen, und Saul verdrückte sich, weil es ihm peinlich war, und plötzlich stellten wir fest, daß er weg war, worauf Vater Großmutter anfuhr, sieh, was du angerichtet hast, und sie ihm erwiderte, ich habe etwas angerichtet? Du warst es! Was schiebst du dein ganzes Leben lang den anderen die Schuld zu? Aber Vater hörte schon nicht mehr, was sie sagte, denn er bekam einen Sorgeanfall und fragte die Leute auf der Straße, ob jemand einen dreizehnjährigen Jungen gesehen hat, einen hübschen Kerl mit schwarzem Haar und grauen Augen, und er sah elend und verschreckt aus, und ich wäre am liebsten in den Erdboden versunken, und Vater begann zu schreien, Sauli, Sauli, ging in Geschäfte hinein und rannte in alle Himmelsrichtungen, suchte in Innenhöfen, und Großmutter rannte mit uns hinter ihm her und rief, es tut mir leid, und Nama weinte weiter und fragte dauernd, wo ist mein Sauli, und am Ende nahmen wir ein Taxi und fuhren nach Hause, und Großmutter fragte immer wieder, was soll ich bloß Alma sagen? Vater versuchte sie zu beruhigen und meinte, Saul sei sicher längst zu Hause, aber man sah ihm an, daß er selbst nicht glaubte, was er da sagte, und als wir zu Hause ankamen, vergaß er, daß Mutter das Schloß ausgewechselt hatte, und er fing an, mit der Tür zu kämpfen, bis es ihm einfiel, und er wurde sauer, warum hat Mutter ihm das angetan, was sollte er ihr ihrer Meinung nach schon groß stehlen, und er klopfte und klingelte Sturm, und als Mutter die Tür öffnete und ihn fragte, was er so herumtobe, schrie er, wie lange brauchst du, um diese Scheißtür aufzumachen? Wie lange? Und warum hast du überhaupt das Schloß austauschen lassen? Und Mutter war so entgeistert, daß sie nicht antwortete, und Vater fragte sie, ob Saul zufällig zu Hause sei, worauf Mutter die Farbe wechselte und sagte, was heißt hier zufällig? Ist er denn nicht bei euch? Großmutter versuchte ihr zu erklären, was passiert war, und Mutter fragte, wo ist mein Kind? Vater erwiderte, er ist auch mein Kind, also mach mir daraus keine Szene; sicher hat er die Absicht, mich zu bestrafen, wie er es mit Vorliebe tut, und jeden Moment taucht er wieder auf, worauf Mutter fragte, er bestraft dich? Er bestraft dich? Du bist völlig übergeschnappt, und Vater beharrte darauf und sagte, daß dieses Kind ihn bestrafe, seit es auf der Welt sei, und daß der Junge immerfort gegen ihn sei, wie auch du ständig gegen mich bist, und Mutter sagte, Assi, du bist nicht ganz dicht, wovon sprichst du? Und Vater, der wirklich ein wenig so aussah, als sei er nicht ganz dicht, antwortete, daß Mutter noch nie hinter ihm gestanden habe, niemals! Du hast nie über etwas, das ich getan oder geschrieben habe, gesagt, daß es vollkommen ist, nicht, daß meine Sachen vollkommen wären, aber weil ich sie geschrieben habe, hättest du etwas sagen können, oder in Auseinandersetzungen, die ich mit anderen hatte, hast du mir nie den Rücken gestärkt, unabhängig davon, ob ich im Recht war oder nicht, allein weil es um mich ging. Alles kommt bei dir aus dem Kopf. Und Mutter sagte, daß nur eine Mutter automatisch hinter ihrem Kind stünde, und das letzte, worauf sie Lust habe, sei, die Mutter ihres Mannes zu sein, und Großmutter mischte sich in ihre Aussprache ein und erinnerte an Saul, und auf der Stelle machten sie sich daran, Gott und die Welt anzurufen, was die Freunde von Saul und seine Gruppenführer bei den Pfadfindern waren, und als Mutter vorschlug, daß Vater auch bei Abram nachhören solle, war Vater verblüfft und fragte, was hat er dort zu suchen? Und Mutter sagte, er bereitet sich bei deinem Bruder auf die Bar Mizwa vor, und Vater war schockiert und fragte, ob sie damit einverstanden sei, und Mutter fragte ihn, ob er denn einverstanden sei, und er brüllte, wenn er da gewesen wäre, hätte er es ihm nicht erlaubt; da schrie Mutter zurück, wenn er anfange, dazusein, könne er ja anfangen, es ihm nicht zu erlauben, und auch nachdem Vater herausbekommen hatte, daß Saul nicht bei Abram war, beruhigte er sich nicht, und er sagte ein paarmal, daß er es nicht glauben könne; ich hoffe, daß er nicht auf die Idee kommt, religiös zu werden, er ist in einem höchst gefährlichen Alter, und Mutter sagte, sie sei glücklich festzustellen, daß Vater das Alter seines ältesten Sohnes kenne, und sie hoffe nur, daß Saul noch am Leben sei, solle er von ihr aus religiös werden, Hauptsache, es ist ihm nichts passiert, dios mio por favor, und nach ein paar Stunden riefen wir die Polizei an, und es kamen zwei, die eine Menge Fragen stellten; ob das Kind mit einem der Eltern gestritten habe, ob es Probleme in der Schule gäbe, ob jemand ihn beleidigt oder verletzt habe, worauf Vater sagte, ich denke nicht, und ich gab an, daß er gekränkt gewesen sei, weil Großmutter Vater mitten auf der Straße angebrüllt habe, und sie notierten sich alles, nahmen Fotos mit und sagten, daß sie erst nach vierundzwanzig Stunden mit der Suche beginnen würden, und Mutter flüsterte, vierundzwanzig Stunden; wissen Sie, was einem Kind in vierundzwanzig Stunden alles passieren kann? Und sie sagten, daß es ihnen leid tate, und sie gingen, und Mutter begann am ganzen Körper zu zittern, was ihre Reaktion auf das Verschwinden von Menschen ist, die sie liebt, seit dem bedauerlichen Fall von Raoul, der sich in Argentinien in einen Desparecido verwandelte, weshalb sie das Land längs und quer durchkämmt hatte, um ihn zu finden, und nun sagte sie, pero caramba! Wie kann so etwas überhaupt geschehen, daß ein Kind mitten auf der Disengoff-Straße verschwindet? Und Vater meinte, daß keiner es geplant habe, und Großmutter sagte, daß es ihre Schuld sei, und Mutter ging ins Badezimmer und holte Vaters Valiumvorrat, und nachdem sie zwei Pillen geschluckt hatte, reichte sie sie Vater, der eine nahm und den Rest an Großmutter weitergab, die auch eine nahm, und Vater sagte, daß dieser Junge die Situation besser als alle anderen im Griff habe und daß ihm mit Sicherheit nichts passiert sei. Saul habe schlicht und ergreifend beschlossen, ihm eine Lektion zu erteilen. Und als Großmutter Vater bat, nicht mehr mit dieser Sache zu kommen, klingelte plötzlich das Telefon, und alle machten sich über den Apparat her, zu Recht, denn es war Saul, und jedem, der mit ihm sprach, sagte der andere, er solle ihm den Hörer geben, oder was sagt er? Was sagt er? Und dann lief Vater ins Schlafzimmer zum zweiten Anschluß, und beide sprachen gemeinsam mit ihm, und darum konnte ich nicht hören oder aufnehmen, was er sagte, aber Vaters und Mutters Antworten entnahm ich, daß er nur dann nach Hause zurückkommen wollte, wenn man Ordnung in das Chaos brachte und wenn Schluß wäre mit den Skandalen und Vater sich endlich wie ein Vater benehme, mit regelmäßigen Besuchen und wenn Mutter es aufgäbe, Leonid in der Nacht anzuschleppen, und er hat die Nase voll von der ganzen Welt, und da wäre es ihm schon lieber zu sterben, als so weiterzuleben, und hier überfielen sie ihn aus beiden Richtungen, daß er so nicht sprechen dürfe. Nicht mal im Scherz. Wo bist du, mein Junge? Von wo rufst du an? Du bist noch nicht in dem Alter, in dem du dich um ein Uhr früh in den Straßen rumtreiben kannst. Doch bevor sie ihm erklären konnten, warum sie der Meinung waren, er sei dafür zu jung, hatte er aufgelegt, und Vater sagte, wenigstens ist der Junge wohlauf, und Mutter antwortete, daß er sich nicht gut angehört habe, und

Vater sagte, daß er sicher wieder anrufen würde, und dann würde er ihm versprechen, wenigstens, was ihn betreffe, daß er anfangen werde, sich wie ein Vater zu benehmen, er würde feste Besuchszeiten mit ihm ausmachen und ihn aus der Sache mit der Bar Mizwa rausholen, denn auch das sei eine Strafe, die er ihnen auferlege, und Mutter bat ihn, laß die Bar Mizwa aus dem Spiel. Er will eine Bar Mizwa, wie du sie hattest; also zwing ihn nicht zu etwas anderem, und Vater schenkte dem, was Mutter sagte, keine Beachtung und fragte sie nur, was sie im Zusammenhang mit Leonid zu tun gedenke, und Mutter war so schockiert, daß sie zunächst gar nicht wußte, was sie entgegnen sollte, und nach ein paar Minuten Bedenkzeit sagte sie, daß sie nicht bereit sei, sich von ihrem Sohn diktieren zu lassen, wen sie nachts bei sich zu Gast habe, und sie würde ihm erklären, genau wie sie seinen Entschluß akzeptiere, eine traditionelle Bar-Mizwa-Zeremonie zu feiern, müsse auch er ihren Entschluß akzeptieren, und dann meinte Vater, du mußt dich entscheiden, was dir wichtiger ist, und Mutter sagte, daß sie nicht glauben könne, was sie da höre, und wieder wurde sie still und vertiefte sich in Gedanken, und dann fragte sie Vater, ob er bemerkt habe, daß man in dem Gespräch mit Saul ständig das Miauen einer Katze gehört habe, und Vater dachte einen Moment lang nach und meinte, und wenn schon, na und? Und Mutter sagte, daß es nur eine einzige kastrierte Katze gebe, die solch ein nervtötendes Miauen draufhabe, und das sei die Katze von Beatriz; und nachdem sie verdaut hatte, was sie da gesagt hatte, fügte sie hinzu, daß man schnell dort hinfahren müsse, denn ihre Schwester, die kurz zuvor die Verhandlung gegen Mutter verloren hatte, könnte Rache an ihr nehmen und dem Jungen etwas antun, und ohne lange zu zögern rannten sie aus dem Haus, und in der Tat behielt Mutter recht, allerdings nicht, was den Mord anbelangte, denn als sie zu Beatriz kamen, fanden sie sie kurz vor Abschluß einer Generalreinigung, wie sie so bei ihr noch niemals stattgefunden hatte, seit sie in die Wohnung gezogen war, und wer die Aktion angeregt und geleitet hatte, war Saul, der sich zunächst weigerte, zusammen mit Vater und Mutter nach Hause zurückzukehren, und der sich erst nach einer Menge Überreden und Versprechungen geschlagen gab und mitkam, und das Gute daran war, daß Mutter und Beatriz sich versöhnten.

Nach ein paar Tagen statteten wir mit Mutter einen ersten Besuch in der armseligen Wohnung ab, die Vater gemietet hatte, nachdem er Michal und Noahs Studio verlassen hatte. Eigentlich war es eher eine Abstellkammer mit kleiner Waschgelegenheit und Kochecke auf dem Dach eines alten, baufälligen Hauses in der Jona-Hanawi-Straße, und wir alle kauerten uns zusammen auf das Sofa, das ein Viertel des Zimmers einnahm, saßen verlegen da und stierten auf die Poster von Treblinka, die an der Wand hingen, weil Noah Vater überredet hatte, weiter an seinem Buch zu arbeiten, und keiner von uns wußte, was er sagen oder tun sollte, denn es war eine Wohnung, in der es nichts zu tun gab, weil sie so klein war, und außer dem Sofa war da noch ein gewaltiger Schreibtisch, der ein weiteres Viertel des Zimmers belegte, und Vater, der Mutter Kaffee anbot, erzählte grinsend, wenn man duschen wolle, müsse man zuerst den Strohkorb mit der Bettwäsche rausziehen und auf das Sofa heben, und wer auf dem Sofa saß, mußte aufstehen, und wenn ein anderer bereits davorstand, wurde die Situation ganz und gar unmöglich – wie als Mutter ihm zur Antwort gab, daß sie gerne Kaffee trinken würde, und wir uns allesamt erheben mußten, denn das Sofa mußte beiseite geschoben werden, um die Tür des Schränkchens öffnen zu können, in dem der Kaffee stand, was Vater an die Geschichte der Dusche erinnerte, und zum Glück war es Sommer, und man konnte auf das große Dach hinausgehen und durch zwei Häuser hindurch, die nicht eng nebeneinander standen, auf ein Stück Wellenbrecher und eine Scheibe blauen Meeres sehen, und man konnte sich an das Geländer lehnen, um auf die Straße zu spucken und Leute zu überraschen, die den Kopf hoben und sich wunderten, wie aus solch einem klaren Himmel Regen tropfen konnte, und Mutter blieb mit Vater im Zimmer und fragte ihn, ob er Hilfe brauche, endlich ginge es im Büro voran, und sie hätten ein paar große Aufträge, und sie beginne aufzuatmen und hätte keine Probleme, ihm etwas Geld zu überweisen, und Vater lächelte und sagte ihr, daß er mit dem, was er habe, zurechtkäme, und er sah durch das Fenster zu uns und wiederholte, daß er nichts brauche und daß er denke, daß, bis er sich erholt habe, diese Besuche gar nichts bringen, denn er könne den Kindern nichts vermitteln und, bitte, man solle ihm Zeit lassen, und ohne sie anzusehen, fragte er sie, ob sie Leonid liebe, was sie bejahte, und er fragte sie, ob sie den Kaffee nicht trinke, weil er ihr nicht schmecke, worauf sie erwiderte, im Gegenteil, und um es ihm zu beweisen, nahm sie zwei Schlucke hintereinander, und er sah wieder nach draußen in unsere Richtung und meinte, merkwürdig, wie die Dinge sich entwickeln, meinst du nicht auch? Und es hätte ihr ähnlich gesehen, zu antworten, daß die Dinge sich so entwickeln, wie wir es zulassen, aber sie riß sich zusammen und sagte, daß in der Tat die Dinge einen seltsamen Verlauf genommen hätten, und ich hoffe, daß du nicht vorhast, dich jahrelang an diesem Ort zu vergraben. Das wäre ein Verbrechen. Du bist so talentiert. Du darfst dich hier nicht für Reise-nach-Jerusalem-Spiele aufreiben, das Sofa verrücken, um den Stuhl zu bewegen und den Schrank aufzumachen. Das ist total bescheuert, Assi. Du mußt hier raus. Warum kasteist du dich so? Und Vater beruhigte sie, daß er hier nicht lange hängenbleiben würde.

Saul und Nama besuchten Vater kaum, und ich machte ihnen keinen Vorwurf daraus, denn ihn so zu sehen war trostlos, aber ich besuchte ihn mindestens zweimal die Woche, insbesondere nachdem Saul damit angefangen hatte, seinen Prophetenabschnitt zu üben, »Tröstet, tröstet mein Volk! spricht euer Gott . . .«, den wir alle, einschließlich Nama und Leonid, bereits auswendig konnten.

Als erstes ging ich zu der Konditorei in der King-George-Straße, gegenüber dem Bezalelmarkt, dort kaufte ich die Burekas, von denen Vater behauptete, daß sie die köstlichsten im Nahen Osten seien, dann stieg ich zur Allenby-Straße hoch, schritt die Strecke der großen Demonstration für Freie Einwanderung ab, an der Großvater, kurz nachdem er ins Land gekommen war, teilgenommen hatte und die die Briten in Höhe der Bialik-Straße gestoppt hatten; dort stellte ich mir den Tumult vor, und die Menschen, die auf den Dächern ringsum standen und die Briten mit Wasser begossen und mit Blumentöpfen und Steinen bewarfen, und neben dem Optiker hielt ich an, zu dem man den verletzten Mosche Stein gebracht hatte, der die Flagge schwang und zur Spitze des Demonstrationszuges gelaufen war, bis ein britischer Soldat mit einem Stock seinem Kopf einen Schlag versetzte, worauf die Menge vor Wut kochte, die Polizisten überfiel und dem Offizier Goffer und dem Sergeant La Marschal übel zusetzte, dem die Ärzte im Hadassa-Krankenhaus das Ohr abnehmen mußten, und von dort ging ich runter nach Geula bis zum Jarkon, und wenn ich zu Vaters kleiner Wohnung kam, fand ich ihn auf dem Dach, von wo aus er auf sein Stück Meer schaute, wo er döste oder in den Computer stierte, und er machte mir einen sauren Kakao, setzte sich zu mir aufs Sofa und streichelte mir ab und zu den Kopf, und wenn unsere Blicke sich trafen, warf er mir sein gütiges, trauriges Lächeln zu, und wenn die Sonne versank, sagte er, daß es spät sei, stand auf und verabschiedete mich mit einem Kuß, wobei er mir ins Ohr flüsterte, daß er mich liebhabe und daß ich auch meinem Bruder und meiner Schwester sagen solle, daß er sie sehr liebe, und an dem Samstag nach Sauls Bar Mizwa, zu der auch Vater erschienen war – als alle außer mir ans Meer gingen, um das Ende der Sommerferien zu feiern, ging ich zum letzten Mal zu Vater; als ich ins Zimmer kam, war der Computer an, mit einer der Dateien von Noah Sieben-Seelen auf dem Bildschirm, und der Rekorder spielte Shiela Chandra, und man hörte das Radio der Nachbarn mit der Wochenschau; und weil Vater nicht im Zimmer war und auch nicht auf dem Klo, trat ich auf das Dach hinaus und sah ihn ein Stück weiter mit dem Rücken zu mir, das Gesicht dem Meer zugewandt, und weil ich ihn nicht stören wollte, blieb ich hinter ihm stehen und versuchte die Dinge zu sehen, die seine Augen sahen; nach ein paar Minuten erhob sich vom Meer eine leichte Brise und ich bemerkte, daß Vater ein wenig hin- und herschaukelte, und ich begriff augenblicklich, daß der Balken, der uns trennte, den Strick verdeckte, mit dem er sich erhängt hatte; ich trat näher, und als ich ihn ansah, fiel mir ein, was ich einmal über den Zusammenhang zwischen Luft und Zeit gedacht hatte, und eine weitere

Gemeinsamkeit ging mir durch den Kopf: Nun, wo er kein bißchen Luft mehr hatte, hatte er alle Zeit der Welt, und dann faßte ich ihn an, und an der Wärme seines Körpers erkannte ich, daß es erst kurz vor meinem Eintreffen geschehen war, aber diese Zeit, die vorüber war, diese Zeit . . .

Glossar

Bund: Abk. für »Allgemeyner Yiddischer Arbeter Bund in Lite, Polyn un Rußland«. Der Bund wurde 1897 in Wilna als erste jüdisch-sozialistische Partei gegründet und kämpfte u. a. für die nationale und soziale Gleichberechtigung der jüdischen Bevölkerung in ihren Heimatländern und für die Anerkennung und Förderung des Jiddischen als Nationalsprache. Die Bundisten wurden zu erbitterten Gegnern der Zionisten und wandten sich gegen eine – von diesen angestrebte – territoriale Lösung der jüdischen Frage.

Chanukka: (hebr.: Einweihung) Achttägiges Weihefest zur Erinnerung an die erneute Weihe des Zweiten Tempels nach dem Sieg der Makkabäer über die Griechen. Das Chanukkafest wird auch »Fest der Lichter« genannt, da an jedem Tag der Festwoche mit Hilfe des Dienerlichtes *(Schammasch)* eine neue Kerze des achtarmigen Chanukkaleuchters *(Chanukkija)* entzündet wird.

Cherut: (hebr.: Freiheit) Partei mit stark nationalistisch-revisionistischer Prägung, die 1948 aus dem Zusammenschluß der beiden militanten Untergrundbewegungen *Ezel* und *Lechi* entstand. Bis 1983 unter der Führung Menachem Begins, ging die Cherut 1988 in der sich neu konstituierenden Likud-Partei auf.

Ezel: (hebr. Abk. für Irgun Zva'i Le'umi: Nationale Militärorganisation) Extrem nationalistische, militärische Untergrundorganisation, deren Gründer 1937 der revisionistischen Partei Vladimir Jabotinskys nahestanden. Während der Mandatszeit u. a. für den Anschlag auf das King-David-

Hotel am 22. Juli 1944 verantwortlich, ging der Ezel nach der Ausrufung des Staates Israel nur unter erheblichem Widerstand in der regulären Armee auf und schuf sich als Nachfolgeorganisation die Cherut-Partei, deren Führer der »Ezel-Mann« Menachem Begin wurde.

Grüne Linie: Demarkationslinie nach dem Waffenstillstand von 1948.

Hachschara: (hebr.: Vorbereitung) Mit Hebräischunterricht verbundene berufliche Ausbildung besonders auf landwirtschaftlichem Gebiet, durch die jüdische Menschen noch vor ihrer Einwanderung auf ein Arbeitsleben in Palästina vorbereitet werden sollten. Zu diesem Zweck entstanden vor und während des Zweiten Weltkriegs in Osteuropa und Deutschland zumeist auf Gehöften und Farmen angesiedelte Zentren für landwirtschaftliche Lehrgänge.

Hagana: (hebr.: Schutz, Verteidigung) 1920 gegründete zionistische militärische Untergrundorganisation, die Juden vor arabischen Überfällen schützen sollte und zur Vorläuferin der späteren regulären israelischen Armee wurde.

Haggada: (hebr.: Erzählung) Bezeichnet im engeren Sinn die Wiedergabe des biblischen Berichtes vom Exodus der Juden aus Ägypten und die Erklärung seiner Bedeutung im Rahmen der häuslichen Feier am Sederabend zu Beginn des Pessachfestes.

Halacha: (hebr: Gehen, Wandeln) Der Begriff bezeichnet das gesamte »gesetzliche« System des Judentums. Die Halacha besteht aus mündlichen sowie schriftlichen Überlieferungen, die einem stetigen geschichtlichen Wandel unterworfen waren, und beschreibt rechtlich und ethisch verbindliche Ge- und Verbote zum Lebensinhalt und zur Lebensführung eines Juden – eine Trennung von Säkularem und Religiösem gibt es nicht.

Haschomer Haza'ir: (hebr.: der junge Wächter) 1913 in Galizien gegründete linkssozialistische, zionistische Jugendorganisation, die in Palästina am Aufbau zahlreicher Kibbuzim beteiligt war und mit der Zeit zu einer politischen Partei wurde. 1948 gehörte sie zu dem Zusammenschluß, aus dem *Mapam* entstand.

Hatikwa: (hebr.: Hoffnung) Name der israelischen Nationalhymne.

Jesch Gwul: (hebr.: es gibt eine Grenze) Name einer kleinen politischen Bewegung mit der Forderung nach Verweigerung des Reservedienstes in den besetzten Gebieten.

Jeschuw: (hebr.: bewohntes Land) Bezeichnet die Gesamtheit der jüdischen Siedlungen und Einwohner in Palästina vom Anbeginn der zionistisch motivierten Einwanderung ab ca. 1882 bis zur Gründung des Staates Israel 1948.

Lechi: (hebr. Abk. für Lochamei Cherut Israel: Kämpfer für die Freiheit Israels) Extrem zionistisch-revisionistische Untergrundorganisation, die sich unter der Führung Avraham Sterns 1940 vom *Ezel* abspaltete, weshalb sie von ihren Gegnern auch »Stern-Bande« genannt wurde. Nach dem Tod Sterns übernahm eine Gruppe von Lechi-Mitgliedern das Kommando, zu denen auch der spätere Premier Yitzchak Schamir gehörte. Nach dem erfolglosen Versuch, 1948 eine eigene Partei zu bilden, schloß sich ein Teil des Lechi der Cherut-Partei an.

Mapai: (hebr. Abk. für Mifleget Po'alei Erez Israel: Partei der Arbeiter in Israel) 1930 u. a. von David Ben-Gurion gegründete nicht-religiöse, zionistische und gemäßigt-sozialistische Partei, die schon bald zur wichtigsten Kraft im vorstaatlichen Jeschuw und dann in Israel wurde. Als Partei des politischen Establishments stellte sie sämtliche Ministerpräsidenten bis 1977. Die Mapai ging 1968 in der aus einem Parteienbündnis entstehenden Israelischen Arbeitspartei *(Mifleget Ha'avoda)* auf.

Mapam: (hebr. Abk. für Mifleget Hapo'alim hame'uchedet: Vereinigte Arbeiterpartei) 1948 als Nachfolgeorganisation des *Haschomer Haza'ir* entstandene linkssozialistische Partei mit besonders starker Bindung an die Kibbuzbewegung und den Gewerkschaftsbund *Histadrut*. Seit 1992 zusammen mit der Bürgerrechtsbewegung *Raz* und *Schinui* in dem Wahlbündnis Meretz vereinigt.

Mesusa, pl. *Mesusot:* (hebr. wörtlich: Türpfosten) Bezeichnet ein Kästchen, das an die Türzarge geschlagen wird und Passagen aus dem fünften Buch Moses enthält. Die Mesusa gilt zusammen mit den *Tefillin* (Gebetsriemen) und den *Zizit* (Schaufäden) als Symbol für den Schutz des Frommen vor der Sünde.

Mikwe: Ein rituelles Tauchbad, das seit ältesten Zeiten obligatorische Institution jeder jüdischen Gemeinde ist. Der Besuch der Mikwe ist vor allem Frauen nach der Menstruation und nach der Entbindung vorgeschrieben.

Minjan: (hebr.: Zahl) Meint die Mindestanzahl von zehn männlichen, religionsgesetzlich mündigen Personen, die als Gebetsquorum für den jüdischen Gottesdienst verbindlich festgeschrieben ist.

Mitkademet: (hebr.: fortschrittlich) Progressive Liste für den Frieden.

Mohel: Der Mohel vollzieht acht Tage nach der Geburt die Beschneidung der männlichen Säuglinge.

Palmach: (hebr. Abk. für Plugot Machaz: Stoßtruppen) Die Palmach wurden 1941 als Eliteeinheit der *Hagana* gegründet. 1948 waren ein Drittel der Mitglieder Frauen. Da in den Palmach hauptsächlich junge, bereits in Palästina geborene Juden *(Zabarin)* kämpften, trug diese Einheit wesentlich zur Entstehung des Mythos vom neuen Israeli bei.

Raful: Spitzname von Rephael Eitan, ehemaliger Generalstabschef und Gründer der *Zomet.*

Raz: Linke Bürgerrechtsbewegung, seit 1992 mit *Schinui* und *Mapam* zur *Meretz-Liste* vereinigt.

Schalom Achschaw: (hebr.: Frieden jetzt) Name der bekanntesten israelischen Friedensbewegung.

Schulchan Aruch: (hebr. wörtlich: der gedeckte Tisch) Bezeichnet ein von Josef Karo um 1564 zusammengestelltes Kompendium, das in knappem und prägnantem Stil die Ge- und Verbote der nach sephardischem Ritus gängigen *Halacha* auflistet. Zusammen mit dem von Moses Isserle wenig später hinzugefügten Kommentar *Mappa* (hebr.: Tischdecke), der die aschkenasischen Bräuche beschreibt, stellt der Schulchan Aruch den bis heute maßgeblichen halachischen Kodex dar.

Sederabend: Feier am Vorabend des jüdischen Pessachfestes, die eine festliche Mahlzeit und das Vorlesen der *Pessachhaggada* umfaßt.

Technion: Technische Hochschule in Haifa.

Wochenfest: Auch unter seinem hebräischen Namen *Schawuot* bekannt, erinnert das Wochenfest, sieben mal sieben Tage nach Pessach, an die göttliche Offenbarung der Zehn Gebote am Berg Sinai. Zugleich ist es das Fest der Erstlingsfrüchte.

Zomet: Nationalistische Partei am äußersten rechten Rand des politischen Spektrums, die unter Führung des ehemaligen Generalstabschefs Rephael Eitan steht.

Bitte beachten Sie
die folgenden Seiten

Eleonora Lev

Der erste Morgen im Garten Eden

Roman

Aus dem Hebräischen von

Vera Loos und

Naomi Nir-Bleimling

Dies ist die unterhaltsame und spannende Entwicklungsgeschichte einer lebenshungrigen, klugen und rebellischen Frau in ihren späten Dreißigern, adressiert an ihr ungeborenes Baby. Mit viel Witz und einer zarten Melancholie rekapituliert die werdende Mutter die kleineren und größeren Tragödien und Höhepunkte ihres Lebens und liefert dabei ein sokritisches wie anschauliches Bild der modernen Tel Aviver Gesellschaft. Ein großer Frauenroman aus Israel.

»*Der erste Morgen im Garten Eden* ist eines der bewegendsten, herzerwärmendsten Bücher, die ich in der letzten Zeit gelesen habe. Unzweifelhaft originell, nicht nur in seiner Darstellung der Beziehung zwischen Mann und Frau, sondern vor allem als ein Roman, der auf eine sensible und genaue Weise den schrittweisen Prozeß vom Auszug aus der Hölle beschreibt.«

Yediot Aharonot

BERLIN VERLAG